대한민국의 해양법 실행 2
해양법 주요 이슈의 현황과 과제

대한민국의 해양법 실행

해양법 주요 이슈의 현황과 과제 ——

—— 박영길 외 저

2

일조각

일러두기

- 유엔해양법협약 등 조약문은 외교부의 공식 번역본 사용을 원칙으로 했으나, 공식 번역본이 오역이거나 적절하지 않은 경우에는 저자가 판단하기에 적합한 번역용어를 사용하고 각주에 그 이유를 설명하였다.
- 한반도 주변 바다의 명칭은 원칙적으로 동해, 황해, 동중국해를 사용하였다. 다만 방위 개념으로 바다를 지칭할 때에는 서해안, 남해안, 동해안을 사용하였고, 국방부의 공식자료에서 '서해 NLL' 또는 '서해 5도'라고 지칭한 경우에 한하여 공식자료의 용례에 따랐다.
- 학술용어, 외국 법률 및 제도 등은 한글 표기를 원칙으로 했으며, 번역된 용어의 이해를 돕기 위해 원어를 병기하였다. 예외적으로 번역이 곤란한 경우에는 원어를 사용하였다.
- 본문에서 자주 언급된 협약은 다음과 같이 약칭을 사용하였다.
    ① 1958년 영해 및 접속수역에 관한 협약 → 영해협약
    ② 1958년 공해에 관한 협약 → 공해협약
    ③ 1958년 대륙붕에 관한 협약 → 대륙붕협약
    ④ 1958년 공해상 어업 및 생물자원보존 협약 → 공해어업협약
    ⑤ 1982년 해양법에 관한 국제연합협약 → 유엔해양법협약 또는 해양법협약
    ⑥ 1994년 해양법에 관한 국제연합협약의 제11부 이행에 관한 협정 → 제11부 이행협정
    ⑦ 1982년 12월 10일 해양법에 관한 국제연합협약의 경계왕래어족 및 고도회유성어족 보존과 관리에 관한 조항의 이행을 위한 협정 → 유엔공해어업협정

발간사

해양법은 국제법의 한 분야로, 바다에 대해 주로 국가 사이의 관계를 규율하는 법을 말한다. 사실 해양법은 국제법 중에서도 가장 오래되고 발달된 규범 체계를 가지고 있다. 30년 전쟁이 끝나고 1648년 체결한 베스트팔렌조약을 근대 국제법의 효시로 이야기하지만, 그보다 40년 앞서 1609년에 이미 국제법의 아버지라 불리는 휴고 그로티우스가 『자유해론Mare liberum』이란 역작을 내놓았다. 당시 바다를 두고 다투던 스페인, 영국, 독일, 프랑스 등의 열강들로 둘러싸인 조국 네덜란드를 위해 그로티우스는 '자유로운 바다'라는 해양법 질서를 주창하였던 것이다. 이후 자유해론은 관습국제법이 되고 오늘날까지 국제해양질서의 근간을 이루고 있다.

바다와 관련된 일을 하는 해양인이라면 누구나 해양법이 얼마나 중요한지 잘 알고 있다. 굳이 우리나라가 육지보다 4배 이상 넓은 배타적 경제수역을 가지고 있고, 교역량의 99% 이상이 바다를 통해 이루어진다는 사실을 언급할 필요가 없다. 해양법은 해상운송, 어업, 자원개발, 해양환경보호, 해상사고 등 바다와 관련된 모든 활동이 안정적으로 작동하도록 질서를 제공한다. 바다에 관한 갈등이나 분쟁이 발생하면 그 해결의 기초도 해양법이 된다. 특히 독도와 이어도, 외국 어선의 불법조업, 해양경계획정과 같이 우리나라의 중요한 사안들은 모두 해양법과 밀접한 관련이 있다.

이처럼 해양법이 오랜 역사를 가지고 있고 우리나라의 국익을 위해 매우 중요하지만, 안타깝게도 해양법이 처한 현실은 밝지 않다. 우선, 국가적으로 중요한 해양법적 현안들은 꾸준히 증가하는 반면에 이를 연구해야 할 해양법 전문가들의 유입은 실리적 경향이 강한 로스쿨 제도하에서 갈수록 줄고 있다. 이제는 해양법 전문인력을 지속적·안정적으로 양성하기 위해 국가가 적극적으로 나서야만 하는 시점에 이르렀다. 또한 해양법은 너무 방대하고 난해한 내용이 많아서 일반인뿐만 아니라 해양법 실무를 담당하는 공무원이나 연구자들조차도 잘 이해하기가 여간 어려운 일이 아니다. 예를 들어 '바다의 헌법'이라고 하는 「유엔해양법협약」만 하더라도 본문 320개 조항과 9개 부속서로 구성되고 많은 조문이 추상적이고 모호하게 규정되어 있다.

다행히 정부는 해양법 전문인력 양성의 필요성을 인식하고 여러 대책을 마련 중이다. 한국해양수산개발원은 정부의 이러한 노력에 적극적으로 협조하면서, 동시에 해양법 실무자들과 관심 있는 일반인들이 쉽게 이해하고 다가갈 수 있도록 해양법의 저변을 확대하기 위해 힘쓰고 있다.

8년 전 한국해양수산개발원은 해양법 관련 실무자와 연구자들이 해양법의 핵심 내용과 한국의 실행을 가능한 한 쉽게 이해하고 업무와 연구에 활용할 수 있도록 하기 위해 『대한민국의 해양법 실행』이라는 총서를 기획하였다. 이는 해양법의 기초 개념들을 설명하는 교과서들이 있고 세부 쟁점을 다룬 학술논문들이 많지만, 기존의 글들을 통해 한국이 처한 해양법 현안들을 실무자들이 이해하는 데 어려움이 있다는 판단 때문이었다.

이 책은 2017년 유엔해양법협약의 기초 제도들과 한국의 실행을 다룬 『대한민국의 해양법 실행─유엔해양법협약의 국내적 이행과 과제』의 후속 작품이다. 2017년에 발간한 총서 제1권에서는 영해, 배타적 경제수역, 대륙붕, 공해와 같이 「유엔해양법협약」의 기초 개념들을 위주로 다루다 보니 구체적인 현안들을 설명하는 데에는 한계가 있었다. 그래서 이번 책에서는 한국이 직면하고 있는 구체적인 해양법 현안들을 중점적으로 다룸으로써 제1권의 아쉬움과 부족함을 채우고자 하였다.

이 책에서 다루는 11개의 해양법 이슈들은 편집위원회에서 여러 차례 회의를 거쳐 신중히 선정된 주제들이다. 해양관할권, 해양환경, 해양안보, 남·북극에 이르기까지 우리나라와 관련된 중요한 사안들을 이슈별로 정리하여 장을 구성하였다. 그래서 독자들은 곧바로 관심 있는 이슈의 장을 펼쳐 볼 수 있으며, 이 책을 일독했을 때에는 주요 해양법 현안들을 이해할 수 있도록 하였다.

이 책의 개별 장들은 전반적으로 제1권의 형식을 유지하여 해양법의 관련 내용을 다루고 이어서 한국의 실행과 정책적 제언을 담았지만, 전반적으로 한국의 실행 부분의 비중을 늘림으로써 실행의 중요성을 강조하였다. 그리고 이 책의 저자들이 결론에 갈음해서 제시한 정책적 제언은 해양법 실무자들에게는 법제도 개선에 대한 정책적 고민을, 연구자들에게는 새로운 연구과제를 안겨 주도록 의도하였다. 아무쪼록 이 책이 해양법 실무자에게 도움이 되고 한국의 해양법 기반이 공고해지는 데 조금이나마 기여할 수 있기를 기대한다.

마지막으로 이 책의 발간을 위해 소중한 원고를 작성하고 고된 수정 과정을 감내해 주신 저자분들에게 감사의 말씀을 드린다. 특히 주제와 집필방향 선정, 원고 검토에 이르기까지 수고를 아끼지 않으신 이용희 편집위원장님과 김두영 위원님, 박배근 위원님, 이근관 위원님, 김민철 위원님에게 깊은 감사의 말씀을 드린다. 또한 이 책을 기획하고 실무를 담당한 한국해양수산개발원의 박영길 실장과 김민 연구원의 노고에 감사드린다. 끝으로 상업성이 없는 책임에도 불구하고 한국의 해양법 발전을 위해 흔쾌히 출판을 허락해 주신 일조각 김시연 사장님과 거친 원고를 꼼꼼히 살피고 다듬어 주신 황인아 차장님께 감사의 마음을 전한다.

2022년 10월
한국해양수산개발원
원장 **김종덕**

차례

03　한일 대륙붕 공동개발협정

최지현

06 불법·비보고·비규제어업에 대응한 해양법제도 분석

이용희

07 선박 배출 대기오염 규제

08 해양쓰레기

정다운

09 북극 규범의 현황과 향후 전망

김민수

10 남극조약체제와 대한민국

서원상

11 해양분쟁 해결

김두영

* 이 글은 김민철, 『경계미획정 수역에서 연안국의 권리행사와 분쟁해결』(박사학위논문, 서울대학교, 2019); 김민철, "경계미획정 수역에 대한 규율체제의 한계는 극복될 수 있는가: 협력과 자제 의무의 해석론에 대한 비판적 고찰", 『국제해양법연구』, 제4권 제2호(2020)의 일부 내용을 수정, 보완한 것이다.

01

경계미획정 수역에서의 관할권 행사*

김민철

I. 개관

1. 경계미획정 수역

전통적으로 영해와 공해로 구분되던 해양의 법질서는 20세기 들어 큰 변화를 맞이한다. 1945년 트루먼 선언을 계기로 영해 이원수역의 천연자원 개발 및 이용에 대한 독점적 권리 주장이 보편화되는 등 연안국의 관할권 확대 경향이 강하게 나타났다. 그 결과 1982년 「유엔해양법협약」¹의 채택을 통해 오늘과 같은 '배타적 경제수역'과 '대륙붕' 제도가 확립되었다. 이로써 연안국은 자국의 영해기선으로부터 최대 200해리의 배타적 경제수역과 최

---

1 United Nations Convention on the Law of the Sea, 1982년 12월 10일 채택, 1994년 11월 16일 발효.

소 200해리의 대륙붕에 대한 자원 개발 및 이용을 위한 주권적 권리와 관할권(이하 '관할권'으로 통칭)[2]을 인정받게 되었다. 그러나 이런 해양관할권의 광역화는 국가들 간 관할권의 중복 현상을 초래해 배타적 경제수역과 대륙붕의 경계가 획정되지 않은 수역에서 관할권 충돌로 인한 갈등 역시 늘어나게 되었다.

경계미획정 수역undelimited maritime areas은 연안국의 배타적 경제수역 또는 대륙붕이 중첩되거나 잠재적으로 중첩될 수 있고 최종 경계획정이 이루어지지 않은 수역으로 정의된다.[3] 「유엔해양법협약」에 따르면, ① 연안국은 영해기선으로부터 200해리 범위 내에서 배타적 경제수역을 설정할 수 있다(제57조). 이 수역은 해저의 상부수역, 해저 및 그 하층토를 포함한다(제56조). 한편 ② 연안국의 대륙붕은 (ⅰ) 영토의 자연적 연장에 따라 대륙변계의 바깥 끝까지, 또는 (ⅱ) 대륙변계의 바깥 끝이 200해리에 미치지 않는 경우 영해기선으로부터 200해리까지의 해저와 하층토로 이루어진다(제76조 제1항). 즉 배타적 경제수역에 있어서는 200해리 거리 기준, 대륙붕에 있어서는 자연연장 또는 200해리 거리 기준에 기초해 연안국의 주권적 권리와 관할권의 최대 범위가 결정된다(그림 1-1). 이처럼 연안국이 일정한 수역에 대해 자국의 권리를 주장할 수 있는 권능 또는 자격을 해양권원maritime entitlement, 줄여서 권원entitlement이라 칭한다.

해양법 분야에서 '권원'이라 칭해지는 'entitlement'는 국제법상 권리

---

2 배타적 경제수역에 대한 연안국의 권리 및 관할권은 「유엔해양법협약」 제56조 이하, 대륙붕에 대한 연안국의 권리 및 관할권은 제77조 이하 참조.

3 British Institute of International and Comparative Law, *Report on the Obligation of States under Articles 74(3) and 83(3) of UNCLOS in respect of Undelimited Maritime Areas*, 30 June 2016 (이하 'BIICL Report'), para. 4. 경계미획정 수역을 지칭하는 용어로 '중첩수역', '중복수역'과 같은 용어도 사용되어 왔으며, 여기서 파생된 '권원중첩수역area of overlapping entitlements', '주장중첩수역area of overlapping claims'과 같은 용어가 사용되기도 한다. 위 용어들에 대한 개념 설명은 김민철, "중첩수역에 대한 개념적 고찰: 용어의 적절성과 대안의 모색", 『서울국제법연구』, 제26권 제2호(2019), 115–123쪽.

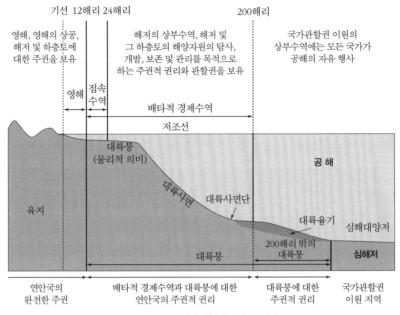

기선 12해리 24해리　　　　　　　　200해리

영해, 영해의 상공,　　해저의 상부수역, 해저 및　　　국가관할권 이원의
해저 및 하층토에　　그 하층토의 해양자원의 탐사,　　상부수역에는 모든 국가가
대한 주권을 보유　　개발, 보존 및 관리를 목적으로　　공해의 자유 행사
　　　　　　　　하는 주권적 권리와 관할권을 보유

영해│접속
　　│수역

배타적 경제수역

저조선

대륙붕
(물리적 의미)

대륙사면

대륙사면단

공 해

육지

대륙융기　심해대양저

200해리 밖의
대륙붕　　심해저

대륙붕

연안국의　　배타적 경제수역과 대륙붕에 대한　　대륙붕에 대한　　국가관할권
완전한 주권　　연안국의 주권적 권리　　주권적 권리　　이원 지역

그림 1-1 유엔해양법협약에 따른 해역도

의 확정적인 표식 내지 연원으로 언급되는 '권원', 즉 'title'과는 개념적으로 구분된다. 특정 육지나 해역을 소유possess하는 권리를 중심으로 하는 개념인 'title'과 달리, 'entitlement'는 배타성이 결여된 잠재적potential 성격을 갖는다. 여기서 잠재적 성격이란 관련 국가들 사이에 (ⅰ) 중첩되는 'entitlement'가 존재하지 않거나, (ⅱ) 중첩되는 'entitlement'가 존재하는 경우에는 그 경계가 획정되어야 비로소 'entitlement'에 기초한 권리가 배타적 성격을 보유하게 된다는 의미를 내포한다.[4] 이로 인해 'entitlement'

---

4 Nuro M. Antunes, *Towards the Conceptualisation of Maritime Delimitation: Legal and Technical Aspects of a Political Process* (Leiden/Boston: Martinus Nijhoff Publishers, 2003), p. 201. 'Title'이라 하면 'title to territory', 즉 영토권원을 생각하기 쉬우나, 'title'의 개념이 영토에 국한해 사용되는 것은 아님에 유의해야 한다. 예컨대, 「유엔해양법협약」은 일정한 해역에 대한 역사적 권원historic title의 성립 가능성을 인정하기도 한다(제15조).

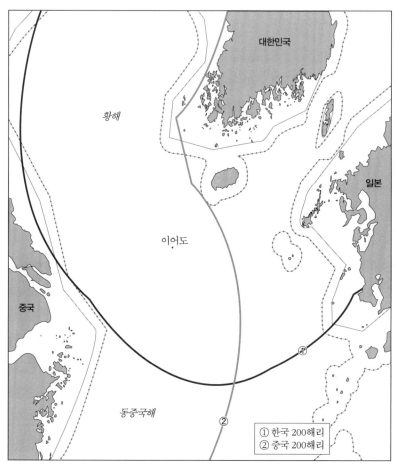

그림 1-2 한중 200해리 중첩수역도

는 관할권의 잠재적인 지리적 최대 범위라 설명되며,[5] 이렇게 잠재적인 'entitlement'가 중첩되는 수역을 나누어 'title'을 확정하는 것을 '해양경계 획정'이라 설명하기도 한다.[6] 즉 해양경계획정을 통해 'entitlement'는 'title'

---

5 Bjørn. Kunoy, "The Delimitation of an Indicative Area of Overlapping Entitlement to the Outer Continental Shelf", *British Yearbook of International Law*, Vol. 83, No. 1(2013), p. 65.

6 예컨대, 니카라과-콜롬비아 사건에서 니카라과 측 소송대리인의 구두변론 참조. *Territorial*

로 전환된다.

오늘날 해양경계획정 문제는 주로 배타적 경제수역이나 대륙붕의 권원이 공간적으로 중첩되기 때문에 발생한다. 따라서 경계미획정 수역은 국가들 사이에 배타적 경제수역이나 대륙붕의 경계가 획정되지 않아 그 '권원'의 최대 범위가 중첩되거나 중첩될 수 있는 수역으로 풀이될 수 있다. 예컨대 황해와 동중국해에서 한국과 중국의 200해리 배타적 경제수역 권원은 일부 중첩된다(그림 1-2). 이로 인해 양국 간에는 배타적 경제수역의 권원을 가르는 경계획정이 필요하다. 이처럼 경계미획정 수역은 배타적 경제수역이나 대륙붕의 경계획정을 필요로 하는 수역을 포괄하여 지칭하는 용어로 이해될 수 있다.

2. 관할권 행사의 제한규범[7]

(1) 규정 및 성안 과정

「유엔해양법협약」에는 경계미획정 수역에서 연안국의 행위를 규율하는 규

---

and Maritime Dispute (Nicaragua v. Colombia), Oral Hearings on 24 April 2012, CR 2012/10, p. 33, para. 18. 따라서 'entitlement'의 범위는 'title'을 초과할 수 있다. Kunoy, *supra* note 5, p. 66. 그 밖에 양 개념의 차이 등에 관한 추가적인 설명은 Antunes, *supra* note 4, pp. 133-134, 201. 국내에서는 모두 권원이라 칭해지는 'entitlement'와 'title'은 혼동 가능성 때문에 국문 용어를 달리 사용할 필요도 있어 보이며, 이에 'entitlement'를 '일응권원'으로 번역하는 안이 제시되기도 하였다. 최윤정, 『해양경계획정에서 차단효과 방지원칙』(박사학위논문, 서울대학교, 2020), 9-13쪽. 사견으로 일응(*prima facie*) 권리의 원천이 되는 'entitlement'의 잠재적 성격을 잘 보여 준다는 점에서 '일응권원'과 같은 번역도 고려해 볼 만한 방안이라고 본다. 다만 현실적인 용어 사용의 간결성, 맥락에 따라 개념을 이해하며 그간 큰 혼란 없이 'entitlement'를 '권원'이라 칭해 오던 관행 등을 감안해 이 글에서는 'entitlement'를 '권원'이라 칭하며, 또한 이 글에서 '권원'이라 함은 특별한 언급이 없는 한 'title'이 아닌 'entitlement'를 지칭함을 밝힌다.

7 이하는 김민철, "경계미획정 수역에 대한 규율체제의 한계는 극복될 수 있는가: 협력과 자제 의무의 해석론에 대한 비판적 고찰", 『국제해양법연구』, 제4권 제2호(2020), 4-30쪽에서 핵심 위주로 정리, 보완한 것이다.

정으로 제74조 제3항과 제83조 제3항이 있다.[8]

제74조 대향국간 또는 인접국간의 배타적경제수역의 경계획정

1. 서로 마주보고 있거나 인접한 연안을 가진 국가간의 배타적경제수역 경계획정
   은 공평한 해결에 이르기 위하여, 국제사법재판소규정 제38조에 언급된 국제법
   을 기초로 하는 합의에 의하여 이루어진다.

2. [생략]

3. 제1항에 규정된 합의에 이르는 동안, 관련국은 이해와 상호협력의 정신으로 실
   질적인 잠정약정을 체결할 수 있도록 모든 노력을 다하며, 과도적인 기간동안 최
   종 합의에 이르는 것을 위태롭게 하거나 방해하지 아니한다. 이러한 약정은 최종
   적인 경계획정에 영향을 미치지 아니한다.

4. [생략]

제83조 대향국간 또는 인접국간의 대륙붕의 경계획정

1. 서로 마주보고 있거나 인접한 연안국간의 대륙붕 경계획정은 공평한 해결에 이
   르기 위하여, 국제사법재판소규정 제38조에 언급된 국제법을 기초로 하여 합의
   에 의하여 이루어진다.

2. [생략]

3. 제1항에 규정된 합의에 이르는 동안 관련국은, 이해와 상호협력의 정신으로, 실
   질적인 잠정약정을 체결할 수 있도록 모든 노력을 다하며, 과도적인 기간동안 최
   종 합의에 이르는 것을 위태롭게 하거나 방해하지 아니한다. 이러한 약정은 최종

---

8 물론 위 규정들 이외에 분쟁의 평화적 해결 의무에 관한 「유엔해양법협약」 제279조, 의견교환
  의무를 규정한 제283조, 신의성실과 권리남용 금지에 관한 제300조, 해양의 평화적 이용 의무
  를 규정한 제301조 및 무력사용 금지 등 여타 일반국제법상 규범들도 경계미획정 수역에서 국
  가들의 행위를 규율하는 규범으로 작동한다. David Anderson & Youri van Logchem, "Rights
  and obligations in areas of overlapping maritime claims", in Shunmugam Jayakumar,
  Tommy Koh & Robert Beckman (eds.), *The South China Sea Disputes and Law of the Sea*
  (Cheltenham: Edward Elgar Publishing Limited, 2014), pp. 212, 223.

적 경계획정에 영향을 미치지 아니한다.

4. [생략]

위 규정들에 의해 부과되는 의무는 ① 실질적인 잠정약정 체결을 위해 모든 노력을 다할 의무(이른바 '협력의무'), ② 최종 해양경계획정 합의에 이르는 것을 위태롭게 하거나 방해하지 않기 위해 모든 노력을 다할 의무(이른바 '자제의무')로 정리된다.[9] 위 규정들은 일반국제법상 신의성실 원칙과 분쟁의 평화적 해결 원칙이 투영된 것으로 두 가지 의무 모두 노력할 의무, 즉 '행위 의무'로서의 성격을 지닌다.[10]

위 규정들은 제3차 해양법회의에서 최종 해양경계획정 이전 연안국의 해양활동의 한계와 관할권의 범위 문제와 관련하여 논의되었다.[11] 당시 해양경계획정에 관하여 등거리선·중간선 원칙을 주장하던 국가들은 대체로 경계획정 이전에도 등거리선·중간선을 넘어 배타적 경제수역과 대륙붕을 확장할 수 없도록 규정하기를 원하였다. 반면 형평의 원칙을 지지하던 국가들은 잠정약정을 활용해 가급적 해양활동의 범위를 넓히고자 하였다. 이런 입장 차 속에 1978년 제7협상그룹NG7에 제출된 모로코의 안은 잠정약정에 관한 내용뿐만 아니라 일정 행위의 자제에 관한 내용도 들어 있어 타협점을 도출하는 토대가 되었다. 다만 양측 간 입장 대립 속에 등거리선·중간선 원

---

9 외국의 논자들은 전자를 'obligation of cooperation', 'obligation to cooperate', 후자를 'obligation of self-restraint', 'obligation to exercise self-restraint'와 같이 약칭하기도 한다. 이런 용례에 따라 이 글에서도 '협력의무', '자제의무'라는 표현을 사용한다. 다만 전자를 '협력의무'로 칭함에 있어서는 「유엔해양법협약」상 여타 협력의무들과 혼동하지 않도록 유의해야 한다.

10 *Delimitation of the Maritime Boundary in the Atlantic Ocean Case (Ghana/Côte d'Ivore), Judgment, ITLOS Reports 2017* (이하 Ghana/Côte d'Ivoire), paras. 627, 629.

11 성안 과정에 관한 보다 상세한 설명은 Rainer Lagoni, "Interim Measures Pending Maritime Delimitation Agreements", *American Journal of International Law*, Vol. 78, No. 2(1984), pp. 349-354.

칙 그룹이 선호한 등거리선·중간선을 관할권 행사의 기준으로 명시하는 안은 채택되지 못하였다.[12]

(2) 일반론

1) 잠정약정 체결을 위해 노력할 의무

첫 번째 의무인 잠정약정 체결을 위해 모든 노력을 다할 의무는 '신의성실한 교섭의무'를 부과한다.[13] 이 의무는 어떤 결론을 도출할 필요는 없지만 수동적인 부작위 이상을 요구하는 적극적 의무로, 일반국제법상 '교섭의무'에서 기원을 찾는다. 이는 '조약체결의무'를 창설하는 것은 아니나 적어도 교섭에 임할 의무, 즉 '교섭개시의무'를 예정한다.[14]

"모든 노력을 다한다shall make every effort"는 것은 잠정약정 체결을 위한 노력이 권고나 장려가 아니라 의무임을 뜻한다.[15] "이해와 상호협력의 정신으로in a spirit of understanding and co-operation"라는 문구는 잠정약정 체결을 위한 협상에 있어 상호 양보의 정신을 가지고 접근할 것을 요구한다.[16] 교섭의무와 관련하여 국제사법재판소(이하 'ICJ')는 북해대륙붕사건

---

12 일본은 제3차 해양법회의 당시 등거리선·중간선을 넘어 배타적 경제수역과 대륙붕을 확장할 수 없도록 하는 안을 지지하였다. 「유엔해양법협약」 발효 후 일본은 위 입장을 관철해 국내법에 주변국과의 중간선을 경계선으로 일방 설정하여 논란이 되었다(주 51).

13 Enrico Milano & Irini Papanicolopulu, "State Responsibility in Disputed Areas on Land and at Sea", *Zeitschrift für ausländische öffentliches Recht und Völkerrecht*, Vol. 71(2011), p. 613; *In the Matter of an Arbitration between Guyana and Suriname, Award of the Arbitral Tribunal(17 September 2007)*(이하 Guyana v. Suriname), para. 461.

14 *Railway Traffic between Lithuania and Poland(Lithuania v. Poland), Advisory Opinion, Series A/B No. 42(1931)*, p. 116. 해양법 분야에서 교섭의무에 관한 판시는 *North Sea Continental Shelf(Federal Republic of Germany/Denmark; Federal Republic of Germany/Netherlands), Judgment, I.C.J. Reports 1969*(이하 North Sea Continental Shelf), para. 85; *Fisheries Jurisdiction(United Kingdom/Iceland), Judgment, I.C.J. Reports 1974*, paras. 71–75.

15 Lagoni, *supra* note 11, p. 354.

16 Guyana v. Suriname, *supra* note 13, para. 461.

에서 쌍방이 입장 변경 가능성을 숙고하지 아니한 채 자신의 입장만을 고집할 것이 아니라 그 자체로 교섭이 의미 있도록 행위를 해야 한다고 판시하였다.[17] '잠정약정provisional arrangements'이란 공식 조약이든 비공식적 합의든 형태를 문제 삼지는 않는다.[18] 법적 구속력이 없는 정치적 문서에 따른 합의, 관련 기관 간 양해각서의 체결, 당국자 간 구두합의 등 형태를 불문하고 갈등관리를 위한 협력체제를 모색하는 것이면 충분하다. '실질적인of a practical nature'의 경우 최종 경계획정이나 영토 문제에 영향을 주지 않으면서 수역의 사용에 관한 문제들에 대해 실질적 해결practical solution을 제시해야 함을 의미한다.[19] 이는 잠정약정의 운용적 성격operational nature을 강조한 것으로 이해된다.[20]

2) 최종합의 도달을 위태롭게 하거나 방해하지 않도록 노력할 의무

두 번째는 최종 해양경계획정 합의에 이르는 것을 위태롭게 하거나 방해하지 않기 위해 모든 노력을 다할 의무이다. 이는 소극적 의무로, 최종 경계합의에 도달하는 것을 저해할 수 있는 행위를 '자제할 의무'이다.[21]

다만 통상 최종합의의 도달을 손상시키지 않는 한 일정한 행위는 허용된다고 설명된다.[22] 이에 그간 논자들은 경계미획정 수역에서 어떤 행위가 금지되고 허용되는지에 관심을 가져왔다. 이와 관련하여 보통 탄화수소 자원의 채취, 생산설비의 구축 허가 등은 해양경계획정 합의의 도달을 저해하는

---

17 North Sea Continental Shelf, *supra* note 14, para. 85.
18 Milano & Papanicolopulu, *supra* note 13, pp. 614-615.
19 Lagoni, *supra* note 11, p. 358.
20 BIICL Report, *supra* note 3, para. 50.
21 Milano & Papanicolopulu, *supra* note 13, p. 616.
22 Myron H. Nordquist, Satya N. Nandan & Shabtai Rosenne (eds.), *United Nations Convention on the Law of the Sea 1982: A Commentary,* Vol. II (Dordrecht/Boston/London: Martinus Nijhoff Publishers, 1993), p. 815.

것으로 이해되어 왔다. 이에 따라 시험굴착과 같이 최종합의에 회복 불가능한 손해를 끼치는 행위는 허용될 수 없으나, 지진파 탐사와 같은 일시적 행위는 허용된다고 설명되었다.[23] 이런 해석에는 ICJ의 에게해 대륙붕 잠정조치 사건이 큰 영향을 미쳤다. 튀르키예 측 탐사선이 1976년 그리스와의 중첩 대륙붕에서 지진파 탐사를 수행한 데 대해 그리스는 자국의 동의 없는 탐사를 삼갈 것을 잠정조치로 신청하였다. 당시 이루어진 튀르키예의 탐사는 선박이 수중에 작은 폭발을 일으켜 해저에 음파를 쏘고 해저 하부의 지구물리학적 구조에 관한 정보를 수집하는 것이었다. ICJ는 ① 이런 형태의 지진파 탐사가 해저, 하층토 또는 그 천연자원에 물리적 손상을 일으킬 위험을 포함하지 않는 점, ② 지진파 탐사가 일시적transitory 성격을 띠며 대륙붕의 해저 또는 해저 상부에 시설installations 설치를 포함하지 않는 점, ③ 튀르키예가 분쟁 중인 대륙붕에서 천연자원의 실제적인 영유 여타 이용과 관련된 활동에 착수하지 않은 점 등을 근거로 이러한 활동이 잠정조치를 발령하는 데 필요한 그리스의 권리에 대한 회복 불가능한 손해 요건을 충족시키지 못한다고 판단하였다.[24]

(3) 관련 판례

현재까지 「유엔해양법협약」 제74조 제3항과 제83조 제3항의 해석 및 적용이 문제가 된 국제판례 사안은 다음 세 건이 있다.

1) 가이아나-수리남 사건

2000년 6월 3일 가이아나와 수리남 사이의 분쟁 수역에서 가이아나 측 석

---

23 Lagoni, *supra* note 11, p. 366.

24 *Aegean Sea Continental Shelf (Greece v. Turkey), Interim Protection, Order of 11 September 1976, I.C.J. Reports 1976*, paras. 17, 30, 32-33. 이 사안은 후일 가이아나-수리남 사건에서 제시된 '해양환경에 대한 영구적인 물리적 영향' 기준에 큰 영향을 미쳤다.

유굴착선이 시험공 굴착을 위해 해저에 지지대를 설치하던 중 수리남 공군의 출격과 해군 함정의 퇴거명령에 따라 철수하는 사건이 발생하였다. 가이아나에 의해 「유엔해양법협약」 제7부속서에 따른 중재재판에 회부된 이 사건에서는 양국 간 해양경계획정 문제와 함께 당시 가이아나 측의 시험굴착과 수리남 측 대응조치의 적법 여부가 다투어졌다. 중재재판소의 경계획정 결과 이 사건이 일어난 수역은 가이아나에 귀속되었으나, 양측 모두에 제74조 제3항과 제83조 제3항에 따른 의무 위반이 인정되었다.[25]

우선 새판소는 가이아나가 시험굴착을 준비하면서 직접 수리남에 계획을 통지하였어야 하며, 양허권자인 회사의 공개 발표만으로는 잠정약정 체결을 위한 노력의무를 충족시키지 못한다고 보았다. 재판소는 가이아나가 훨씬 일찍 수리남과 굴착작업에 대해 협의했어야 하며, 2000년 6월 2일의 대화 제안만으로 이러한 의무의 부담으로부터 벗어날 수 없다고 지적하였다. 그러면서 잠정약정 체결을 위한 노력에 부합할 수 있었던 조치로 계획된 활동의 공식통보, 계획된 활동 착수에 있어 협력 모색, 결과의 공유 및 상대국에 대한 관찰기회 부여, 탐사활동으로 인한 재정이익의 공유 제의를 열거하였다.[26] 한편 가이아나의 일정한 협의 노력에도 불구하고 이에 소극적으로 임하였던 수리남에 대해서도 의무 위반이 인정되었다. 재판소는 시험굴착 계획이 알려졌을 무렵 수리남이 보다 적극적으로 협상을 시도했어야 했고, 적어도 2000년 6월 2일 굴착작업 방식을 논의하기 위한 가이아나의 마지막 대화 제안을 수락하고 성실히 교섭에 임해야 하였다고 보았다. 재판소는 대화의 참여조건으로 시험굴착의 즉각 중단을 주장하는 것도 가능했다고 언급하였다. 그러나 수리남은 그런 행위 없이 퇴거조치로 나갔고 그 결과 수

---

25 Guyana v. Suriname, *supra* note 13, para. 486.
26 *Ibid.*, para. 477.

리남의 의무 위반이 인정되었다.[27]

　이 사건에서는 양측 모두에 자제의무 위반도 인정되었다. 재판소는 분쟁수역에서의 석유 탐사, 개발과 관련하여 해양환경에 물리적 변화를 초래하는 행위는 잠정약정에 따라 당사국 간 합의에 의해 이루어져야 한다고 하였다. 이어 에게해 대륙붕 잠정조치 사건을 언급하면서 '해양환경에 대한 영구적인 물리적 영향permanent physical impact on the marine environment' 여부에 따른 구분이 자제의무의 해석에서 요구되는 섬세한 균형을 달성한다고 지적하였다.[28] 이런 전제하에 재판소는 시험굴착은 지진파 탐사와 실질적인 법적 차이를 가지며 해양환경에 영구적인 물리적 손상을 초래할 수 있다고 언급하였다.[29] 한편 수리남의 경우에도 당시 가이아나와 교섭을 개시할 수 있었으며 잠정조치를 포함한「유엔해양법협약」제15부의 분쟁해결절차 회부 등 분쟁의 평화적 해결 수단을 가지고 있었다. 재판소는 이 점을 지적하며 수리남의 당시 대응조치는 분쟁수역에서 국제 평화와 안전에 대한 위협임과 동시에 최종합의 도달을 위태롭게 하는 행위라 판단하였다.[30]

2) 가나-코트디부아르 사건

가나는 코트디부아르와의 경계미획정 수역에서 2009년부터 2014년 사이에 34개의 탐사·개발공을 굴착하였다. 양국은 2014년 특별협정에 따라 국제해양법재판소 특별재판부(이하 '재판소')에 해양경계획정과 함께 제83조 제3항 위반 여부를 포함한 가나 측 활동의 적법 문제를 회부하였다. 결과적으로 재판소의 경계획정 결과 문제의 수역은 가나에 귀속되었으나, 재판소는 가

---

27 *Ibid.*, para. 476.
28 *Ibid.*, paras. 465-470.
29 *Ibid.*, paras. 479-481.
30 *Ibid.*, para. 484.

이아나-수리남 사건과는 달리 가나의 제83조 제3항 위반을 부정하였다.

우선 재판소는 잠정약정 체결을 위한 노력의무 위반 문제에 관해 코트디부아르가 가나에 관련 활동의 자제를 요구했을 뿐, 가나가 신의에 따라 성실하게 행위를 하지 않았다는 주장을 입증하지 못했다고 하였다. 재판소는 코트디부아르가 잠정약정의 수립을 제안하고 그에 따른 협상을 개시해야 하였다고 보았다. 이는 가나의 활동이 수년에 걸쳐 지속되었기 때문에 더욱 필요한 것이며, 그러한 활동이 코트디부아르에 의해 묵인된 것은 아니더라도 양국 간 관계 평기에 있어 고려되어야 한다고 덧붙였다.[31]

다음으로 최종합의 도달을 위태롭게 하거나 방해하지 않도록 노력할 의무에 관하여는 분쟁수역에서 새로운 굴착의 금지를 명한 2015년 4월 잠정조치 명령에 따라 가나 측이 관련 활동을 정지한 점, 가나가 해양경계획정 결과 자신의 수역으로 귀속된 수역에서만 관련 행위를 수행했다는 점을 근거로 코트디부아르의 주장을 배척하였다.[32]

3) 소말리아-케냐 사건

동부아프리카에 위치한 소말리아는 2014년 인접한 케냐와의 인도양 방면

---

31 Ghana/Côte d'Ivoire, *supra* note 10, para. 628.

32 *Ibid.*, paras. 631-633. 특히 당시 코트디부아르는 청구취지 (2)(iii)에서 "코트디부아르의 수역에서in the Ivorian maritime area" 가나에 의해 일방적으로 수행된 행위들이 최종합의 도달을 위태롭게 하거나 방해하지 않을 의무 위반임을 판결, 선언해 줄 것을 요청하였다. *Ibid.*, para. 63. 그러나 재판소는 가나의 행위가 경계획정 결과 코트디부아르의 수역에서 발생한 것이 아니므로 위 청구가 성립될 수 없다고 보았다. *Ibid.*, para. 633. 사건으로 가나-코트디부아르 사건에서 제83조 제3항 관련 판단은 가이아나-수리남 사건의 기준론을 답습하지 않았던 점에서 나름의 의의를 갖는다고 본다. 그러나 코트디부아르가 가나의 행위를 묵인하지 않았음에도 가나 측에 협력의무가 적용되지 않는 것으로 판단한 부분, 경계획정의 결과 및 코트디부아르의 청구취지에 따라 형식적 판단에 그친 부분 등은 논자들로부터 상당한 비판을 받았다. 상세 설명은 김민철, 앞의 주 7), 19-23쪽. 가나 측에 사실상 제83조 제3항 위반이 인정된다는 취지의 백진현 재판관의 개별의견도 참조. Ghana/Côte d'Ivoire, *supra* note 10, Separate Opinion of Judge Paik, paras. 13-16.

의 해양경계획정 문제를 ICJ에 회부하였다. 이 사건에서 소말리아는 자국이 주장하는 경계선 내 수역을 중심으로 케냐 측이 석유탐사를 위한 광구를 설정하고 일부 굴착을 포함한 집중적인 탐사활동을 벌인 점을 문제 삼았다.[33] 소말리아는 경계미획정 수역에서 케냐의 이러한 일방적 자원활동이 「유엔 해양법협약」 제74조 제3항 및 제83조 제3항에 따른 최종합의 도달을 위태롭게 하거나 방해하지 않을 의무 위반이라 주장하였다. 특히 해양환경에 물리적 영향을 미치는 행위뿐만 아니라 지진파 탐사활동과 같은 비공격적 행위로부터도 의무 위반이 가능하다고 덧붙였다.[34]

ICJ의 2021년 최종판결 결과 양국 간 분쟁수역의 상당 부분이 소말리아 측에 귀속되었다. 그러나 ICJ는 소말리아가 제기한 제74조 제3항 및 제83조 제3항 위반 주장은 다음과 같은 이유로 배척하였다. 재판소는 이들 규정상 '과도적인 기간'이란 "해양경계획정 분쟁이 발생하여 합의 또는 판결에 의해 최종적인 해양경계획정이 이루어지기까지의 시기"라 확인하며 당사국들 간 분쟁이 2009년 이래 분명해졌으므로 그 후 이루어진 케냐의 행위들에 대해 의무 위반 여부를 검토할 것임을 전제하였다. 그러면서 민간운영자들에 대한 양허 부여 및 지진파 여타 탐사의 수행은 '일시적 성격transitory character'을 가지며 해양환경에 영구적인 물리적 변화를 초래할 수 있는 종류의 활동이 아니므로 의무 위반이 될 수 없다고 판시하였다. 반면 소말리아가 다투는 케냐 측 굴착행위는 기본적으로 당사국들 사이에 현상을 변경시킬 수 있고 최종합의를 위태롭게 하거나 방해할 수 있다고 언급하였다. 그러면서도 2009년 이후 이루어진 일부 케냐 측 굴착행위들은 소말리아가 해양경계로 주장한 선으로부터 케냐 측 수역에서 이루어졌다고 지적하였

---

33 Memorial of Somalia, Vol. 1 (13 July 2015), paras. 8.19, 8.27.

34 *Maritime Delimitation in the Indian Ocean (Somalia v. Kenya), Judgment, I.C.J. Reports 2021*, para. 200.

다. 또한 소말리아가 문제 삼은 나머지 케냐 측 굴착행위들은 제출된 자료만으로는 그 위치를 특정할 수 없거나 굴착행위의 증거 자체가 제시되지 않아 재판소가 2009년 이래 분쟁수역에서 케냐 측의 굴착행위가 이루어졌는지에 관해 판단할 수 없다고 하였다. 나아가 재판소는 2014년 당사국들이 해양경계획정 교섭을 개시하였고 2016년 케냐가 분쟁수역에서의 활동을 중단하고 잠정약정의 체결을 제안한 점도 덧붙이며 이런 상황들을 고려할 때 케냐의 자제의무 위반은 인정되지 않는다고 결론 내렸다.[35]

(4) 평가

협력의무에 대하여는 그간 내용이 명확하지 않다는 평이 많았다. 그러나 가이아나-수리남 사건 이래 판례들이 축적되면서 의무의 내용이 구체화되고 점차 규범력을 더해 가는 방향으로 바뀌고 있다. 가이아나-수리남 사건에 따르면, 이 의무의 충족을 위해 상대방에 교섭을 제안하거나 상대방의 교섭 요청을 수락하는 것이 중요하다. 교섭요청을 수락할 때는 특정 행위의 중단과 같은 조건 추가도 가능하다. 반면 예정된 협의에 대표단을 파견하지 않거나 상대방의 제안에 무응답으로 일관하는 것은 지양해야 한다. 특히 가이아나-수리남 사건에서는 이 의무에 부합하는 구체적 조치로 계획된 활동의 공식통보, 계획된 활동 착수에 있어서의 협력 모색, 결과의 공유 및 상대국에 관찰기회 부여, 그러한 활동으로 발생한 재정이익의 공유 제의를 열거하였다.[36] 다만 양국관계나 실제 예정된 행위의 권리침해 가능성을 상대적으로 판단하지 않고 일관된 기준을 적용하기는 어렵다고 사료된다. 따라서 협력의무 위반 여부는 상황에 따른 탄력적·종합적 판단이 불가피하다. 이

---

35 *Ibid.*, paras. 206-211.
36 위 기준을 권고적으로 이해해야 한다는 지적으로는 Milano & Papanicolopulu, *supra* note 13, pp. 614, 616.

점에서 개별 상황에 따른 의무 위반 여부에 대한 예측 가능성을 높이기 위해서는 사안별로 관련 판례가 보다 축적되어야 할 것으로 보인다. 한편 가나-코트디부아르 사건에서는 가나의 행위가 일정 기간 지속되어 온 정황이 코트디부아르 측에 불리하게 작용하였다. 이 점을 감안할 때 경계미획정 수역에서 이루어지는 주변국의 일방적 행위에 대해서는 단호한 항의와 적극적인 협의 요청을 통해 해당 행위의 반복 내지 고착화를 저지하고 분쟁의 존재를 분명히 하는 것이 중요할 것으로 보인다.

자제의무는 결과 지향적 성격이 강한 행위의무이다.[37] 다만 가이아나-수리남 사건에서 제시된 '해양환경에 대한 영구적인 물리적 영향' 기준은 그간 문제가 지적되어 온 바와 같이[38] 완전한 기준이라 하기 힘들다. 이와 관련하여 가나-코트디부아르 사건에서 백진현 재판관의 개별의견은 경청할 만하다. 백 재판관은 이 사건에서 '개별 사안의 구체적 상황'이 중요한 기준이 된다는 견해를 피력하며, 경계미획정 수역에서 허용되는 행위와 그렇지 않은 행위를 일반적·추상적으로 확인하고자 하는 것은 제83조 제3항의 목적에 부합하지 않는다고 언급하였다. 이와 함께 해양환경에 영구적인 물리적 변화를 초래하는 행위뿐만 아니라 훨씬 덜 공격적인 행위도 당사국 간 심각한 긴장을 초래하는 원인이 되고 최종합의를 위태롭게 할 수 있다고 지적하였다. 그러면서 회복 불가능한 손해와 최종합의 도달의 저해 여부를 판단하는 것은 별개의 법적 기능을 가지며, 자제의무 위반 판단에는 행위의 유형, 성격, 위치, 시간, 수행방식 등 여러 요소가 고려될 수 있다고 하였

---

37 Ghana/Côte d'Ivoire, *supra* note 10, Separate Opinion of Judge Paik, para. 6.
38 판단기준 자체가 불분명한 점, 잠정조치 발령을 위한 회복 불가능한 손해의 판단기준을 자제의무 위반의 판단기준으로 차용한 점, 어업과 같은 대륙붕의 탐사 및 개발 이외의 분야에 적용하는 데 한계가 있다는 점 등이다. Youri van Logchem, "The Scope for Unilateralism in Disputed Maritime Areas", in Clive Schofield, Seokwoo Lee & Moon-Sang Kwon (eds.), *The Limits of Maritime Jurisdiction* (Dordrecht: Martinus Nijhoff Publishers, 2013), pp. 184, 187; 김민철, 앞의 주 7), 25-29쪽.

다.[39] 이러한 의견은 자제의무 위반 판단은 제74조 제3항과 제83조 제3항에 따라 독자적으로 이루어져야 한다는 취지로 자제의무 위반 판단에 있어 중요한 법리적 기틀을 제공한다고 사료된다.

이후 ICJ는 소말리아-케냐 사건에서 가이아나-수리남 사건에서 제시된 '해양환경에 대한 영구적인 물리적 영향' 기준을 충실히 따른 것으로 보인다. 다만 이 사건은 대륙붕의 탐사 및 개발에 관한 사안에 있어서는 이 기준이 여전히 유효하게 적용된다는 점을 재확인한 정도로 이해될 수 있다. 따라서 이 기준론에 대한 기존의 비판들이나 백진현 재판관의 의견은 법리적 측면에서 여전히 유효하다고 평가할 수 있다. 특히 이 사건에서는 2009년 이후 케냐의 굴착행위들이 소말리아가 주장하던 경계선 너머 케냐 쪽 수역에서 이루어졌을 뿐 정작 소말리아가 문제 삼는 수역에서는 굴착 여부를 정확히 확인할 수 없다는 점이 의무 위반을 부정한 이유로 언급되었다. 이는 자제의무 위반을 판단하는 데 양국 관계에서의 분쟁 상황과 맥락, 당사국의 해양경계에 대한 주장과 실제 행위가 이루어진 위치 요소 등이 고려될 수 있다는 점을 시사하는 대목이기도 하다.

끝으로 가이아나-수리남 사건에 따르면 「유엔해양법협약」 제15부에 따른 분쟁해결절차 등 분쟁의 평화적 해결 수단이 남아 있는 상황에서 경계미획정 수역에서의 일방적 법 집행은 자제의무 위반 가능성이 높게 평가될 수 있다는 점에서도 유의해야 한다.

---

39 Ghana/Côte d'Ivoire, *supra* note 10, Separate Opinion of Judge Paik, paras. 6-10.

Ⅱ. 대한민국과 동북아시아의 실행

1. 해양경계획정에 관한 입장과 주요 잠정약정 체제

(1) 유엔해양법협약 체제와 각국의 법제 정비

한국의 경우 1996년 1월 29일 유엔에 비준서를 기탁함으로써 「유엔해양법 협약」은 같은 해 2월 28일 한국에 대해 공식 발효하였다. 중국과 일본 역시 비슷한 시기에 비준 절차를 마침으로써 1996년 7월부로 3국은 모두 해양 법협약의 당사국이 되었다.[40] 이와 함께 동북아시아 3국은 해양법협약 체제의 이행을 위해 자국 실정에 맞게 각기 국내법을 정비해 나갔다. 대표적으로 한국은 1996년 8월 「배타적 경제수역법」,[41] 일본은 1996년 6월 「배타적 경제수역 및 대륙붕에 관한 법률」,[42] 중국은 1998년 6월 「배타적 경제수역 및 대륙붕에 관한 법률」[43]을 제정하였다.

(2) 해양경계획정에 관한 기본입장

한반도 주변수역은 연안 간 거리가 대부분 400해리에 미치지 못한다. 이에 관련국 간 배타적 경제수역과 대륙붕의 권원이 중첩되는 수역이 상당 부분 발생한다. 그러나 현재 한중, 한일, 중일 간 해양경계가 획정된 곳은 「대한민국과 일본국 간의 양국에 인접한 대륙붕 북부구역 경계획정에 관한 협

---

40 한국은 1996년 1월 29일 비준서 기탁, 같은 해 2월 28일 발효. 일본은 1996년 6월 20일 비준서 기탁, 같은 해 7월 20일 발효. 중국은 1996년 6월 7일 비준서 기탁, 같은 해 7월 7일 발효.
41 법률 제5151호, 1996년 8월 8일 제정, 같은 해 9월 10일 시행.
42 排他的経済水域及び大陸棚に関する法律, 법률 제74호, 1996년 6월 14일 제정, 같은 해 7월 20일 시행.
43 中华人民共和国专属经济区和大陆架法, 1998년 6월 26일 전인대 상무위 통과 및 중국 주석 공포, 동 일자 발효.

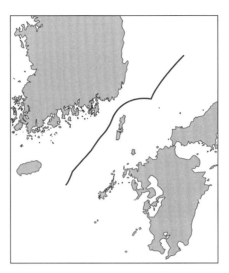

그림 1-3 한일 북부대륙붕 경계 수역도

정」(이하 '북부대륙붕경계협정')[44]에 따른 일부 수역에 불과하다(그림 1-3).[45]

한중일은 해양경계획정의 원칙 내지 방법론에서 서로 다른 입장을 보이고 있다. 한국은 동중국해 대륙붕 경계획정의 경우 육지영토의 자연연장에 따라 해저의 지질과 지형학적 특성이 고려되어야 한다는 입장에 있으나[46]

---

44 1974년 1월 30일 서명, 1978년 6월 22일 발효.

45 후술하는 1998년 「한일어업협정」 제7조는 북부대륙붕경계협정에 따른 대륙붕 경계와 동일한 선을 양국의 배타적 경제수역으로 간주되는 수역의 경계로 설정하고 있다. 그 밖에 북한의 해양경계획정 현황에 관한 전반적 설명은 정인섭, 『신국제법강의: 이론과 사례』, 제12판 (서울: 박영사, 2022), 729-730쪽.

46 한국은 동중국해 대륙붕의 경계획정에 관해 자연연장론의 고려를 주장해 왔으나, 그 상부수역에 관하여는 중간선 입장에 있는 것으로 보인다. 김선표는 한국이 황해와 동해에서는 등거리선 원칙을 주장해 왔으나 동중국해에서는 자연연장론을 토대로 형평의 원칙을 지지해 왔다고 하면서도 동중국해에서 배타적 경제수역, 즉 수역water column의 경계획정에 관하여는 한국이 자연연장을 고수하지 않을 수 있다고 기술하였다. 그러면서 1998년 「한일어업협정」에 따른 동중국해상 공동어로구역(제주남부 중간수역)이 한일 양국 간 잠정등거리선에 기초하여 설정된 것에 비추어 볼 때 동중국해 수역에 관한 한 한국은 거리기준을 적용하는 데 동의할 수도 있음을 시사한다고 기술하였다. Sun Pyo Kim, *Maritime Delimitation and Interim Arrangements in North East Asia* (The Hague/London/New York: Martinus Nijhoff Publishers, 2004),

그 외 황해, 동해에서는 상부수역과 해저, 하층토를 불문하고 중간선 입장에 있는 것으로 보인다. 반면 후술하는 국내 입법에서 볼 수 있듯 통상 중국은 배타적 경제수역과 대륙붕 공히 형평의 원칙, 일본은 양자 공히 중간선 입장에 있는 것으로 이해된다.

한국은 「유엔해양법협약」의 발효 직후 제정, 시행되어 온 「배타적 경제수역법」을 2017년 3월 「배타적 경제수역 및 대륙붕에 관한 법률」[47]로 개정하면서 여기에 해양법협약의 대륙붕에 관한 기본규정을 포함시켰다. 동법에서는 200해리 이원의 대륙붕 권원을 지칭하며 '자연적 연장'이란 표현을 사용한다(제2조 제2항). 아울러 배타적 경제수역과 대륙붕의 경계획정에 관하여는 특정 원칙의 표명 없이 국제법을 기초로 관계국과의 합의에 따른다고 규정한다(제2조 제3항). 그러면서도 경계획정 이전 관할권 행사의 한계로 중간선을 규정한 제5조 제2항의 적용대상에는 종전 「배타적 경제수역법」과 마찬가지로 배타적 경제수역만 규정할 뿐 대륙붕은 포함시키지 않았다.[48] 당시 국회 심의 과정을 살피면 이는 동중국해에서 자연연장론에 입각한 한국의 대륙붕 경계획정 입장을 고려한 것으로 보인다.[49] 한편 중국의 「배타적 경제수역 및 대륙붕에 관한 법률」에서는 200해리 이원의 대륙붕에 관하

---

pp. 211-213. 그 밖에 한국이 동중국해에서 배타적 경제수역과 대륙붕 경계가 각각 달리 체결되어야 한다는 입장에 있다는 기술로 양희철, "우리나라의 해양경계획정", 양희철·이문숙 편, 『해양법과 정책』(부산: 한국해양과학기술원, 2020), 115쪽. 한일 양국이 배타적 경제수역 경계획정에 있어서는 모두 중간선 원칙을 채택하고 있다는 기술로 임한택,『국제법 이론과 실무』(서울: 박영사, 2020), 211쪽도 참고.

47 법률 제14605호, 2017년 3월 21일 일부 개정, 시행.

48 배타적 경제수역 및 대륙붕에 관한 법률 제5조 ② 제3조에 따른 대한민국의 <u>배타적 경제수역</u>에서의 권리는 대한민국과 관계국 간에 별도의 합의가 없는 경우 대한민국과 관계국의 중간선 바깥쪽 수역에서는 행사하지 아니한다. … (밑줄은 저자 강조)

49 당초 개정법 마련의 계기가 된 박지원 의원 등 14인 발의안에서는 종전 「배타적 경제수역법」 제5조 제2항의 적용 대상에 배타적 경제수역뿐만 아니라 대륙붕도 포함시켰으나, 국회 심의 과정에서 대륙붕 경계획정의 기준으로 육지영토의 자연적 연장설을 주장해 온 기존 입장과 배치될 우려 등이 문제로 지적되어[국회 외교통일위원회, 배타적 경제수역법 일부개정법률안 심사보고서(2017. 2.), 14쪽], 최종 외교통일위원회 대안에는 포함되지 못하였다.

여 '자연연장自然延伸'이란 표현을 사용한다(제2조 제2문). 경계획정에 관하여는 배타적 경제수역과 대륙붕 공히 '공평원칙公平原則'에 따라 합의를 하여 획정한다고 규정한다(제2조 제3문). '공평원칙'은 이 법의 영문본에서 'the principle of equity'로 번역되어[50] 통상 해양경계획정의 원칙 내지 방법론으로 언급되는 '형평의 원칙'을 의미하는 것으로 이해된다. 반면 일본의 「배타적 경제수역 및 대륙붕에 관한 법률」은 200해리 이원의 대륙붕에 관해 자연연장과 같은 표현을 직접 사용하고 있지는 않다. 또한 동법은 주변국과의 '중간선中間線'까지를 일본의 배타적 경제수역과 대륙붕으로 징하고 있다(제1조 제2항, 제2조 제1호).[51]

(3) 입장 대립의 실제와 주요 잠정약정 체제

1) 한국-중국

황해에서는 한국의 중간선 주장과 중국의 형평의 원칙 주장이 대립한다. 중국은 대체로 모든 관련 상황을 고려하여 경계를 획정해야 한다는 입장으로,[52] 현실적으로 중간선보다 자국에 더 유리한 경계선을 주장할 것으로 예상된다.[53] 양국 간 기점에 관한 견해차도 상존한다.[54]

양국은 해양경계획정이 이루어질 때까지 어업질서를 유지하기 위해 2000년 「대한민국 정부와 중화인민공화국 정부 간의 어업에 관한 협정」(이하 '한

---

50 영문본은 유엔해양법률국 홈페이지. (https://www.un.org/Depts/los/LEGISLATIONAND TREATIES/PDFFIL ES/chn_1998_eez_act.pdf, 2021. 10. 6. 방문)

51 이런 입법 태도에 대해서는 경계선은 합의에 의해 획정된다는 원칙에 반한다는 비판 등이 제기되어 왔다. 段潔龍 主編(외교부 영토해양과 역), 『중국국제법론: 이론과 실제』(파주: 법문사, 2013), 120쪽; Kim, supra note 46, pp. 27-28.

52 段潔龍, 앞의 주 51), 117쪽.

53 중국의 구체적인 해양경계획정에 관한 입장은 양희철, "한중 황해 해양경계획정에서의 고려요소와 대응방안에 관한 연구", 『국제법학회논총』, 제126권 제3호(2012), 113쪽.

54 최낙정, 『한일어업협정은 파기되어야 하는가』(서울: 세창출판사, 2002), 217-218쪽.

대한민국

일본

③

④ ⑤

중국

②

⑥

① 한일 중간수역(동해 중간수역)
② 한일 중간수역(제주남부 중간수역)
③ 한중 잠정조치수역
④ 중국 측 과도수역
⑤ 한국 측 과도수역
⑥ 중일 잠정조치수역

그림 1-4 한일, 한중, 중일 어업협정 수역도

중어업협정')[55]을 체결하였다(그림 1-4). 이 협정에서는 배타적 경제수역(제
2~6조), 잠정조치수역(제7조), 과도수역(제8조),[56] 현행어업활동 유지수역(제9

55 1998년 11월 11일 가서명, 2000년 8월 3일 서명, 2001년 6월 30일 발효.
56 「한국어업협정」 제8조에 따라 '과도수역'은 협정 발효 후 4년이 경과한 2005년 6월 30일 자로
    양국의 '배타적 경제수역'으로 각기 귀속되었다.

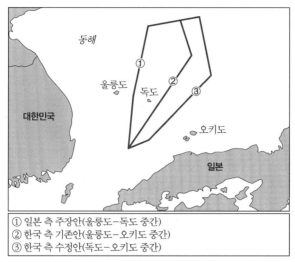

① 일본 측 주장안(울릉도-독도 중간)
② 한국 측 기존안(울릉도-오키도 중간)
③ 한국 측 수정안(독도-오키도 중간)

그림 1-5 한일이 주장하는 경계선

조)으로 나누어 수역별 규율체제를 마련하였다. 기본적으로 협정상 '배타적 경제수역'에서는 연안국의 허가에 따라 입어가 이루어지나, '잠정조치수역'에서는 양국이 자국 어선에 조업허가를 실시하고 기국주의가 적용된다.

2) 한국-일본

한일 양국은 동해에서 모두 중간선 입장에 있다. 그러나 독도 문제로 인해 해양경계획정 협상은 교착상태에 있다. 한국은 1996년 이래 울릉도-오키도隱岐島 중간선을 주장했으나, 일본은 독도가 자국 영토라는 전제하에 울릉도-독도 중간선을 주장함으로써, 협상은 2000년 6월 이후 개최되지 못하였다. 그러던 2006년 일본의 동해 측량/조사 사건을 계기로 같은 해 6월 재개된 협상에서 한국은 독도-오키도 중간선 입장으로 전환하였으나[57] 일

---

57 정인섭, "한일간 동해 EEZ 경계획정분쟁에 관한 보도의 국제법적 분석", 『저스티스』, 제126호 (2011), 154, 156쪽.

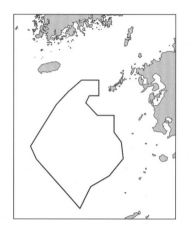

그림 1-6 한일공동개발구역 수역도

본은 기존 입장을 유지하고 있다(그림 1-5).[58]

동중국해에서는 대륙붕 경계획정을 두고 입장이 대립한다. 양국은 1974
년 북부대륙붕경계협정 체결과 함께(그림 1-3) 그 남부의 대륙붕 공동개발
을 위해 「대한민국과 일본국 간의 양국에 인접한 대륙붕 남부구역 공동개
발에 관한 협정」(이하 '한일공동개발협정')[59]을 체결하였다. 이 협정에서 공동
개발구역은 한국의 자연연장 주장이 반영된 일본 방면 제7광구 끝단과 일
본이 주장한 한일 중간선 사이의 수역에 설정되어 있다(그림 1-6).[60] 협정 체

---

58 한국은 과거 도리시마鳥島 기점론의 무력화를 위해 울릉도-오키도 중간선을 주장해 왔다.
"EEZ 기점을 울릉도서 독도로 옮기면", 『중앙일보』(2006. 6. 6.). 그러나 한국이 2006년 6월 협
상 과정에서 독도기점론을 주장하자 일본은 곧바로 도리시마 기점론을 주장하기 시작하였다.
한국이 울릉도-오키도 중간선을 주장할 때보다 독도-오키도 중간선을 주장할 경우 동해에서
약 21,000km²의 수역을 더 확보하나, 남해에서 도리시마를 기점으로 중간선으로 경계가 획정
될 경우 약 36,000km²의 수역을 상실하는 것으로 알려져 있다. 독도 기점론 주장 시 독도보다
25배 큰 단죠군도男女群島 역시 기점으로 쉽사리 무시할 수 없다는 문제도 지적된다. 정인섭,
앞의 주 57), 169-170쪽.
59 1974년 1월 30일 서명, 1978년 6월 22일 발효.
60 체결 배경에 관한 설명은 김민철, "한일 대륙붕공동개발협정 종료 후 동중국해 질서에 대한
전망과 과제", 『국제법 정책연구(2020년판)』(서울: 국립외교원 외교안보연구소 국제법센터,
2020), 5-6쪽.

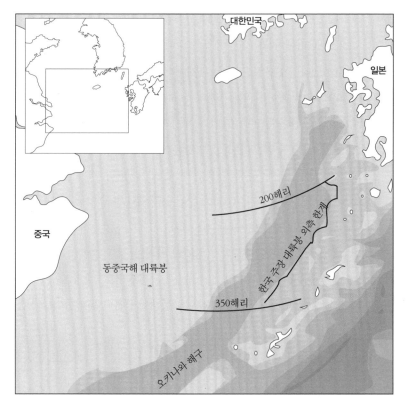

그림 1-7 한국의 동중국해 대륙붕 외측 한계 수역도

결 당시 양국의 동중국해 대륙붕 경계획정에 관한 입장은 「유엔해양법협약」 체제 이후에도 이어지고 있다.[61]

어업 분야에서는 1998년 「대한민국과 일본국 간의 어업에 관한 협정」(이하 '한일어업협정')[62]이 체결되어 발효 중이다(그림 1-4). 한일 양국은 1965년 국교정상화와 함께 「대한민국과 일본국 간의 어업협정」(이른바 '구한일어업

---

61 한편 한국 정부는 2012년 유엔대륙붕한계위원회에 제7광구의 끝단을 넘어서는 지점을 대륙붕 외측 한계로 설정한 문서를 제출하여 200해리 이원의 대륙붕 주장을 유지하고 있다(그림 1-7). 외교통상부, 동중국해 200해리 밖 대륙붕에 대한 우리나라의 권원 천명(2012. 12. 27.).
62 1998년 11월 28일 서명, 1999년 1월 22일 발효.

협정')[63]을 체결하였다. 그러나 「유엔해양법협약」 발효와 200해리 배타적 경제수역 제도의 도입에 따라 기존 협정을 대체하여 1998년 새로운 한일어업협정을 체결하였다. 이 협정은 양국 관계에서 배타적 경제수역으로 간주되는 일정 범위의 양국 연안수역을 '배타적 경제수역'으로 설정해 이 수역에서 양국이 어업에 관한 주권적 권리를 행사하도록 한다(제7조). 양국의 '배타적 경제수역' 외측 수역은 협정상 명칭은 없으나 통상 한국에서는 '중간수역'으로 지칭하며, 크게 '동해 중간수역'(제9조 제1항)과 '제주남부 중간수역'(제9조 제2항)으로 구분된다. 이러한 중간수역에서 한일 양국은 기국주의에 따라 자국법을 집행한다(부속서 I 제2~3항).

한일어업협정 협상 당시 제주남부 중간수역의 설정 과정에서는 한일 간 기점에 대한 견해차도 엿볼 수 있다. 이는 주로 단죠군도男女群島와 도리시마鳥島의 기점 문제에서 기인한다.[64] 한일공동개발구역의 북서면 경계선(그림 1-6)은 일본의 주장이 반영된 제주도−단죠군도·도리시마 간 중간선을 반영하고 있다. 일본은 한일어업협정 협상 당시 이 선을 중간선으로 주장하였으나, 한국은 이들을 기점으로 인정하지 않는다는 입장하에 제주도와 일본의 유인도 사이의 중간선을 경계선으로 제안한 것으로 알려져 있다. 이에 당시 제주남부 중간수역은 양측 주장을 모두 포함하는 외측의 선을 토대로 설정되었다(그림 1-4).[65] 이처럼 동중국해에서는 기점에 관한 견해차로 인해 한일 간 중간선에 대한 인식이 상이한 문제가 있다. 이 문제는 배타적 경제수역과 대륙붕 경계획정 모두에 영향을 미칠 수 있다.

---

63 1965년 6월 22일 서명, 1965년 12월 18일 발효.
64 단죠군도에 관한 설명 및 일본의 입장은 이창위·정진석, 『해양경계 관련 섬에 대한 중국과 일본의 주장 및 타당성 분석』(서울: 한국해양수산개발원, 2008), 78쪽.
65 박덕배, 『동북아 해양영토전』(서울: 블루&노트, 2014), 125−126쪽; 정해웅, "EEZ 체제와 한일어업협정", 『서울국제법연구』, 제6권 제1호(1999), 13−14쪽도 참고.

3) 중국-일본

동중국해에서 중일 간에는 중국의 형평의 원칙과 일본의 중간선 원칙 입장이 대립한다. 대일 관계에서 중국이 주장하는 구체적인 경계선은 공식적으로 알려진 바 없으나, 일본이 주장하는 중일 중간선 동쪽 수역 역시 자국의 수역이라는 입장을 보이고 있는 것으로 추정된다. 이런 가운데 양국은 센가쿠尖閣열도/댜오위다오釣魚島의 영유권 문제로 갈등을 빚고 있기도 하다. 현재 이 도서군은 일본이 실효 지배하고 있다.

중일 간에는 1975년부터 어업협정 체제가 존재해 왔으나, 「유엔해양법협약」 비준과 함께 1997년 11월 이를 대체하는 「일본국과 중화인민공화국 간의 어업에 관한 협정」을 체결하였다.[66] 이 협정 역시 각국 연안 인접수역을 연안국의 '배타적 경제수역'으로 하여 타방 당사국이 연안국의 허가하에 입어할 수 있도록 규정한다(제1~5조). 또한 한중어업협정과 유사하게 별도 '잠정조치수역'(27°N 이북, 30°40′N 이남)을 설정해 어업공동위원회의 결정에 따라 어업 문제를 관리하며 기국주의를 적용한다(제7조).

대륙붕 자원의 탐사 및 개발과 관련해서는 2008년 중일 공동개발 합의가 있다. 이는 2003년 중국의 춘샤오春曉(일본명: 시라카바白樺) 가스전 단독개발을 계기로 일본에서 동중국해 공동개발을 요구하면서 2008년 양국 간 공동언론발표 형식으로 이루어진 합의이다.[67] 이 합의에 따른 공동개발구역은 7개 좌표로 형성된(공동개발양해 제1조) 2,700km²에 이르는 다각형의 해역으로, 한일공동개발구역에서 남서쪽으로 1km가 채 떨어지지 않은 수역에 위치한다(그림 1-8). 이 합의는 구체적인 개발 지점과 실시에 관한 사항을 양

---

66 1997년 11월 11일 서명, 2000년 6월 1일 발효.

67 이 합의는 '동중국해에서 중일 간 협력에 관하여', '동중국해 공동개발에 관한 중일의 양해'(이하 '공동개발양해'), '춘샤오 유·가스전 개발에 관한 양해'의 세 부분으로 구성되어 있다. 국문 번역은 양희철, "중일 동중국해 자원 개발 합의의 법적 해석과 우리나라의 대응방안", 『국제법학회논총』, 제57권 제1호(2012), 31~32쪽.

한일대륙붕공동개발구역
(JDZ)

중일 동중국해
공동개발 합의 수역

그림 1-8 JDZ 및 중일 동중국해 공동개발 합의 수역도

측의 협의를 통해 확정하도록 규정하고 있으나(공동개발양해 제2조, 제3조) 양
국은 현재까지 추가 합의에 이르지 못하고 있다. 이런 가운데 중국은 중일
중간선 서쪽 수역에서 일방적인 자원 개발을 지속 중이며, 일본은 이러한
행위의 중단과 2008년 합의 관련 교섭을 지속적으로 요청하고 있다.[68]

중일은 2001년 2월 구상서 교환을 통해 해양조사 활동의 상호 사전통보
제 실시에 합의하였다. 그러나 이 합의는 사전통보의 대상 수역을 명확히
하지 않아 양국 간 해양과학조사를 둘러싼 갈등은 끊이지 않고 있다.[69] 중국
의 경우 일본이 주장하는 중일 중간선 동쪽 수역도 자국 수역임을 전제로

---

68 2008년 중일 공동개발 합의에 이른 경위와 중일 간 동중국해 자원 탐사 및 개발 문제를 둘러싼
　　 갈등 양상은 김민철, 앞의 주 60), 10–13쪽.

69 사전통보제의 주요 내용과 문제점은 三好正弘, "排他的経済水域における調査活動", 栗林忠男·
　　 杉原高嶺 編, 『日本における海洋法の主要課題』(東京: 有信堂, 2010), pp. 178–179.

일본에 대한 사전통보 없이 조사를 수행하며 이 수역에서 일본 조사선에 퇴거를 요구한 사례도 있다.[70]

2. 경계미획정 수역에서의 관할권 행사로 인한 갈등

(1) 접근 방식

경계미획정 수역에서의 관할권 행사를 둘러싼 다툼은 최종 해양경계획정이 이루어지지 않는 한 완전한 해결은 불가능하다. 따라서 현실적으로 관할권 행사의 한계에 대한 인식 속에 갈등관리를 지속해 나가야 한다. 경계미획정 수역에서의 관할권 행사의 한계 문제는 크게 잠정약정이 체결된 분야와 그렇지 않은 분야로 구분해 접근할 수 있다.

우선 잠정약정이 체결되어 있는 분야는 일차적으로 해당 잠정약정의 규율을 따르면 된다. 다만 이 경우에도 잠정약정의 해석과 적용상 문제, 이행상 문제 등이 상존하며, 해당 잠정약정이 모든 행위를 규율하는 것도 아니다. 이런 제반 문제에 있어 「유엔해양법협약」 제74조 제3항과 제83조 제3항 등 여타 규범들이 보충적으로 적용 가능하다. 한편 잠정약정이 체결되어 있지 않은 분야의 경우에는 경계미획정 수역에 대한 일반적인 규율체제가 온전하게 적용된다. 제74조 제3항 및 제83조 제3항의 해석론을 고려할 때, 이런 영역에서는 기본적으로 잠정체제 마련을 위해 노력하는 한편, 과도한 일방적 관할권 행사를 자제할 필요가 있다. 다만 실제 갈등 양상은 각론적인 규범과 현실의 차이 등으로 인해 개별 분야별로 다양하게 나타난다.

---

70 관련 사례는 森征人, "東シナ海における外国公船への対応について", 財団法人 海上保安協会, 『平成22年度 海洋権益の確保に係る国際紛争事例研究(第3号)』(2011), pp. 44, 50.

(2) 분야별 실행[71]

1) 대륙붕 탐사 및 개발

① 잠정약정의 동결

한일 간 동중국해의 자원 탐사 및 개발에 있어서는 대륙붕공동개발협정이 체결되어 발효 중이다. 다만 1993년 양측 조광권자의 조광권 반납 후로는 협정에 토대한 공동 탐사 및 개발은 이루어지지 않고 있다.

이 협정에 의하면 기본적으로 쌍방의 조광권자 지정 없이는 실질적인 탐사와 개발이 이루어질 수 없다. 협정에 따른 공동 탐사 및 개발의 구조가 양국 간 협력을 필수적인 전제로 하기 때문이다. 일본은 경제성 부족 등을 이유로 협정에 따른 공동 탐사 및 개발에 소극적 태도를 보이는 것으로 알려져 있다. 그러나 현실적으로는 협정 체결 후 대륙붕 규범의 변화에 따라 협정 이행에 비협조적인 태도를 취하면서 협정의 존속기간 경과에 맞춰 협정을 종료시킬 것이란 전망이 유력하게 제기되어 왔다.[72]

잠정약정 체제는 연안국의 해양 이용을 위한 협력과 최종 경계획정 이전의 과도적인 해양 이용을 위해 존재한다. 그러나 실질적인 탐사와 개발에 쌍방의 협력을 요구하는 협정의 구조와 당사국 간 협력의 부재는 동중국해 대륙붕에 대한 탐사와 개발을 동결시키는 상황을 낳고 있다. 국내 학계에서는 이런 현상을 타개하기 위해 한국이 단독으로 탐사나 개발을 추진하거나 분쟁해결절차를 활용하는 등 다양한 방안이 제시되기도 하였다. 다만 협정의 존속기간 중 가급적 일본의 전향적 협력을 이끌어 내 공동 탐사와 개발을 추진하는 것이 바람직함은 큰 의문이 없다. 장기적으로는 협정의 연장이

---

71 이하는 김민철, 『경계미획정 수역에서 연안국의 권리행사와 분쟁해결』 (박사학위논문, 서울대학교, 2019), 229-240쪽을 수정, 보완한 것이다.

72 협정의 체결 배경, 주요 내용, 이행 현황 및 한일의 입장에 관한 보다 상세한 내용은 이 책의 제3장 '한일 대륙붕 공동개발협정' 참조.

나 개정 가능성, 협정 종료 후 동중국해의 미래에 대한 고민도 필요하다.[73]

② 일방적 탐사 및 개발에 따른 갈등

잠정약정이 존재하지 않는 수역에서의 일방적 탐사와 개발에 따른 갈등도 존재한다. 한국의 경우 황해에는 「해저광물자원개발법」 및 동법 시행령에 따라 제1광구부터 제4광구까지 설정되어 있다. 마찰 사례로는 1973년 당시 제2광구와 제4광구의 조광권자였던 걸프사가 제2광구에서 시험굴착을 하는 동안 중국 군함들이 시추선 인근 수역으로 접근해 위협적인 자세를 취한 사례가 보고되었다.[74] 「유엔해양법협약」 체제에 들어온 이후에는 군산에서 250km 떨어진 제2광구 내 한국석유공사의 탐사작업에 대한 중국의 항의 사례가 알려져 있다.[75] 그 밖에 2006년 중국해양석유총공사가 미국 석유회사와 함께 한중 중간선 기준 중국 측 수역에서 탐사시추를 실시할 가능성이 제기되자 한국 정부가 항의한 사례가 있다.[76] 이런 가운데 한중 양국이 각각 설정한 대륙붕 광구 간에도 일부 중복 사례가 보고되고 있다.[77] 원론적으로는 가급적 관련국 간에 분쟁 악화를 초래할 수 있는 일방적인 탐사 및 개발 활동을 자제하는 한편 잠정약정의 체결을 위해 노력하는 것이 국제규범에 부합하는 태도라 할 수 있다.

---

73 관련 논의로는 김민철, 앞의 주 60), 28-37쪽.

74 이달석, 『국내 대륙붕 유전개발 연구: 주변국의 개발전략 및 상호 갈등요인 분석』 (의왕: 에너지경제연구원, 2009), 59쪽.

75 "중·일, 동중국해 다툼 왜 문제인가요", 「중앙일보」(2005. 9. 22.).

76 당시 한국 정부는 여러 차례에 걸쳐 중국 정부에 계약이행의 금지를 요구하고 만일 중국이 계약이행을 허용하면 한국 측도 서해탐사를 자제하지 않을 것임을 전달하였다고 한다. 한국 정부에 따르면 이후 중국해양석유총공사는 한중 간 가상 중간선 부근이 아니라 중국 연해에서 시추를 했고 유증을 발견하지 못하였다고 한다. 외교통상부, 2011. 6. 14.(화) 22:00 KBS 시사기획의 '한중일 대륙붕 삼국지' 방송 관련 (2011. 6. 16.).

77 양희철, "강의 퇴적물과 황해 경계획정 적용가능성에 관한 연구", 『Ocean and Polar Research』, 제31권 제1호(2009), 32쪽, 주 8; 이달석, 앞의 주 74), 58쪽.

2) 어업

① 잠정약정의 공백

어업 분야의 경우 한일, 한중 어업협정과 같은 잠정약정 체제가 존재함에도 잠정약정의 한계로 인한 문제들이 상존한다. 우선 잠정약정 자체의 규범상 공백 문제가 있다. 한중어업협정상 '현행어업활동 유지수역'에서는 일국의 법령을 타방의 국민과 어선에 적용할 수 없으며 어업공동위원회(이하 '어공위') 역시 동 수역의 어업 문제에 관해 권고나 결정 권한이 없다. 이처럼 어업협정상 자원관리형 제도 도입이 유예된 자유조업수역의 경우 공해로서의 성격이 상당 부분 유지됨에 따라 일방의 남획 등으로 생물자원의 보존 및 관리 문제에 직면할 수 있다. 또 다른 예로 제3국 어선에 대한 단속 문제를 들 수 있다. 한중, 한일 협정 모두 제3국 불법조업 어선에 대한 단속 문제에 관해서는 규정을 두고 있지 않다. 따라서 대상 수역에서 누가 제3국 어선에 관할권을 행사할 것인가의 문제는 위 협정들만으로 해결되지 않는다. 그 밖에 어공위를 통한 합의 결렬로 사실상 규율의 공백이 발생할 수 있다. 일례로 한일 간 어공위 협상은 2016년 이래 타결되지 못하고 있다. 그 결과 일본 측 배타적 경제수역으로 간주되는 수역에서 한국 어민들의 조업이 중단된 상태이며 어민들은 위험한 원거리 조업을 감수하는 실정이다.[78]

위와 같은 잠정약정의 규범상, 사실상 공백 영역에서도 「유엔해양법협약」 제74조 제3항에 따른 협력의무가 작동한다. 따라서 위와 같은 문제들에 대해서는 어공위 차원은 물론, 양국 간 성실하고 진정성 있는 교섭과 문제 해결을 위한 소통의 노력이 계속 필요하다고 하겠다.

② 잠정약정의 이행상 문제

잠정약정의 공백 문제와 구별되는 순수한 이행상 문제도 있다. 대표적으로 주변국 어선의 불법조업 문제를 들 수 있다. 개념적으로 불법조업 문제

---

[78] "한일어업협상 중단 5년째…생사 건 원거리 조업", 「KBS NEWS」(2021. 1. 15.).

는 어업협정상 중간수역, 잠정조치수역과 같은 중간적 성격의 수역에서의 불법조업 문제, 협정상 한국 측 배타적 경제수역에서의 불법조업 문제로 나눌 수 있다. 우선 중간적 성격의 수역에서의 불법조업 문제는 기국의 적절한 집행관할권 행사의 해태에서 일정 부분 원인을 찾을 수 있다. 기국이 중간적 성격의 수역에서 자국의 조업질서 위반 선박을 제대로 단속하지 않는다면 이는 전반적인 어업자원의 보존과 관리에 부정적 영향을 미치게 된다. 따라서 「유엔해양법협약」 제74조 제3항에 따른 협력의무를 토대로 연안국이 기국에 적극적 단속을 요구함과 동시에 문제 해결을 위한 진지한 노력과 협력을 촉구할 수 있는 영역이라 할 수 있다. 반면 협정상 한국 측 배타적 경제수역 내 불법조업 문제는 전형적인 한국의 법 집행과 관련된 문제로, 특히 단속 과정에서 법 집행의 한계가 문제 될 수 있다.[79]

3) 해양과학조사

① 일방적 조사에 따른 갈등

「유엔해양법협약」에 의하면 연안국은 자국의 배타적 경제수역과 대륙붕에서의 해양과학조사를 규제, 허가 및 수행할 권리를 가진다(제246조 제1항). 따라서 배타적 경제수역과 대륙붕에서의 해양과학조사는 기본적으로 연안국의 동의를 얻어 수행하게 된다(제246조 제2항). 그러나 경계미획정 수역에

---

79 한중어업협정상 한국 측 배타적 경제수역에서는 협정 제4조 및 제5조에 따라 한국에 입법, 집행관할권이 인정된다. 이에 따라 한국의 단속기관은 기본적으로 「유엔해양법협약」 제73조에 규정된 바에 따라 자국 법령의 집행 권한을 행사할 수 있다. 그러나 법적 근거를 갖춘 법 집행 활동에도 일정한 한계가 있다. 국제재판소는 「유엔해양법협약」 규정으로부터 도출되는 집행 권한 행사도 필요성과 비례성을 포함한 합리성의 원칙에 의해 규율된다고 판시한다. *In the Matter of the Arctic Sunrise Arbitration(Netherlands v. Russia Federation), Award on the Merits(14 August 2015)*, para. 333; *In the Matter of the Duzgit Integrity Arbitration(Malta v. São Tomé and Principé), Award(5 September 2016)*, para. 209. 무기 사용의 한계와 관련하여 참고할 만한 대표적 판례는 *M/V "SAIGA"(No. 2)(Saint Vincent and the Grenadines v. Guinea), Judgment, ITLOS Reports 1999*, paras. 155-156.

서는 국가 간 관할권의 공간적 중첩으로 인해 일방적 조사로 인한 갈등을 어렵지 않게 목격할 수 있다. 2021년 1월 제주도 남동쪽 약 130km 해상에서 일본 해상보안청 측량선 쇼요昭洋호와 한국 해경선이 대치하였다는 소식이 전해졌다. 당시 한국 해경선은 이 수역이 한국 해역임을 전제로 한국 정부의 사전동의 없는 조사활동을 즉각 중단할 것을 요구하였다. 그러나 일본 측은 이 조사가 일본의 배타적 경제수역에서 이루어지는 활동이라며 오히려 한국 정부에 항의하였던 것으로 전해진다. 이 수역은 한일 간 배타적 경제수역 권원이 중첩되는 경계미획정 수역이다.[80]

한국과 주변국 간 해양과학조사에 관한 잠정체제는 구축되어 있지 않다. 2006년 동해 측량/조사 사건을 계기로 일본은 한국에 사전통보제 등 잠정체제 도입을 제안했던 것으로 알려져 있으나[81] 실현되지는 못하였다. 한중 간에도 1995년 설립된 한중공동해양과학연구센터를 중심으로 한 전문가 차원의 공동조사 실시 사례 정도가 언급될 뿐[82] 공식적인 정부 간 협력체제는 존재하지 않는다. 중일 간에는 사전통보제라는 느슨한 협력체제가 있으나 실질적 효과는 미미한 것으로 평가된다.[83]

② 해양과학조사와 유사활동 간 구분

해양과학조사의 일방적 실시를 둘러싼 갈등에는 여타 분야와 다른 특수성이 있다. 바로 해양과학조사의 개념과 범주 설정의 문제이다. 「유엔해양법협약」에는 해양과학조사에 대한 정의 규정이 존재하지 않는다.[84] 이에 따

---

80 "제주 해상서 한일 선박 측량조사 대치… 日, 외교경로로 항의", 「한국일보」(2021. 1. 12.).

81 "한일, 내달 독도주변 EEZ 협상재개", 「한국경제」(2007. 2. 28.).

82 신창훈, "한·중·일에서의 효율적인 해양과학조사 협력체제의 모색", 『서울국제법연구』, 제14권 제2호(2007), 192쪽.

83 사전통보제가 오히려 국제분쟁의 불씨가 되고 있다는 평가로는 森川幸一, "EEZ 内での外国船舶による海洋調査活動への対応: 国内法整備の現状と課題", 財団法人 海上保安協会, 『平成22年度 海洋権益の確保に係る国際紛争事例研究(第3号)』(2011), p. 9.

84 그 배경에 관하여는 Myron H. Nordquist, Shabtai Rosenne & Alexander Yankov (eds.), *United Nations Convention on the Law of the Sea 1982: A Commentary*, Vol. IV (Dordrecht/

라 수로측량, 군사조사와 같은 해양과학조사와 구분이 쉽지 않은 유사활동에 대한 규율 문제가 발생한다. 즉 이러한 유사활동에 대해서도 연안국의 동의가 필요한지에 대한 논란이다. 수로측량과 군사조사에 대하여는 제3차 해양법회의 당시 규율 문제가 논의되었으나 국가 간 입장 차 속에 세부 규정을 두지 못하였다. 해양법협약 채택 후 등장한 운용해양학과 생물탐사 분야에서도 비슷한 논란이 이어지고 있다.[85] 경계미획정 수역에서의 해양조사 활동에 이러한 논란이 결부될 경우 분쟁 양상은 더욱 복잡해진다.

③ 관련 사례

ⅰ) 일본의 동해 측량/조사

일본 정부는 2006년 4월 동해 수역에 대한 측량/조사 계획을 공표하였다. 당시 일본의 측량/조사는 독도 영해를 살짝 비켜 간 한일 간 경계미획정의 동해상 배타적 경제수역을 대상으로 하였다(그림 1-9).[86] 당시 이 계획은 한국의 국내 여론을 극도로 악화시켰고 한국 대통령은 일본 측량선에 대한 당파撞破 지시를 내리기도 하였다.[87]

두 나라가 극적으로 계획의 철회에 합의함으로써 결국 이 계획은 실행되지 않았다. 그러나 당시 이 문제에 대한 대응을 두고 국내에서는 많은 논란이 벌어졌다. 한국 정부는 일본의 계획된 행위를 해양과학조사로 규정하고 한국의 동의 없이는 허용되지 않는다는 입장에 있었던 것으로 보인다. 그러나 당시 계획된 활동을 수로측량이라 본다면 다른 방식의 대응도 가능한 상

Boston/London: Martinus Nijhoff Publishers, 1991), p. 444.

85 분야별 해양과학조사 규정 적용 논란에 관한 보다 상세한 설명은 이용희, "해양과학조사제도", 한국해양수산개발원(편), 『대한민국의 해양법 실행』(서울: 일조각, 2017), 413, 432-433, 436-440쪽; 이석용, "국제해양법상 해양과학조사제도에 관한 고찰", 『과학기술법연구』, 제24집 제1호(2018), 190, 202-205쪽.

86 이 계획에 대한 일본 측 입장은 Japan Coast Guard, Hydrographic Survey on the Southwest sea area of Japan (21 April 2006).

87 "노무현 전 대통령, 日 탐사선 독도 오면 부숴라 지시", 「경향신문」(2011. 8. 18.).

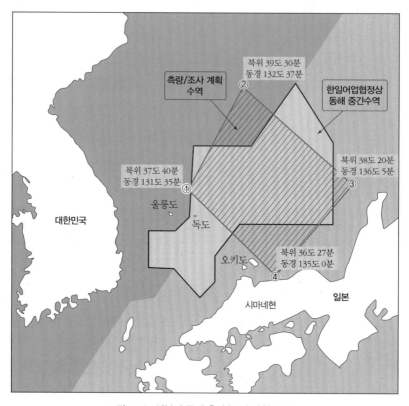

그림 1-9 일본의 동해 측량/조사 계획 수역도

황이었다. 미국 등 해양강국이 주장하는 바와 같이 수로측량은 해양과학조사와 달리 공해자유의 영역에 포함된다는 주장도 있다. 이에 따를 경우 일본의 행위는 한국의 동의 없이도 가능하다는 결론에 이르게 된다. 이로 인해 당시 일각에서는 한국이 일본에 공식적으로 계획된 조사의 내용과 성격을 분명히 하라는 요청을 한 다음 한국의 입장을 표명하는 것이 바람직했다는 의견이 제시되기도 하였다.[88] 그 밖에 일본 측량선에 대해 한국에서 여하한

---

88 신창훈, "일본의 동해 측량/조사계획 사건에 대한 국제법적 평가", 『서울국제법연구』, 제13권 제1호(2006), 129쪽.

물리적 강제조치를 취하였더라면 이는 면제에 관한「유엔해양법협약」규정[89] 위반이 될 수도 있었다는 지적도 있었다. 물론 독도에 대한 도발에 직면하여 당시 한국의 대응을 법적 잣대로만 재단하기는 곤란한 측면도 있겠지만, 보다 유연한 대응의 가능성도 분명 열려 있었던 것으로 보인다.

ii) 이어도 해양과학기지

마라도 남서쪽 약 80해리 지점에 위치한 수중암초인 이어도 위에 한국 정부는 2003년 6월 해양과학기지를 준공하였다. 한국은 이어도 수역이 한국 쪽에 훨씬 가까이 위치하므로 이 기지를 설치하여 운영하는 것은 한국의 배타적 경제수역에 대한 정당한 권리행사라는 입장에 있다.[90] 이에 대해 중국은 기지 설치 수역은 자국 연안으로부터도 200해리 내에 포함되어 한국의 일방적 권리행사는 정당화될 수 없다고 주장한다.[91]

문제는 이 기지가 경계미획정 수역에 설치되어 운용되고 있다는 점이다. 가이아나−수리남 사건의 '해양환경에 대한 영구적인 물리적 영향' 기준을 기계적으로 적용해 보면 경계미획정 수역에서의 일방적인 시설물 설치는 허용되지 않을 가능성이 높다. 더욱이 오늘날「유엔해양법협약」체제에서 시설물의 설치를 수반하는 해양과학조사는 응용된 해양과학조사의 범주에 포함되므로(제246조 제5항 제c호) 부이나 해양조사선을 이용한 조사활동에 비해 해양과학기지의 설치 및 운용의 적법성 판단에는 더 엄격한 잣대가 적용될 수 있다. 다만 '해양환경에 대한 영구적인 물리적 영향' 기준은 중첩 대륙붕에서의 행위규범에 기원을 두고 있어 과학조사시설에 직접 적용하는 데는 한계가 있다는 반론도 가능하다. 이어도 기지에서 취득한 정보나 지식은 해양과 기상에 관한 것으로, 많은 경우 실시간 공개되며 그다지 배타성

---

89 유엔해양법협약 제96조, 제58조 제2항, 제32조 참조.

90 외교통상부, 이어도 해양과학기지에 대한 중국의 문제제기 관련 당국자 논평(2006. 9. 15.).

91 중국 측 주장 소개는 장학봉·김민수·박문진·김자영,『한·중 해양경계획정 협상과 이어도 활용방안』(서울: 한국해양수산개발원, 2009), 60−64쪽.

이 강한 것이라 보기도 힘들다. 위치 측면에서 이 기지는 한국 연안에 더 가까운 수역에 설치되어 있으므로 자제의무 위반 가능성이 높지 않다는 논리도 성립할 수 있다. 실제 이 기지는 언제든 철거가 가능하며, 이와 같이 오일 플랫폼이 아닌 해상 자켓 구조물의 설치는 환경에 미치는 영향이 미미해 세계적으로 건설과정에서 사전환경영향조사를 한 사례가 없다는 평가도 있다.[92]

Ⅲ. 평가 및 정책 제언

1. 평가

(1) 입법 측면

한국의 국내법 중에서 경계미획정 상황에서 적용을 염두에 둔 규정으로는 「배타적 경제수역 및 대륙붕에 관한 법률」 제5조 제2항이 있다. 그러나 이 규정은 과거 「배타적 경제수역법」 시절부터 규정의 타당성 여부를 두고 논란이 있었다. 이 규정이 한국의 관할권 행사를 중간선 이내로 제약하므로 삭제되어야 한다는 지적 등이다.[93]

이 규정은 큰 틀에서 볼 때 한국의 해양경계획정 입장에 충실하면서 오늘날 국제판례 및 국가실행과도 부분적으로 조화되는 입법이라 사료된다.

---

92 2010년도 문화재위원회 제7차 천연기념물 분과위원회 회의록(2010. 7. 28), 안건번호 천기 2010-07-38 "독도천연보호구역 주변 동해 종합해양과학기지구축 사업" 항목 중 "라. 참고자료" 부분 참조.

93 정책이나 관행으로 법 집행을 자제하면 되지 굳이 명문화할 필요는 없었다는 비판을 감안해 개정을 고려할 필요가 있다는 지적으로 박배근, "배타적 경제수역 제도", 한국해양수산개발원(편), 『대한민국의 해양법 실행』(서울: 일조각, 2017), 169쪽.

「유엔해양법협약」제74조 제3항 및 제83조 제3항의 성안 과정에서 등거리선·중간선을 기준으로 한 잠정체제의 수립 제안이 있었던 것에 비추어 볼 때, 이 규정에는 한국의 실정에 맞는 경계미획정 상황의 규율방식에 관한 고민이 담겨 있었던 것으로 보인다. 그러나 기술적으로 몇 가지 문제점도 엿보인다. 우선 이 법상 배타적 경제수역의 규율대상에는 상부수역뿐 아니라 해저 및 그 하층토에 있는 무생물자원의 탐사, 개발에 관한 권리도 포함된다(제3조 제1항 제1호). 즉 해양법협약과 동일하게 배타적 경제수역 제도가 대륙붕에 관한 권리도 일부 중복하여 규율하는 태도가 그대로 반영되어 있다. 따라서 문리적으로 제5조 제2항에 따라 관계국과의 합의가 없는 경우 중간선 이원에서 권리를 행사하지 않는 배타적 경제수역에 관한 권리에는 해저와 하층토에 있는 무생물자원의 탐사, 개발에 관한 권리도 포함된다. 이는 2017년 법 개정 이전에도 동일하였으며, 대륙붕을 주된 규율대상으로 하는 「해저광물자원 개발법」에서도 위 제5조 제2항의 적용을 배제하는 규정은 찾아볼 수 없다. 현행 「배타적 경제수역 및 대륙붕에 관한 법률」의 입법과정에서 제5조 제2항의 적용대상에 대륙붕을 포함시키지 않았던 점에 비추어 볼 때, 대륙붕 제도에 의해 보호되는 권리에는 이 규정에 따른 제한을 적용하지 않겠다는 입법자의 의도를 읽을 수 있다고 본다. 이 점에서 제5조 제2항의 적용대상을 보다 명확하게 할 필요가 있을 것으로 사료된다. 다음으로 대륙붕 제도와 무관하게 배타적 경제수역 제도에 의해 독자적으로 보호되는 권리행사에 있어서도 일정한 예외를 인정할 필요가 없을지 의문이 든다. 즉 중간선 이원에 이런 권리를 행사할 현실적 필요도 발생할 수 있다고 본다. 예컨대 한국이 인식하는 중간선 기준 한국 측 수역으로 타국이 해양과학조사를 실시할 때 중간선 이원 타국 측 수역으로 유사활동을 감행하는 상호주의적 대응으로 나가는 경우를 상정해 볼 수 있다. 현 제5조 제2항은 관계국 간 별도 합의가 없는 경우 중간선 이원 수역에서 배타적 경제

수역에 관한 권리를 '행사하지 아니한다'고 규정하고 있어 위와 같은 예외
적 상황이 허용되기 힘들어 보인다. 이는 경계미획정 수역에서의 각종 갈등
상황에 대한 유연하고 탄력적인 대응에 제약이 될 수 있다. 이에 별도의 문
구를 추가하는 등의 방법으로 예외적인 중간선 이원으로의 권리행사 가능
성을 열어 둘 필요도 있다고 본다.

(2) 실행 측면

국내 입법이 경계미획정 수역에서의 관할권 행사의 한계를 일일이 규정하
기는 힘들다. 이에 한반도 주변수역에서의 관할권 행사 문제는 현실적인 갈
등관리 속에 정책운용의 묘가 상당 부분 역할을 할 수밖에 없다. 이와 관련
하여 그간 한국의 실행은 대체로 타국의 일방적 활동에 적시에 항의하면서
불필요한 갈등을 줄이는 방향으로 적절히 이루어져 온 것으로 보인다.

　다만 경계미획정 수역의 이용을 둘러싼 분쟁이 지나치게 휘발성 있는 사
안으로 부각되는 것은 유연한 대응을 저해할 수 있다. 2006년 동해 측량/조
사 사건은 그처럼 극단적인 대치 상황까지 치달아야 하였던 사안인지 의구
심도 든다. 물론 독도 문제가 결부된 이상 강경한 정책기조를 펼 수밖에 없
는 특수성은 고려되어야 할 것이다. 그러나 자칫 감정에 휘둘린 경직된 대
응은 현실적인 갈등관리나 실리추구에 도움이 되지 못할 수도 있다는 점을
유념해야 한다. 경계미획정 수역은 아직 해당 국가의 관할수역으로 최종 귀
속된 수역이 아니라는 인식과 함께 상황에 따른 합리적 대응을 추구하는 환
경을 조성할 필요가 있다. 성과홍보나 정파적 이해로 인해 민족주의적 감정
을 자극하는 과장된 표현의 사용도 가급적 지양함이 타당하다.

2. 정책 제언

끝으로 경계미획정 수역에서의 갈등관리와 안정적인 관할권 행사를 위해 도움이 될 만한 몇 가지 사항을 제언한다.

첫째, 일국의 배타적 경제수역과 대륙붕으로 최종 귀속된 수역에서도 무한정의 관할권 행사가 국제법상 허용되는 것은 아님을 유념해야 한다. 즉 해양에서 관할권 행사의 일반적 한계를 인식하는 가운데 경계미획정 수역에서의 관할권 행사도 기본적으로는 '일국의 배타적 경제수역과 대륙붕에 대한 관할권 행사의 한계 내'에서 이루어져야 한다.

둘째, 「유엔해양법협약」제74조 제3항 및 제83조 제3항의 해석론에 대한 이해와 이에 기반한 대응논리 구성이 중요하다. 가장 최소한으로는 관련 판례의 법리들을 숙지하고 규정 위반의 논란을 최소화하며 한반도 주변수역의 상황을 관리하는 한편 타국의 일방적 행위에 적절히 대응할 필요가 있다. 보다 적극적으로는 향후 판례의 축적에 주목하는 가운데 개별 사안별로 한국의 입장에 유리한 논리를 구축하고 한국이 규범의 해석론에 영향을 미칠 수 있는 새로운 국가실행을 이끌어 갈 여지도 탐색해 봄이 바람직하다.

셋째, 한국이 제소국 내지 피소국이 될 가능성을 모두 열어 두고 관련 분쟁의 「유엔해양법협약」제15부 절차 회부에도 대비해야 한다. 가이아나-수리남 사건에서 중재재판소는 경계미획정 수역에서 일방적 관할권 행사를 둘러싼 분쟁의 해결을 위해 제15부 절차 회부를 우선 고려할 것을 요구하였다. 소송에 대한 대비는 관련된 외교 공방에 있어 보다 자신감 있게 대응할 수 있는 밑거름이 되기도 한다.

넷째, 경계미획정 수역을 대상으로 한 국내법 제·개정 시에 관련 국제법에 대한 고려가 필요하다. 국내 입법 과정에서는 흔히 국내적 시각에 매몰되기 쉽다. 그러나 경계미획정 수역에서의 관할권 행사에 관한 국제법적 문제는 비단 물리적 실행뿐만 아니라 입법 과정에서도 늘 염두에 두어야 한다. 경계미획정 수역에 적용 가능한 해양에 관한 법률의 제·개정에 있어 정부는 해양법 전문가의 의견에 충분히 귀 기울여야 한다.

참고문헌

1. 김민철, "경계미획정 수역에 대한 규율체제의 한계는 극복될 수 있는가: 협력과 자제 의무의 해석론에 대한 비판적 고찰", 『국제해양법연구』, 제4권 제2호(2020).
2. 김선표·홍성걸, 『잠정협정의 법적성격과 중간수역 운용문제 연구』(서울: 한국해양수산개발원, 1999).
3. 김원희, "대륙붕제도", 한국해양수산개발원(편), 『대한민국의 해양법 실행』(서울: 일조각, 2017).
4. 박배근, "배타적 경제수역 제도", 한국해양수산개발원(편), 『대한민국의 해양법 실행』(서울: 일조각, 2017).
5. 신창훈, "일본의 동해 측량/조사계획 사건에 대한 국제법적 평가", 『서울국제법연구』, 제13권 제1호(2006).
6. 양희철, "중일 동중국해 자원 개발 합의의 법적 해석과 우리나라의 대응방안", 『국제법학회논총』, 제57권 제1호(2012).
7. 이기범, "경계미획정 수역을 규율하는 국제법적 체제에 관한 비판적 소고", 『국제법학회논총』, 제64권 제3호(2019).
8. 이용희, "이어도 주변수역 자원관리제도의 현황 및 개선방향", 『경희법학』, 제44권 제3호(2009).
9. 이창위·정진석, 『해양경계 관련 섬에 대한 중국과 일본의 주장 및 타당성 분석』(서울: 한국해양수산개발원, 2008).
10. 정인섭, "한일간 동해 EEZ 경계획정분쟁에 관한 보도의 국제법적 분석", 『저스티스』, 제126호(2011).
11. 정해웅, "EEZ 체제와 한일어업협정", 『서울국제법연구』, 제6권 제1호(1999).
12. Sun Pyo Kim, *Maritime Delimitation and Interim Arrangements in North East Asia* (The Hague/London/New York: Martinus Nijhoff Publishers, 2004).

02

북방한계선

박배근

Ⅰ. 의의와 현황

북방한계선Northern Limit Line / Northern Limited Line, NLL은 남한과 북한 사이의 해상에 설정된 선이다. 동해와 서해에 하나씩 존재하는데, 각각 동해 북방한계선, 서해 북방한계선으로 부른다. 명칭에 포함된 '한계'라는 말은 남한 쪽에서 북한 쪽을 향해 일종의 '한계'를 설정한 선이라는 의미를 담고 있으며, 북방한계선의 법적 성질이나 지위에 관해서는 후술하는 바와 같이 여러 가지 견해가 있다.

동해 북방한계선은 육상 군사분계선이 동해에서 끝나는 지점(북위 38도 36분 6초)의 위도선으로, 저진항 동쪽으로 218해리(약 404km)가 그어져 있다. 당초 명칭은 북방경계선Northern Boundary Line, NBL이었다. 1996년 7월 1일 「유엔사/연합사 규정 524-4(정전 시 교전규칙)」가 개정될 때 북방한

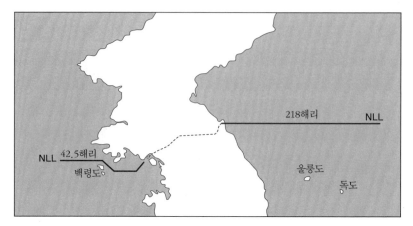

그림 2-1 북방한계선 개념도

계선Northern Limit Line, NLL으로 이름을 변경하였다. 이로써 동해 북방한계선과 서해 북방한계선은 명칭이 통일되었다.[1] 동해 북방한계선은 설정 경위가 명확하지 않다[2]는 점에서 실체가 모호하며, "언제부터인가 남북이 서로 '군사분계선 동쪽 끝의 수평 연장선'을 의식하고 존중"해 온 것에 지나지 않는다는 견해도 있다.[3]

서해 북방한계선은 육상 군사분계선이 끝나는 한강 하구에서 시작하여 서해 5도[4] 북쪽으로 백령도까지 진행하고 백령도로부터 서쪽으로 진행하는 형태로 42.5해리(약 79km)가 그어져 있다. 서해 북방한계선은 서해 5도를 남한의 관할하에 두는 정전협정의 내용을 반영하여 만들어진 것으로, 옹진

1 국방부 군비통제관실 편, 『북방한계선에 관한 우리의 입장』(서울: 국방부, 2002), 5쪽.
2 이 점에 관해서는 후술한다.
3 정태욱, "서해 북방한계선NLL의 법적 문제와 평화적 해법", 『법학논총』, 제20집 제2호(2013), 853쪽.
4 황해도 대동만 입구의 백령도, 대청도, 소청도, 해주만 입구의 연평도와 우도 등 5개 섬을 말한다. 연평도를 대연평도와 소연평도로 구분하여 서해 6도라고 해야 한다는 주장도 있다. 예컨대, 최종화・김영규, "북방한계선과 서해5도 주변수역의 해양법문제", 『수산해양교육연구』, 제16권 제1호(2004), 110쪽.

반도와 그 연안의 북한 도서들과 서해 5도 사이의 중간에 해당하는 11개의 좌표를 정하고 이를 잇는 선으로 설정되었다(그림 2-1).[5]

II. 설정 경위

1. 서해 북방한계선

서해 북방한계선 설정은 6·25전쟁[6]의 정전협정[7]과 관련이 있다.

6·25전쟁 정전협정 체결을 위한 협상에서 공산군 측(북한 인민군과 중국 인민지원군)은 전쟁 이전 상태status quo ante bellum의 회복을 주장했고, 유엔군 측은 정전 시의 현상유지uti possidetis를 주장하였다. 유엔군 측 주장은 정전 시의 교전선(군사접촉선line of contact)에 따라 관할지역을 분할하자는 것이었다. 육지에서 정전협정은 유엔군 측 주장에 따라 정전 시의 교전선에 따라 군사분계선을 설정하였다.[8]

---

5 임규정·서주석, "북방한계선의 역사적 고찰과 현실적 과제", 『현대이념연구』, 제14권(1999), 52쪽.

6 '한국전쟁'이라고 부르기도 하나, 대한민국 정부는 공식적으로 '6·25전쟁'으로 부른다. 예컨대 2019년에 제정된 법률로 「6·25전쟁 무공훈장 수여 등에 관한 법률」이 있다.

7 정식 명칭은 「국제연합군 총사령관을 일방으로 하고 조선인민군 최고사령관 및 중국인민지원군 사령관을 다른 일방으로 하는 한국 군사 정전에 관한 협정Agreement between the Commander-in-Chief, United Nations Command, on the one hand, and the Supreme Commander of the Korean People's Army and the Commander of the Chinese People's volunteers, on the other hand, concerning a military armistice in Korea」이다. 이 협정은 '정전협정'으로도 '휴전협정'으로도 불린다.

8 김명섭, "한반도 서해 NLL의 기원과 정치적 성격", 『21세기정치학회보』, 제23집 제2호(2013), 24-30쪽 참조.

해상에서는 정전협정 제13항 ㄴ목[9]에서 섬에 대한 통제권에 관해 규정할 뿐 해상 군사분계선을 설정하지 않았다. 육지 군사분계선과는 달리 해상에서는 유엔군 측이 공산군 측의 전쟁 이전 상태 회복 주장을 수용하였다. 그 결과 전쟁이 일어나기 전인 1950년 6월 24일을 기준으로 공산군 측이 통제하고 있던 도서는 모두 "조선인민군 최고사령관과 중국인민지원군 사령관의 군사 통제하"에 두도록 하였다. 이 규정에 따라 북위 38도선 이북에서 한국군과 유엔군이 장악하고 있었던 평안남도 남포 서쪽의 석도와 초도, 청천강 서쪽 인근의 대화도, 황해도 해안 근처의 오작도와 월내도, 원산 인근 영흥의 여도 등은 모두 북한 관할로 넘어갔다.[10]

정전협정 제13항 ㄴ목에 반영되어 있는 전쟁 이전 상태 회복 원칙에 따르면 북위 38도선 이남에 있는 모든 도서는 "국제연합군 총사령관의 군사통제하"에 두어야 한다. 그런데 정전협정의 이 규정은 북위 38도선 이남에 있는 도서 중에서 서해 5도만을 유엔군 총사령관의 군사 통제하에 두도록 하고 있다. 북위 38도선 이남에 있는 도서라도 정전 당시 북한이 점령하고 있던 것들은 모두 "조선인민군 최고사령관과 중국인민지원군 사령관의 군사 통제하"에 남겼다. 이는 전쟁 이전 상태 회복 원칙의 예외로, 정전 시의 현상유지 원칙을 북한에 유리하게 적용한 것이다. 달리 말하면 북위 38도선 이남의 서해 해상에서는 도서의 관할 귀속에 관해 정전 시의 현상유지 원칙

---

9 "본 정전협정이 효력을 발생한 후 10일 이내에 상대방은 한국에 있어서의 후방과 연해도서 및 해면으로부터 그들의 모든 군사역량 보급물자 및 장비를 철거한다. …… 상기한 연해도서라는 용어는 본 정전협정이 효력을 발생할 때에 비록 일방이 점령하고 있더라도 1950년 6월 24일에 상대방이 통제하고 있던 도서 중에서 백령도(북위 37도 58분, 동경 124도 40분), 대청도(북위 37도 50분, 동경 124도 42분), 소청도(북위 37도 46분, 동경 124도 46분), 연평도(북위 37도 38분, 동경 125도 40분) 및 우도(북위 37도 36분, 동경 125도 58분)의 도서군들을 국제연합군 총사령관의 군사통제하에 남겨 두는 것을 제외한 기타 모든 도서는 조선인민군 최고사령관과 중국인민지원군 사령관의 군사 통제하에 둔다. 한국 서해안에 있어서 상기 경계선 이남에 있는 모든 도서는 국제연합군 총사령관의 군사통제하에 남겨 둔다."

10 김명섭, 앞의 주 8), 34쪽.

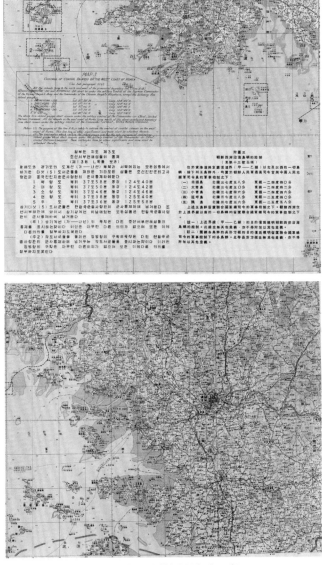

그림 2-2 한국정전협정 부속지도 제3도

[출처: 미국 국립공문서관The National Archives and Records Administration, NARA 자료.
Record Group 218: Records of the U.S. Joint Chiefs of Staff, 1941–1977; Series: Korean
Armistice Agreement, 1953–1953; Item: Armistice Agreement Vol. 2, Maps.
(https://catalog.archives.gov/id/7062614에서 열람, 2021. 7. 31.)]

이 적용되었다. 그 결과 정전 당시 한국군과 유엔군의 통제 아래에 있었던 서해 5도가 정전 이후에도 한국의 관할하에 남게 된 것이다.[11] 마찬가지로 북위 38도선 이남에 있는 도서 중에서 서해 5도를 제외하고 조선인민군 최고사령관과 중국인민지원군 사령관의 군사 통제하에 있던 섬들은 계속하여 공산 측의 관할로 남게 되었다(그림 2-2).

정전협정에서는 도서 관할 문제를 처리하는 것 외에 해상 군사분계선에 관해서는 아무런 규정을 두지 않았다. 정전협정에서 해상 군사분계선이 설정되지 않은 것에 관해서는 다음과 같은 이유가 거론되고 있다. 첫째, 육지에서와는 달리 해상에서는 유엔군이 한반도 주변 수역 전체에 걸쳐 해군력의 압도적인 우위로 제해권을 장악하고 있었기 때문에 해상의 군사접촉선 자체가 존재하지 않았다는 것이다. 이 때문에 정전 당시의 군사접촉선을 기준으로 한 해상 군사분계선을 획정할 수 없었고, 유엔군 측으로서는 그러한 분계선을 획정해야 할 현실적 필요성도 느끼지 못하였다는 것이다.[12] 둘째, 영해의 폭에 관해 유엔군 측과 공산군 측의 견해와 주장이 달랐기 때문이라는 것이다. 유엔군 측은 영해의 폭을 3해리로 주장하였으나 공산군 측은 12해리로 주장하여 해상 군사분계선에 관한 합의 타결이 어려웠다는 것이다.[13]

정전 당시의 이러한 상황 속에서 1953년 8월 30일 주한 유엔군 사령관 클라크Clark, Mark Wayne가 일방적으로 서해에 해상경계선을 설정한 것으로 알려져 있으며, 그것이 바로 서해 북방한계선이라고 한다.[14] 그러나 서해

---

11 서해 5도를 비롯하여 북위 38도선 이남 수역의 도서 관할을 둘러싸고 전개된 정전협정 협상 과정에 관한 자세한 설명은 김보영, "한국전쟁 휴전회담시 해상분계선 협상과 서해 북방한계선 NLL", 『사학연구』, 제106호(2012), 203-237쪽 참조.
12 최종화·김동욱, 『현대국제해양법(전정 제8판)』 (서울: 도서출판 두남, 2018), 387쪽.
13 위의 주, 같은 쪽.
14 북방한계선 문제를 다룬 많은 국내 문헌이 이러한 설명을 하고 있다. 예컨대 최종화·김동욱, 위의 주 12), 387-388쪽; 김현수, 『해양법총론』 (서울: 청목출판사, 2010), 69쪽, 주 18; 김영구,

북방한계선 설정 일자와 관련 문서에 관해서는 불명확한 점도 없지 않다. 1953년 8월 30일의 서해 북방한계선 설정은 유엔군의 내부 작전규칙인 「정전 시 교전규칙」 I절 일반지침 9-마 항에 의한 것이라는 설명도 있고,[15] 「유엔사/연합사 교전규칙」 S항 '자' 항에 의한 것이라는 설명도 있다.[16] 또 군사정전위원회의 모든 기록과 주한 미해군사령부의 기록을 검증한 뒤, 서해 북방한계선은 남측 해군의 내부적인 작전통제선Operational Control Line으로 1958년에 설정된 것을 확인하였다는 주장도 있다.[17] 1953년에 북방한계선을 설정하였다는 교전규칙의 원자료에 관해서는 존재가 의문시되고 있다.[18] 최근의 연구에 의하면, 1953년에 유엔군 사령관이 북방한계선을 설정한 '근거가 되는 최초 원문'은 아직 발견되지 않았다. 다만, 유엔군 사령관의 북방한계선 설정 전문에 따라 한국 해군이 내린 작전 지시인 「해군 기밀 1235호」(1953년 8월 3일 자)는 존재한다.[19]

클라크 사령관이 일방적으로 서해 북방한계선을 설정할 수 있었던 것은 1953년 당시 국군과 유엔군이 북한군에 비해 압도적인 해군력을 가지고 있었으며 북한은 해군력이라고 할 만한 군사역량이 사실상 없었기 때문인 것으로 이해되고 있다. 이러한 상황에서 국군과 유엔군의 해군과 공군의 초계 활동의 북쪽 한계를 설정함으로써 "남북 간의 우발적 무력충돌 발생 가능

"북한이 주장하는 '서해 해상경계선과 통항질서'에 대한 분석-그 국제법상 모순점과 논리적 비일관성에 관하여-", 『서울국제법연구』, 제7권 제1호(2000), 2-3쪽 등.

15 이장희, "6·29 서해교전과 북방한계선에 대한 국제법적 검토", 『외법논집』, 제12집(2002), 39쪽.

16 이러한 설명은 국방정보본부, 『군사정전위원회편람』, 제2집(서울: 군인공제회제1인쇄사업소, 1993), 425쪽의 서술을 근거로 하고 있다. 제성호, "북방한계선의 법적 고찰", 『국방정책연구』, 제66권(2005), 129쪽, 주 5; 정태욱, 앞의 주 3), 841쪽, 주 7.

17 이문항, 『JSA-판문점(1953~1994)』 (서울: 소화, 2001), 91~92쪽.

18 정태욱, 앞의 주 3), 841쪽, 주 7.

19 김동엽, "북한의 해상경계선 주장 변화와 남북군사협상-북한의 '서해 해상경비계선'을 중심으로-", 『통일문제연구』, 제31권 제2호(2019), 46쪽.

성을 예방하고 줄이는 것"이 서해 북방한계선 설정 목적이었던 것으로 설명된다.[20] 그러나 그 이면에는 당시 정전협정 체결을 반대했던 이승만 대통령의 한국군이 정전협정을 위반하면서 북쪽으로 모험적 행동을 하는 것을 봉쇄하려는 목적이 있었고, 서해 5도에 대한 방위 목적은 희박하였다는 점도 지적되고 있다.[21]

2. 동해 북방한계선

동해 북방한계선 설정 경위는 일반적으로 다음과 같이 설명된다. 클라크 사령관이 서해 북방한계선을 설정할 때 육상 군사분계선의 동해 끝 지점을 위도에 평행하게 해상으로 연장한 선인 북방경계선Northern Boundary Line, NBL을 설정하였는데, 이것이 1996년 7월 1일 「정전 시 교전규칙」 개정 시에 북방한계선Northern Limit Line, NLL으로 명칭을 바꾸었다는 것이다.[22] 이러한 설명에 따르면, 서해 북방한계선과 동해 북방한계선은 동일한 일자에 설정된 것이 된다.

그러나 서해 북방한계선의 설정 근거에 관해서는 유엔군의 「정전 시 교전규칙」 I절 일반지침 9-마 항이나 「유엔사/연합사 교전규칙」 S항 '자' 항과 같은 근거가 제시되고 있는 데 반해,[23] 동해 북방한계선에 관해서는 그러한 근거가 없다는 점이 지적되고 있다. 1993년의 『군사정전위원회 편람』 제2집은 동해 북방한계선에 관해 다음과 같이 서술하고 있다.

---

20 국방부 정책홍보본부 정책기획관실, 『북방한계선NLL에 관한 우리의 입장(개정증보판)』 (서울: 국방부, 2007), 7쪽.

21 John Barry Kotch & Michael Abbey, "Ending Naval Clashes on the Northern Limit Line and the Quest for a West Sea Peace Regime", *Asian Perspective*, Vol. 27, No. 2(2003), p. 176.

22 김동엽, 앞의 주 19), 44-45쪽.

23 위에서 언급한 바와 같이 이러한 근거의 존재에 관해서도 의문이 제기되어 있다.

"동해상의 해상경계선에 대해서는 정전협정 및 규정에 명시된 바는 없으며, 제156차 군정위 본회의(1962. 9. 27.) 및 제255차 군정위 본회의(1967. 10. 2.)에서 북측은 동해상의 해상경계선은 '군사분계선의 연장선'임을 발언한 일이 있으며 아측이 이에 대해 이의를 제기하지 않은 사실로 미루어 동해 해상경계선은 '지상 군사분계선의 수평연장선'으로 보아야 할 것임."[24]

『군사정전위원회 편람』의 서술이 사실이라면 1953년 8월 30일에 클라크 주한 유엔군 사령관에 의해 서해 북방한계선과 동해 북방한계선이 동시에 설정되었다고 하는 일반적인 이해는 잘못된 것이다. 이른바 동해 북방한계선은 "정전협정이나 그 후속합의서에서 공식적으로 존재하는 선도 아니고 북한과 유엔사, 혹은 남북이 공식적으로 승인한 선도 아니며, 나아가 유엔사의 작전 명령으로서도 존재하지 않은 선"[25]이 된다. 다만 남한도 동해 북방한계선 아래 평행하게 해군 작전통제선과 동해 어로한계선을 설정한 바 있으며,[26] 북한도 1977년 8월 1일 자로 선포한 군사경계수역의 남단을 동해 북방한계선과 일치시키고 있다는 점[27]에서 동해 북방한계선은 남북한 모두가 사실상의 동해 해상경계선으로 존중하고 있는 선이라고 말할 수 있다.[28]

---

24 국방부 합동참모본부, 『군사정전위원회 편람』 제2집(1993), 426쪽. 정태욱, 앞의 주 3), 853쪽, 주 22에서 재인용.

25 정태욱, 위의 주, 854쪽.

26 종래 동해 어로한계선은 해양수산부의 행정규칙인 「선박안전조업규칙」 제3조에 의해 설정되어 왔다. 2019년 8월 「어선안전조업법」이 제정되어 동해와 서해에 '조업한계선'을 설정하도록 규정하였으며(제2조 제3항), 그에 근거해 「어선안전조업법 시행령」 제2조 제1항이 동해와 서해의 '조업한계선'의 구체적 내용을 규정하게 되었다. 이러한 입법 조치에 맞추어 「선박안전조업규칙」에서 제3조의 어로한계선 규정이 삭제되는 개정이 이루어졌다.

27 북한의 군사경계수역은 정확한 내용이 알려져 있지 않다. 간접적으로 전해진 정보에 의하면, 군사경계수역은 다음과 같은 네 개 점을 연결한 선으로 둘러싸인 수역이다. ① 휴전선 동쪽 끝 강원도 간성, ② 두만강구의 나주리, ③ 북위 41도 46분 13초, 동경 131도 31분 15초 지점, ④ 북위 38도 36분 48초, 동경 129도 30분 30초 지점. 박춘호, "북한의 해양법 문제", 『북한법률행정논집』, 제6집(1984), 94–95쪽.

28 정태욱, 앞의 주 3), 853쪽.

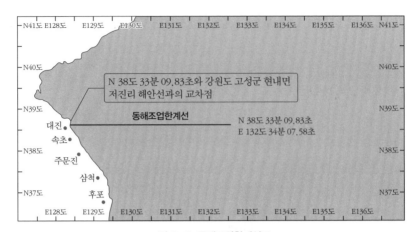

그림 2-3 동해조업한계선도
(출처: 어선안전조업법 시행령 [별표 1])

　동해 북방한계선은 '지상 군사분계선의 수평 연장선'이라는 성격 때문에 남북한 간의 '평화적 해상 이용의 경계'로는 전혀 적합하지 않다고 지적되고 있다. 1982년 「유엔해양법협약」상 해양 경계획정이 필요한 인접국 사이의 경계설정은 보통 등거리선에 의한다는 점에 비추어 보면, 동해 북방한계선은 남북한 해안선의 등거리선보다 남쪽으로 내려와 획선 되어 있기 때문이다(그림 2-3).[29]

29 위의 주, 855쪽.

Ⅲ. 서해 북방한계선에 대한 북한의 이의

1. 서해 북방한계선 관련 북한 동향

두 개의 북방한계선 중 동해 북방한계선에 관해서는 남북한 사이에 갈등과 충돌이 없었다. 동해 북방한계선은 단순한 형태를 띠고 있으며 동해 북방한계선이 그어진 수역에는 서해와는 달리 남북한이 관할하는 섬이 존재하지 않는다. 그러므로 동해 북방한계선은 서해 북방한계선과는 달리 '영해' 개념의 관할수역[30] 침범 문제가 없으며 해상통항의 방해 문제도 없다. 이러한 이유 때문에 북방한계선에 관한 남북한 간의 문제는 대부분 서해 북방한계선을 둘러싸고 발생하였다.[31]

북한은 처음에는 유엔군이 일방적으로 설정한 북방한계선에 대해 별다른 이의 제기나 항의의 움직임을 보이지 않았다. 북방한계선 설정 당시 북한은 해군력이 거의 없었으며 유엔군이 해상지배권을 장악하고 있었으므로 북방한계선, 특히 서해 북방한계선을 문제 삼을 현실적 필요성이 없었다. 유엔군이 일방적으로 설정한 서해 북방한계선은 정전협정의 후속조치로서의 법적 성격을 가지는 것으로 이해되는 가운데 북한도 상당한 기간 동안 서해 북방한계선을 존중하는 태도를 보였다. 이러한 북한의 태도는 1973년까지 이어졌다. 단, 그동안에도 간헐적으로 서해 북방한계선을 침범하는 사례는 있었다(표 2-1).

---

30 「대한민국 헌법」의 영토 규정을 고려하면 남북한이 각각 현실적으로 관할하고 지배력을 행사하고 있는 일정 수역을 단순히 남한의 '영해'나 북한의 '영해'라고 부를 수는 없다. 이 점에 관해서는 아래에서 다시 논한다.
31 단, 후술하는 바와 같이 동해 북방한계선은 1982년 「유엔해양법협약」에 규정된 등거리선이 아니라 위도에 평행하는 선이라는 점에서 남북한의 '영해' 경계로서는 문제가 있다.

표 2-1 1973년 이전 북한의 서해 북방한계선 침범 사례[32]

날짜	북한의 서해 북방한계선 침범 내용
1956년 11월	공군기 2대 습격
1957년 5월	어선 납치
1958년 4월	어선 납치
1960년 7월	식량운반선 공격
1960년 8월	초계정 공격
1961년 3월	해군 함정 공격
1962년 12월	해군 함정 공격
1964년 3월	어선 납치
1965년 10월	어선 납치
1968년 6월	어선 납치
1970년 6월	해군 방송선 납치
1970년 7월	어선 납치
1971년 7월	어선 공격
1972년 2월	어선 납치와 공격

1973년을 기점으로 북한은 수차례에 걸쳐 북한 선박이 서해 북방한계선을 넘어온 이른바 '서해 5도 사건'을 일으키면서 서해 북방한계선이 남북 간 해상경계선으로서의 지위와 기능을 가지는 것에 대해 명시적으로 이의를 제기하기 시작하였다. 이후 북한은 지속적으로 서해 북방한계선에 대해 이의를 제기하면서 서해 남북 간 해상 관할구역에 관해 새로운 경계를 설정하도록 요구하고 있다.

서해 북방한계선에 대한 북한의 불만은 여러 차례 남북한 무력 충돌을 불러왔다. 1999년 6월 15일에 발생한 제1 연평해전은 서해 북방한계선에 대한 북한의 이의와 불만이 남북한 해군 교전으로 이어진 사건이다. 1999년 6월 초순부터 북한 경비정과 어선이 서해 북방한계선을 침범하던 중에 6월 15일 연평도 서남방 8해리, 서해 북방한계선 남방 4.3해리 해상에서 남북

---

32 임규정·서주석, 앞의 주 5), 53쪽 내용을 정리한 것이다.

한 해군 사이의 교전이 발생하였다. 서해 북방한계선을 침범한 북한 경비정의 충돌 작전에 한국 해군이 '함미 충돌에 의한 밀어내기 작전'으로 맞대응하던 중 북한 경비정의 선제 사격이 있자 한국 해군이 대응 사격하여 14분간 교전하였다. 교전 결과 한국 해군의 피해는 경미하였으나, 북한 해군은 어뢰정 1척이 격침되고 경비정 4척과 어뢰정 1척이 손상되었으며 다수의 사상자가 발생하는 등 큰 피해를 입었다.[33] 제1 연평해전은 우발적으로 발생한 교전이라기보다는 서해 북방한계선을 무력화하려는 북한의 의도가 담긴 도발 결과로 생각된다. 제1 연평해전 이후 북한이 후술하는 바와 같이 서해의 새로운 남북한 해상경계선과 통항질서를 연달아 발표한 사실에서 북한의 의도를 짐작할 수 있다.

제1 연평해전 이후 2002년 6월 29일에 발생한 제2 연평해전, 2009년 11월 10일에 발생한 대청해전도 모두 북한 경비정의 서해 북방한계선 침범을 계기로 하여 서해 북방한계선 이남 수역에서 발생한 해전이라는 점에서 성격이 제1 연평해전과 비슷하다. 즉 서해 북방한계선을 무력화하고 북한이 선포한 남북한 해상경계선과 통항질서를 관철시키려는 북한의 의도로 발생한 사건으로 볼 수 있다.

2010년 3월 26일에는 천안함 피격 사건이 발생하였다. 북한은 천안함에 대한 공격 사실을 부인하고 있으나,[34] 천안함 피격 사건을 조사한 다국적 연합정보분석팀은 "북한의 소형 잠수정으로부터 발사된 어뢰에 의한 외부 수중폭발"이 천안함 폭침의 원인이라는 결론을 내렸다.[35] 천안함이 피격된 수역은 백령도 서남방 2.5km 지점으로 서해 북방한계선 이남 수역임은 물론

---

33 국방부, 『2010 국방백서』, 252−253쪽. (국방부 홈페이지www.mnd.go.kr에서 열람, 2021. 8. 5. 방문)
34 대한민국 정부, 『천안함 피격사건 백서』(2011), 172−173쪽. (https://www.korea.kr/archive/expDocView.do?docId=28655에서 열람, 2021. 8. 5. 방문)
35 위의 주, 143쪽.

표 2-2 1973년 이후 북한의 서해 북방한계선 관련 동향

날짜	북한의 서해 북방한계선 침범 및 이의 제기 내용
1973년 10월 이후	40여 차례에 걸친 북한 경비선의 북방한계선 월선 (이른바 '서해 5도 사건', '서해 사건' 또는 '서해 사태')
1973년 12월	제346차 및 제347차 군사정전위원회에서 황해도와 경기도의 도계선 이북 수역을 북한의 연해라고 하는 해상군사분계선 주장
1977년 7월	서해 북방한계선을 북한 수역에 포함시키는 200해리 배타적 경제수역 선포
1999년 6월	제1 연평해전
1999년 9월	서해 북방한계선을 무효로 하는 서해 해상경계선 선언
2000년 3월	서해 5도 통항질서 발표
2002년 6월	제2 연평해전
2009년 1월	남북 간 정치군사적 대결상태 해소와 관련된 모든 합의의 무효화 선언 및 남북기본합의서와 그 부속합의서에 있는 서해 해상 군사경계선에 관한 조항들의 완전하고 종국적인 폐기 선언
2009년 11월	대청해전
2010년 3월	천안함 피격
2010년 11월	연평도 포격
2013년 3월	정전협정 백지화 선언

이다. 북한은 다양한 정치적·군사적 목적으로 천안함을 공격한 것으로 생각되지만,[36] 사건 발생 수역이 서해 북방한계선 이남 수역이라는 점에서 서해 북방한계선에 대한 북한의 불만이나 이의 제기와도 관련이 있을 것으로 생각된다.

천안함 피격 사건이 발생한 때로부터 약 8개월 뒤인 2010년 11월 23일, 북한군이 서해 북방한계선 이남 지역인 연평도에 170여 발의 포사격을 가한 사건(연평도 포격 사건)이 발생하였다. 북한의 포사격은 민간인 거주 지역에도 가해졌으며, 한국은 군인 2명과 민간인 2명이 사망하고 다수가 부상하는 피해를 입었다.[37] 연평도 포격 사건 역시 서해 북방한계선 이남 수역에서

---

36 북한의 천안함 공격 동기에 관해서는 정규섭, "김정일 정권의 천안함 도발동기 분석", 『국방연구』, 제53권 제3호(2010), 40-42쪽 참조.
37 국방부, 앞의 주 33), 266-267쪽.

의 한국군의 군사활동에 대한 북한의 대응조치로 볼 수 있다는 점에서[38] 서해 북방한계선에 대한 북한의 이의 제기와 직접적인 관련이 있다(표 2-2).

2. 서해 북방한계선 관련 북한 주장

북한은 1973년 12월 1일 개최된 제346차 군사정전위원회에서 서해 북방한계선에 대해 명시적으로 문제를 제기한 것으로 알려져 있다. 이 회의는 1973년 10월부터 북한 경비정들이 40여 차례에 걸쳐 서해 북방한계선을 월선한 이른바 서해 사건 이후에 개최된 것으로, 북한 측은 다음과 같은 주장을 제기하였다. 첫째, 북한 해군 함정이 서해 북방한계선을 침범하였다고 하더라도 그것이 정전협정 위반이 되지는 않으며 '침입'이나 '도발 행위'도 아니다. 왜냐하면 정전협정 제13항 ㄴ목에 따르면 서해에는 해상경계선이 없고 정전해역이라고 할 만한 것도 없으며 서해 5개 도서를 포괄하는 수역은 북한의 연해이다. 그러므로 북한 연해인 서해 북방한계선 이남 수역에서 북한은 자유롭게 활동할 권리가 있다. 둘째, 남측이 서해 5개 도서에 해상으로 출입하는 경우에는 북측에 신청하여 사전 승인을 받아야 한다.[39]

1999년 6월의 제1 연평해전[40] 이후 개최된 제9차 판문점 장성급회담에서 북한은 자신이 북방한계선을 "인정한 적도, 통보받은 적도 없으며" 북방한계선에 관하여 "쌍방이 합의한 적도 없다"고 말하고 북방한계선의 철회를 요구하면서 "서해 5도는 북한 영해 안에 들어 있다"고 주장하였다.[41] 그

---

38 정태욱, "서해 북방한계선NLL 재론: 연평도 포격사건을 계기로", 『민주법학』, 제45호(2011), 284-288쪽.
39 『1973년 12월 1일 군사정전위원회 제346차 회의록』. (국가기록원 홈페이지https://www.archives.go.kr에서 열람, 2021. 8. 4. 방문)
40 해전의 경위에 관해서는 김영구, 앞의 주 14), 4-5쪽 참조.
41 김동엽, 앞의 주 19), 51쪽.

와 함께 새로운 해상경계선을 제시하면서[42] 해상경계선 문제를 토의할 북·미·남 실무회담을 제의하였다. 유엔군사령부가 북한의 제의를 거부하자 북한은 같은 해 9월 2일 '조선 서해해상 군사분계선'을 일방적으로 선포하였다.[43] 그 내용은 정전협정상의 황해도-경기도 도 경계선의 끝을 연장한 지점으로부터 북측 등산곶과 남측 굴업도 사이의 등거리점,[44] 북측 옹도와 남측 서격렬비도, 소엽도 사이의 등거리점[45]을 지나 한반도-중국 경계까지 이어지는 등거리점[46]을 연결한 선이 서해에서의 해상경계선이 된다는 것이다. 이 주장에 의하면, 서해 5도와 대부분의 서해 북방한계선은 해상경계선의 북측에 위치하게 된다.

북한이 주장한 서해 해상경계선에 의하면 해상군사력에 의한 해면 봉쇄를 금지한 정전협정 제15항 위반 문제와 함께 한국의 서해 5도 통항 문제가 발생한다. 이러한 문제에 대처하기 위해 북한은 후속 조치로 2000년 3월 23일 조선인민군 해군사령부 중대보도로 "조선 서해 해상분계선 설정과 관련한 후속조치로서 '5개 섬 통항질서'를 공포함에 대하여"를 발표하였다. 내용은 서해 5도 주변 수역을 백령도, 대청도, 소청도 주변의 제1구역, 연평도 주변의 제2구역, 우도 주변의 제3구역으로 나누고 이들 수역에는 북한이 설정한 두 개의 수로를 통해서만 통항하라는 것이다. 각 구역의 범위는 각 구역을 구성하는 섬의 영해 기산선으로부터 2km 폭의 '평행선'으로 설정된다. 제1구역과 제2구역은 각각 제1수로와 제2수로를 통해서만 통항할 수 있는데 각 수로의 폭은 1마일이다. 우도 주변의 제3구역 통항에 관해서는 적시한 바가 없다. 그 이유는 우도 주변 수역이 북한이 주장하는 서해 해상

---

42 북한이 제시한 해상경계선의 내용에 관해서는 김영구, 앞의 주 14), 8쪽 참조.
43 국방부 정책홍보본부 정책기획관실, 앞의 주 20), 10-11쪽.
44 북위 37도 18분 30초, 동경 125도 31분 00초.
45 북위 37도 01분 12초, 동경 124도 55분 00초.
46 북위 36도 50분 45초, 동경 124도 32분 30초.

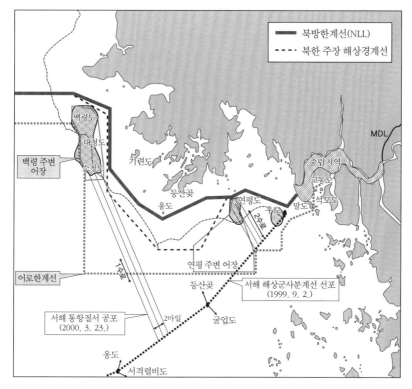

그림 2-4 북한 주장 서해 해상경계선과 통항질서

경계선에 접해 있기 때문인 것으로 보인다. 항공기는 서해 5도를 출입할 수 없으나 부득이한 경우는 두 개의 수로 상공으로만 비행할 수 있다고 말하고 있다(그림 2-4).[47]

현재 남한은 서해에 조업한계선을 설정하여 어로 활동으로 인한 북한과의 마찰을 미연에 방지하는 조치를 취하고 있다(그림 2-5).[48]

---

47 이상·김찬규, "북한의 서해5도 통항질서", 『국제법평론』, 제2000-I권(2000), 146-147쪽.

48 "서해 북방한계선과 잇닿아 있는 접경해역 중 대통령령으로 정하는 어장"에 출입하는 어선에 대해서는 그 지역 관할 군부대장이 출입을 통제할 수 있는 조치도 함께 시행 중이다(어선안전조업법 제17조 제1항).

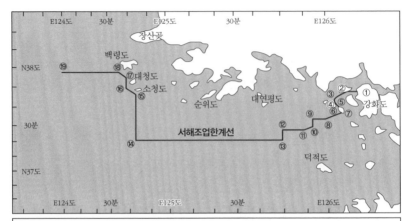

그림 2-5 서해조업한계선도

(출처: 어선안전조업법 시행령 [별표 1])

Ⅳ. 법적 지위

북방한계선은 동해와 서해에 각각 설정되어 있으나, 북방한계선을 둘러싼 남북한 간의 갈등과 충돌은 대부분 서해 북방한계선을 둘러싸고 발생하였다. 그 결과 북방한계선의 법적 지위에 관한 구체적인 논의도 주로 서해 북방한계선을 대상으로 전개되어 왔다.

1. 유효설

유효설은 북방한계선이 국제법상 유효하게 설정되어 일정한 기능을 수행하는 해상경계선이라고 본다. 무엇을 북방한계선의 법적 효력의 근거로 보는가에 따라 유효설은 다시 세부적으로 분류될 수 있다.

(1) 응고설

북방한계선의 유효성 근거에 관한 응고설consolidation theory은 영역권원에 관해 '역사적 응고consolidation historique, historical consolidation' 이론으로 제기된 주장을 북방한계선의 법적 지위에 적용한 것이다.

영토권원의 '역사적 응고'란 영토권원을 특정 시점에 양식적으로[49] 확립되는 것으로 이해하지 않고, 일련의 과정을 거쳐 서서히 응고되어 가는 것으로 이해한다. 드 비셔De Visscher, 슈바르첸버거Schwarzenberger, 쇼Shaw, 존슨Johnson 등의 논자가 독자적으로 또는 팔마스 중재재판에서의 후버 재판관의 '주권 표시display of sovereignty' 공식의 영향을 받아 역사적 응고 이론을 전개하였다.[50]

역사적 응고 이론의 선구자라고 할 드 비셔에 따르면, '이익과 관계의 복합체a complex of interests and relations'가 특정 영토나 해양 수역을 어떠한 국가에 귀속시키는 효과를 낳는다.[51] 상대적으로 약한 권원이 시간의 흐름 속에서 '이익과 관계의 복합체'를 통해 더 견고한 권원으로 응고해 간다고 본다.[52] 슈바르첸버거의 '응고' 개념 설명은 다음과 같다. 즉 어떤 시점에 일

---

49 선점, 할양, 첨부, 정복, 시효라고 하는 양식.

50 이 점에 관해서는 허숙연, "영역분쟁의 해결기준의 변용-ICJ에 있어서의 effectivité의 용법에 대하여", 『서울국제법연구』, 제11권 제1호(2004), 240쪽 이하 참조.

51 Charles De Visscher, P. E. Corbett trans., *Theory and Reality in Public International Law* (Princeton: Princeton University Press, 1957), p. 200.

52 Marcelo G. Kohen, *Possession contestee et souverainete territoriale* (Paris: Presses

회적으로 권원이 취득되었다고 하더라도 그것만으로는 영유권의 근거로 충분하지 않고 제3국에 대항할 수 있는 절대적 권원으로 완성되기 위해서는 일정한 과정이 필요하다. 그 과정은 주권 원칙이나 동의 원칙과 같은 원칙과 각국의 행위 사이의 상호작용에 의해 진행되는데, 그 상호작용의 과정이 바로 응고이다. 슈바르첸버거는 동의, 승인, (그 밖의 형태의) 금반언, 묵인, 불완전 승인, 불승인 등을 영역권원의 역사적 응고에 영향을 미치는 요소로 본다.[53]

북방한계선의 유효성 근거에 관한 응고설은 북방한계선이 유엔군 사령관에 의해 일방적으로 설정되었으나 북한이 장기간에 걸쳐 북방한계선을 존중하고 묵인해 왔기 때문에 현재는 남북한 간의 해상 관할경계선으로 응고되었다고 본다. 북방한계선에 대한 관행의 집적, 동의, 승인, 묵인, 금반언, 합의 등에 의해 북방한계선은 "확고한 법제도로서 응고 내지 강화되어 왔다"고 본다.[54] 나아가 북방한계선은 "정전협정을 보충하는 법제도"로 응고되었다고 볼 여지가 충분하다고 하면서 "남북기본합의서의 관련 규정도 북방한계선 설정에 의한 영토취득 권원의 응고에 기여하는 면이 있다"고 말한다.[55] 북한의 묵인과는 별개로 서해 북방한계선 이남 수역은 "남북의 분단 이후 38선 이남에 위치한 수역으로서 6·25 동란까지 계속해서 남한의 관할과 '주권'하"에 있었으며 "대한민국이 중단 없이 주권을 행사하여 온 곳"이라는 사실을 근거로 이 수역에 대한 대한민국의 '역사적 근원根源'과 '권원적 권리'를 인정하기도 한다.[56]

Universitaires de France, 1997), p. 43.

53 Georg Schwarzenberger, *A Manual of International Law*, 5th ed. (London: Stevens & Sons Limited, 1967), p. 127.

54 김명기, "서해 5도서의 법적 지위", 『국제법학회논총』, 제23권 제1·2호 합병호(1978), 336쪽; 제성호, 앞의 주 16), 133쪽.

55 제성호, 앞의 주 16), 133쪽.

56 김정건, "서해 5도 주변수역의 법적 지위", 『국제법학회논총』, 제33권 제2호(1988), 143쪽; 박

응고설에 대해서는 다음과 같은 비판이 있다. 첫째, (서해) 북방한계선 수역 주변을 남한이 단독으로 "고대로부터 점유해 온 역사적 사실 권원"의 계속성을 인정하기 어렵다는 것이다.[57] 이러한 비판에 대해 응고설은 북방한계선이 유효한 경계선으로 응고되기 위해 고대부터 권원 형성이 시작될 필요는 없다고 말한다. 1953년 8월부터 1973년까지의 기간 혹은 1999년까지의 기간만으로도 "승인, 묵인, 금반언estoppel 내지 합의(남북기본합의서 관련 규정) 등"에 의해 북방한계선의 유효한 응고는 얼마든지 가능하다고 본다.[58] 둘째, 북방한계선이 일종의 '역사적 권원의 응고the consolidation of a historic title'에 의해 유효하려면 "장기적인 평화적 점유와 상대방의 묵시적인 승인" 등의 요건이 충족되어야 하나, 정전 이후 남북한은 늘 긴장하의 대치 상태에 있었으므로 평화적 점유 계속이나 묵시적 승인 요건 충족을 인정하기 어렵다는 것이다.[59]

(2) 특별관습법설

특별관습법설은 서해 북방한계선을 남북한의 서해 해상경계선으로 하는 특별관습법이 성립하였다는 것을 서해 북방한계선의 유효성 근거로 설명하는 이론이다. 논자에 따라 내용은 약간씩 차이가 있고, 또 서해 북방한계선에 관해 성립한 관습법이 남북한 사이의 특별한 관습법을 말하는 것인지 아니면 국제법상의 특별관습법인 2국 간 관습국제법을 말하는 것인지도 명확한 것은 아니다.

특별관습법설로 이해되는 주장의 구체적인 내용을 보면 다음과 같다. 우

종성, 『한국의 영해』(서울: 법문사, 1985), 203쪽, 388쪽.

57 이장희, 앞의 주 15), 42쪽.

58 제성호, "북방한계선NLL의 법적 유효성과 한국의 대응방향", 『중앙법학』, 제7집 제2호(2005), 128쪽.

59 김영구, 앞의 주 14), 11-12쪽.

선 서해 북방한계선은 설정 이후 북한이 20년간 아무런 이의를 제기하지 않았으므로, 서해 북방한계선이 '휴전체제'의 일부를 형성한다는 데 쌍방의 '묵시적 합의'가 이루어져 왔으며, 그 결과 서해 북방한계선은 휴전협정 자체와 동일한 효력을 갖는 관습법으로 성립하였다는 주장이 있다.[60] 또 서해 북방한계선을 공산 측이 20년이라는 긴 세월 동안 묵종acquiescence해 왔으므로 그것은 정전협정과 동일한 것으로 굳어졌고, "관습법으로 굳어짐으로써 협정 자체와 동일한 효력을 갖는 것"으로 주장되기도 한다.[61] 비슷한 맥락에서 휴전협정 체결 당시의 정황과 북한을 포함한 관련국의 일반적인 관행을 종합적으로 고려하면 북방한계선은 "최소한 서해 인근 지역에서는 국제관습법적 성격을 획득한 것으로 볼 수 있을 것"이라는 견해도 있다. 이러한 견해는 "장기적 적용에 따른 관행"에 기초하여 북방한계선이 관습국제법의 법적 지위를 획득한 것으로 본다.[62]

이러한 주장들은 관습국제법을 묵시적 합의 또는 묵인과 동일시한다는 점에서 논란의 여지가 있다. 통설적 견해에 따르면 관습국제법은 일반 관행과 법적 확신의 두 요소에 의해 성립한다.[63] 그러므로 서해 북방한계선에 관해 남북한 사이에 2국 간 관습국제법[64]이라는 특별관습국제법이 성립하였

---

60 배재식, 『현 휴전협정체제에서 본 서해 5도서의 문제점 발생원인 및 대책』, 남북관계-대비방안 연구, 국통정 77-10-1184(서울: 국토통일원, 1977), 20쪽. 박종성, 앞의 주 56), 201쪽도 이러한 견해를 지지한다.

61 김찬규, "북방한계선과 한반도 휴전체제", 『국제법평론』, 1996-II권(1996), 105쪽.

62 이재민, "북방한계선NLL과 관련된 국제법적 문제의 재검토", 『서울국제법연구』, 제15권 제1호(2008), 61쪽.

63 정인섭, 『신국제법강의』 제11판 (서울: 박영사, 2021), 40-42쪽.

64 대한민국의 주관적 입장에서 보면, 북한은 평화 통일을 위한 대화와 협력의 동반자임과 동시에 적화 통일과 남한의 체제 전복을 획책하는 반국가단체라는 이중적 지위를 가진 존재이다(헌법재판소 1993. 7. 29. 선고, 92헌바48 결정). 또 남북한 쌍방은 서로의 관계가 "나라와 나라 사이의 관계가 아닌 통일을 지향하는 과정에서 잠정적으로 형성되는 특수관계"라는 점을 확인한 바 있다(1991년 남북한 사이의 화해와 불가침 및 교류 협력에 관한 합의서 전문). 그러므로 대한민국 관점에서는 남북한 간에는 통상적인 국가 간에서 성립할 수 있는 관습국제법이 성립할 수 없다고 말할 수 있다. 그러나 국제 사회의 제3자적 관점에서 보면, 한국과 북한은 모두 국가로서

다는 것을 증명하려면 서해 북방한계선과 관련된 일반 관행과 법적 확신의 증명이 필요하기 때문이다.

위와 같은 주장에 대해서는 다음과 같은 반론이 제기되어 있다. 즉 북한은 1957년 초부터 경비정으로 서해 5도 연안을 순시하고 있으며 서해 북방한계선 이남 수역에서 남한 어선들을 나포하여 간 일이 여러 번 있으므로 20년간 서해 북방한계선을 묵시적으로 인정한 일이 없다는 것이다.[65]

(3) 묵시적 합의설

묵시적 합의설tacit agreement theory은 남북한 사이에 서해 북방한계선을 서해의 남북한 해상경계선으로 하는 데 관한 묵시적 합의가 있었다고 보는 이론이다. 위에서 본 바와 같이 묵시적 합의설은 특별관습법설을 주장할 때 함께 주장되는 일이 많으며 특별관습법설과 구별하지 않는 경우도 있다.[66] 국제법은 국가 의사의 산물이며 모든 국제법은 국가의 명시적 또는 묵시적 합의에 의해 창설된다는 의사주의voluntarism의 입장에서는 관습국제법을 국가의 '묵시적 합의'로 이해한다.[67] 그러나 관습국제법을 묵시적 합의와 동일시할 수 없다는 것은 여러 학자에 의해 충분히 논증된 문제로 이해되고 있다.[68]

위에서도 언급한 바와 묵시적 합의설은 서해 북방한계선 설정 이후 북한이 20년간 이의를 제기하지 않은 사실을 서해 북방한계선이 '휴전체제'의

의 요건을 갖추고 있으며 국제연합에도 함께 가입하고 있다. 그러한 관점에서 보면 남북한 관계는 통상적인 국가 간 관계이며 당연히 남북한 사이에도 2국 간 관습국제법이 성립될 수 있다.

65 이장희, "서해 5도의 국제법적 쟁점과 그 대응방안―한강하구구역, 서해5도 그리고 북방한계선을 중심으로―",『외법논집』, 제10집(2001), 42~43쪽.

66 제성호, 앞의 주 16), 133쪽.

67 정인섭, 앞의 주 63), 16쪽; Josef L. Kunz, "The Nature of Customary International Law", American Journal of International Law, Vol. 47, No. 4(1953), p. 663.

68 Kunz, ibid., pp. 663~664.

일부를 형성한다는 데 대한 남북한의 '묵시적 합의'로 해석한다. 이에 대해서는 북한의 이의 제기 결여가 사실이 아니며 또 북한의 적극적인 이의 제기가 없었다는 사실을 서해 북방한계선에 관한 '묵시적 합의'로 해석할 수도 없다는 반론이 있다. 즉 북한 해군 경비정이 1957년 초부터 서해 5도의 연안을 순시하면서 때때로 남한 어선을 나포하였으므로 20여 년 동안의 침묵을 통해 북한이 서해 북방한계선을 남북한 해상경계선으로 '묵시적으로 합의'한 것으로 볼 수 없다는 것이다.[69]

(4) 전쟁수역한계설

국제법상 교전자는 '전쟁수역' 또는 '방어수역'을 설정할 권리를 갖는바, 북방한계선은 그러한 전쟁수역 또는 방어수역의 한계선이라는 이론이다. 이러한 이론은 북한과 유엔군이 아직 전쟁상태에 있다고 보고, 그 결과 교전자로서의 유엔군사령부가 전쟁수역 내지 방어수역을 설정할 수 있으며, 서해에 설정한 전쟁수역 내지 방어수역의 북쪽 한계선으로 서해 북방한계선을 설정하였다고 설명한다. 이러한 이론에 따르면 북방한계선은 1952년 9월 27일에 유엔군 사령관 클라크가 북한 봉쇄를 위해 설정한 클라크 라인 Clark Line과 동일한 성격의 선으로 전쟁상태가 끝나고 평화가 회복될 때까지 유효하다.[70]

(5) 실효성설

실효성설은 북방한계선이 '실효성'을 근거로 합법적인 경계선이 되었다고 본다. 이러한 이론을 주장하는 논자는 국제법 질서에서는 "권원의 유무를 불문하고 현실적인 사실상의 지배를 존중한다"는 '실효성의 원칙principle

---

69 이장희, 앞의 주 65), 42-43쪽.
70 김명기, 앞의 주 54), 334-335쪽.

of effectiveness'이 확립되어 있으며, 이에 따라 위법행위에 의해서도 새로운 권리와 의무는 창설될 수 있다고 본다. 이러한 전제에 입각하여 설령 서해 북방한계선 이남 수역이 북한 영해라고 하더라도 그러한 수역은 "정전 이후 20여 년간 실효적인 지배를 해 왔으므로 실효성의 원칙에 의해 우리의 영해임이 명명백백"하다고 말한다.[71] 이러한 이론에 의하면 서해 북방한계선은 한국의 영해 범위를 표시하는 선이 될 것이다.

(6) 정전협정 이행조치설

정전협정에서 해상 군사분계선이 제외된 것은 공산군 측의 요구에 따른 것으로서, 유엔군사령관이 정전협정상 규정이 누락된 해상 군사분계선을 설정한 것이 바로 북방한계선이라는 이론이다. 이러한 이론에 따르면, 정전협정 이행 과정에서 "양측의 충돌을 방지하고 정전체제를 안정적으로 관리"하는 것이 북방한계선 설정 목적이 된다. 이러한 견해에 따르면, 북방한계선은 정전협정의 불분명한 내용을 구체적으로 보완하는 것이며 양측의 견해 차이로 규정하지 못한 사항을 재규정한 것으로 정전협정 위반이 아니며 근거 없는 일방적 경계선 설정도 아니다. 북방한계선은 정전협정에서 합의된 경계선은 아니지만 정전협정의 근본 취지와 원칙에는 부합하는 선으로 본다.[72]

(7) 추인설

이 이론은 북방한계선이 유엔군 측과 공산군 측 간의 합의에 의해 설정된 국제법상 법적 구속력을 갖는 경계선은 아니지만, 1992년에 발효한 「남북기본합의서」에 의해 남북한 간의 '해상경계선' 또는 '사실상의 해상경계선'

---

71 위의 주, 334쪽.
72 국방부 군비통제관실, 앞의 주 1), 14쪽; 국방부 정책홍보본부 정책기획관실, 앞의 주 20), 26쪽.

으로 추인되었다고 본다.

　1992년에 발효된 「남북기본합의서」 제11조는 "남과 북의 불가침 경계선과 구역은 1953년 7월 27일 자 군사정전에 관한 협정에 규정된 군사분계선과 지금까지 쌍방이 관할하여 온 구역으로 한다"고 규정한다. 또 남북기본합의서의 부속합의서인 「'제2장 남북불가침'의 이행과 준수를 위한 부속합의서」[73] 제10조는 "남과 북의 해상불가침 경계선은 앞으로 계속 협의"할 대상이지만 "해상불가침구역은 해상불가침 경계선이 확정될 때까지 쌍방이 지금까지 관할하여 온 구역으로 한다"고 규정하고 있다. 추인설은 이러한 규정을 다음과 같이 해석한다. 즉 「남북기본합의서」와 부속합의서가 "쌍방이 지금까지 관할하여 온 구역"에 대한 계속적인 관할을 인정하고 있기 때문에 남북 간에 새로운 해상불가침 경계선이 설정되기 전까지는 서해 북방한계선을 경계로 남한과 북한이 각각 자신의 현실적 관할수역을 관할하고 그러한 수역을 불가침구역으로 한다는 것이다. 추인설은 「남북기본합의서」와 부속합의서가 이러한 내용의 규정을 통해 북방한계선의 효력을 인정하고 그것을 준수할 의사를 표명한 것으로[74] 이들 합의서에 의해 북방한계선이 남북한의 해상경계선으로 추인되었다고 본다.

　추인설이 「남북기본합의서」와 부속합의서 규정을 이와 같이 해석하는 데 대해서는 "쌍방이 지금까지 관할하여 온 구역"의 해석을 근거로 한 반론이 있다. 즉 "쌍방이 지금까지 관할하여 온 구역"의 '쌍방'은 남북한을 의미하므로 이 규정은 "남북한이 지금까지 공동으로 관할하여 온 구역"을 의미하는 것으로 해석하여야 한다는 것이다. 이러한 반론은 「남북기본합의서」와 부속합의서에서 말하는 "쌍방이 지금까지 관할하여 온 구역"을 육상의 비무장지대와 정전협정 제1조 제5항의 "한강하구 수역"을 의미하는 것으

---

73 1992년 9월 17일 서명과 동시에 발효.
74 제성호, "정전협정 60년, NLL과 서북 도서", 『STRATEGY 21』, 제16권 제1호(2013), 45쪽.

로 본다. 서해 북방한계선 이남 수역과 이북 수역은 남북한이 "공동으로 관할하여 온 수역"이 아니라고 보는 것이다.[75] 이러한 반론에 대해 추인론을 지지하는 입장은 다음과 같이 재반론한다. 즉 조약 해석상 '실효성의 원칙 principle of effectiveness'에 비추어 위 반론은 통상적 의미를 벗어난 부당한 해석이며,「남북기본합의서」체결 과정과 체결 직후에 북한 측이 보인 태도와도 배치되어 불합리한 해석이라는 것이다.[76]

추인설을 지지하는 입장에서도 추인설에 내포되어 있는 다음과 같은 문제점을 인정한다. 즉「제2장 남북불가침'의 이행과 준수를 위한 부속합의서」제10조 1문이 "남과 북의 해상불가침 경계선은 앞으로 계속 협의한다"고 규정한 것은 "해상불가침 경계선 내지 서해 5도 주변해역의 관할권 문제"가 "미해결 상태임을 시사"하고 있다는 것이다.[77]

2. 무효설

무효설은 북방한계선이 법적 근거 없이 설정된 선으로 당연히 법적 구속력도 없다고 본다. 무효설이 드는 근거는 다음과 같다.

첫째, 북방한계선은 정전협정에 규정된 선이 아니며 유엔군사령부가 합의 없이 일방적으로 설정한 선이며 북한에 통보도 되지 않은 선이므로 북한에 대한 구속력이 없다.[78] 유엔군이 서해 북방한계선 설정을 북한에 통보하였는지에 관해서는 통보인정설과 통보부정설이 대립하고 있다. 통보인정설의 경우 명확한 증거 제시 없이 단순히 '통보하였다'고 하거나 1953년 8

---

75 이장희, 앞의 주 65), 34-37쪽.
76 제성호, 앞의 주 74), 45-46쪽.
77 위의 주, 46쪽.
78 이장희, 앞의 주 65), 49-52쪽.

월 열린 군사정전위원회에서 통보하였다고 한다.[79] 그러나 유엔군사령부가
서해 북방한계선을 북한에 정식으로 통보한 사실은 입증되거나 확인된 바
는 없다.[80] 북방한계선이 비밀로 분류되어 있어서 북한에 구체적인 내용을
공식적으로 통보한 사실은 확인이 어렵다고 말한다.[81] 유엔군사령부는 명시
적으로 통고 사실을 부인한 것으로 알려져 있다.[82]

둘째, 정전협정의 해석상 서해 5도는 각각 하나의 '점'으로서 유엔군의 통
제하에 놓일 뿐이며 이 섬들을 연결한 정치적 목적의 선을 설정할 수는 없
다. 따라서 서해 5도를 연결하는 선으로 보이는 북방한계선 설정은 정전협
정 위반이다.[83]

북방한계선 무효설이 유효설의 근거에 대해 반론을 제기하는 것은 당연
하다. 이는 위에서 언급한 바 있지만 다시 한 번 간략히 정리하면 다음과 같
다. 첫째, 북한은 서해 북방한계선을 묵인하지 않았으며, 1957년 초부터 계
속 북방한계선을 월선하고 비공식적 이의 제기를 계속하였으며, 1973년 이
래 지속적으로 서해 북방한계선에 대한 이의를 제기해 왔다. 그러므로 북방
한계선에 관한 북한의 묵인이나 역사적 응고는 성립될 수 없다. 둘째, 서해
북방한계선이 관습국제법상의 해상경계선으로 성립할 수 있을 만큼의 지속
적이고 획일적인 실행도 존재하지 않는다. 셋째, 남북기본합의서 제2장의
준수를 위한 부속합의서 제10조는 남북의 해상불가침 경계선을 계속적인
협의의 대상으로 규정하고 있으므로 「남북기본합의서」에 의해 서해 북방한

---

79 김명기, 『백령도와 국제법』(서울: 법문사, 1980), 43쪽(김영구, 앞의 주 14), 11쪽에서 재인용);
   박종성, 앞의 주 56), 200, 202쪽; 김정건, 앞의 주 56), 139쪽.
80 이장희, 앞의 주 65), 22쪽.
81 고유환, "서해평화협력특별지대 재론과 경계 갈등", 『북한연구학회보』, 제21권 제2호(2017),
   4쪽.
82 김영구, 앞의 주 14), 11쪽.
83 리영희, "'북방한계선'은 합법적 군사분계선인가?–1999년 6월 15일의 서해상 남북 해군 충돌
   배경의 종합적 연구", 『통일시론』, 제3호(1999), 39쪽; 이장희, 앞의 주 65), 48쪽.

계선이 남북 간의 '사실상의 해상경계선'으로 추인되었다고 할 수도 없다.[84]

3. 북한의 주장에 대한 법적 이해

북방한계선의 법적 지위에 관해 유효설과 무효설이 보여 주는 다양한 견해는 북방한계선의 법적 지위를 여러 가지 관점에서 다르게 이해할 수 있는 가능성을 시사한다. 위에서 설명한 견해들을 종합하면, 북방한계선, 특히 서해 북방한계선의 법적 지위와 그를 둘러싼 남북한의 동향은 다음과 같이 정리하는 것이 비교적 객관적인 이해가 될 것으로 생각된다.

1953년 정전협정에서 해상의 군사분계선은 명시적으로 설정되지 못하였다. 특히 서해의 해상 군사분계선이 설정되지 못한 것은 영해의 폭에 관해 북한과 유엔군 사이의 견해 차이가 미친 영향이 크다. 북한의 해군력이 거의 없고 유엔군이 해상지배권을 장악한 현실에서 유엔군이 일방적으로 설정한 서해 북방한계선은 정전협정의 후속 조치로서의 법적 성격을 가지며 북한도 상당한 기간 동안 서해 북방한계선을 남북한 간의 해상경계선으로서 존중하는 태도를 보였다.

그러나 1973년을 기점으로 북한은 서해 북방한계선의 남북 간 해상경계선으로서의 지위와 기능에 대해 명시적으로 이의를 제기하기 시작하였으며, 그러한 이의와 서해에서의 남북 간 해상 관할 구역에 관한 북한의 새로운 경계설정 요구는 지속적으로 제기되어 왔다. 북한의 이러한 태도 변화는 북한의 해군력 확보와 증강이라고 하는 현실 상황의 변화에 따른 것이라고 이해된다. 서해 북방한계선에 대한 북한의 계속적인 침범과 이의 제기 및 무효화 시도는 북한의 해군력 변화에 따라, 휴전협정 후속조치로서 일정한 합법성을 확보하고 북한도 존중해 왔던 서해 북방한계선에 관한 국제법

---

84 정태욱, 앞의 주 3), 851쪽.

적 개정 요구로 보아야 한다. 남북 간의 서해 해상경계인 서해 북방한계선에 관한 '평화적 변경'[85]의 요구가 수용되지 않자 북한은 자신들의 변경 요구를 관철시키기 위해 무력적인 방법까지 동원하고 있는 것으로 이해하는 것이 옳다.

Ⅴ. 서해평화협력특별지대 구상과 북방한계선

북방한계선을 둘러싼 남북한 간의 갈등과 충돌은 주로 서해 북방한계선이 문제의 원인이었다. 그리고 서해 북방한계선에 대한 북한의 불만은 제1 연평해전을 비롯한 세 차례의 해전과 연평도 포격 사건과 같이 무력행사의 형태로 표출되기도 하였다. 서해 북방한계선이 초래하는 남북한 간의 긴장과 충돌을 생각하면 북방한계선의 법적 지위 문제, 그와 연결된 서해 5도 주변 수역 관할을 둘러싼 법적 불명확성과 불안정성은 시급히 해결되어야 할 문제이다.

서해 북방한계선이 초래하는 이러한 문제가 남북 간의 해상경계 설정에 의해 해소될 수 있음은 물론이다. 그러나 여전히 적대적 관계를 벗어나지 못하고 있는 남북 관계의 현실과 대한민국의 입장에서 본 북한의 이중적 지위가 야기하는 법적 문제 등으로 인해 국내법적으로나 국제법적으로 구속력 있는 남북 간의 해상경계를 설정한다는 것은 쉬운 일이 아니다. 이러한 현실적 어려움을 고려하여 제1차 연평해전 이후 이미 서해 5도 주변 수역

---

85 국제법상의 '평화적 변경' 문제에 관해서는 Josef L. Kunz, "The Problem of Revision in International Law", *American Journal of International Law*, Vol. 33, No. 1(1939), pp. 33–55 참조.

에 등거리 중간선 원칙에 따른 경계를 획정할 것이 아니라 남북경협 차원의 '남북한 공동어로수역'을 설정함으로써 서해 북방한계선 문제의 해법을 찾아야 한다는 제안이 나온 바 있다.[86] 해상경계 설정 없이 서해 북방한계선 관련 수역을 남북한이 평화적으로 공동 이용하는 방안을 찾는 것도 서해 북방한계선과 관련된 문제들을 관리하거나 해결하는 좋은 방안이 될 수 있다. '서해평화협력특별지대' 구상은 이와 같이 해상경계 획정 없이 서해 북방한계선과 서해 5도 주변 수역의 법적 문제를 해소하려는 생각이 구체화된 것으로 볼 수 있다.

남북한은 2007년 10월 4일 당시 노무현 대통령의 북한 방문으로 성사된 남북정상회담의 결과로 「남북관계 발전과 평화번영을 위한 선언」을 발표하였다. 이 선언 제5항에서 남북한은 "해주지역과 주변해역을 포괄하는 '서해평화협력특별지대'를 설치하고 공동어로구역과 평화수역 설정, 경제특구건설과 해주항 활용, 민간선박의 해주직항로 통과, 한강하구 공동이용 등을 적극 추진"하기로 합의하였다. 남북정상회담을 준비하면서 당시의 노무현 대통령은 북측에서 북방한계선 문제를 제기할 것을 예상하고 정상회담에서 북방한계선 자체는 협상의 대상으로 삼지 않으며 "경제협력을 먼저 하고 군사적 신뢰 구축이 되고 난 다음에 북방한계선 문제는 추후에 거론"하는 것으로 방침을 정하였다. 이러한 방침에 따라 서해평화협력특별지대 설치 제안을 준비하였다고 한다.[87] 서해평화협력특별지대 구상은 "남북관계의 새로운 이정표를 세우는 엄청난 성과"로 평가되고 있으며, 서해평화협력특별지대가 서해의 평화번영 벨트로 자리 잡으면 "굳이 남과 북이 대치하는 NLL의 협소한 의미는 저절로 사라지게 된다"고 지적되고 있다(그림 2-6).[88]

---

86 이장희, 앞의 주 65), 57쪽.
87 고유환, 앞의 주 81), 13–14쪽. '서해평화협력특별지대' 합의 배경과 합의 과정에 관해서는 10–16쪽 참조.
88 김근식, "서해 북방한계선(NLL)과 한반도 평화에의 접근: '서해평화협력특별지대' 구상을 중심

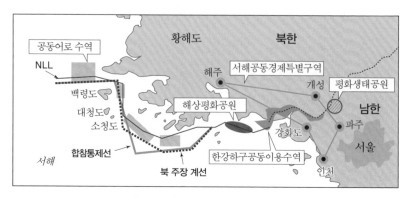

그림 2-6 서해평화협력특별지대 구상도

　평화수역을 설정하여 서해 북방한계선 문제를 해소하려는 구상은 2018
년 4월 「한반도의 평화와 번영, 통일을 위한 판문점선언」에도 계승되었다.
이 선언 제2항 ②호는 "남과 북은 서해 북방한계선 일대를 평화수역으로 만
들어 우발적인 군사적 충돌을 방지하고 안전한 어로활동을 보장하기 위한
실제적인 대책을 세워나가기로 하였다"고 규정하고 있는데, 이는 서해평화
협력특별지대 구상을 승계한 것으로 볼 수 있다. 또 2018년 9월의 「9월 평
양공동선언」 제2항 ②호에서도 남북한이 앞으로 "서해경제공동특구 및 동
해관광공동특구를 조성하는 문제를 협의해나가기로 하였다"고 밝히고 있
는데, 이것 역시 서해평화협력특별지대 구상과 2018년 판문점선언을 계승
한 것이다.

　서해 북방한계선과 서해 5도 주변 수역 문제가 전반적인 남북한 관계에
큰 영향을 받는다는 것은 말할 것도 없다. 남북한의 대립, 긴장 국면에서는
이 문제를 둘러싸고 무력 충돌까지 발생하였다. 이후 남북 간의 화해 협력
분위기 속에서는 문제가 서해평화협력특별지대 구상의 틀 속으로 흡수되
었다. 그러나 서해평화협력특별지대 구상은 남북 관계의 새로운 경색 국면

　으로", 『동북아연구』, 제15권(2010), 239-240쪽.

속에서 실현을 향한 진전이 없다. 남북 관계의 유동성과 불안정성에 비추어 보면 언제라도 북한이 서해 북방한계선을 문제 삼아 다시 대남 무력행사에 나설 가능성도 있다. 서해 북방한계선을 둘러싼 문제의 해결 또는 해소는 남북 관계의 진전 없이는 달성되기 어렵다는 것을 서해평화협력특별지대 구상의 현재 결과가 보여 주고 있다.

참고문헌

1. 국방부 정책홍보본부 정책기획관실, 『북방한계선NLL에 관한 우리의 입장(개정증보 판)』 (서울: 국방부, 2007).
2. 김명기, "서해 5도서의 법적 지위", 『국제법학회논총』, 제23권 제1·2호 합병호 (1978).
3. 김보영, "한국전쟁 휴전회담시 해상분계선 협상과 서해 북방한계선NLL", 『사학연 구』, 제106호(2012).
4. 김영구, "북한이 주장하는 '서해 해상경계선과 통항질서'에 대한 분석-그 국제법상 모순점과 논리적 비일관성에 관하여-", 『서울국제법연구』, 제7권 제1호(2000).
5. 김정건, "서해 5도 주변수역의 법적 지위", 『국제법학회논총』, 제33권 제2호(1988).
6. 이장희, "서해 5도의 국제법적 쟁점과 그 대응방안-한강하구구역, 서해5도 그리고 북방한계선을 중심으로-", 『외법논집』, 제10집(2001).
7. 이재민, "북방한계선 NLL과 관련된 국제법적 문제의 재검토", 『서울국제법연구』, 제15권 제1호(2008).
8. 정민정, "북방한계선[NLL] 문제와 대응방안", 『국회입법조사처 현안보고서』, 제134 권(2011).
9. 정태욱, "서해 북방한계선NLL의 법적 문제와 평화적 해법", 『법학논총』, 제20집 제2 호(2013).
10. 제성호, "북방한계선NLL의 법적 유효성과 한국의 대응방향", 『중앙법학』, 제7집 제 2호(2005).

* 이 글은 최지현 외, 『한·일 대륙붕 공동개발재개를 위한 대응방안 분석』, 한국해양수산개발원 刊, 적립금연구 2018-02 (2018)를 토대로 하여 작성된 것이다.

03

한일 대륙붕 공동개발협정[*]

최지현

Ⅰ. 개관

1974년 1월 한국과 일본은 평화로운 자원개발을 통한 번영 추구를 목표로 제주도와 일본 규슈섬 사이에 있는 대륙붕을 공동 개발한다는 협정을 체결하였다. 그러나 체결 당시 기대와는 달리 현시점에서 공동개발은 이루어지지 않고 있으며 2028년 6월에 협정 종료가 예상되고 있는 상황이다. 협정에 따르면 공동 개발구역을 소구(혹은 소광구)로 나누고, 두 국가에서 각각 조광권자를 지정한 뒤 조광권자 사이에서 운영권자를 결정하고, 결정된 운영권자가 모든 작업을 통제하도록 되어 있다. 그러나 2009년 및 2020년 한국에서 조광권자를 지정하였으나, 일본은 조광권자 지정을 하지 않고 있는 상황이 지속되고 있다.

공동개발협정은 ⅰ) 단일국가모델, ⅱ) 양국공동벤처모델, ⅲ) 공동기구

모델로 구분한다.[1] 단일국가모델은 한 국가에서 광상의 개발을 직접 수행하고 나머지 국가는 개발이익을 분배하는 데 참여하는 경우를 의미한다. 양국 공동벤처모델이란 관련국 국민이나 석유 기업 사이에 조인트 벤처를 설립하게 하고 이들을 통해 광구를 개발하는 경우로, 통상 공동개발위원회를 둔다. 공동기구모델은 가장 복잡하면서도 고도의 협력을 요하는 모델로, 공동기구를 설립하고 이 기구가 개발을 하는 경우이다. 허가, 규제, 운영은 공동기구를 통해 이루어진다. 「한일 대륙붕 공동개발협정」은 이 중에서 양국공동벤처모델에 해당한다. 한국과 일본이 각각 조광권자를 지정하고, 조광권자가 운영협정을 통해 조인트 벤처를 구성하고, 배타적인 지배권을 운영협정을 통해 선정되는 운영자가 행사하는 방식을 취하고 있다. 이러한 조인트 벤처 모델은 당시에는 진일보한 모델로 상호 간의 해양 경쟁을 완화시킬 수 있는 조치라고 받아들여졌으나, 40여 년이 지난 현시점에서 결과적으로 아무런 성과를 내놓지 못하고 있는 상황이다.

일본의 경우 대상해역에 상업적으로 개발 가능한 유전이 존재하지 않는다는 입장인 것으로 파악되고 있다. 실상은 그렇지가 않다. 오히려 일본의 의도적인 협정 이행 좌초 전략이 성공한 것이라는 인상을 지우기 어려운 상황이다. 물론 여기에는 「한일 대륙붕 공동개발협정」이 한일 양국 상호 간 지분이 1:1로 되어 있어 어느 국가의 의도나 의지가 우선적으로 반영될 수 없는 구조로 설계되었으며, 그 결과 개발사업의 측면에서도 경영 리스크가

---

1 이러한 구분은 Hazel Fox(외), David Ong, 그리고 이석용 등이 따르고 있다. Hazel Fox and et. al., *Joint development of offshore oil and gas: a model agreement for states for joint development with explanatory commentary* (London: British Institute of International and Comparative Law, 1989), pp. 115 이하; David Ong, "Joint Development Areas", Max Planck Encyclopedia of Public International Law, last updated April 2011, Online Version, paras. 6-15 참조. 이석용, "해저자원공동개발에 대한 국제법적 고찰-한일대륙붕공동개발협정을 중심으로", 『법학연구』, 제56권 제2호(2015), 21-23쪽.

있는[2] 모델이라는 구조적 한계가 있다는 점을 간과할 수는 없을 것이다. 하지만 「한일 대륙붕 공동개발협정」이 분쟁수역에서 상호 간에 석유 및 천연가스 자원을 탐사 및 개발하는 것이 서로 이익이 된다는 점을 인식하고 이 수역의 평화적 이용을 위해 체결된 조약이며 국가 간의 법적 구속력 있는 약속이라는 점을 상기한다면, 현재 일본이 취하고 있는 입장은 이러한 이상과는 상당히 유리되어 있는 모습이라고 할 수밖에 없다. 협정이 발효된 후 50년인 2028년을 약 6년 앞둔 현시점에서 협정의 체결 배경 및 내용을 검토하고 양국이 어떠한 이행조치를 취하였는지를 고찰함으로써 추후 이러한 문제에 대한 합리적 해결방안을 모색하는 것은 국제사회에서의 법의 지배 향상과 한일의 이익이 중첩되는 해양에서 평화적 공존을 추구하는 중요한 과제라고 할 수 있다.

Ⅱ. 경과 및 내용

1. 협정의 체결 배경

아시아극동경제위원회The Economic Commission for Asia and the Far East, ECAFE[3] 산하 '아시아 지역 해저 광물자원 공동탐사 조정위원회Committee for Coordination of Joint Prospecting for Mineral Resources in Asia Offshore Areas,

---

2 이익 및 비용 분담이 1:1의 구조이기 때문에 동등한 당사자 모두의 마음이 합치하여야만 협정이 성과를 낼 수 있는 구조라는 의미이다.

3 1974년 3월 ECAFE 총회에서 유엔아시아태평양경제사회위원회United Nations Economic and Social Commission for Asia and the Pacific, UNESCAP or ESCAP로 변경하였다. 유엔 경제사회이사회United Nations Economic and Social Council 부속기관이다.

CCOP'를 통해 미 해군 해양연구소팀은 1968년 황해와 남해를 비롯한 한국 대륙붕 전역에 대한 항공 자력탐사와 물리탐사를 실시하였다.[4] 그 결과 한국의 대륙붕 해저에 석유 및 천연가스의 부존 가능성이 있다는 보고서가 나오고 외국계 기업들의 광구탐사 요청이 쇄도하면서 한국은 1970년 1월 「해저 광물자원개발법」을 제정 및 시행하였다. 한국은 이 법에 따라서 광구를 설정했는데, 현재 한일 대륙붕 공동개발구역이 위치한 지역에 7광구와 5광구 일부를 설정한 것에 대해 일본이 항의하였다. 한국은 대륙붕의 자연적 연장론을 주장했지만 일본은 중간선 경계를 주장하였던 것이다. 한일 양국은 이후 협상을 통해 1974년 1월 「한일 대륙붕 공동개발협정」(이하 '협정')[5]을 체결하고, 공동개발구역을 설정하여 해당 구역을 한일 양국이 공동으로 개발하기로 하였다. 일본에서는 협정이 체결된 1974년 이후 국회에서 표결이 수차례 연기되었다가 1978년이 되어서야 국회 비준절차가 이루어졌다. 이후 양국은 1978년 6월 22일 비준서를 교환하고 협정을 발효시켰다.

2. 협정의 내용

(1) 목적과 기본의무

협정의 본문은 31개의 조문과 공동개발구역의 좌표를 표시한 부록으로 구성되었는데, 이외 합의의사록 및 3개의 교환각서(굴착의무에 관한 교환각서, 해상충돌방지에 관한 교환각서, 해수오염의 방지 및 제거에 관한 교환각서)가 추가되었다.

---

4 한국석유개발공사, 『한국석유개발공사 15년사』 (청산문화사, 1994), 146쪽.

5 협정의 정확한 명칭은 다음과 같다; 대한민국과 일본국간의 양국에 인접한 대륙붕 북부구역 경계획정에 관한 협정(합의의사록 포함)Agreement between the Republic of Korea and Japan concerning the Establishment of Boundary in the Northern Part of the Continental Shelf adjacent to the Two Countries, with Agreed Minutes. 1974년 1월 30일 서울에서 서명, 1978년 6월 22일 발효.

협정의 서문은 한일 두 국가가 "양국 간에 존재하는 우호관계를 증진"한다는 점을 확인하고, "양국에 인접한 대륙붕의 북부 구역에서 석유자원의 탐사 및 채취를 공동으로 수행함이 그들의 공통된 이익"이 된다는 점을 고려하고 있어, 두 국가가 이 협정을 통해 석유 및 천연가스 자원의 공동개발을 목표로 하고 있다는 점을 명확히 하였다. 협정의 목적상 천연자원이라고 하면 "석유(천연가스 포함)자원 및 동 자원과 관련하여 생산되는 기타 지하광물"을 의미하기 때문에 이 협정은 오로지 석유 및 천연가스의 공동개발만을 목적으로 하고 있다는 점을 분명히 하였다. 이러한 목적 아래 각 당사국은 이 협정을 이행하기 위해 필요한 모든 국내조치를 취할 의무를 부담한다.[6]

(2) 기간

협정은 1978년 6월 22일 발효되었으며 발효기간은 최소 50년으로 예정되어 있다. 협정은 발효 후 50년이 지나면 자동으로 종료되는 것은 아니며, 당사국 중 어느 일방이 종료통고권을 행사하면 50년이 되는 해부터 협정이 종료될 수 있다.[7] 당사국은 상대국에 3년 전의 서면통고를 함으로써 최초 50년 기간의 종료 시 혹은 그 후에 언제든지 협정을 종료시킬 수 있다.[8] 따라서 2025년 한일 양 당사국 중 어느 국가가 종료통고권을 행사하면 2028년 6월 22일에 종료될 수 있다. 종료통고권을 행사하지 않는 한 협정의 효력은 계속된다.

(3) 공동개발구역

「한일 대륙붕 공동개발협정」의 위치에 대해서는 협정의 제2조에서 21개 점

---

6 협정 제30조.
7 협정 제31조 제2항.
8 협정 제31조 제2항, 제3항.

으로 좌표의 위치를 표시하고 있으며, 부속된 지도에 이를 표시하고 있다.[9] 또한 부록을 통해 공동개발구역을 여러 개의 소구로 나눌 수 있도록 했는데, 소구에 관한 부록의 개정은 협정의 수정 없이 당사국의 상호 동의 아래 이루어질 수 있도록 하였다.[10] 1차 탐사기간에는 9개의 소구로, 2차 탐사기간에는 6개의 소구로 나누어졌다.

(4) 조광권자와 운영자의 권리

한일 양국은 각각의 국내법에 따라서 탐사권 및 채취권을 가지는 조광권자를 지정할 의무가 있다.[11] 각국에 의해 조광권자로 지정된 자들은 천연자원의 탐사 및 채취를 위해 운영계약[12]을 체결하고 이 운영계약을 통해 해당 광구의 개발과 관련한 세부사항에 대해 협의한다. 운영계약을 통해 제9조에 의한 천연자원과 비용의 분배에 관한 세부사항, 운영자의 지정, 단독 위험부담작업의 취급, 어업상 권익의 조정, 분쟁의 해결에 관한 사항을 결정하는데, 그중에서 가장 중요한 것은 '운영자 지정' 등에 관한 사항이다. 운영

---

9 협정 제2조 및 부속 지도.

10 협정 제3조.

11 협정 제4조 및 제10조. 한국은 협정 체결 이전에 이미 「해저광물자원개발법」(법률 제2184호, 1970년 1월 1일 제정)을 제정하였다. 협정에서 조광권자를 지정할 의무를 부과하고 있는데, 한국의 경우 이 법률에 따라서 조광권자를 지정한다. 반면 일본은 협정 체결 이후 이행과 관련한 특별법을 제정하였다. 「일본국과 대한민국 사이의 양국에 인접한 대륙붕의 남부의 공동개발에 관한 협정의 실시에 따른 석유 및 가연성 천연가스 자원의 개발에 관한 특별조치법日本国と大韓民国との間の両国に隣接する大陸棚だなの南部の共同開発に関する協定の実施に伴う石油及び可燃性天然ガス資源の開発に関する特別措置法」(쇼와 53년 법률 제81호)이 이 특별법의 명칭이다. 이 법률은 한일 대륙붕 공동개발구역에서의 천연자원(석유 및 천연가스) 개발에 관한 특별법으로, 일본 내부의 대륙붕에서의 석유 및 천연가스 자원의 개발 일반에 대한 규율에 대해 특별법적 지위를 가지는 법률이다. 이 법률에 따르면 오로지 일본의 국민 혹은 일본의 국내법인만 조광권을 신청할 수 있다. 다만 '日本国の国民又は法人'이라는 문구를 '일본의 국민' 혹은 '법인'이라고 해석할 수 있다면 외국법인도 조광권을 신청할 수 있는 가능성을 배제할 수 없다.

12 협정 제5조 제1항.

102

계약을 통해 결정된 '운영자'는 천연자원의 개발과 관련한 모든 작업을 배타적으로 통제한다.[13] 운영계약을 통해 운영자가 지정되는데, 만약 조광권자들이 합의하지 못하면 한국과 일본 정부가 협의를 통해, 최후 수단으로는 추첨을 통해 정한다.[14] 공동개발구역에서 천연자원의 개발을 통해 얻는 이익과 비용은 동등하게(50:50) 각각의 조광권자에게 귀속된다.[15] 조광권자에게 귀속되는 탐사권과 채취권은 각각 8년과 30년이다. 상업적으로 개발 가능한 천연자원이 있다고 밝혀지면 조광권자는 탐사권의 존속기한이 남았더라도 바로 채취권에 관한 신청을 할 수 있으며, 당사국은 이 신청을 접수하면 즉시 협의하고 지체 없이 승인하여야 한다.[16]

탐사기간 중에 조광권자에게는 굴착의무가 부과된다. 다만 유정의 개수는 두 당사국 사이에 별도의 약정을 통해 정해지는데,[17] '굴착의무에 관한 교환각서'는 탐사기간마다 새롭게 체결되어 왔다. 협정은 최소 굴착의무 수를 규정하여 의무적으로 일정 정도 이상의 유정을 채굴하도록 규정하였다. 소구에 관해 굴착할 최소한의 유정 수는 운영계약의 효력발생일로부터 최소 3년, 다음 3년 및 잔여 2년의 각 기간 중 2개 공을 초과할 수 없도록 하였다.[18]

각 당사국에 의해 지정된 조광권자는 탐사권 또는 채취권이 설정된 일로부터 6개월 이내에 작업에 착수할 의무를 부담한다.[19] 협정은 조광권자에게 부과된 굴착의무가 실질적으로 이행될 수 있도록 조광권을 단계적으로 포기하도록 하였다. 운영계약의 효력발생일로부터 3년 내 소구의 25%, 6년

---

13 협정 제5조.
14 협정 제6조.
15 협정 제9조.
16 협정 제10조.
17 협정 제11조 제1항.
18 협정 제11조.
19 협정 제12조.

내 50%, 8년 내 75%를 포기하도록 강제하고 있다.[20] 조광권만 부여받은 채 사실상 이를 이행하지 않는 상황을 막기 위한 방책이다. 이 의무를 이행하지 않으면 조광권이 취소된다.[21] 반대로 조광권자는 해당 구역에 대해 2년이 경과한 뒤에는 전 소구를 포기할 수 있는 권리가 있다.[22] 이는 거꾸로 조광권자에게 상업적 가능성이 없는 광구를 포기할 수 있는 방법을 열어 준 것이며, 당사국 정부는 이 경우 다른 조광권자를 자국의 국내법에 따라 지정할 수 있다.[23]

조광권자 일방이 조광권 전체를 포기하거나 해당 조광권이 취소된 경우에 남아 있는 일방의 조광권자는 전 조광권을 허가한 당국이 승인해 준다면 천연자원의 탐사 또는 채취를 단독으로 수행할 수 있다.[24] 이를 단독위험부담 조항이라고 한다. 이때 조광권자는 이전의 운영계약상의 단독위험부담 조항이나 기타 관련 규정 및 조건을 준수하여야 한다. 남아 있는 조광권자는 전 조광권자를 허가한 당사국의 조광권자로서의 지위도 같이 유지한다.[25]

(5) 대륙붕에 대한 권원 및 천연자원에 대한 권리

한일 대륙붕 공동개발구역은 한국과 일본의 대륙붕 권원이 중첩되는 지역이다. 이 구역에 대해서는 두 국가의 대륙붕에 대한 권리가 중첩되고 있으므로 각자가 자신의 대륙붕에서 천연자원을 개발할 것으로 볼 수 있다. 따라서 공동개발구역에서 산출된 천연자원에 대한 각 당사국의 법규적용에 있어서 협정 제9조에 의해 일방 당사국의 조광권자가 권리를 가지는 천연

---

20 협정 제13조.
21 협정 제14조.
22 협정 제13조 제5항.
23 그러나 반드시 이를 지정할 의무가 있는 것은 아니다. 왜냐하면 제15조의 단독위험부담 조항에 따라서 남은 조광권자가 단독으로 탐사 및 채취 업무를 수행할 수 있기 때문이다.
24 협정 제15조 제1항.
25 협정 제15조 제2항.

자원의 몫은 당사국이 주권적 권리를 갖는 대륙붕에서 산출된 천연자원으로 본다.[26] 다만 운영자로 지정된 자의 자국 국내법만이 천연자원의 탐사 또는 채취와 관련된 문제에 관해 적용되도록 하였는데,[27] 이는 운영자가 탐사 및 채취에 관한 사항을 배타적으로 지배하기 때문에 실질적으로 탐사 및 채취를 진행하는 운영자의 당사국의 국내법만 적용되도록 한 것이다. 이 협정을 체결하였다고 해서 공동개발구역 전부나 일부에 대해 주권적 권리를 결정하는 것으로 볼 수 없으며, 대륙붕 경계획정에 관한 각 당사국의 입장을 해하는 것으로 볼 수 없다.[28]

(6) 광구 통합

천연자원이 단일 지질구조 혹은 광상에 걸쳐서 존재하는 경우에 그 광상이 대륙붕 공동개발구역과 한 국가의 대륙붕 사이에서, 혹은 대륙붕 공동개발구역 내 각각의 소구 내에 존재하는 경우에는 해당 조광권자들이 합의를 통해 채취방법에 대해 정한다.[29]

(7) 이행

협정의 이행을 위해 한일 공동위원회를 설치하고 유지하며, 이 위원회는 개별 국가가 임명하는 2인의 위원으로 구성되는 국별위원회로 구성된다.[30] 위원회는 매년 적어도 1회 이상 회합을 진행하며, 일방 당사국의 요청이 있으면 언제든지 회합을 열 수 있다. 한일 공동위원회는 이 협정의 운영을 검토하고 필요할 때에는 이 협정의 운영을 개선하기 위해 취할 조치에 관해 심

---

26 협정 제16조.
27 협정 제19조.
28 협정 제28조.
29 협정 제23조.
30 협정 제24조.

의하고 당사국에 권고하는 임무(제25조 제1항 a항), 조광권자의 기술 및 재정 보고서를 매년 접수하는 임무(제25조 1항 제b항), 조광권자 간에 해결이 불가능한 분쟁을 해결하기 위해 취할 조치를 당사국에 권고하는 임무(제25조 제1항 c항), 공동개발구역 내 천연자원의 탐사 또는 채취를 위한 운영자의 작업 및 시설물, 기타 설치물을 관찰하는 임무(제25조 제1항 d항), 이 협정의 효력 발생 시 예견하지 못하였던 당사국 법규적용에 관한 문제를 포함한 제반 문제를 연구하고 필요할 때에는 그러한 문제를 해결하기 위한 적절한 조치를 당사국에 권고하는 임무(제25조 제1항 e항), 당사국이 제출한 공동개발구역 내 천연자원의 탐사 또는 채취에 관해 당사국이 공포하는 법규에 관한 통고를 접수하는 임무(제25조 제1항 f항), 이 협정의 이행에 관한 기타 문제를 토의할 의무(제25조 제1항 g항)를 수행한다.

한일 공동위원회 설치를 통한 협정의 이행 제고와는 별개로 일방 당사국의 요청이 있을 경우에 협정의 당사국들은 이 협정의 이행에 관해 협의를 진행할 의무를 부담한다.[31]

(8) 분쟁해결절차

「한일 대륙붕 공동개발협정」상의 분쟁, 즉 이 협정의 해석과 이행에 관한 한일 간 분쟁이 발생하면 우선적으로 외교경로를 통한 해결을 추진한다. 외교경로를 통해서도 해결이 되지 않을 경우에는 3인의 중재위원으로 구성된 중재위원회에 결정을 회부한다.[32] 중재위원은 3인으로 구성되는데, 한국과 일본 각각이 중재위원을 1명씩 임명하고, 제3의 중재위원은 2인의 중재위원이 합의하거나 혹은 2인의 중재위원이 합의한 제3국의 정부가 결정한다.[33]

---

31 협정 제29조.
32 협정 제26조 제1항, 제2항.
33 협정 제26조 제2항.

그러나 분쟁 당사국인 한국과 일본 어느 일방이 중재위원을 선임하지 않을 경우에 이를 강제할 수 있는 규정이 없다. 이 점에서 「유엔해양법협약」에서 중재재판부가 강제로 구성되는 경우와 비교된다.[34] 다만 중재위원회를 통해 분쟁을 해결할 의무를 각 당사국이 부담하고 있기 때문에 중재위원을 선임하지 않는 국가는 협정의 분쟁해결에 관한 제26조를 위반하는 것이다.

3. 협정의 이행

(1) 1차 탐사기간

1979년 5월 18일부터 1987년 5월 17일까지 8년이 1차 탐사기간이었다.[35] 협정에 따라 한국과 일본 정부는 조광권자 간 운영계약을 승인했고, 소구를 9개로 나누어 탐사를 진행하였다(그림 3-1).

조광권자는 한국 측에서는 KOAM(1소구, 7소구, 8소구, 9구소)과 Texaco(2소구, 3소구, 4소구, 5소구, 6소구)였으며, 일본 측은 Teikoku 석유(8소구), 일본석유(2소구, 3소구, 4소구, 5소구, 6소구, 7소구)였다. 일본은 1소구와 9소구에 대해서는 조광권자를 지정하지 않았다.[36] 1986년 한국 측 조광권자 Texaco가 조광권을 포기하였고, 1차 탐사기간 종료기간까지 한국석유개발공사, 경인에너지가 조광권자로 지정되었다. 1986년 6월 21일 8소구 조광권자였던 KOAM과 Teikoku석유가 모두 조광권을 포기하였다(표 3-1).

한일 굴착의무에 관한 각서를 통해 8년 동안 5소구와 7소구, 8소구, 1소구, 그리고 9소구에 대해 11개를 굴착할 의무가 부과되었다.[37] 5소구에서 3

---

34 유엔해양법협약 제7부속서 제3조.
35 국가기록원, CA0012439, 동력자원부 유전개발과, 한일 대륙붕 공동 개발 관계철(공동위원회), 1987, 5쪽.
36 위의 주, 11쪽.
37 위의 주, 11-12쪽. 상공자원부 석유가스국 유전개발과 자료에 따르면 1소구와 9소구에 대해서도 3개의 굴착을 할 의무가 부가되었다.

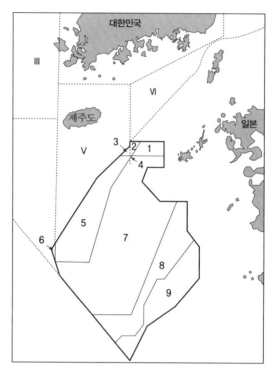

그림 3-1 1차 탐사기간 중 소구도 중첩도

개 공, 7소구에서 3개 공, 8소구에서 1개 공의 시추가 이루어졌다.[38] 5소구 내 JDZ V-1공과, 7소구 내 JDZ VII-1, JDZ VII-2 공에서 약간의 가스를 발견하였다고 하나 경제성은 없는 것으로 당시 결론을 내렸다.[39] 8소구에서 석유의 징후는 발견되지 않았다. 전체 물리탐사 결과 유망구조를 23개 확인하였으며, 1소구와 9소구에서는 일본이 조광권자를 지정하지 않아 탐사가 불가능하게 되었다.[40]

---

38 위의 주, 227쪽.
39 위의 주.
40 국가기록원, CA0012420, 상공자원부 석유가스국 유전개발과, 제5차 한일공동위자료(1978~ 1985년), 11쪽.

표 3-1 초반부 조광권자

소구	한국	일본
1	KOAM	미지정
2	Texaco → 한국석유개발공사 + 경인	일본석유
3	Texaco → 한국석유개발공사 + 경인	일본석유
4	Texaco → 한국석유개발공사 + 경인	일본석유
5	Texaco → 한국석유개발공사 + 경인	일본석유
6	Texaco → 한국석유개발공사 + 경인	일본석유
7	KOAM	일본석유
8	KOAM (조광권 포기 1986. 6. 21.)	Teikoku 석유 (조광권 포기 1986. 6. 21.)
9	KOAM	미지정

[출처: 국가기록원, CA0012420, 상공자원부 석유가스국 유전개발과, 제5차 한일공동위자료 (1978~1985년), 11쪽 토대로 작성]

(2) 2차 탐사기간

한일 양국은 2차 탐사기간 동안 9개의 소구를 6개의 소구로 줄이는 것에 합의하였다.[41] 또한 굴착의무에 관한 교환각서를 통해 굴착의무 공수도 소구마다 1개씩으로 줄이고, 4소구에 대해서만 2개 공을 굴착하기로 하여 총 7개 공에 굴착의무를 부과하였다. 조광권 신청을 유인하기 위해 굴착의무 공수를 줄인 것이다(그림 3-2).[42]

그러나 2차 탐사기간 동안에는 한 공도 굴착하지 못하였다. 중간에 조광권을 포기하였기 때문이다. 1989년 8월 14일 한국은 BP(British Petroleum)와 석유개발공사(혹은 PEDCO Korea Petroleum Development Corporation)를 조광권자로 지정하였다.[43] 일본은 1991년 2월이 되어서야 신일본석유개발 Nippon Oil Exploration Co. Limited, NOEC을 조광권자로 지정하였다.[44] 조광

---

41 국가기록원, CA0012439, 각주 35)의 문서, 98쪽.
42 위의 주, 106쪽.
43 국가기록원, CA0012420, 각주 40)의 문서, 4쪽, 190쪽.
44 위의 주, 4쪽.

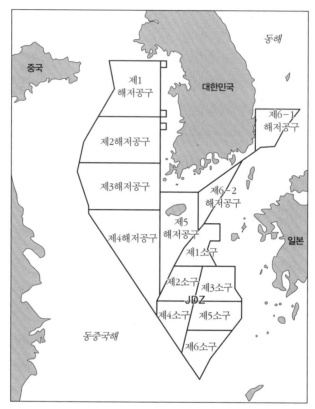

그림 3-2 2차 탐사기간 중 소구도 중첩도

권자들은 2소구와 4소구에 대해서만 조광권을 신청하였다. 각각의 지분은 2소구에서 BP 40%, 석유개발공사 10%, 신일본석유개발 50%, 4소구에 대해 BP 35%, 석유개발공사 15%, 신일본석유개발 50%이었다.[45]

　1991년 6월 체결된 운영계약은 운영자를 2소구, 4소구에서 모두 BP로 결정하였다.[46] 같은 해 9월 25일 운영계약이 승인되어 발효되었다.[47] 실제 탄

45　위의 주, 11쪽.
46　위의 주, 4쪽.
47　위의 주, 8쪽.

성파 탐사는 진행하지 않고, 1차 탐사기간의 탄성파 탐사 자료를 재처리하였는데, 1992년 공동연구 결과 BP는 유전 발견 가능성이 희박하다고 결론을 내렸다.[48] 1993년 3월 광구를 부분(2소구 96%, 4소구 76%) 포기했고,[49] 6월에는 완전히 조광권을 반납하고, 9월에는 포기하였다.[50] 개발 가치는 있지만 당시의 유가로는 경제성 있는 개발이 어렵다는 것이 이유였다.[51] 일단 개발 여건이 호전되면 새로운 조광권자가 나타날 수 있기 때문에 협정 전체를 종료하지 않는 것으로 하였다.[52]

(3) 3D 탄성파 탐사

2000년대 들어 한일 대륙붕 공동개발구역과 가까운 중국의 핑후유전 지역에서 석유와 천연가스가 발견되어, 한국석유공사는 Shell사와 공동으로 이전의 탐사자료 평가를 실시하였다.[53] 그 결과 추가 정밀물리탐사의 필요성이 제기되어 일본에 공동탐사를 제안하였다.[54] 2001년 12월 14일 '한·일 산업장관회담' 공동성명서를 통해 일본과 석유 및 천연가스 공동탐사 원칙에 합의하는 양해각서를 체결하였다.[55] 이후 한국석유공사와 일본석유공단 Japan National Oil Corporation, JNOC을 각각 사업자로 지정하였다.[56] 두 기관

---

48 위의 주, 169쪽.
49 위의 주, 169~170쪽.
50 협정 제13조 제5항에서 조광권을 부여받은 2년 이후 전체 조광권을 포기할 수 있다고 규정하고 있다.
51 국가기록원, CA0012420, 각주 40)의 문서, 203쪽.
52 위의 주, 206쪽. 그러나 당시의 판단이 상업적으로 개발 가능한 자원의 존재를 부정하는 자료로 사용될 수는 없다. 이후 석유 공학 및 탐사 기술의 발전으로 해당 광구에 대한 평가 및 판단은 충분히 달라질 수 있기 때문이다.
53 한국석유공사, 『한국석유공사 25년사』(명성종합기획, 2005), 173쪽.
54 위의 주.
55 국가기록원, DA0049926, 산업자원부 무역정책실 아주협력과, 무역투자실 아주협력과, 제4차 투자촉진협의회(2001년), 54~60쪽.
56 당시 조광권자를 한국과 일본이 각각 한국석유공사와 일본석유공사로 지정하였는지 여부도 확실하지 않다. 공동물리탐사 계약JSOA을 체결하였는데, 이것이 「한일 대륙붕 공동개발협정」상

그림 3-3 한일 대륙봉 공동개발구역 3D 탄성파 탐사 구역

은 2002년 8월 1월 공동물리탐사 계약을 체결하고,[57] '유망지역에 3D 탄성
파 탐사 공동실시'를 합의하였다.[58] 2002년 8월 1일 체결한 운영계약에 따
라 제2소구에서 3D 탄성파 탐사자료 취득, 전산처리 및 해석을 수행하였
다.[59] 3D 탄성파 탐사는 이때 처음으로 한일 양국이 수행한 것이지만, 범위
는 약 503km²에 불과해 넓지 않았다(그림 3-3).

의 조광권자끼리 맺는 운영계약인지 여부도 불확실하다.

57 한국석유공사, 각주 53)의 글, 173쪽.

58 산업자원부 보도자료, 2006년 5월 25일, 「丁 산자, 일 측에 한·일대륙봉 공동개발구역JDZ 공동
시추 제안」.

59 위의 주.

(4) 민간 차원 협력

2004년 3월 한국석유공사, 일본석유공사가 운영위원회를 개최하고 3D 탄성파 자료를 공동으로 평가하고 분석하였다. 당시 언론을 통해 보도된 자료에 따르면, 한국석유공사는 5개 유망구조와 13개 잠재구조가 있다고 결론을 내리고, 3,600만 톤의 매장량이 있다고 전망하였다.[60] 반면 일본석유공사는 5개 유망구조와 다수의 잠재구조가 있다는 점은 인정했지만, 경제성 측면에서는 한국석유공사와 의견을 달리하였다.[61] 이후 2005년부터 2013년까지 일곱 번에 걸쳐서 한국석유공사와 일본의 Japex, JED, Cosmo, Teikoku 석유 등의 기업들이 참여하는 공동연구가 수행되었다. 초기 공동조광권 출원에 대비하여 정기적인 기술 및 정보 교류 MOU를 체결하고 협력방안 등을 확정한 뒤 퇴적모델, 석유시스템 등을 검토하였다. 그러나 일본 측 석유 기업들이 2013년 연례회의를 중단하자고 하였고 이에 따라 관련 연구가 중단되었다.

(5) 한국 정부의 노력

이후 일본 측으로부터 어떠한 협력도 없는 상황이다. 반면 한국은 석유 및 천연가스 개발을 위한 조치를 꾸준히 수행하고 있다. 「해저광물자원개발법」에[62] 따라 5년마다 해저광물자원개발 기본계획을 수립하여야 하는데, 2009년의 '제1차 해저광물자원개발 기본계획'에 따르면 한일 공동위원회(협정 제24조)의 개최를 다시 추진하고, 한국석유공사를 공동개발구역의 조광권자로 지정하겠다고 하였다.[63] 이러한 기본계획에 따라서 한국석유공사

---

60 위의 주.
61 위의 주.
62 해저광물자원개발법 제2조의2.
63 지식경제부 보도자료, 2009년 2월 26일, 「국내 대륙붕개발 본격추진: 『제1차 해저광물자원개발 기본계획('09－'18)』 수립·시행」.

는 2009년 7월 1일 한일 대륙붕 공동개발구역에 대해 조광권을 취득하였다.[64] 하지만 일본이 조광권자 지정 의무를 이행하지 않았기 때문에 2017년 6월 30일 조광권이 만료하였다.

2014년 '제2차 해저광물자원개발 기본계획'에서는 민간기관 간 공동연구 협력 강화, 2002년 3D 탄성파 탐사 결과 도출된 1개 유망구조에 대한 추가 탐사계획 협의, 한일 대륙붕 남부지역 공동개발협정 종료(2028년)에 대비한 대응방안 마련을 계획하였다.[65] 2020년 한국은 다시 한국석유공사를 2소구와 4소구의 조광권자로 지정하였다. 일본과 접촉을 시도하고 있으나 아직까지 구체적인 성과는 나오고 있지 않은 상황이며, 일본은 조광권자 지정 의무를 이행하고 있지 않은 상황이다.

Ⅲ. 법률적 배경

일본이 1974년 「한일 대륙붕 공동개발협정」을 체결하였음에도 이행에 소극적인 이유를 파악하려면 그 법률적 배경을 이해할 필요가 있다. 협정 체결 당시의 법적 환경과 현시점의 법적 환경에 변화가 있다.

1. 협정 체결의 배경

1974년 당시 일본은 한국이 주장하는 대륙붕의 자연적 연장론을 존중하여

---

64 지식경제부 광업등록사무소 해저탐사(조광)권 설정등록 통보(제33호) 2009. 7. 10. 등록.
65 산업통상자원부, 2014년 9월, '제2차 해저광물자원개발 기본계획' 중 '과제 7. 주변국과의 국제 협력'.

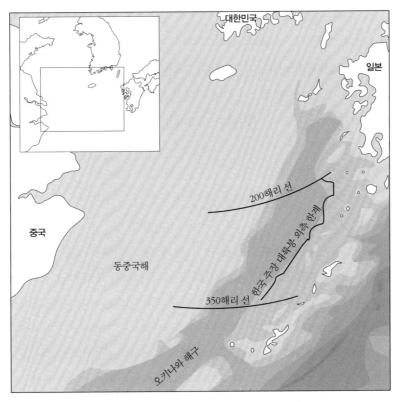

그림 3-4 대륙붕의 자연적 연장과 한국의 대륙붕 외측 한계 주장

중간선을 기준으로 일본 쪽으로 뻗어진 대륙붕 지역을 공동개발구역으로
지정하였다. 당시는 ICJ의 1969년 북해대륙붕 사건의 영향으로 대륙붕의
자연적 연장이 대륙붕 결정의 중요 기준으로 작용하고 있었다. 이러한 자
연적 연장론은 실제 국가들의 실행에 영향을 주었다. 1972년 인도네시아와
호주는 해저경계 획정을 하면서 중간선에 따르지 않고 자연적 연장론에 따
라서 호주가 더 많은 대륙붕을 가지는 조약을 체결하였다.[66] 한국과 일본 사

---

66 Agreement between the Government of the Commonwealth of Australia and the
Government of the Republic of Indonesia establishing Certain Seabed Boundaries in the

이의 지역은 대륙붕의 자연적 연장이 한국에서만 형성되어 일본 쪽으로 뻗어져 있다(그림 3-4). 한국의 자연적 연장 주장을 일본이 수용하여 「한일 대륙붕 공동개발협정」이 체결된 것이다. 그러나 협정 체결 이후 일본 내부에서 이러한 자연적 연장 개념 수용에 대해 비판적인 입장이 상당수 존재하였고, 이에 따라 4년간이나 일본 국회 비준이 늦어지게 되었다.

2. 협정 이행 관련 배경

1982년 「유엔해양법협약」[67]이 체결되었다. 「해양법협약」은 제76조에서 대륙붕에 대해 명확한 정의 규정을 두었다. 제76조 제1항은 대륙붕에 대해 "영해 밖으로 영토의 자연적 연장에 따라 대륙변계의 바깥끝까지"라고 하여 기존의 자연적 연장론에 따라 대륙붕에 대해 정의를 내렸지만, 동시에 "200해리에 미치지 아니하는 경우, 영해기선으로부터 200해리까지의 해저지역의 해저와 하층토"라고 하여 모든 국가가 적어도 200해리까지는 대륙붕을 가질 수 있도록 하였다. 결과적으로 400해리 내에서는 자연적 연장의 의미가 반감되는 결과를 초래하게 되었다.

이로써 일본 역시도 한일 대륙붕 공동개발구역 내에서 200해리의 대륙붕을 가질 수 있게 되면서 자연적 연장 개념이 더 이상 강력한 입지를 가질 수 없게 만들어 버렸다.

또한 이러한 흐름과 별개로 해양 경계획정에 관한 국제 판례는 중간선을 중시하는 방향으로 발전해 오고 있다. 「유엔해양법협약」은 제74조와 제83조에서 경계획정과 관련하여 중간선 원칙을 채택하지 않고, '공평한 해결'을 통한 해양 경계획정에 관한 분쟁 해결을 강조하였다. 그러나 국제 판례

Area of the Timor and Arafura Seas(the "1972 Seabed Treaty") 참조.
67 United Nations Convention on the Law of the Sea, UNCLOS.

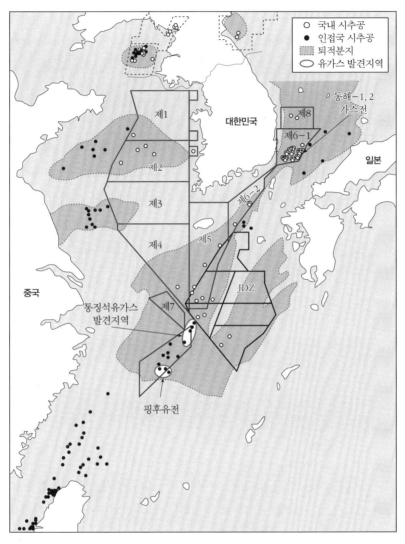

그림 3-5 한일 공동개발구역

는 소위 3단계 방법론을 채택하면서 중간선을 중시하는 방향으로 발전하게
되었다. 즉 해양 경계획정에 관한 법은 '공평한 해결'을 강조하는 「유엔해양
법협약」 제74조와 제83조이지만, 그 구체적인 방법론으로 국제 판례는 3단

계 방법론, 즉 잠정 등거리선(1단계), 관련 사정의 고려(2단계), 반비례성 테스트(3단계)를 선택하였다. 잠정적 등거리선 획정이 중요해짐에 따라 해양경계획정에 있어서 중간선의 위치가 공고해지게 된 것이다(그림 3-5).

이러한 해양법의 변화는 일본으로 하여금 「한일 대륙붕 공동개발협정」에 소극적 태도를 취하는 계기가 되도록 하였다. 일본으로서는 가상 중간선에서 일본 쪽으로 치우쳐 설정되어 있는 공동개발구역을 폐지하는 것이 유리하게 되었으며, 가상 중간선을 기준으로 일본 측 해역을 확보하기 위해서는 현재의 공동개발이 성과를 달성해서는 안 되게 된 것이다. 즉 협정이 종료될 수 있는 2028년까지 해당 해역에서 아무런 공동개발 활동이나 석유 및 가스 부존의 증거가 없는 것이 일본에 유리한 상황이 된 것이다.

이러한 점을 고려한다면 한국으로서는 협정이 종료될 수 있는 2028년 이전에 해저광구 개발과 관련하여 일정 정도 성과를 내는 것이 유리하게 된 것이다.

Ⅳ. 한일 양국의 입장

한일 양국의 책임 있는 기관이나 담당자가 「한일 대륙붕 공동개발협정」에 대해 명시적으로 입장을 표시한 바는 없다. 그러나 현재까지의 이행 상황을 토대로 「한일 대륙붕 공동개발협정」의 이행과 관련한 양국의 입장을 추론해 보면 다음과 같다.

1. 한국의 입장

일본이 조광권 반납 이후 현재까지 협정 이행에 소극적인 태도를 보이고 있으며, 일본의 계속적인 조광권자 미지정 행위는 협정 제4조 제1항 위반에 해당한다고 한국은 주장할 수 있다. 협정 제4조 제1항은 분명하게 'shall authorize'라고 하여 조광권자 지정 의무가 있다는 점을 명확히 하고 있다. 또 협정 제30조는 국내조치를 취할 의무를 부과하고 있으며, 국내조치를 취할 의무에는 조광권자를 지정할 의무 역시 포함된다고 주장할 수 있다.

협정의 서문에서 "석유자원의 탐사 및 채취를 공동으로 수행함이 그들의 공통된 이익임을 고려"한다고 하였으며, 이는 협정의 대상과 목적이 양국 간 자원의 공동개발에 있음을 제시하고 있다. 「조약법에 관한 비엔나협약」 제31조 제1항은 조약 해석의 일반원칙으로 조약의 '대상과 목적'에 따른 문언 해석을 요구하고 있으며, 통상 서문은 이를 추정하게 하는 중요 자료이다. 협정의 서문에서 석유 및 천연가스 자원의 탐사 및 채취를 공동으로 하는 것이 한일 양국의 공동의 이익에 부합한다고 규정하고 있어, 이 협정의 목적이 단순히 탐사 개발업자의 개발 행위 지원이 아니라는 점을 분명히 하고 있다.

더불어서 협정 제11조는 조광권자에게 굴착의무를 부과하고 있는데, 이역시 국가가 이를 보증할 의무를 의미하는 것으로 볼 수 있다.

2. 일본의 입장

일본은 자원개발의 경제성이 없어서 조광권을 신청하는 사기업 주체가 없기 때문에 조광권자를 지정할 수 없다고 주장할 수 있다. 협정의 목적은 사기업 주체들이 광구 개발에 참여할 수 있도록 돕는 데 있으며, 사기업 주체가 광구 취득에 소극적인 경우에 일본 정부가 조광권 취득을 강제하거나 조광권자를 강제로 지정할 의무는 존재하지 않는다는 것이 일본의 입장인 것으로 파악된다. 따라서 일본 사기업 주체가 조광권 취득에 소극적으로 행동할 경우 일본 정부로서는 협정 이행을 위해 어떠한 조치를 취할 의무도 없다는 것이다. 조광권자가 지정되면 그 조광권자들이 모여 운영계약을 체결하고 운영자를 정하는 체제로 되어 있다는 것도 개별 사기업 주체들의 주도에 의해 공동개발이 이루어진다는 점에 대한 근거로 활용될 것이다.

협정 제30조에서 국내조치를 취할 의무를 부과하고 있다는 점에 대해서도 일본은 이 의무를 이행하기 위해 한일 대륙붕 공동개발구역에만 적용되는 특별조치법[68]을 협정의 발효 이후 1978년에 제정하였으며, 제정된 특별법에 따라서 일본의 국내법인 자신의 경제성 판단에 의해 조광권을 신청할 수 있지만, 이를 강제할 방안은 없다. 따라서 일본으로서는 조광권을 신청할 수 있는 체제를 특별조치법을 통해 구축한 이상 협정상의 이행의무는 다하였다고 할 수 있다.

3. 검토

일본에 조광권자를 지정할 의무가 있는지 여부는 일단 'shall authorize'라는 제4조 제1항의 문언을 어떻게 해석할지와 관련이 되어 있다. Shall이라는 의무적 표현에 집중할 수도 있고, authorize라는 문언이 과연 무엇을 의미하는지에 집중할 수 있다. 이 문언의 해석을 위해서는 협정의 다른 문언과의 관계를 검토해야 한다.

일단 이 협정의 목적을 파악해야 한다. 이 협정은 한일 간의 해양 경계획

---

68 「일본국과 대한민국 사이의 양국에 인접한 대륙붕의 남부의 공동개발에 관한 협정의 실시에 따른 석유 및 가연성 천연가스 자원의 개발에 관한 특별조치법」.

정이 완료되지 못한 상황에서 두 국가 사이 석유 및 천연가스 자원을 공동으로 채취하여 해당 수역을 평화롭게 이용하는 것에 목적을 두고 있다. 따라서 한 국가가 해당 수역의 대륙붕에 대한 개발의 의지를 가지고 있다면 이를 적극적으로 다른 국가 역시 뒷받침해 줄 의무가 있는 것이다. 사기업의 대륙붕에 대한 개발 및 이용 계획에 대해 국가가 이를 지원해 주는 것을 협정의 목적이라고 본다면 협정이 경계미획정 수역 및 국가 간 권원이 중첩된 수역을 대상으로 체결되었다는 점을 오도하는 해석에 불과하다. 따라서 개별 국가에서 조광권을 신청하는 사기업 주체가 없다는 이유로 협정의 조광권자 미지정이 인정될 수는 없다.

협정은 제30조에서 협정의 이행을 위한 국내조치를 취할 의무를 부과하고 있으며, 여기에는 조광권자를 지정할 의무도 포함된다고 할 것이다. 일본은 특별조치법을 입법한 것으로 제30조의 의무를 이행하였다고 주장할 것이지만, 특별조치법 제정만으로 제30조의 의무가 이행이 완료되었다고 볼 수 없다. 특별조치법의 내용이 협정의 완전한 이행을 저해하는 내용이라면, 특히 국내법인만 조광권을 신청할 수 있다고 하여 그 이행을 막는 방식이라면 특별조치법을 이유로 조광권자를 지정할 국내의무 위반을 정당화할 수 없다고 보는 것이 합리적이다.

또한 협정 제31조 제4항에 따르면 경제적으로 채취할 수 없는 자원의 존재를 주장하며 협정의 개정 및 종료를 주장할 수 있다고 규정하고 있다. 결국 협정의 종료를 원하는 국가가 경제적으로 채취할 수 없는 자원의 존재를 입증하여야 하며, 이를 입증하지 못하면 50년 기간 동안 유효하다는 것을 의미한다. 협정의 종료를 주장하지 않을 것이라면 50년의 기간 동안 석유 및 천연가스 자원의 탐사 및 채취를 위한 활동을 지속적으로 할 의무, 즉 이 협정에 따르면 조광권자를 지정할 의무를 이행하여야 하는 것이다.

더군다나 협정은 일방의 조광권자가 없을 경우 나머지 조광권자가 단독으로 광구를 탐사 및 채취할 수 있는 권리를 인정해 주고 있다. 제15조 단독 위험부담 조항에 따르면 조광권자는 상업적 개발 가능성이 없다는 이유로 조광권을 포기할 수도 있으며, 정부가 조광권을 취소하는 것도 가능하다. 일본의 입장이 조광권을 신청하는 국내기업이 없다는 것이면 일본은 조광 권자를 지정할 의무를 이행하고 추후 조광권 취소 및 포기 등의 절차를 통해 일본 측 조광권자의 이익을 보존하는 조치를 취할 수 있다. 조광권을 포기하면 한국은 이를 토대로 제15조의 단독위험부담 조항에 따라 실패 부담을 오로지 한국이 안고 광구를 개발하는 것이 협정의 취지에 부합한다고 할 수 있다.

또한 일본이 굳이 조광권자를 지정하는 절차를 취할 필요 없이 제15조의 취지에 따라 한국이 지정하는 조광권자가 단독으로 탐사를 진행하는 것을 허락할 수도 있을 것이다. 이 경우 광구 탐사의 실패 부담은 한국이 지정한 조광권자가 지더라도 탐사 결과 상업적 개발 가능성이 있는 유전이 발견될 경우에는 일본이 후에 조광권자를 지정하는 방안도 충분히 협정의 틀 내에서 검토할 수 있을 것이다. 탐사비용은 추후 지정되는 일본의 조광권자가 비율에 따라 부담하면 충분할 것이다.

V. 결론

일본은 조광권 반납 이후 현재까지 협정 이행에 소극적인 태도를 보이고 있으며, 일본의 계속적인 조광권자 미지정 행위는 협정 제4조 제1항 위반에 해당한다. 한국으로서는 협정 재개를 위해 일본에 조광권자 지정을 요구하는 동시에 협상의 장으로 한일 공동위원회를 적극 활용하는 것이 필요한 상황이다. 현재 상황에서 최대한 협정에 따른 개발 성과를 내는 것이 이 지역에서 한국의 입지를 공고화할 수 있는 방안이면서 동시에 이 해역의 평화적 이용 및 한일 상호 간의 신뢰를 구축하는 일이 될 것이다.

일본의 지속적인 협정 위반이 계속된다면 분쟁해결 수단으로 협정 제26조에 따른 중재재판(중재위원회)을 추진하는 방안, 「유엔해양법협약」의 분쟁해결절차를 활용하는 방안 등을 고민할 수 있을 것이다. 이러한 적극적 조치를 취하지 않고 시간이 흘러갈 경우 「한일 대륙붕 공동개발협정」이 체결되었던 1974년과 달라진 현재의 해양법 상황과 그간의 국가실행을 고려한다면 협정을 개정하거나 새로운 협정을 체결하는 방안도 최종적으로 고려할 수밖에 없을 것이다.

한일 대륙붕 공동개발구역에서 자원개발이 어느 정도 유망할 것인지가 향후 공동개발과 관련한 문제의 향배에 결정적인 역할을 할 수밖에 없을 것이다. 우선적인 정보 획득 이후 이에 관한 문제해결 방향을 추진하는 것이 합리적이기 때문이다. 그러나 공동개발구역에 대한 정보수집은 현재 불가능한 상황이다. 협정은 협정을 통한 정보수집만을 예정하고 있기 때문이다. 결국 한국과 일본이 가지고 있는 자료 및 데이터는 1980년대의 탄성파 탐사 및 굴착 자료, 그리고 2002년 양국이 양해각서를 체결하고 습득한 약 503km²에 불과한 지역의 3D 탄성파 탐사자료이다. 이 자료만으로는 해당 지역의 자원의 부존 및 상업적 개발 가능성을 판단하기에는 매우 불충분하다.

다만 한일 대륙붕 공동개발구역과 불과 1km도 떨어지지 않은 지역에 일본과 중국이 2008년에 대륙붕 공동개발구역을 설정하고 공동개발을 추진하였다는 사실은[69] 일본이 한일 대륙붕 공동개발구역에 대해 현재 보이는 태도와는 너무나도 상반된 것이라는 점을 확인하게 해준다. 또한 중국이 한

---

[69] "Understanding on Japan-China Joint Development in the East China Sea". (https://www.mofa.go.jp/files/000091726.pdf 참조, 2021. 8. 23. 방문)

일 대륙붕 공동개발구역에 대해 2013년 대륙붕한계위원회에 정보문서를 제출하면서 자신의 200해리 이원 대륙붕에 해당한다고 주장한 것은[70] 중국이 이 지역에 대해 취하고 있는 태도를 단적으로 보여 주는 것이라고 할 수 있다. 이 문제가 단순히 한국과 일본 양자 간의 문제가 아니라는 점을 보여 주는 지점이다.

70 Submission by the People's Republic of China concerning the Outer Limits of the Continental Shelf beyond 200 Nautical Miles in Part of the East China Sea, Executive Summary. (https://www.un.org/depts/los/clcs_new/submissions_files/chn63_12/executive%20summary_EN.pdf, 2021. 8. 23. 방문)

참고문헌

1. 김민철, 『경계미획정 수역에서 연안국의 권리행사와 분쟁해결』 (박사학위논문, 서울 대학교, 2019).
2. 신창훈, "대한민국의 대륙붕선언의 기원과 1974년 한일대륙붕 공동개발협정의 의 의", 『서울국제법연구』, 제13권 제2호(2006).
3. 이석용, "해저자원 공동개발에 대한 국제법적 고찰", 『법학연구』, 제56권 제2호 (2015).
4. 최지현 외, 「한·일 대륙붕 공동개발재개를 위한 대응방안 분석」, 한국해양수산개발원 刊, 적립금연구보고서 2018-02 (2018).
5. British Institute of International and Comparative Law, *Joint Development of Offshore Oil and Gas: A Model Agreement for States for Joint Development with Explanatory Commentary*, (London: British Institute of International and Comparative Law, 1989).
6. Choi Jee-hyun, "Korea-Japan JDZ to End in Deadlock?: The Potential for Unilateral Korean Exploration and Exploitation", *Ocean Development and International Law*, Vol. 51, Issue 2(2020).
7. Kim Hyun Jung, "What did the Republic of Korea and Japan mean by the term "joint development" in their 1974 agreement?", *Marine Policy*, Vol. 117, No. 1(2020).
8. Masahiro Miyoshi, *The Joint Development of Offshore Oil and Gas in Relation to Maritime Boundary Delimitation*, International Boundaries Research Uni, Maritime Briefing, Vol. 2, No. 5(1999).
9. Park Choon-ho, "Oil Under Troubled Waters: The Northeast Asia Sea-Bed Controversy", *Havard International Law Journal*, Vol. 14(1973).

04

배타적 경제수역 내 외국의 군사활동

박영길

Ⅰ. 서론

다른 나라가 연안국의 배타적 경제수역exclusive economic zone(이하 'EEZ') 내에서 연안국의 동의 없이 군사활동military activities을 할 수 있는지의 문제는 개도국과 해양선진국 사이의 대립을 선명하게 보여 주는 것으로,[1] 「유엔해양법협약」과 관련된 큰 논쟁거리 중 하나이다. 이 문제는 해양에 대한 연안국의 관할권이 갈수록 확대·강화되고 무인잠수정unmanned underwater vehicle(또는 무인수중로봇)과 같이 첨단 과학기술의 해양 적용과 군사적 이용이 증가하면서 심화되고 있다. 이와 관련한 사례가 많지만,[2] 세

---

1 일부 학자들은 해양강국 대 개도국 또는 연안국의 표현을 사용한다. 이 학자들은 네덜란드 등 중소 규모 국가도 해양강국의 범주에 넣고 있지만, '해양강국'의 기준이 지나치게 모호한 문제가 있다. 그래서 이 글에서는 해양강국 대신 해양선진국이란 용어를 사용한다.

2 EEZ 내 군사활동이 문제가 된 사례는 다음과 같다. 미 해군 해양조사선 Bowditch호가 동중

계적으로 주목을 받으면서 문제의 본질을 잘 보여 준 사례로 2009년 3월 남중국해에서 발생한 임페커블호USNS Impeccable 사건을 들 수 있다. 2009년 3월 8일 미 해군 소속 해양조사선 임페커블호가 중국 하이난섬에서 약 75해리 떨어진 곳에서 통상적인 작전을 수행하고 있었다. 그러자 5척의 중국 선박(해군 정보수집선 1척, 어정국 순찰선 1척, 국가해양국 순찰선 1척, 소형 어선 2척)이 25피트(7.6미터)까지 근접하여 위험한 충돌 상황을 야기하였다.[3] 이 사건을 두고서 미국은 합법적인 조사활동을 중국이 위협적인 행동으로 방해했다고 주장했고, 중국도 미국이 자국의 EEZ에서 불법적인 군사활동을 했다고 비난하였다.[4] 이 사건의 쟁점은 외국이 연안국의 동의 없이 연안국의

국해 중국의 EEZ에서 조사활동을 하자 중국 군함이 퇴거를 요구함(2001년 3월); 미국의 EP-3E 정찰기가 남중국해의 중국 하이난섬 동남 70해리 지점 상공에서 정찰비행 중 이를 저지하려는 중국 F-8 전투기와 충돌하여 하이난섬에 비상 착륙함(2001년 4월); 미 해군 해양조사선 Bowditch호가 서해 중국 측 EEZ에서 작전수행 중 중국의 정찰기의 방해를 받음. 중국은 Bowditch호가 자국 EEZ에서 불법행위를 했다고 주장한 반면, 미국은 중국의 동의를 필요로 하지 않는 수로측량이었다고 반박함(2001년 5월); 미 해군 해양조사선 Bowditch호가 서해에서 조사활동을 벌이자 중국 구축함이 접근해서 방해함(2008년 9월); 미 해군 해양조사선 임페커블호가 남중국해의 중국 하이난섬 남방 75해리 수역에서 작전수행 중 함정을 포함한 중국 선박 5척에 의해 포위되며 퇴거요구를 받고 퇴거하였다가 다음 날 구축함의 호위를 받으며 다시 작전을 수행함(2009년 3월); 미 해군 해양조사선 Victorious호가 중국 연안에서 120해리 떨어진 서해에서 조사활동을 벌였는데, 중국의 어업순찰선과 정찰기가 충돌위협 등의 방해활동을 전개함(2009년 5월); 중국의 해양조사선과 정찰기들이 수개월에 걸쳐 반복적으로 동중국해 일본의 EEZ와 그 상공에서 정보수집 활동을 전개하자, 일본이 항의함(2010년 4월); 천안함 피격 사건에 대한 대응으로 한미 합동군사훈련에 참가하기 위해 미국 항공모함 조지워싱턴호가 서해에 진입할 계획이 알려지자, 중국은 자국의 안보에 위협이 되는 행동이라고 반대를 표시함(2010년 8월); 남중국해 상공에서 작전수행 중인 미국 정찰기 EP-3에 대해 중국 전투기 J-11 2대가 15미터까지 초근접 비행하여 충돌 위험상황을 초래함. 중국은 미국의 정찰비행이 중국의 해양안보를 심각하게 위협한다고 주장함(2016년 5월).

3 "U.S. accuses the Chinese of harassing naval vessel", The New York Times(2009. 3. 9.); Raul Pedrozo, "Close Encounters at Sea: The USNS Impeccable Incident", *Naval War College Review*, Vol. 62. No. 3(2009), p. 100.

4 Vaudine England, "Who's right in South China Sea spat?", BBC(2009. 3. 13.); Jing Geng, "The Legality of Foreign Military Activities in the Exclusive Economic Zone under UNCLOS", *International and European Security Law*, Vol. 28. No. 74(2012), p. 23.

EEZ 내에서 군사활동을 하는 것이 「유엔해양법협약」상 허용되는 행위인가 여부이다. 해양법협약은 이 문제에 대해 명확한 규정을 두고 있지 않은 채 각 국가의 실행에 맡겨 두고 있는데, 국가실행과 학자들의 견해는 나뉘어 있다.

이 장에서는 EEZ 내 외국의 군사활동에 관한 법적 쟁점들을 살펴보고, 이어서 한국의 실행에 대해 검토한다. 이에 앞서 EEZ 내 군사활동에 관한 이해를 돕기 위해 「유엔해양법협약」에서 '군사활동' 전반에 대해 어떤 규정들을 두고 있는지를 간략히 살펴본다.

Ⅱ. 군사활동 관련 유엔해양법협약 규정

1. 의의

'군사활동'은 일반적으로 정보수집, 연습, 시험, 훈련 및 무기 실습을 포함한 군사적 선박, 항공기 및 장치의 운용을 의미한다.[5] 이처럼 군사활동이 매우 포괄적 의미를 지니기 때문에, 외국의 어떤 군사활동이 연안국의 관할해역 내에서 허용되는지 여부 또는 외국의 군사활동의 법적 성격을 판단하기 위해서는 구체적으로 어떤 내용의 군사활동인지를 확인하여야 한다. 군함의 통상적인 항행활동을 제외한다면 영해에서는 연안국의 동의가 없을 경우 거의 대부분의 군사활동이 금지되는 반면, 공해에서는 대부분 허용된다.

「유엔해양법협약」은 여러 조항에서 다양한 종류의 군사활동에 대해 규정

---

5 EEZ Group 21, "Guidelines for Navigation and Overflight in the Exclusive Economic Zone" (OPRF, 26 September 2005), 1.a.6. 참조.

하고 있는데, 해역을 기준으로 크게 영해, EEZ 및 공해에서의 군사활동으로 구분할 수 있다. EEZ 내 외국의 군사활동은 다음 절에서 자세히 다루기 때문에 여기서는 영해와 공해에서의 군사활동, 그리고 군사활동과 관련한 분쟁해결 조항에 대해 살펴본다.

2. 영해에서의 군사활동

(1) 영해에서의 무해통항

외국 선박은 연안국의 영해에서 무해통항권right of innocent passage을 누린다.[6] 무해통항이란 "연안국의 평화, 공공질서 또는 안전을 해치지 아니하"는 통항을 말한다.[7] 「유엔해양법협약」은 유해한 통항, 즉 연안국의 평화, 공공질서 또는 안전을 해치는 통항으로, 연안국이 금지할 수 있는 통항을 열거하고 있다. 이는 무력의 위협이나 행사, 무기를 사용한 훈련이나 연습, 군사기기의 선상 발진, 착륙 또는 탑재, 군사측량을 포함한 측량활동 등과 같이 대부분은 군사활동에 관한 것들이다.[8] 이처럼 해양법협약은 연안국의 허가를 받지 않은 영해에서의 다양한 군사활동을 유해한 통항으로 규정하고 있다. 또한 해양법협약은 연안국의 영해에서는 잠수함과 기타 잠수항행기

---

6 유엔해양법협약 제17조.
7 유엔해양법협약 제19조 제1항.
8 유엔해양법협약 제19조 제2항. (a) 연안국의 주권, 영토보전 또는 정치적 독립에 반하거나, 또는 국제연합헌장에 구현된 국제법의 원칙에 위반되는 그 밖의 방식에 의한 무력의 위협이나 무력의 행사, (b) 무기를 사용하는 훈련이나 연습, (c) 연안국의 국방이나 안전에 해가 되는 정보수집을 목적으로 하는 행위, (d) 연안국의 국방이나 안전에 해로운 영향을 미칠 것을 목적으로 하는 선전행위, (e) 항공기의 선상 발진·착륙 또는 탑재, (f) 군사기기의 선상 발진·착륙 또는 탑재, (g) 연안국의 관세·재정·출입국관리 또는 위생에 관한 법령에 위반되는 물품이나 통화를 싣고 내리는 행위 또는 사람의 승선이나 하선, (h) 이 협약에 위배되는 고의적이고도 중대한 오염행위, (i) 어로활동, (j) 조사활동이나 측량활동의 수행, (k) 연안국의 통신체계 또는 그 밖의 설비·시설물에 대한 방해를 목적으로 하는 행위, (l) 통항과 직접 관련이 없는 그 밖의 활동.

기는 해수면 위로 국기를 게양하고 항행하도록 하여,[9] 외국의 군용 잠수함의 항행의 자유를 일반 선박에 비해 제한하고 있다.

흥미롭게도 「유엔해양법협약」에서는 '군함'에 대한 정의 조항을 두고 있다. 즉, 해양법협약은 군함을 "어느 한 국가의 군대에 속한 선박으로서, 그 국가의 국적을 구별할 수 있는 외부표지가 있으며, 그 국가의 정부에 의하여 정식으로 임명되고 그 성명이 그 국가의 적절한 군적부나 이와 동등한 명부에 등재되어 있는 장교의 지휘 아래 있으며 정규군 군율에 따르는 승무원이 배치된 선박"이라고 정의한다.[10] 이 조항은 군함을 민간 또는 비군사적 정부 선박과 구분하는 기준이 되지만, 군이 이용하는 수중 무인잠수정을 군함으로 볼 수 있는지와 같이 많은 문제를 해결해 주지는 못한다. 한편 외국의 군함은 비상업용 정부선박과 함께 주권면제를 향유한다. 따라서 연안국은 자국의 영해에서 자국 법령을 위반한 외국 군함을 나포하여 처벌할 수는 없으며 영해에서 즉시 퇴거할 것을 요구할 수 있을 뿐이다.[11]

(2) 국제해협에서의 통과통항권

통과통항권이란 공해 또는 EEZ의 일부와 다른 공해 또는 EEZ의 일부 사이의 해협에서 오직 계속적으로 신속히 통과하기 위해 항행과 상공비행의 자유를 행사하는 것을 말한다.[12] 이 해역은 연안국의 영해에 속하지만 양측의 공해 또는 EEZ를 통과하는 국제항행에 이용되는 해협이라는 이유로 영해에서의 무해통항보다 더 자유로운 통항제도를 인정한 것이다. 예컨대 영해에서는 항공기의 자유로운 통항이 제한되고 잠수함의 잠행이 불가능한 반면 국제해협에서는 가능하다.

---

9 유엔해양법협약 제20조.
10 유엔해양법협약 제29조.
11 유엔해양법협약 제30조 및 제32조.
12 유엔해양법협약 제38조 제2항.

해협을 통과하는 외국의 선박은 해협 연안국의 주권, 영토보전이나 정치적 독립에 반하거나, 유엔헌장을 위반하는 방식으로 무력의 위협이나 무력행사를 해서는 안 된다.[13] 그리고 외국 선박은 해협 연안국의 사전 동의 없이 통과통항 중에 조사활동이나 측량활동을 해서도 안 된다.[14] 따라서 「유엔해양법협약」에 명시적 규정은 없지만 영해에서 유해한 통항으로 분류되는 것들은 대부분 해협을 통항하는 선박에도 적용된다. 다만, 해협을 통과하는 외국의 잠수함은 그것이 통상적인 항행방식이기 때문에 해수면 위로 국기를 게양하고 항행하지 않아도 된다.[15]

3. 공해에서의 군사활동

(1) 공해의 자유와 군사활동

연안국이거나 내륙국이거나 관계없이 모든 국가가 공해를 자유롭게 이용할 수 있는 것을 공해의 자유라 하는데,「유엔해양법협약」은 공해가 "모든 국가에 개방된다"라고 표현하고 있다.[16] 해양법협약은 이러한 공해의 자유의 예로 항행의 자유, 상공비행의 자유, 해저 전선과 관선 부설의 자유, 인공섬과 그 밖의 시설 건설의 자유, 어로의 자유, 과학조사의 자유 등을 들고 있다.[17]

공해상 군사활동은 일반적으로 대표적 공해의 자유인 항행 및 상공비행의 자유에 포함되는 것으로 본다. 물론 공해의 자유로 인정된다고 해서 공해상 군사활동이 무제한 허용되는 것은 아니다. 「유엔해양법협약」은 모든

---

13 유엔해양법협약 제39조 제1항 (b).

14 유엔해양법협약 제40조.

15 유엔해양법협약 제39조 제1항 (c) 참조. "불가항력 또는 조난으로 인하여 필요한 경우를 제외하고는 계속적이고 신속한 통과의 통상적인 방식에 따르지 아니하는 활동의 자제"(밑줄은 저자 강조).

16 유엔해양법협약 제87조 제1항.

17 유엔해양법협약 제87조 제1항.

국가가 공해의 자유를 행사함에 있어서 다른 국가의 이익과 심해저 활동과 관련한 해양법협약상의 다른 국가의 권리를 적절히 고려due regard할 것[18]과 공해는 평화적 목적을 위해 보존될 것을 기술하고 있다.[19] 물론 군사활동을 함에 있어서 다른 국가의 권리를 '적절히 고려'한다는 말의 정확한 의미와 '평화적 목적'의 범위가 무엇인지는 명확하지 않지만, 군사활동에 일정한 제한이 있음은 분명하다. 예컨대 일반 선박의 항행의 자유를 심각하게 제한하는 군사훈련이나 해양환경을 중대하게 훼손하는 신무기 시험은 공해의 자유로 인정되기 어려울 것이다.

(2) 공해상 군함의 법집행 활동

군함은 공해상에서 발생하는 다양한 국제법 위반 행위에 대해 법집행을 할 수 있다. 예컨대 군함 또는 군용항공기는 해적행위의 혐의가 있는 선박이나 항공기를 나포할 수 있으며,[20] 해적행위, 노예거래, 무허가 방송, 무국적선 및 실질적으로 군함과 같은 국적을 보유한 선박으로 혐의를 가지고 있다는 합리적 근거가 있는 경우 그 선박을 임검할 수 있다.[21] 그리고 군함 또는 군용항공기는 어떤 선박이 자국의 법령을 위반한 것으로 믿을 만한 충분한 이유가 있을 때 추적권을 행사할 수 있다.[22] 「유엔해양법협약」은 이러한 공해상 법집행 활동의 주체로 군함 또는 군용항공기를 우선적으로 기술하고, 그밖의 권한 있는 정부 선박, 즉 "정부업무에 사용 중인 것으로 명백히 표시되어 식별이 가능하며 그러한 권한이 부여된 그 밖의 선박이나 항공기"를 부수적으로 기술하는 방식을 취하고 있다.[23]

---

18 유엔해양법협약 제87조 제2항.
19 유엔해양법협약 제88조.
20 유엔해양법협약 제107조.
21 유엔해양법협약 제110조.
22 유엔해양법협약 제111조.
23 유엔해양법협약 제111조 제5항.

4. 분쟁해결 조항과 군사활동

「유엔해양법협약」의 해석과 적용에 관한 분쟁이 협상이나 조정 등의 절차에 의해 해결되지 않으면 분쟁의 일방 당사국이 해양법협약이 정한 관할권을 가지는 재판소에 회부할 수 있는데,[24] 이를 강제적 또는 의무적 분쟁해결제도라고 한다. 그런데 해양법협약 제298조 제1항에 따라 (a) 해양경계획정에 관한 분쟁과 역사적 만 및 권원에 관한 분쟁, (b) 군사활동에 관한 분쟁 및 해양과학조사와 어업과 관련된 법집행 활동에 관한 분쟁, (c) 유엔안보리가 권한을 수행하고 있는 분쟁에 대해서는 당사국이 이러한 강제적 분쟁해결절차를 배제하는 선언을 언제든지 할 수 있다.

한국과 중국은 위 세 가지 사항에 대해 배제선언을 하였다. 그렇지만 당사국이 군사활동에 관한 분쟁에 대해 배제선언을 하였다고 해서 이와 관련한 모든 분쟁이 재판소의 관할권에서 자동으로 배제되는 것은 아니다. 재판소가 해당 사건이 '군사활동에 관한 분쟁'이 아니라고 판단하면 재판절차를 계속해서 진행할 수 있기 때문이다. 필리핀과 중국이 관할권을 다투고 있던 간조노출지 세컨드 토머스 숄Second Tomas Shoal 인근에서 필리핀 해군과 중국의 해군 및 해경이 대치하는 가운데, 중국 해경이 필리핀 해군의 보급품 수송과 순환배치를 방해하고 있을 때 중국 해군은 해경 근처에 있었다. 이 사건을 다룬 중재재판소는 어떤 사건에 관해 강제적 분쟁해결절차가 배제되기 위해서는 '군사활동'이 아니라 '군사활동에 관한 분쟁'이 있어야 한다고 하면서, 중국 해경이 방해행위를 하고 해군은 근처에 있었지만 전체적인 상황은 "본질적으로 군사 상황quintessentially military situation"이라고 판단하여 해양법협약 제298조 제1항 (b)에 따른 군사활동에 관한 분쟁으로

---

24 유엔해양법협약 제286조.

인정하였다.[25] 그러나 중재재판소는 남중국해의 인공섬 건설에 관해서는 군사적 이용 목적의 활동이라는 의심이 있었지만 중국 정부가 이를 비군사적 활동이라고 지속적으로 주장한 점을 받아들여 군사적 성질의 활동이 아니라고 보았다.[26] 그리고 케르치해협을 통과하는 우크라이나 해군함정과 승무원을 러시아 해경이 나포한 사건에서 국제해양법재판소는 군사활동과 법집행활동의 구분은 관련 상황들을 고려하여 문제가 된 활동의 성질에 대한 객관적 평가에 기초하여야 한다고 보았다.[27] 이 사건에서 국제해양법재판소는 우크라이나 군함의 일반적인 통항에 관한 것인 점, 분쟁의 핵심은 케르치해협의 통항제도의 해석에 관한 것인 점, 러시아 해경의 무력사용은 도주하는 우크라이나 함정을 나포하기 위한 것인 점을 근거로 이 사건은 군사활동이 아니라 법집행활동에 관한 분쟁이라고 판단하였다.[28] 이 외에도 우크라이나와 러시아 간 연안국 권리 사건에서도 「유엔해양법협약」 제298조 제1항 (b)에 따른 군사활동의 예외적용 문제가 다루어진 바 있다.[29]

---

25 *The South China Sea Arbitration (The Republic of Philippines v. The People's Republic of China), Award*, PCA 2016, para. 1161.

26 *Ibid.*, para. 1164.

27 *Case Concerning the Detention of Three Ukrain Naval Vessels (Ukraine v. Russian Federation), Provisional Measures*, ITLOS, 2019, para. 66.

28 *Ibid.*, paras. 68, 71, 73, 74.

29 2022년 6월 현재 중재재판소에 계류 중인 사건으로, 사건의 정식 명칭은 '흑해, 아조프해 및 케르치해협에서 연안국의 권리에 관한 분쟁' 사건이다. Permanent Court of Arbitration, Dispute Concerning Coastal State Rights in the Black Sea, Sea of Azov, and Kerch Strait (Ukraine v. The Russian Federation). 이 사건은 2014년 러시아가 흑해에 있는 크림반도를 점령하고 흑해, 아조프해 및 케르치해협에서 일련의 관할권을 행사하자, 2016년 우크라이나가 러시아의 크림반도 병합은 국제법상 무효이며 러시아가 연안국으로서 관할권을 행사한 것도 「유엔해양법협약」을 위반한 것이라고 주장하면서 소를 제기한 것이다. 이 사건을 담당하기 위해 해양법협약 제287조와 제7부속서(중재재판)에 따라 5명의 중재재판관이 구성되었다.

Ⅲ. 유엔해양법협약과 EEZ 내 군사활동

1. 의의

연안국의 EEZ 내 외국의 군사활동 문제는 EEZ 제도가 가지는 독특한sui generis 성질에서 기인한다.[30] 「유엔해양법협약」에서 EEZ 제도를 처음으로 도입하기 전에는 바다가 크게 영해와 공해로 구분되었고 공해에서는 군사활동을 포함한 이른바 '공해의 자유'가 폭넓게 인정되었다.

20세기 중반 이후 많은 연안국이 해양관할권을 확장하고자 했지만 미국 등 해양선진국들은 이를 최소화하고자 하였다. 특히 1973년부터 시작된 제3차 해양법회의는 해양관할권을 최대한 확장하고자 하는 개도국 진영과 이를 최소화시키고자 하는 해양선진국 진영 간의 각축장이었다. 치열한 논쟁 끝에 일괄타결 방식으로 협약이 채택되었으며, 타협의 산물로 경제적 활동에 관해 최대 200해리까지 연안국의 배타적 권리를 인정하는 EEZ 제도가 도입되었다.[31] 이 제도는 관할권을 확장하고자 하는 연안국과 가능한 한 많은 공해의 자유를 유지하고자 하는 해양선진국 사이에서 섬세한 균형을 이룬 제도이지만, 동시에 양측 사이에 팽팽한 긴장과 갈등 관계가 반영된 것이다. 예컨대 타협의 결과 EEZ 제도가 탄생하면서 특히 경제적 이용에 관해서는 연안국의 배타적 권리가 인정되었지만, EEZ 내 외국의 군사활동과 같이 「유엔해양법협약」상 명확하지 않은 문제들이 남아 있다. 이에 해양법협약의 관련 조항들을 통해 EEZ 내 군사활동의 허용 여부에 대해 살펴본다.

---

30 Donald Rothwell & Tim Stephens, *The International Law of the Sea, 2nd ed.* (Hart Publishing, 2016), p. 87.

31 EEZ에서의 연안국의 권리, 관할권 및 의무에 대한 규정은 「유엔해양법협약」 제56조 참조.

2. 유엔해양법협약의 해석

(1) EEZ 내 다른 국가의 권리와 의무

연안국은 자국의 EEZ에서 천연자원의 탐사, 개발, 보존 및 관리를 목적으로 하는 주권적 권리와 이 수역의 경제적 개발과 탐사를 위한 그 밖의 활동에 관한 주권적 권리, 그리고 인공섬, 시설 및 구조물의 설치와 사용, 해양과학조사 및 해양환경의 보호와 보전에 관한 관할권을 가진다.[32] 연안국은 이러한 권리를 행사하고 의무를 이행함에 있어 다른 국가의 권리와 의무를 적절히 고려하여야 할 의무를 가진다.[33] 동시에 모든 국가는 연안국의 EEZ 내에서 아래와 같은 권리와 의무를 가진다.[34]

1. 연안국이거나 내륙국이거나 관계없이, 모든 국가는, 이 협약의 관련규정에 따를 것을 조건으로, 배타적경제수역에서 제87조에 규정된 항행·상공비행의 자유, 해저전선·관선부설의 자유 및 선박·항공기·해저전선·관선의 운용 등과 같이 이러한 자유와 관련되는 것으로서 이 협약의 다른 규정과 양립하는 그 밖의 국제적으로 적법한 해양 이용의 자유를 향유한다.

2. 제88조부터 제115조까지의 규정과 그 밖의 국제법의 적절한 규칙은 이 부에 배치되지 아니하는 한 배타적경제수역에 적용된다.

3. 이 협약상 배타적경제수역에서 권리행사와 의무를 이행함에 있어서, 각국은 연안국의 권리와 의무를 적절하게 고려하고, 이 부의 규정과 배치되지 아니하는 한 이 협약의 규정과 그 밖의 국제법규칙에 따라 연안국이 채택한 법령을 준수한다.

---

32 유엔해양법협약 제56조 제1항.
33 유엔해양법협약 제56조 제2항.
34 유엔해양법협약 제58조.

이 조항은 모든 국가가 연안국의 EEZ에서 「유엔해양법협약」 제87조(공해의 자유) 이하에 규정된 권리들을 향유하고 권리와 의무를 이행할 때는 연안국의 권리와 의무를 적절히 고려하여야 한다는 것이다. 그런데 이 조항은 모든 국가에 해양법협약 제87조 공해의 자유와 기타 공해에서 인정되는 권리들을 연안국의 EEZ에서 인정하고 있지만 군사활동에 관한 직접적인 언급은 없다. 그래서 해양법협약상 연안국의 EEZ 내 외국의 군사활동 인정 여부에 대해, 인정을 하는 경우에도 어느 범위에서 인정되는지에 대해 견해가 대립하고 있다. 이와 관련한 쟁점들을 살펴본다.

(2) EEZ 내 외국의 군사활동 허용 여부를 둘러싼 쟁점

EEZ 내 외국의 군사활동의 허용 여부를 둘러싼 쟁점은 크게 네 가지로 간추릴 수 있다. 첫째, 「유엔해양법협약」에 EEZ 내 군사활동을 공해의 자유로 명시적으로 규정하지 않은 것이 이를 부정하는 근거가 될 수 있는지 여부, 둘째 EEZ 내 군사활동이 해양법협약에서 규정한 해양의 평화적 이용 원칙에 반하는지 여부, 셋째 모든 국가는 EEZ 내에서 활동할 때 연안국의 권리와 의무를 적절히 고려하여야 할 의무가 있는데, 군사활동은 이러한 의무를 위반하는 것인지 여부, 넷째 해양법협약은 EEZ와 관련하여 명시적 규정이 없는 것에 대해 이른바 '잔존권리(또는 잔여권)'를 인정하고 있는데, 군사활동이 이 권리에 포함되는지 여부이다.

1) 군사활동이 공해의 자유에 포함되는지 여부

연안국 EEZ 내 외국의 군사활동을 인정하는 입장은 「유엔해양법협약」 제58조 제1항에 따른 해양법협약 제87조(공해의 자유)에서 근거를 찾는다.[35]

---

35 이창위, "배타적경제수역에서의 군사활동에 대한 해양강대국과 연안국의 대립", 『국제법학회논총』, 제59권 제1호(2014), 131쪽; 김현수, "해양법상 배타적 경제수역에서의 군사활동 문제",

일반적으로 공해상 군사활동은 항행, 상공비행의 자유에 포함되는 것으로 본다. 하지만 해양법협약 제87조에 기술된 항행, 상공비행의 자유가 '예시적'인 것임에 불과하므로, 군사활동을 이와는 구별되는 별개의 공해의 자유로 보는 견해도 있다.[36] 공해 관련 해양법협약 제87조에 대한 이 같은 해석은 EEZ에 관한 해양법협약 제58조 제1항에서도 그대로 적용될 수 있다. 모든 국가가 "항행·상공비행의 자유"와 관련된 "그 밖의 국제적으로 적법한 해양 이용의 자유"를 연안국의 EEZ에서 향유한다고 규정하고 있기 때문이다. 따라서 EEZ 내 외국의 군사활동을 인정하는 입장에서는 해양법협약 문언 구조상 군사활동을 항행의 자유에 포함되는 것으로 보든지 또는 이와 구별되는 공해의 자유의 하나로 보든지 관계없이 연안국의 EEZ 내에서 허용되는 것으로 본다. 하지만 연안국 EEZ 내 군사활동을 부정하는 측은 해양법협약 제58조에 군사활동이 명문으로 규정되어 있지 않기 때문에 인정되지 않으며, 안보security 등을 이유로 제한할 수 있다는 입장을 취한다.[37] 안보 문제로 인한 제한 여부는 다시 다룬다.

2) 해양의 평화적 이용

「유엔해양법협약」에 의하면, 해양은 평화적 목적으로만 이용되어야 한다.

『해사법연구』, 제15권 제2호(2003), 228쪽 참조.

36 이와 관련한 보다 자세한 논의는 다음을 참조. Moritaka Hayashi, "Military Activities in the Exclusive Economic Zones of Foreign Coastal States", *The International Journal of Marine and Coastal Law*, Vol. 27(2012), p. 800; 김현수, "배타적 경제수역에서의 군사활동과 그 법적 규제", 『국제법학회논총』, 제40권 제1호(1995), 99쪽; Sam Bateman, "Scholars' Community Response to Agora: Military Activities in the EEZ. A Response to Pedrozo: The Wider Utility of Hydrographic Surveys", *Chinese Journal of International Law*, Vol. 10(2011), p. 177; 김영원, "배타적 경제수역(EEZ)에서의 군사활동에 관한 국제법적 검토: 동아시아에서의 미중 간 갈등과 우리나라에 대한 함의", JPI 정책포럼, No. 2017-16(제주평화연구원, 2017), 5~6쪽.

37 Moritaka Hayashi, *ibid.*, p. 800 참조.

이와 관련해서 해양법협약 제88조는 공해의 평화적 이용을 규정하고, 제301조(해양의 평화적 이용)는 보다 포괄적으로 "영토보전 또는 정치적 독립에 해가 되거나 또는 국제연합헌장에 구현된 국제법의 원칙에 부합하지 아니하는 방식에 의한 무력의 위협이나 행사threat or use of force"를 삼갈 것을 규정하고 있다.[38]

EEZ 내 외국의 군사활동을 부정하는 입장은 군사활동이 「유엔해양법협약」의 '평화적 목적' 위반이라고 본다. 예컨대 중국 정부는 EEZ 내 군사적 수로측량이 연안국의 안보에 대한 위협이 되기 때문에 해양의 평화적 이용 원칙을 위반한다고 주장한다.[39]

그러나 미국을 비롯한 많은 국가와 학자는 평화적 목적 및 이용에 관한 위 조항들이 EEZ 내 외국의 군사활동을 제한하는 것으로 해석하지 않는다.[40] 「유엔해양법협약」은 평화적 이용을 규정한 위 조항에 앞서 제87조에서 공해의 자유를 인정하고 있고, 공해의 자유에 군사활동이 포함되는 것은 앞서 살펴본 바와 같기 때문이다. 특히 영해에서의 무해통항에 관한 해양법협약 제19조에서 "무력의 위협이나 행사"와 다른 군사활동을 명확히 구분하고 있는 점도 이러한 입장을 지지한다. 즉, 이 조항은 연안국의 평화, 공공질서 또는 안전을 해치는 행위로 (a)항에서 해양법협약 제301조와 동일한 내용으로 무력의 위협이나 사용에 대해 규정하고, (b)항 이하에서 무기를 사용하는 훈련이나 연습, 국방이나 안전에 해가 되는 정보수집 및 선전

---

38 이 밖에도 「유엔해양법협약」 제141조에서는 심해저를, 제240조에서는 해양과학조사를 평화적으로 이용할 것을 규정하고 있다.

39 Zhiguo Gao, "China and the Law of the Sea", in Myron H. Nordquist, Tommy T.B. Koh & John Norton Moore(eds.), *Freedom of Seas, Passage Rights and the 1982 Law of the Sea Convention* (Leiden: Maritnus Nijhoff Publishers, 2009), p. 289.

40 Raul(Pete) Pedrozo, "Agora: Military Activities in the EEZ. Preserving Navigational Rights and Freedoms: The Right to Conduct Military Activities in China's Exclusive Economic Zone", *Chinese Journal of International Law*, Vol. 9(2010), p. 25.

행위, 항공기, 군사기기의 선상 발진, 착륙 또는 탑재 등에 대해 규정하고 있다.[41] 요컨대, 비공격적인 EEZ 내 외국의 군사활동 자체를 평화에 대한 위협으로 볼 수 없다는 것이다.[42]

그러나 위와 같이 영해에서 금지되는 군사활동들이 EEZ에서는 모두 허용되는 것으로 본다고 단정하기에는 각 국가의 실행과 학자들의 견해가 너무 복잡하다.[43] 이 부분은 특히 군사활동의 구체적 내용에 따라서도 판단이 달라질 수 있으므로 아래의 쟁점들과 국가 실행 부분에서 더 살펴본다.

3) 적절한 고려 의무

모든 국가는 연안국의 EEZ에서 권리와 의무를 행사함에 있어서 연안국의 권리와 의무를 적절히 고려하여야 한다.[44] 그런데 '적절히 고려'하여야 한다는 표현은 아주 불명확해서, EEZ 내 외국의 군사활동을 부정하거나 인정하는 측 모두에서 인용될 가능성이 있다. 예컨대 2009년 미 해군 해양조사선 임페커블호의 남중국해에서의 음파탐지기를 이용한 조사를 중국 해군이 방해했는데, 중국 외교부는 허가받지 않은 음파탐지 행위는 「유엔해양법협약」과 중국의 국내법 위반이며, 특히 음파의 발산은 해양법협약상의 해양환경 오염을 구성한다고 주장하였다.[45] 이에 대해 미국은 군사측량 활동이 공해의 자유의 일부로 인정되기 때문에 연안국이 이를 규제할 권리가 없다고 맞섰다. 이 사건에서 미국의 군사측량이 연안국의 해양환경을 오염시키거

---

41 Raul(Pete) Pedrozo, *ibid.*, p. 25; Moritaka Hayashi, *supra* note 36, p. 801; Jing Geng, "The Legality of Foreign Military Activities in the Exclusive Economic Zone under UNCLOS", *Utrecht Journal of International and European Law*, Vol. 28, Issue. 74(2012), p. 27.

42 이창위, 앞의 주 35), 123쪽; 김영원, 앞의 주 36), 7~8쪽; Raul(Pete) Pedrozo, *supra* note 40, p. 25.

43 김현수, 앞의 주 35), 230~231쪽.

44 유엔해양법협약 제58조 제3항.

45 Moritaka Hayashi, *supra* note 36, p. 802.

나 훼손하면서 조사활동을 한 것이라면 적절한 고려 의무를 위반하였다고 볼 수 있다. 반대로 미국이 해양환경보호 등에 관한 협약과 중국의 국내법을 준수해서 활동한 것이라고 주장한다면 중국이 '적절한 고려' 의무를 인용하면서 반대하기는 어려울 수 있다.

적절한 고려의무가 EEZ 내 외국의 군사활동을 전적으로 부인하는 근거가 될 수는 없지만, 군사활동을 하는 국가에는 제약이 됨은 분명하다. 다만, 고려하여야 할 연안국의 권리와 의무를 EEZ에 관한 것, 즉 경제적 이익과 해양환경 보호 등으로 좁혀서 해석할 경우에는 연안국의 '안보 이익'은 포함하지 않게 된다.

4) 잔존권리

마지막으로 검토할 쟁점 사항인 잔존권리도 EEZ 내 외국의 군사활동을 인정하는 측과 부정하는 측에서 모두 인용될 수 있다. 「유엔해양법협약」 제59조는 해양법협약이 EEZ에서의 어떠한 권리나 관할권을 연안국 또는 다른 국가 중 누구에 귀속시키지 않고 있고, 이와 관련해서 마찰이 발생하는 경우, 당사자의 이익과 국제사회 전체의 이익의 중요성을 각각 고려해서 형평 equity에 입각하고 모든 관련 사정에 비추어 해결할 것을 규정하고 있다. 이처럼 해양법협약이 연안국 또는 다른 국가에 귀속시키지 않고 있는 권리와 관할권을 잔존권리residual rights 또는 잔존권이라 부른다.[46] 다만 협약상의 표현을 그대로 사용한다면 '미귀속 권리unattributed rights'란 표현이 더 정확하다. 여하튼 "이 협약에 의하여 배타적 경제수역에서의 권리나 관할권이 연안국이나 다른 국가에 귀속되지 아니한 것"[47]이 무엇이며, 해양법협약

---

46 Satya N. Nandan & Shabtai Rosenne(eds.), *United Nations Convention on the Law of the Sea 1982: A Commentary Vol. II.* (Leiden: Maritinus Nijhoff Publishers, 1993), p. 569.
47 유엔해양법협약 제59조.

이 누구에도 귀속시키지 않았는데 '권리 또는 관할권'이라 부르는 것이 적절한지에 대한 의문을 가질 수 있다. 이와 관련해서 해양법협약이 명시적으로 어느 국가로 귀속시키지 않은 권리를 해양법협약 제56조에 따른 연안국의 권리 혹은 제58조에 따른 모든 국가의 권리 중 하나로 서로 달리 보는 견해가 있다.[48] 나아가 연안국 또는 다른 국가의 권리의 하나로 보는 것은 더 이상 잔존권리가 아님을 의미하기 때문에 모순적이라는 견해도 있는데, 이 입장에서 보면 EEZ 내 외국의 군사활동을 항행의 자유에 포함시켜 제3국의 잔존권리로 보는 견해[49]는 수용하기 어렵다.

그러나 이러한 잔존권리에 대한 논쟁은 다음과 같은 이유로 실익이 크지 않다. 잔존권리를 연안국 또는 다른 국가의 귀속 여부로 볼 때 누구에 속하는지에 대한 논쟁이 새로 발생하게 된다. 반면 이를 「유엔해양법협약」상 표현대로 '미귀속 권리'로 이해할 때는 문제해결의 방향을 제시하는 것으로 이해할 수 있지만,[50] 제시된 방향이 발생한 마찰에 대해 "형평과 모든 관련 사정을 고려해서 해결"하라고 하는 모호한 수준에 그치게 된다.

지금까지 살펴본 네 가지 쟁점들을 통해 EEZ 내 외국의 군사활동 허용 문제가 명확하게 해결되지 않음을 확인하였다. 아래에서는 「유엔해양법협약」 채택과정에서 어떠한 논의들이 있었는지를 검토해 본다.

(3) 유엔해양법협약 채택 과정에서의 논의

EEZ 내 외국의 군사활동 문제는 「유엔해양법협약」 채택을 위해 1973년부

---

48 이에 관한 상세한 논의는 다음을 참조한다. 신창훈, "배타적경제수역EEZ에서의 수로측량과 해양과학조사의 법적 의의에 대한 재조명", 『서울국제법연구』, 제12권 제2호(2005), 49~84쪽.

49 이창위, 앞의 주 35), 132쪽 참조.

50 Erik Franckx, "Scholars' Community Responses to Agora: Military Activities in the EEZ. American and Chinese Views on Navigational Rights of Warships", *Chinese Journal of International Law*, Vol. 10(2011), p. 200.

터 시작된 제3차 해양법회에서 가장 어렵고 논쟁적인 사안이었다.[51] 중국, 페루 등 남미국가들, 그리고 77그룹은 새로 도입하는 EEZ 제도에 '안보적 이익security interests'도 포함시키고자 했지만, 미국을 비롯한 해양선진국 진영은 이러한 입장에 반대하였다.[52] 이 회의에서 미국은 모든 국가는 전통적인 공해상 항행과 상공비행의 자유를 EEZ에서도 계속해서 향유하며, 군사적 작전operations, 행사exercises, 활동activities은 항상 국제적으로 합법적 해양의 이용으로 간주되어 왔으며, 그러한 활동에 대한 권리는 EEZ에서도 계속해서 모든 국가에 의해 향유된다고 주장하였다.[53] 이러한 미국의 주장은 많은 국가의 지지를 받았다.

결국 제3차 해양법회의는 중국 등이 주장한 '안보적 이익'을 EEZ에 관한 연안국의 권리에 포함시키지 않은 채 「유엔해양법협약」을 일괄타결 방식으로 채택하였다. 그러나 안보적 이익이 해양법협약에 기술되지 않았지만 군사활동에 관한 명시적 언급도 생략되면서 해석상 논란의 불씨는 남아 있게 되었다. 그런데 제3차 해양법회의의 마지막 단계에서 의장직을 수행하면서 극적 타결을 이끌었던 토미 코Tommy Koh 당시 해양법회의 의장은 해양법협약이 EEZ 내 외국의 군사활동을 허용하고 있다는 해석이 당시 국가들의 일반적 이해였다고 평가하였다.[54]

종합하면, 「유엔해양법협약」 채택을 위한 제3차 해양법회의에서는 EEZ 내 외국의 군사활동을 부인하고 오히려 안보적 이익을 연안국의 EEZ 권리로 명시하려는 주장이 있었지만, EEZ 내 군사활동을 공해상 항행과 상공비행의 자유로서 계속해서 허용된다는 입장이 우세하였다.

---

51 Jon M. Van Dyke, "Military ships and planes operating in the exclusive economic zone of another country", *Marine Policy*, Vol. 28(2004), p. 31.

52 Raul(Pete) Pedrozo, *supra* note 40, p. 10.

53 *Ibid.*.

54 Jon M. Van Dyke, *supra* note 51, p. 31.

3. 국가들의 실행

「유엔해양법협약」 채택 과정에서 연안국의 EEZ 권리에 안보적 이익을 포함시켜 외국의 군사활동을 배제하려는 시도가 실패하자, 여러 국가가 해양법협약에 서명하면서 선언을 통해 EEZ 내 외국의 군사활동을 부인하는 의견을 표시하였다. 대표적으로 브라질은 해양법협약은 EEZ 내 군사활동, 특히 연안국의 동의 없이 무기나 폭발물을 사용하는 활동을 할 수 있는 권한을 다른 국가에 부여하지 않는다고 선언하였다. 브라질의 이러한 이해는 카보베르데, 인도, 말레이시아, 파키스탄, 우루과이 등의 선언에서도 이어졌지만(표 4-1), 독일, 이탈리아, 네덜란드, 영국 등의 해양선진국들은 이에 반대한다는 선언을 내놓았다.[55]

「유엔해양법협약」이 채택된 지 40년이 되는 오늘날 EEZ 내 외국의 군사활동에 대해 대부분의 국가는 국내법상 아무런 제한을 두고 있지 않다. 하지만 동시에 적지 않은 국가들이 이를 금지 또는 제한하는 규정을 두고 있다. 다만 이러한 국가들 중에서도 외국의 실질적인 군사활동에 대해 중국처

표 4-1 EEZ 내 군사활동을 규제하는 국가들[56]

규제 유형	국가
일반적 규제	방글라데시, 브라질, 미얀마, 카보베르데, 중국, 인도, 인도네시아, 이란, 케냐, 말레이시아, 몰디브, 모리셔스, 북한, 파키스탄, 필리핀, 포르투갈, 태국, 우루과이
영해 폭 확장 (영해 내 군사활동 금지)	·200해리: 베냉, 콩고, 에콰도르, 라이베리아, 페루, 소말리아 ·30해리: 토고
접속수역(24해리) 규제 대상에 '안보' 포함	캄보디아, 중국, 수단, 시리아, 베트남

---

55 개별국가들의 선언은 Jon M. Van Dyke, *supra* note 51, p. 30 참조.

56 Raul (Pete) Pedrozo, "Military Activities in the Exclusive Economic Zone: East Asia Focus", *International Law Studies*, Vol. 90(2014), pp. 521-522.

럼 명시적으로 반대 의사를 표명하는 경우는 드물다.

위와 같이 오늘날 EEZ 내 외국의 군사활동에 관한 국가실행은 일관성을 보이지 않는다. 더욱이 지금까지 명시적 반대를 표시하지 않은 국가들도 첨단 과학기술이 적용된 군사활동이 늘어나고, 군사활동과 다른 활동의 구분이 점차 모호해지고, 군사활동으로 인한 연안국의 안보위협이 가중되는 상황에서 무기사용을 포함한 모든 종류의 군사활동을 전적으로 허용하기는 어려울 것으로 보인다.

4. 군사측량(조사)과의 구별개념

군사측량(또는 군사조사)과 유사하면서도 구별되는 개념으로 해양과학조사[57]와 수로측량이 있다. 이들 개념의 적용에 있어 혼란이 발생하는 이유는 「유엔해양법협약」에서 각 개념을 정의하지 않고 있기 때문이다.[58] 해양법협약은 제13부에서 해양과학조사에 대해 폭넓게 규정하고 있지만 해양과학조사를 정의하지는 않고 있으며, 수로측량 혹은 측량survey에 대한 정의 조항도 없으며, '군사측량'이란 말은 전혀 사용하지 않고 있다.

강학상으로도 군사측량, 해양과학조사 및 수로측량의 세 개념에 대해 합의되거나 통용되는 정의는 없는데, 어떻게 정의하느냐에 따라 군사측량과 수로측량을 항행의 자유의 하나로 인정할지 여부가 달라지기도 한다. 아래에서는 2000년대 초 EEZ 그룹 21이란 이름으로 15명의 학자가 수차례 모여서 논의하고 합의하여 만든 "EEZ 내 항행과 상공비행에 관한 지침"에서 정의한 내용을 토대로 세 개념에 대해 논의해 본다.[59] 이 지침은 세 개념에

---

57 해양과학조사에 관한 논의는 다음을 참조한다. 이용희, "해양과학조사제도", 한국해양수산개발원(편), 『대한민국의 해양법 실행』(서울: 일조각, 2017), 409~445쪽.

58 세 개념에 대한 상세한 논의는 다음을 참조한다. 신창훈, 앞의 주 48).

59 EEZ 그룹 21로 이름 붙인 15인의 전문가는 2002년부터 2005년에 걸쳐 논의 후 "EEZ 내 항

대해 다음과 같이 정의한다.[60]

3. '수로측량'은 그 주요 목적상 수역bodies of water에 관한 데이터를 결정하는 측량을 의미한다. 수로측량은 다음 부류classes의 하나 혹은 몇 가지 데이터를 결정하는 것으로 구성될 수 있다: 수심, 해저의 모양과 성질; 해류의 방향과 힘; 조수의 높이 및 시기와 수계; 측량과 항행의 목적상 지형적 특징과 고정된 물체의 위치

5. '해양과학조사'는 해양sea과 대양ocean 및 해저와 하층토의 성질과 자연적 진행에 관한 과학적 지식을 강화하기 위해 해양환경에서 이루어지는 활동을 의미한다.

7. '군사측량'은 군사적 목적으로 데이터를 수집하는 것과 관련하여 해양환경에서 수행되는 활동을 말한다.

위 정의에 의하면 세 개념의 구별은 행위의 목적에 기반함을 알 수 있다. 즉, 수로측량은 '항행의 목적', 해양과학조사는 '과학적 지식의 강화', 군사측량은 '군사적 목적'을 위해 행한다는 점에서 서로 구별된다. 그렇지만 내용을 좀 더 들여다보면, 활동 내용을 기준으로 수로측량을 보면 해양과학조사와 군사측량 모두에 해당할 수 있다.[61] 그런데 활동의 '목적'은 객관적으로 파악하기 어렵기 때문에 이를 기준으로 하기 어렵다는 비판이 가능한데,

---

행과 상공비행에 관한 지침"을 내놓았다.

60 EEZ Group 21, *supra* note 5, pp. 5–6.

61 IHO, International Hydrographic Dictionary. S–32. "A survey having for its principal purpose the determination of data relating to bodies of water. A hydrographic survey may consists of the determination of one or several of the following classes of data: depth of water, configuration and nature of the bottom; directions and force of currents; heights and times of tide and water stages, and location of topographic features and fixed objects for survey and navigation purposes." 참고로 위 수로측량에 관한 정의는 국제수로기구IHO의 정의와 매우 유사하다.

조사 또는 측량 행위가 유사한 점이 많고 복합적으로 이루어지는 경우도 많기 때문에 행위를 기준으로 판단하기 어려운 점이 있다.

「유엔해양법협약」은 EEZ 내 해양과학조사에 대해 연안국의 동의를 받도록 규정하고 있는 반면,[62] 군사측량이나 수로측량에 대해서는 이러한 규정이 없다. 이와 관련해서 미국을 비롯한 해양선진국들은 EEZ 내 군사측량과 수로측량을 모두 항행의 자유의 하나로 본다. 해양법협약이 제19조(무해통항의 의미), 제21조(무해통항에 관한 연안국의 법령), 제40조(조사 및 측량활동), 제54조(군도항로대 조사와 측량활동) 등 여러 조항에서 '조사research'와 '측량survey'을 구분하고 있는 것을 이러한 주장의 주요한 근거로 든다.[63]

반면, 군사측량 또는 수로측량 시에도 연안국의 동의가 필요하다고 보는 견해는 실질적으로 과학조사와 군사 또는 수로 측량을 구별하기 어려운 점, 이러한 활동 대부분이 국가 기관에 의해 이루어지는 점, 군사측량은 연안국의 안보에 위협이 되기 때문에 연안국의 동의(규제)가 필요하다는 점을 든다. 군사측량이 해양과학조사의 범주에 포함된다는 견해도 있지만,[64] 아직까지는 국가들과 학자들의 일반적인 지지를 받지는 못하고 있다.

62 유엔해양법협약 제246조 제2항.

63 Raul(Pete) Pedrozo, *supra* note 40, p. 11.

64 Zhang Haiwen, "Is it safeguarding the Freedom of Navigation or Maritime Hegemony of the United Nations of the United States? —Comments on Raul (Pete) Pedroz's Article on Military Activities in the EEZ", *Chinese Journal of International Law*, Vol. 9(2010), p. 35.

Ⅳ. 대한민국의 실행

1. 서론

한국 측 EEZ 내에서 외국의 군사활동이 허용되는지 여부와 관련해서 아직까지 한국 정부가 공식입장을 내놓은 적은 없다. 따라서 EEZ 내 군사활동과 관련해서 한국 정부의 입장은 명확하지 않다는 표현이 적절하다. 이는 사안에 따라서 외국의 군사활동을 인정하거나 또는 부인할 수 있는 유연성을 가지지만, 한편으론 현장에서의 적절한 대응을 어렵게 하는 요인이 되기도 한다. 서론에서 언급하였듯이 2008년 미 해군 해양조사선 Bowditch 호의 서해에서의 조사활동을 중국의 구축함이 방해한 적이 있으며, 2010년 천안함 피격 사건에 대한 대응으로 미국 항공모함 조지워싱턴호가 서해에 진입하여 합동군사훈련을 하려고 하자 중국이 강하게 항의하여 동해로 항로를 변경한 적이 있다.[65] 해양경계 미획정 상황에서 이러한 미국의 서해에서의 군사활동은 중국 측 EEZ인 동시에 한국의 EEZ에서 행해진 것이기도 하다. 당시 한국 정부가 중국 정부에 항의하였는지는 알려지지 않았다.

 한반도 주변의 수역과 상공에서 주변국들의 군사적 활동이 증가하고 있으며 특히 수중 무인기기 등을 활용한 조사 또는 정보수집 활동이 확대되고 있는 점을 고려할 때, 한국이 계속해서 모호한 입장을 유지할 것인지 또는 구체적으로 명확한 입장을 정할 것인지에 대한 고민이 필요하다.

---

65 각주 2) 참조.

2. 관련 법령 검토

(1) 영해 및 접속수역법과 배타적 경제수역 및 대륙붕에 관한 법률

「영해 및 접속수역법」은 영해와 접속수역을 다루기 때문에 EEZ에서의 군사활동과 직접적 연관은 없다. 다만, 영해에서 외국 선박의 무해통항과 관련해서 외국의 군함에 관한 사항들을 규정하고 있음은 주목을 요한다. 「영해 및 접속수역법」 제5조 제1항의 아래 사항은 「유엔해양법협약」 제19조(무해통항의 의미) 제2항을 국내적으로 수용한 것인데, 대한민국의 평화, 공공질서 또는 안전을 해치는 것으로서 영해 내 무해통항으로 인정되지 않는다.[66]

> 2. 무기를 사용하여 하는 훈련 또는 연습
>
> 3. 항공기의 이함·착함 또는 탑재
>
> 4. 군사기기의 발진·착함 또는 탑재
>
> 5. 잠수항행
>
> 6. 대한민국의 안전보장에 유해한 정보의 수집
>
> 7. 대한민국의 안전보장에 유해한 선전·선동
>
> 11. 조사 또는 측량

위 사항들을 위반한 혐의가 인정될 때 관계 당국은 정선, 검색, 나포, 그 밖에 필요한 명령이나 조치를 할 수 있다.[67] 또한 이 법에 의하면 외국의 군함과 비상업용 정부선박이 영해를 통항하려고 할 때에는 통항 3일 전까지 선박의 이름, 종류 및 번호, 통항 목적, 통항 항로와 일정을 통고해야 한다.[68]

---

66 영해 및 접속수역법 제5조 제1항.

67 영해 및 접속수역법 제6조.

68 영해 및 접속수역법 시행령 제4조.

마찬가지로 「배타적 경제수역 및 대륙붕에 관한 법률」도 EEZ에 관한 「유엔해양법협약」 제56조(연안국의 권리)와 제58조(다른 국가의 권리)에 관한 내용을 규정하고 있다. 따라서 이 조항만을 두고 보면 EEZ 내 외국의 군사활동에 관한 해양법협약상의 불명확성이 국내법에서도 그대로 반영되었음을 알 수 있다. 그런데 법체계적으로 보면 국제법상의 모호성을 법집행을 해야 하는 국가가 국내법으로 수용하면서 그대로 둔다는 것은 바람직하지 않을 수 있다. 동시에 이 문제를 「영해 및 접속수역법」과 연계해서 해석하면, 영해에서는 군사활동에 관한 제한을 법에 명시적으로 규정하고 있는 반면, EEZ에서는 그러한 제한을 두고 있지 않다는 것이 EEZ에서는 그러한 활동이 허용되기 때문이라는 해석이 가능하다. 영해에서 무해통항의 제한 사유로 열거하고 있는 사항들 중에서 EEZ에서도 제한이 필요한 사항들, 예컨대 어로, 과학조사, 오염물질의 배출 등에 대해서는 관련 국내법의 제정을 통해 EEZ에서도 규제를 하고 있는 반면 군사훈련 등의 군사활동에 대해서는 제한규정이 없기 때문이다. 하지만 규제가 없기 때문에 허용된다고 하는 이러한 해석은 지나친 확대 해석이라는 비판을 받을 수도 있다.

(2) 해양과학조사법 및 해양조사와 해양정보 활용에 관한 법률

「해양과학조사법」은 해양과학조사를 "해양의 자연현상을 연구하고 밝히기 위하여 해저면·하층토·상부수역 및 인접대기를 대상으로 하는 조사 또는 탐사 등의 행위"라고 하여 해양과학조사의 목적이 "자연현상을 연구하고 밝히"는 것임을 기술하고 있다.[69] EEZ 내에서 해양과학조사를 하고자 하는 외국인 등은 해양수산부장관의 동의를 받아야 한다. 이 법은 외국인 또는 국제기구가 해양과학조사를 실시할 때 따라야 할 원칙으로 다음을 제시

---

69 해양과학조사법 제2조 제1호.

한다.[70]

1. 평화적 목적을 위해서만 실시할 것
2. 해양에 대한 다른 적법한 이용을 부당하게 방해하지 아니할 것
3. 해양과학조사와 관련된 국제협약에 합치되는 과학적인 방식 또는 수단으로 실시할 것
4. 해양환경의 보호 및 보전을 위한 관련 국제협약에 위배되지 아니할 것

한편 「해양조사와 해양정보 활용에 관한 법률」(이하 '해양조사정보법')은 해양조사의 실시와 해양정보의 활용을 포괄적으로 규정하고 있는 법이다. 해양조사정보법은 해양조사, 해양관측, 수로측량 등의 개념을 정의하고, 각각의 실시에 관해 상세한 규정을 두고 있다. 이 법에서 '해양조사'란 포괄적 개념으로, "선박의 교통안전, 해양의 보전·이용·개발 및 해양관할권의 확보 등에 이용할 목적으로 이 법에 따라 실시하는 해양관측, 수로측량 및 해양지명조사"를 의미하는데,[71] 「해양과학조사법」에 따른 해양과학조사와 구별된다. 또한 이 법은 '수로측량'을 아래의 측량 또는 조사라고 정의한다.[72]

가. 해양 등 수역의 수심·지구자기·중력·지형·지질의 측량과 해안선 및 이에 딸린 토지의 측량
나. 선박의 안전항해를 위하여 실시하는 항해목표물, 장애물, 항만시설, 선박편의 시설, 항로 특이사항 및 유빙 등에 관한 자료를 수집하기 위한 항로조사

---

70 해양과학조사법 제4조.
71 해양조사와 해양정보 활용에 관한 법률 제2조 제1호.
72 해양조사와 해양정보 활용에 관한 법률 제2조 제3호.

다만 해양조사정보법은 '군사활동을 위한 해양조사'를 적용범위에서 제외하고 있다.[73] 이 법은 수로측량의 경우 수행 주체를 해양수산부장관으로 하고 상세한 실시 절차를 두고 있는 반면, 외국인 등에 의한 수로측량에 관해서는 명시적 규정을 두고 있지 않다. 외국인이 해양조사·정보업을 통해 한국 정부가 수행하는 수로측량에 참여하는 것을 고려할 수는 있다. 하지만 한국 정부가 수행하는 것에 사업자로서 참여하는 것과는 별개로 외국 정부가 독자적으로 한국의 EEZ에서 수로측량 또는 군사측량을 수행할 수 있는가에 대한 명시적 규정은 없다. 이러한 규정 부재는 앞서 다룬 EEZ에서의 군사활동 허용 여부에 관한 해석 문제와 동일한 해석상 문제를 야기한다.

3. 소결

위에서 살펴본 바와 같이 한국 국내법에는 EEZ 내 외국의 군사활동 허용 여부에 관한 명시적 규정이 없다. 「영해 및 접속수역법」에서는 다양한 종류의 군사활동을 무해통항으로 인정하지 않고 있다. 그렇지만 「배타적 경제수역 및 대륙붕에 관한 법률」을 비롯해 EEZ에 적용되는 여러 법은 그러한 제한 또는 금지 규정을 두지 않아서 한국의 EEZ 내 외국의 군사활동의 허용 여부를 둘러싸고 해석상 논쟁을 일으킨다.

---

73 해양조사와 해양정보 활용에 관한 법률 제4조.

Ⅴ. 평가 및 정책 제언

1. 평가

EEZ 내 외국의 군사활동 문제는 「유엔해양법협약」을 채택하는 과정에서 해양선진국 진영과 개도국 진영 사이에 큰 다툼이 있었던 난제로, 일괄타결 방식으로 협약이 채택되면서 허용 여부가 모호한 상태로 남게 되었다. 당시 개도국 진영에서는 안보적 이익을 연안국의 EEZ 권리사항에 포함시킬 것과 군사활동이 금지됨을 주장하였지만, 군사활동은 전통적인 공해상 항행의 자유로서 인정된다는 미국 측 주장이 오히려 더 많은 지지를 받았다. 그러나 해양법협약 채택 후에도 브라질을 비롯한 여러 국가가 EEZ 내 군사활동을 허용하지 않는다는 선언을 하였고, 특히 중국은 미국의 군사활동에 대해 적극적인 항의 표시를 해오고 있다.

오늘날 과학기술의 발달 등으로 인해 군사활동과 해양과학조사, 수로측량 등의 활동을 구분하기가 점점 더 어려워지고 있으며, 중국을 비롯한 많은 국가가 팽창적인 해양정책을 펼치면서 해양안보와 해양환경 등을 보호할 필요성도 증가하고 있다. 이런 사정으로 인해 각 국가의 실행은 모든 군사활동의 인정—부정이라는 이분법적 태도를 벗어나 군사활동의 구체적 사안별로 신중한 접근을 보이고 있다.

2. 정책 제언

한국 정부는 EEZ 내 외국의 군사활동에 대해 공식적 입장을 내놓은 바 없으며, 국내법에 명시적 규정을 두고 있지도 않다. 하지만 EEZ 내 군사활동 허용 여부에 대해 아무런 규정을 두지 않는 소극적 입법만으로는 한국의 EEZ 에서 전개되는 외국의 군사활동에 대해 능동적으로 대처하기 어려울 수 있다. 특히, 해양경계 미획정으로 인해 주변국들과 관할권이 중첩하고 주변국들의 해양에서의 군사활동이 늘어나는 상황에서는 군사활동의 허용 여부에 대한 입장을 명확히 하는 것이 국익에 더 부합할 수 있다. 그래서 우선은 EEZ 내 외국의 군사활동에 관해 전략적 모호성 내지 유연성을 유지하면서 사례별로 대응하는 것이 적절한지 또는 군사활동을 구체적으로 유형화한 후 개별 활동들에 대해 허용 여부를 입법적으로 명확히 하여 대응하는 것이 적절한지에 대한 검토가 필요하다.

참고문헌

1. 김영원, "배타적 경제수역(EEZ)에서의 군사활동에 관한 국제법적 검토: 동아시아에서의 미중 간 갈등과 우리나라에 대한 함의", JPI 정책포럼, No. 2017-16 (제주평화연구원, 2017).

2. 김현수, "해양법상 배타적 경제수역에서의 군사활동 문제", 『해사법연구』, 제15권 제2호(2003).

3. 신창훈, "배타적경제수역EEZ에서의 수로측량과 해양과학조사의 법적 의의에 대한 재조명", 『서울국제법연구』, 제12권 제2호(2005).

4. 이창위, "배타적경제수역에서의 군사활동에 대한 해양강대국과 연안국의 대립", 『국제법학회논총』, 제59권 제1호(2014).

5. EEZ Group 21, "Guidelines for Navigation and Overflight in the Exclusive Economic Zone" (OPRF, 26 September 2005).

6. Moritaka Hayashi, "Military Activities in the Exclusive Economic Zones of Foreign Coastal States", *The International Journal of Marine and Coastal Law*, Vol. 27(2012).

7. Raul(Pete) Pedrozo, "Agora: Military Activities in the EEZ. Preserving Navigational Rights and Freedoms: The Right to Conduct Military Activities in China's Exclusive Economic Zone", *Chinese Journal of International Law*, Vol. 9(2010).

8. ─────────────, "Military Activities in the Exclusive Economic Zone: East Asia Focus", *International Law Studies*, Vol. 90(2014).

9. Sam Bateman, "Scholars' Community Response to Agora: Military Activities in the EEZ. A Response to Pedrozo: The Wider Utility of Hydrographic Surveys", *Chinese Journal of International Law*, Vol. 10(2011).

10. Zhang Haiwen, "Is it safeguarding the Freedom of Navigation or Maritime Hegemony of the United Nations of the United States?─Comments on Raul (Pete) Pedroz's Article on Military Activities in the EEZ", *Chinese Journal of International Law*, Vol. 9(2010).

11. Zhiguo Gao, "China and the Law of the Sea", in Myron H. Nordquist, Tommy T.B. Koh & John Norton Moore(eds.), *Freedom of Seas, Passage Rights and the 1982 Law of the Sea Convention* (Leiden: Maritnus Nijhoff Publishers, 2009).

05

해적행위

김민

Ⅰ. 서론

고대 로마 시대 이전부터 '인류 공동의 적hostis humani generis'으로 인식되어 온 해적piracy은 오늘날에도 여전히 국제사회의 우려 대상이다.[1] 국제사회의 노력으로 2011년 이후 해적 발생 건수는 하락세를 보여 왔으나 해적은 장소를 달리하여 여전히 활동 중이기 때문이다.[2] 국제해사국의 연례보고서IMB piracy and armed robbery against ships, IMB Piracy Report에 따르면, 소말리아 일대 해적 및 해상무장강도는 큰 폭으로 줄었으나 서아프리카, 남

---

1 Ivan Shearer, "Piracy", in Rüdiger Wolfrum(ed), Max Planck Encyclopedia of Public International Law online (Oxford University Press, 2010), paras. 1-7.

2 Adelina Tumbarska, "Maritime Piracy and Armed Robbery Evolution in 2008-2017", *International Scientific Journal "Security & Future"*, Year. II, Issue. 1(2018), p. 1.

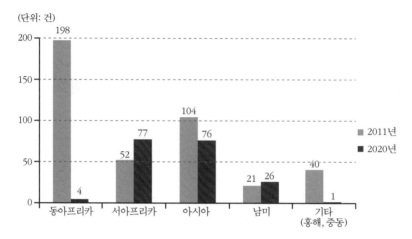

(단위: 건)

그림 5-1 지역별 해적 및 해상무장강도 공격 및 공격 시도 건수 비교
(출처: 국제해사국 연례보고서 2011, 2020 기반으로 저자 작성)

미, 동남아시아 지역에서는 증가하고 있다.[3] 동아프리카 일대 해적 및 해상 무장강도에 의한 공격 건수는 2011년 198건에서 2020년 4건으로, 홍해·중동 지역은 40건에서 1건으로 감소세를 보였다. 아시아 지역 공격 건수도 104건에서 76건으로 감소했으나 싱가포르해협에서의 공격 건수는 오히려 11건에서 23건으로 증가하였으며, 서아프리카와 남미 일대에서도 각각 52건에서 77건으로, 21건에서 26건으로 증가세를 보이고 있다(그림 5-1).[4]

소말리아 해적 사태가 진정 국면에 들어서면서 국제사회에서 해적 문제가 일단락되는 것처럼 보였으나, 해적 퇴치는 여전히 국제사회가 풀어 나가

---

3 해적piracy과 해상무장강도armed robbery against ships는 개념 간 유사성으로 대부분의 국제문서에서 두 용어가 묶음으로 다루어지는 경향이 있다. 두 용어의 구분은 II. 1. (3) 해상무장강도 부분 참조.

4 해당 건수는 2011년, 2020년에 발간된 IMB Piracy Report상 28개국에 대한 해적과 해상무장강도의 실제 공격 및 공격 시도 건수를 동아프리카(아덴만, 케냐, 모잠비크, 소말리아), 서아프리카(앙골라, 베냉, 카메룬, 콩고민주공화국, 적도 기니, 가나, 기니, 라이베리아, 나이지리아, 시에라리온, 콩고, 토고), 아시아(인도네시아, 말레이시아, 필리핀, 싱가포르해협, 태국, 중국, 베트남, 인도), 남미(브라질, 콜롬비아, 도미니카공화국, 에콰도르, 아이티, 페루, 베네수엘라), 기타(홍해, 이라크, 오만) 수역으로 재구성한 것이다.

야 할 중요한 과제인 셈이다. 수출입 물동량의 99.7%가 해상을 통해 이루어지는 한국에 있어서 해적행위는 개별 선박의 안전뿐만 아니라 국가 경제와도 밀접하게 연결된 중요한 과제이다. 이에 이 장에서는 해적행위에 관한 국제규범과 국제사회의 대응 및 이와 관련한 한국의 실행을 살펴보고자 한다.

Ⅱ. 해적행위에 대한 국제규범

1. 유엔해양법협약

(1) 해적행위의 개념

「유엔해양법협약」은 제100조부터 총 9개 조문에서 해적행위를 직접 기술하고 있는데, 이 중 제101조에서 해적행위를 다음과 같이 정의하고 있다.[5]

제101조 해적행위의 정의

해적행위라 함은 다음 행위를 말한다.

(a) 민간선박 또는 민간항공기의 승무원이나 승객이 사적 목적으로 다음에 대하여 범하는 불법적 폭력행위, 억류 또는 약탈 행위

(i) 공해상의 다른 선박이나 항공기 또는 그 선박이나 항공기내의 사람이나 재산

(ii) 국가관할권에 속하지 아니하는 곳에 있는 선박·항공기·사람이나 재산

---

5 유엔해양법협약상 해적행위에 관한 규정은 제100조(해적행위 진압을 위한 협력의무), 제101조(해적행위의 정의), 제102조(승무원이 반란을 일으킨 군함·정부선박·정부항공기에 의한 해적행위), 제103조(해적선·해적항공기의 정의), 제104조(해적선·해적항공기의 국적 보유 또는 상실), 제105조(해적선·해적항공기의 나포), 제106조(충분한 근거없는 나포에 따르는 책임) 및 제107조(해적행위를 이유로 나포할 권한이 있는 선박과 항공기)이다. 임검권에 관한 제110조에서도 해적행위에 종사하는 선박에 대한 모든 국가의 임검권을 규정하고 있다.

(b) 어느 선박 또는 항공기가 해적선 또는 해적항공기가 되는 활동을 하고 있다는 사실을 알고서도 자발적으로 그러한 활동에 참여하는 모든 행위

(c) (a)와 (b)에 규정된 행위를 교사하거나 고의적으로 방조하는 모든 행위

정의 조항에 따르면 해적행위가 성립하기 위해서는 다음의 요건들을 충족하여야 한다. 첫째, 해적행위는 '민간선박' 또는 '민간항공기'의 승무원이나 승객에 의해 발생하여야 한다. 따라서 군함이나 기타 정부선박, 정부항공기에 의한 행위는 해적행위가 아니다. 이때 군함이나 기타 정부선박, 정부항공기의 승무원이 반란을 일으켜 그 선박 또는 항공기를 완전히 통제한 후 사적 목적을 가지고 불법적 행위를 한다면 해적행위로 간주할 수 있다.[6]

둘째, 해적행위는 사적 목적private ends으로 행해져야 한다. 따라서 공적인 목적 또는 정치적 목적의 행위는 해적행위가 아니다.[7]

셋째, 해적행위는 '공해 또는 국가관할권에 속하지 않는 곳'에 있는 선박 또는 항공기에서 발생하여야 한다. 여기서 '공해'는 배타적 경제수역EEZ도 포함하는 개념이다.[8] 또한 「유엔해양법협약」은 '국가관할권에 속하지 않는 곳'에 대해 구체적으로 설명하지 않았으나, 국제법위원회International Law Commission, ILC는 이를 무주지terra nullius 및 비점유지역unoccupied territory으로 보았다.[9] 따라서 내수, 영해 또는 군도수역에서 발생한 행위는 해양법협약상 해적행위가 아니다.

---

6 유엔해양법협약 제102조, 제103조.

7 Myres S. McDougal & William T. Burke, *The Public Order of the Oceans A contemporary international law of the sea* (Yale University Press, 1962), p. 822.

8 제86조 이 부(제7부 공해)의 규정은 어느 한 국가의 배타적경제수역·영해·내수 또는 군도국가의 군도 수역에 속하지 아니하는 바다의 모든 부분에 적용된다. 이 조는 제58조에 따라 배타적경제수역에서 모든 국가가 향유하는 자유에 제약을 가져오지 아니한다.
제58조 제2항 제88조부터 제115조까지의 규정과 그 밖의 국제법의 적절한 규칙은 이 부에 배치되지 아니하는 한 배타적경제수역에 적용된다.

9 *Yearbook of the International Law Commission,* 1956, Vol. II, p. 282.

넷째, 해적행위는 '다른 선박이나 항공기 내' 사람이나 재산을 대상으로 발생하여야 한다. 즉 범죄 행위가 일어나는 선박 및 항공기 외에 해적행위에 동원되는 선박과 항공기가 별도로 존재하여야 한다. 따라서 선박의 승무원이나 승객에 의한 선상 반란은 물론 테러리스트들이 승객이나 승무원으로 가장하여 승선한 후 행하는 선박 불법 납치는 국제법상 해적행위가 아니며, 이 같은 불법행위는 「유엔해양법협약」 및 관련 국제협약에 의해 다루어진다.

(2) 해적행위에 대한 관할권 행사

1) 보편적 관할권

보편적 관할권universal jurisdiction이란 자국과 직접적인 관련이 없는 사건임에도 불구하고 국제사회 전체 이익을 위해 모든 국가가 행사할 수 있는 관할권을 의미한다.[10] 일반적으로 각 국가는 속지주의, 속인주의, 보호주의 또는 기국주의와 같이 자국과의 관련성에 기반하여 관할권을 행사하지만, '인류 공동의 적'으로 간주되는 해적행위에 대해서는 예외적으로 모든 국가에 단속과 처벌 권한이 있다. 따라서 각 국가는 자국과 아무런 관련성이 없는 공해상에서 발생한 해적행위를 진압할 수 있고, 해적들을 자국의 법원에 기소하여 처벌할 수 있다.

2) 나포 및 체포

모든 국가는 공해상에서 해적선, 해적항공기 또는 해적행위에 의해 탈취되어 해적의 지배하에 있는 선박, 항공기를 나포하고 범죄행위자를 체포하며 재산을 압수할 수 있다.[11] 해적행위에 대한 나포권의 행사는 군함, 군용항공

---

10 Ivan Shearer, *supra* note 1, p. 1, para. 1.
11 유엔해양법협약 제105조.

기 또는 정부 업무를 수행 중인 것으로 명백히 표시되고 식별이 가능하며 그러한 권한이 부여된 선박, 항공기에 의해 가능하다.[12] 나포를 행한 국가는 해적선, 해적항공기에 대한 조치를 결정하며, 체포된 해적과 압수된 물건을 사법절차에 회부할 수 있다.[13] 그러나 해적선, 해적항공기의 나포가 충분한 근거adequate grounds 없이 행해진 경우, 나포국은 그 선박이나 항공기의 국적국에 대해 나포로 인해 발생한 손실 또는 손해에 대한 책임을 진다.[14]

3) 임검권

모든 국가는 공해상에서 해적 혐의가 있는 선박에 대해 임검권right of visit 을 행사할 수 있다.[15] 임검권을 행사하는 국가는 해적 혐의를 확인하기 위해 선박에 승선하여 전반적인 조사inspection를 할 수 있다.[16] 임검 결과 해적행위가 사실로 판명되면 임검권을 행사한 국가는 해적선을 나포하고 재판을 할 수 있다. 임검권은 군함 또는 군용항공기에 의해 행사되어야 한다. 다만 정부 업무에 사용 중인 것으로 명백히 표시되어 식별이 가능하며 정당하게 권한이 부여된 선박과 항공기인 경우에는 임검권을 행사할 수 있다.[17] 해적 행위에 대한 혐의 판단은 합리적 근거reasonable ground에 따라야 한다. 선박에 대한 임검권이 행사되고 의혹이 근거가 없는 것으로 판명되면 선박의

---

12 유엔해양법협약 제107조.

13 Tullio Treves, "Piracy, Law of the Sea, and Use of force: Developments off the Coast of Somalia", *European Journal of International Law*, vol. 20, Issue. 2(2009), p. 402.

14 유엔해양법협약 제106조.

15 제110조 제1항에서는 주권 면제를 누리는 선박이 아닌 외국 선박이 해적행위, 노예거래, 무허 가방송에의 종사 등 유엔해양법협약 제110조 제1항에 해당하는 행위를 하는 경우 각국이 임검 권을 행사할 수 있음을 규정하고 있다.

16 Donald R. Rothwell, & Tim Stephens, *The International Law of the Sea*, 2nd ed. (Hart Publishing, 2016), pp. 240–241.

17 제110조 제1항, 제4항, 제5항.

손실이나 피해에 대해 보상하여야 한다.[18]

(3) 구별개념

1) 해상무장강도

해적행위를 다루는 국제문서에서 '해상무장강도armed robbery against ships' 라는 용어는 쉽게 찾아볼 수 있다.[19] 해상무장강도의 개념을 정의하려는 시도가 있었지만 현재 통일된 국제법상 정의는 없다. 다만 해적과 해상무장강도를 다룬 문서들을 종합적으로 살펴볼 때, 해상무장강도는 해적행위와 구별되는 개념으로 볼 수 있다.

IMO의 「해적 및 해상무장강도 범죄조사에 관한 실행지침」(이하 'IMO 실행지침')[20]은 해상무장강도를 "국가의 내수, 군도수역, 영해에서 선박 및 선상의 사람이나 재산을 대상으로 사적 목적으로 발생하는 해적행위와는 다른 모든 형태의 불법적 폭력, 억류, 약탈행위 또는 그 행위에 대한 위협 또는 이행위를 교사하거나 고의적으로 방조하는 모든 행위"로 규정하였다.[21] 따라서 IMO 실행지침상 해상무장강도는 '영해 이내 선박에서 발생하는 행위'라는 점에서 '공해 및 국가관할권에 속하지 않는 곳에 있는 선박 및 항공기'에

---

18 유엔해양법협약 제110조 제1항, 제3항.

19 IMO A 13/Res.545(29 February 1984); A/Res/53/32(6 January 1999), S/RES/1838(7 Oct 2008), A/RES/75/239(5 Jan 2021) 등.

20 영문명은 2009년 'IMO's Code of Practice for the Investigation of the Crimes of Piracy and Armed Robbery Against Ships'이며, 제26차 IMO 총회 결의 A.1025(26)의 부속서 2.2 단락에서 해상무장강도에 대해 정의하고 있다.

21 2. 개념

이 지침의 목적상

2.1 "해적행위"는 유엔해양법협약 제101조에 규정된 행위를 말한다.

2.2 "해상무장강도"는 다음 행위를 말한다.

　1. 국가의 내수, 군도수역, 영해에서 선박 및 선상의 사람이나 재산을 대상으로 사적 목적으로 발생하는 해적행위와는 다른 모든 형태의 불법적 폭력, 억류, 약탈행위 또는 그 행위에 대한 위협

　2. 위의 행위를 교사하거나 고의적으로 방조하는 모든 행위

서 발생할 것을 성립 요건으로 하는 해적행위와 구별된다. 각종 IMO 문서 및 IMB Piracy Report에서 이 개념을 인용하고 있다.

「아시아에서의 해적 및 해상무장강도 행위 퇴치에 관한 지역협력 협정」 (이하 'ReCCAP 협정')에서도 해상무장강도를 정의하고 있는데,[22] 이 협정에서 해상무장강도는 협약 당사국의 관할권이 미치는 곳 내 선박에서 발생한 행위로 제한된다.[23] ReCCAP 협정 또한 IMO 실행지침과 같이 장소적 범위에 제한을 둠으로써 해상무장강도와 해적행위를 구별하고 있다.

결론적으로 해상무장강도는 배타적 경제수역을 제외한 국가관할권에 속하는 곳 내 선박에서 발생한 행위로 제한됨으로써 해적행위와 구별되는 개념이다.

2) 해상테러

2000년대 후반 해적의 수가 전례 없이 증가한 이래, 공격 규모 또한 테러리즘을 방불케 할 만큼 거대해졌다. 해적행위를 통해 축적한 부를 기반으로 자동화 무기와 로켓 추진 수류탄 등을 이용한 기업형 해적행위가 시작된 것이다.[24] 대규모 무력 공격이 가능한 해적이 등장하면서 이들의 행위를 '해상테러'라고 하기도 하나 양자는 구별되는 개념이다.

---

22 영문명은 'Regional Cooperation Agreement on Combating Piracy and Armed Robbery against Ships in Asia'. 협정 채택: 2004년 11월 11일; 협정 발효: 2006년 9월 4일; 한국 발효일: 2006년 9월 4일.
23 제1조 제2항 이 협정의 목적상 "해상무장강도"라 함은 다음 행위를 말한다.
　가. 한쪽 체약 당사국의 관할권이 미치는 곳 내에서 사적 목적으로 범하는 선박이나 그 선박 내의 사람이나 재산에 대한 불법적 폭력행위, 억류 또는 약탈 행위
　나. 어느 선박이 선박에 대한 무장강도행위가 되는 활동을 하고 있다는 사실을 알고서도 자발적으로 그러한 활동에 참여하는 모든 행위
　다. 가호 및 나호에 규정된 행위를 교사하거나 고의적으로 방조하는 모든 행위
24 https://www.theguardian.com/world/2008/nov/18/piracy-somalia; https://www.nytimes.com/2008/11/18/world/africa/18pirates.html(2021. 9. 30. 방문).

국제법에서 테러리즘에 대한 통일된 정의는 없으나 「국제테러리즘 근절 조치에 관한 총회 결의」에 따르면, "테러리즘이란 영토 보전과 국가 안보를 위협하거나 국제 평화와 안보를 위협하고, 인권 및 기본적 자유 등을 파괴하며, 정치적 목적으로 일반 대중, 그룹, 특정인에게 공포를 유발하기 위한 범죄행위"를 의미한다.[25] 즉 테러리즘은 정치적·이념적 목적에 의해 자행되어야 한다.

테러리즘에 관한 대표적인 협약인 「1937년 테러리즘 방지 및 처벌을 위한 협약」과 「1999년 테러자금조달 억제를 위한 국제협약」,[26] 「폭탄테러행위의 억제를 위한 국제협약」[27]에 나타난 테러리즘의 정의 또한 앞선 총회 결의와 유사한 속성을 지니고 있다.

그러므로 해상테러는 "정치적 목적에서 선박 또는 선박에 이용되는 시설물을 테러 대상으로 삼아 특정 국가, 국제기구, 더 나아가 국제 평화와 안보를 위협하여 자신들의 요구사항을 관철하고자 하는 행위"로 볼 수 있으며, 사적 목적을 성립 요건으로 하는 해적행위와 구별된다.

---

25 A/Res/49/60(17 Feb 1995).

26 제2조 제1항 (b) 행위의 목적이 그 본질이나 경위상 사람을 위협하거나 정부, 국제기구로 하여금 어떤 행위를 하도록 또는 하지 않도록 강제하기 위한 것인 경우로, 민간인이나 무력 충돌 시 적대행위에 적극적으로 가담하지 아니한 그 밖의 자에 대해 사망이나 중상해를 야기하려는 의도를 가진 행위를 이 협약의 범죄행위로 보았다.

27 제2조 제1항 공공장소, 국가 또는 정부 시설, 공공교통시설 또는 기간시설에서나 그 내로 또는 그에 대하여 폭발성 장치 또는 기타 치명적 장치를 위법하고 고의적으로 전달·배치·방출·폭발시킨 자는 이 협약의 규정에 의한 범죄를 행하는 것이다.
   가. 사망 혹은 중상을 야기하려는 의도
   나. 중대한 경제적 손실의 결과를 가져오거나 가져올 수 있는 경우로서 그러한 장소, 시설 또는 체계에 대한 대규모의 파괴를 야기하려는 의도

2. SUA 협약과 의정서

(1) 대상 범죄와 해적행위

「항해의 안전에 대한 불법행위의 억제를 위한 협약」(이하 '1988 SUA 협약')[28]
은 "불법적·고의적으로 위협, 무력 또는 협박에 의해 선박을 억류하거나 통
제하는 행위이거나 사람에 대한 폭력, 상해, 살해 행위, 선박, 화물, 항해시
설에 대한 파괴 및 훼손 행위, 허위정보 교신행위 등 선박의 안전한 항행을
위협할 수 있는 제반 행위"를 범죄로 규정하였을 뿐 범죄행위의 목적, 가해
선박 수, 범죄 발생 장소는 제한하지 않았다.[29] 따라서 협약상 성립 요건을

---

28 영문명은 'Convention for the Suppression of Unlawful Acts against the Safety of Maritime
   Navigation'. 협약 채택: 1988년 3월 10일; 협약 발효: 1992년 3월 2일; 한국 발효일: 2003년 8
   월 12일. 1961년 포르투갈 여객선 산타마리아호 피랍사건, 1985년 이탈리아 여객선 아킬레 라
   우로호 피랍사건 등을 계기로 유엔총회는 IMO에 각국이 해상테러에 대응할 적절한 조치를 마
   련할 것을 권고하는 결의(A/Res/40/61)를 채택하였고 IMO 총회 결의[A/584(14)]를 기반으로
   협약이 성안되었다.

29 제3조 1. 불법적·고의적으로 다음 각목의 행위를 한 자는 범죄를 행한 것으로 한다.
   가. 무력 또는 무력적 위협이나 그 밖의 협박에 의하여 선박을 억류·통제하는 행위
   나. 선박의 안전한 항해를 위협할 수 있는 행위로서 선상의 사람에 대하여 폭력을 행사하는 것
   다. 선박을 파괴하는 행위 또는 선박의 안전한 항해를 위협할 수 있는 훼손을 선박이나 그 화물
      에 야기하는 행위
   라. 선박을 파괴할 수 있는 장치나 물질 또는 선박의 안전한 항해를 위협하거나 위협할 수 있는
      훼손을 선박이나 그 화물에 야기할 수 있는 장치나 물질을 모든 수단에 의하여 선박에 설치
      하거나 설치되도록 야기하는 행위
   마. 항해시설의 파괴 또는 심각한 손상이나 그 운용을 심각하게 방해하는 행위로서 선박의 안전
      한 항해를 위협할 수 있는 것
   바. 자신이 허위임을 아는 정보를 교신함으로써 선박의 안전한 항해를 위협하는 행위
   사. 가목 내지 바목에 규정된 범죄행위 또는 그 미수행위와 관련하여 사람에 상해·살해하는
      행위
   2. 다음 각목의 행위를 한 자도 범죄를 행한 것으로 한다.
   가. 제1항에 규정된 범죄의 미수행위
   나. 타인을 교사하여 제1항에 규정된 범죄를 행하도록 하는 행위 또는 그러한 범죄를 행하는 자
      의 그 밖의 공범이 되는 행위
   다. 자연인 또는 법인이 국내법에 따라 어떤 행위를 하도록 하거나 삼가도록 강요하기 위하여
      조건부로 또는 조건없이 제1항 나목·다목 및 마목에 규정된 범죄를 행하겠다고 위협하는

충족한다면 1988 SUA 협약은 해적행위는 물론 정치적·공적 목적의 해상 테러 행위, 선원으로 가장한 테러리스트에 의한 선박 불법 납치 및 선상 반란 행위에도 적용되며, 영해 등 연안국의 관할권이 미치는 수역에서 발생하는 범죄행위에도 적용될 수 있다.

1988 SUA 협약과 동시에 채택된 1988 SUA 의정서에서는 대륙붕에 설치한 고정식 구조물에 대해 불법적·고의적으로 위협, 무력 등을 행사하는 행위를 대상 범죄로 삼고 있으며, 이에 대한 일부 범죄에 1988 SUA 협약 규정이 준용된다.[30]

1988 SUA 협약을 확대 개정한 「항해의 안전에 대한 불법행위의 억제를 위한 협약에 대한 2005 의정서」(이하 '2005년 SUA 협약 의정서')에서는 생화학 무기, 핵무기 및 기타 핵폭발 장치 등을 이용한 선박 테러를 대상 범죄로 규정하였다.[31]

(2) 관할권 행사

1988 SUA 협약 및 의정서의 당사국은 속지주의, 속인주의, 보호주의와 같이 자국과 관련성이 있는 범죄가 발생한 경우 그 범죄에 대해 관할권을 행사할 의무가 있다.[32] 다만 이 협약은 자국과 직접적인 관련성이 없더라도 관

행위로서 그러한 행위가 선박의 안전한 항해를 위태롭게 할 수 있는 것

30 1988 SUA 협약과 동시에 채택된 「대륙붕상에 소재한 고정플랫폼의 안전에 대한 불법행위의 억제를 위한 의정서Protocol for the Suppression of Unlawful Acts against the Safety of Fixed Platforms Located on the Continental Shelf」(이하 '1988 SUA 의정서')는 1988년 3월 10일 채택, 1992년 3월 1일 발효, 2003년 9월 8일 한국 발효되었다. 1988 SUA 의정서의 범죄 행위 대상이 되는 '고정식 플랫폼'이란 자원의 탐사, 개발이나 그 밖의 경제적 목적을 위해 해저에 영구적으로 부착된 인공섬, 시설 또는 구조물을 의미하며, 대부분의 규정은 1988 SUA 협약을 준용한다.

31 영문명은 'Protocol of 2005 to the Convention for the Suppression of Unlawful Acts against the Safety of Maritime Navigation'. 의정서 채택: 2005년 10월 14일; 의정서 발효: 2010년 7월 28일. 한국은 비준하지 않았다. 1988 SUA 의정서를 개정한 「대륙붕상에 소재한 고정플랫폼의 안전에 대한 불법행위의 억제를 위한 의정서에 대한 2005 의정서」가 별도로 채택되었다.

32 제6조 제1항 각 당사국은 제3조에 규정된 범죄가 다음 각목의 경우와 같이 발생하는 때에는 그

할권을 행사할 수 있는 규정을 두었다.

즉, 각 당사국은 자국에 통상적인 거주지를 가지고 있는 무국적자가 범죄를 행한 경우, 범죄 실행 시 자국민이 억류 또는 협박받거나 상해 또는 살해된 경우, 자국에 대해 어떤 작위 또는 부작위를 강요하기 위해 범죄가 발생한 경우에는 자국과 직접적인 관련성이 없더라도 관할권을 행사할 수 있다.[33] 이 경우 관할권을 행사하거나 포기한 국가는 IMO 사무총장에게 통고하여야 하며,[34] 범죄 혐의자가 자국 영역 안에 있으나 재판관할권은 다른 당사국에 있는 경우 그 당사국에 혐의자를 인도하지 않은 국가는 자국이 재판관할권을 행사하여야 한다.[35]

또한 이 협약은 범죄 예방을 위해 선장의 판단에 따라 범죄 행위자를 인도할 수 있는 절차를 규정하였다.[36] 이는 범죄 혐의자가 자국 영토 안에 거주하고 있는 당사국으로 하여금 관할권을 행사할 수 있게 함으로써 범죄자 처벌에 공백이 생기는 것을 막기 위한 것으로 볼 수 있다.

다만 1988 SUA 협약 및 의정서는 협약 당사국에만 적용되는데,[37] 해적 및 해상무장강도 문제가 심각하였던 소말리아, 말레이시아, 인도네시아, 가봉은 현재 이 협약을 비준하지 않은 상황이다.[38] 더욱이 1988 SUA 협약 비준

범죄에 대한 재판관할권의 확립을 위하여 필요한 조치를 행한다.

가. 자국의 국기를 게양한 선박에 대하여 또는 동 선박에서 발생하는 경우

나. 영해를 포함하여 자국의 영역안에서 발생하는 경우

다. 자국민에 의하여 발생하는 경우

33 1988 SUA 협약 제6조 제2항.

34 1988 SUA 협약 제6조 제3항.

35 1988 SUA 협약 제6조 제4항.

36 1988 SUA 협약 제8조.

37 2021년 8월 4일 기준, 1988 SUA 협약의 비준국은 166개국이며, 의정서의 비준국은 158개국이다.

38 반면 싱가포르, 필리핀, 나이지리아, 적도기니, 페루, 콩고는 1988 SUA 협약 및 의정서 당사국이다. (https://www.imo.org/en/About/Conventions/Pages/StatusOfConventions.aspx, 2021. 9. 21. 방문)

국보다 더 적은 국가들이 2005년 SUA 협약 의정서를 비준하였으며 이는 1988 SUA 협약을 통한 관할권 행사에 걸림돌이 되고 있다.

Ⅲ. 해적행위에 대한 국제사회의 대응

1. 유엔 안전보장이사회

(1) 해적행위에 대한 안전보장이사회의 입장

유엔 안전보장이사회(이하 '안보리')는 국제 평화와 안전의 유지에 관한 일차적인 책임기관이다.[39] 따라서 안보리는 평화에 대한 위협, 파괴 또는 침략행위의 존재를 결정하고 이에 대해 「유엔헌장」 제7장의 조치를 취할 수 있다.[40]

　해적행위에 대한 단일 국제협약이 존재하지 않는 상황에서, 안보리는 해적 진압을 위해 회원국이 협력하는 데 기여한 다수의 결의안을 채택하였다. 안보리는 해적 및 해상무장강도가 국제 평화와 안전을 위협하는 행위임을 강조하고 「유엔헌장」 제7장의 조치를 취함으로써 국제사회의 해적 진압 활동 중 가장 큰 성과를 거둔 것으로 평가받고 있다.

(2) 해적행위에 대한 안전보장이사회의 조치

소말리아 해적 및 해상무장강도에 의한 피해가 커지면서 2008년 안보리는 소말리아 영해에 타국 군대가 진입하는 것을 허용하고 모든 필요한 수단을

---

39 유엔헌장 제24조.
40 유엔헌장 제39조, 제41조, 제42조.

사용하도록 하였다.[41] 국가 주권을 기반으로 발전해 온 국제법 체제하에서 한 국가의 영해에 타국의 군대가 주둔할 수 있게 허용한 것은 당시 해적 문제가 매우 심각하였음을 보여 준다. 다만 안보리는 해당 결의들이 국제법의 예외적 사유로 채택된 것이라는 인식하에 해적 진압에 동참하는 국가들에 소말리아 과도정부와 협력할 것을 조건으로 한정된 기간 동안에만 영해 진입을 허용하였다.[42] 더불어 이 결의가 "관습국제법을 형성하는 것으로 간주되지 않으며, 영해 진입에 관한 소말리아 정부의 허가는 국제법상 국가의 권리와 의무에 어떤 영향도 미치지 않는다"는 점을 강조하였다.[43]

이 외에도 안보리는 해적행위의 기소와 처벌을 위한 전문법원의 설치, 해적 기소를 위한 국가들의 강화 조치 등에 관한 결의안을 채택하여 해적 진압에 적극적으로 개입하였다.[44] 안보리 결의에 따른 해적 진압 노력으로 2011년 이후 소말리아 해적의 공격은 꾸준히 감소하였으며, 2017년 3월 이후로는 소말리아 해안에서 선박 납치 사례가 보고되지 않고 있다.[45]

다년간의 국제사회의 노력으로 소말리아 해적 및 해상무장강도는 진압되었으나, 기니만 일대 해적 및 해상무장강도 문제가 부상하였다.[46] 안보리는 기니만 해적 및 해상무장강도가 국제사회, 특히 서아프리카와 사헬 지역의 평화와 안전 유지에 심각한 위협을 가한다는 사실에 우려를 표하면서 기니만 지역의 해적 퇴치를 위해 연안국들이 협력할 것을 촉구하는 결의안을

---

41 S/Res/1816, 1838, 1846, 1897.

42 *Ibid.*.

43 안보리는 추가 결의를 통해 소말리아 인근 해적 및 해상무장강도 퇴치를 위해 회원국에 군함 및 항공기 참여를 요청했으며, 외국 정부와 국제기구의 소말리아 영해 진입을 연장하는 안을 1년씩 재승인하였다(A/Res/1846).

44 S/Res/2015.

45 S/Res/2500(2019).

46 2011년, 2020년 IMB Piracy Report에 나타난 기니만 국가(베냉, 카메룬, 콩고민주공화국, 적도기니, 가나, 나이지리아, 콩고, 토고)에서 발생한 해적의 공격 및 공격 시도 건수 기준. 2011년 45건에서 2020년 64건으로 여전히 줄어들지 않고 있는 추세이다.

채택하였다.[47] 안보리는 기니만 인근에서 발생하는 해적 및 해상무장강도에 대해 포괄적으로 대응하기 위해 주변 국가, 국제기구, 특히 서아프리카국가 경제공동체Economic Community of West African States, ECOWAS, 중앙아프리카국가경제공동체Economic Community of Central African States, ECCAS, 기니만위원회Gulf of Guinea Commission, GGC 간 협력을 강조하면서 국제 평화와 안전을 유지, 회복하기 위한 노력을 이어 나가고 있다.[48]

2. 국제해사기구

국제해사기구International Maritime Organization, IMO는 1980년대부터 해적 행위를 선박의 안전 및 선원, 선주, 화주에 부정적 영향을 미치는 행위로 간 주하고 이를 효과적으로 억제하기 위한 조치를 취하고 있다.[49] 대표적인 예로 해적의 위협에 대비한 선박 보안 규칙, 민간무장보안요원의 승선과 무기 사용에 관한 지침, 소말리아, 서부 및 중앙 아프리카 해적 진압을 위한 지역별 행동강령을 들 수 있다. 또한 해적 퇴치를 위한 지역협력체계를 구축하고 회원국 간 공유된 정보를 바탕으로 해적 및 해상무장강도에 대한 연례보고서를 발간하여 해적행위로 인한 회원국의 피해를 최소화하고 향후 대응방안을 마련하고자 노력하고 있다.

(1) 국제 선박 및 항만시설 보안규칙
IMO는 해상테러의 위협을 받는 선박과 화물, 승객, 선원 및 항만시설 인력에 대한 위험을 줄이고 선박과 항구의 보안을 강화하기 위해 '국제 선박 및

---

47 S/Res/2018, 2039.
48 S/Res/2018, 2039.
49 IMO A 13/Res.545(29 February 1984), paras. 1–4.

항만시설 보안규칙International Ship and Port Facility Security Code'(이하 'ISPS 코드')을 채택하였다.[50] ISPS 코드는 여객선과 국제무역에 사용되는 500톤 이상의 화물선 및 이 선박들이 이용하는 항만시설을 대상으로 한다. 따라서 해상테러는 물론 해적행위로 인해 위협받는 선박에 대해서도 적용된다.

ISPS 코드는 크게 A와 B 파트로 구분되어 있다. A 파트에서는 SOLAS 회원국인 정부, 선사 및 항만국에 대한 안보 요건을 규정하였고, B 파트에는 앞선 안보 요건 구현 방법에 대한 권고사항이 규정되어 있다.

ISPS 코드에 따라 국제항행에 종사하는 선사는 보안 계획을 수립하여 자국 정부의 승인을 받아야 한다. 정부의 보안 심사를 받은 후 국제선박보안 증서를 비치하여야 하며, 이를 행하지 않은 선박은 항행을 할 수 없다. 정부는 국제선박보안증서 승인 이외에도 선사 및 선박 보안책임자에 대한 교육을 실시하여야 하며, 선박 및 항만시설의 보안 관련 사항을 IMO에 통보하여야 한다. 또한 해적들이 습격할 가능성이 있거나 습격한 경우 인근 선박이나 지역 국가에 통보할 수 있는 선박보안경보장치Ship Security Alert System, SSAS 설치가 의무화되었다.[51]

(2) 민간무장보안요원에 관한 지침

2005년에서 2009년 서인도양 및 아덴만 일대에서 해적의 횡포가 거세지자 민간선사들은 자구책으로 위험해역을 항행하는 선박에 민간무장보안요원 privately contracted armed security personnel, PCASP을 승선시키기 시작하였다.[52] 그러나 현재까지도 민간무장보안요원의 국제법상 지위는 확립되지 않

---

50 ISPS 코드는 2002년 12월 12일 채택 및 2004년 7월 1일 발효하였으며, 제22차 IMO 총회 결의 A.924(22)에 따라 '해상에서의 인명안전을 위한 국제협약International Convention for the Safety of Life at Sea(SOLAS)' 제11-2장이 동시에 신설되었다.

51 IMO는 ISPS 코드의 더욱 효과적인 이행을 보장하기 위해 2012년 회원국과 선사에 대한 추가 지침The IMO Guide to Maritime Security and the ISPS Code을 채택하였다.

52 https://www.imo.org/en/OurWork/Security/Pages/Private-Armed-Security.aspx(2021.

았으며, 이들을 직접적으로 규율하는 법적 구속력 있는 국제규범은 존재하지 않는다.[53] 이에 IMO는 민간보안업체, 선주·선박운영자·선장, 항만국·연안국, 기국을 위해 민간무장보안요원에 대한 지침을 채택하였다.[54]

구체적으로 살펴보면, 「민간보안업체를 위한 지침」에서는 민간무장보안요원의 무력 사용에 대해서는 선박 기국의 법률이 주로 적용되고, 선박의 위치에 따라 기국, 항만국 및 기타 연안국의 법률이 적용된다고 규정하였다.[55] 더불어 「선주, 선박운영자, 선장에 대한 지침」에서는 민간무장요원의 무력 사용은 해적의 공격으로부터 선박과 승선인의 생명을 보호하기 위한 합리적인 범위를 초과해서는 안 되고, 정당방위나 타인을 보호하기 위한 경우를 제외하고는 사람에 대해 총기를 사용해서는 안 된다고 규정하였다.[56] 「기국을 위한 지침」에서는 민간무장보안요원의 승선 여부와 인원, 총기 소지 및 보안 장비 운송 문제는 기국의 법률과 정책의 적용을 받으며, 어떠한 조건에서 승인되는지도 기국이 결정하여야 할 문제라고 보았다.[57]

---

9. 21. 방문).

53 IMO는 1993년부터 2009년까지 해사안전위원회를 중심으로 선박에서의 총기 소지와 사용에 관한 문제를 다루어 왔으며 개인의 무기 휴대에 대해 부정적인 입장이었다. 1993년에는 개인 및 선박 보호를 위한 총기 휴대 및 사용을 강력하게 권장하지 않았고(MSC/Circ.623, annex, para. 40, 18 June 1993), 2009년에도 기국이 개인 및 선박 보호를 위한 선원의 화기 휴대 및 사용을 강력하게 금지해야 한다는 입장(MSC.1/Circ.1333, annex, para.5, 26 June 2009)이었는데, 2015년 이 입장을 철회하였다(MSC.1/Circ.1333/Rev.1, 12 June 2015).

54 2011년 9월 고위험해역 선박 승선 민간무장보안요원 이용에 관한 항만국 및 연안국을 위한 임시 개정 권고안(MSC.1/Circ.1408/Rev.1), 2012년 5월 고위험해역 선박 승선 민간무장보안요원 이용에 관한 선주, 선박운영자, 선장을 위한 임시 개정 지침(MSC.1/Circ.1405/Rev.2), 2012년 5월 고위험해역 선박 승선 민간무장보안요원에 관한 민간보안업체에 관한 임시 지침(MSC.1/Circ.1443), 2015년 6월 고위험해역 선박 승선 민간무장보안요원 이용에 관한 기국을 위한 임시 개정 권고안(MSC.1/Circ.1406/Rev.3)이 채택되었다.

55 MSC.1/Circ.1443, annex, p. 3, para. 3.3.

56 MSC.1/Circ.1405/Rev.2, annex, p. 7, paras. 5.13–5.15.

57 MSC.1/Circ.1406/Rev.3, annex, p. 1, paras. 2–5.

(3) 지역별 해적 진압 행동강령

IMO의 지역별 해적 진압 지침으로는 지부티 행동강령과 야운데 행동강령이 대표적이다. 「서인도양 및 아덴만에서 해적 및 해상무장강도 진압에 관한 행동강령」(이하 '지부티 행동강령')은 2009년 1월 29일 에티오피아 지부티에서 채택되었다.[58] 지부티 행동강령에 서명한 국가들은 서인도양과 아덴만 인근에서 발생하는 해적 및 해상무장강도 진압에 최대한 협력할 것을 선언했으며, 특히 해적행위에 대한 체포 및 기소, 해적 의심 선박 및 화물에 대한 차단 및 압수, 구조 및 피해를 입은 자에 대한 관리, 치료 및 송환, 서명국 해군과의 공동작전 수행의 협력을 강조하였다. 또한 IMO는 아덴만, 아라비아해, 소말리아 연안에서 선박이 해적의 공격을 지연, 회피 및 방지할 수 있도록 지원하기 위해 해운업계 해적피해방지 대응요령Best Management Practice, BMP을 마련하였다.

「중·서부 아프리카 해적, 해상무장강도, 해상불법행위 진압을 위한 강령」(이하 '야운데 행동강령')은 2013년 6월 25일 카메룬 야운데에서 채택되었다.[59] 해적에 중점을 둔 지부티 행동강령과는 달리 야운데 행동강령은 해적 및 해상무장강도, IUU어업Illegal, Unreported and Unregulated Fishing, 마약 밀수 등 광범위한 해상불법행위를 다루고 있다. 또한 서명국들은 범죄행위에 대한 정보를 공유하고, 해상불법행위에 가담한 것으로 의심되는 선박 또는 항공기를 차단하고, 해상불법행위를 시도하려는 사람을 체포하고 기소하도록 보장하며, 폭력 피해자에 대한 치료 및 송환을 위해 최대한 협력할 것을 규정하였다.

---

58 영문명 Djibouti Code of Conduct concerning the Repression of Piracy and Armed Robbery against Ships in the Western Indian Ocean and the Gulf of Aden. 채택 당시 케냐, 마다가스카르, 몰디브, 세이셸, 소말리아, 사우디아라비아 등 총 20개국이 서명하였다.

59 영문명 Code of Conduct concerning the repression of piracy, armed robbery against ships, and illicit maritime activity in west and central Africa.

3. 국제협력 노력 및 지역협정 채택

(1) 연합해군사령부 해적 퇴치 작전

연합해군사령부Combined Maritime Forces는 공해상에서 발생하는 해적행위, 무기 밀매, 마약 거래 등에 대응하고자 만들어진 다국적군이다. 전 세계 34개 회원국에서 파견한 군대로 구성되어 있으며, 미국 해군 중장이 지휘관을, 영국 해군 제독이 부지휘관을 맡고 있다.[60] 연합해군사령부에는 3개의 예하 부대가 있는데, 그중 151기동부대Combined Task Force 151에서 2009년 1월부터 소말리아 일대 해적 퇴치 활동을 전개하고 있다.[61] 151기동부대는 각국에서 파견된 군대로 구성되며, 지휘관은 한국, 일본, 쿠웨이트, 파키스탄, 싱가포르, 튀르키예, 미국, 브라질이 3개월에서 6개월 단위로 돌아가며 맡고 있다. 151기동부대는 2009년 1월에서 2021년 11월 18일까지 45건이 넘는 해적 퇴치 활동을 수행하였으며, 소말리아 해적 퇴치에 크게 기여한 것으로 평가된다.[62]

(2) 유럽연합 소말리아 대해적 작전

2008년 유럽연합은 이사회 결의를 통해 유럽연합 해군European Union Naval Force의 소말리아 해적 진압 작전, 이른바 '애틀랜타 작전'에 들어갔

---

60 2021년 9월 21일 현재 한국, 호주, 바레인, 벨기에, 브라질, 캐나다, 덴마크, 이집트, 프랑스, 독일, 그리스, 이라크, 이탈리아, 일본, 요르단, 쿠웨이트, 말레이시아, 네덜란드, 뉴질랜드, 노르웨이, 파키스탄, 필리핀, 포르투갈, 카타르, 사우디아라비아, 세이셸, 싱가포르, 스페인, 태국, 터키, 아랍에미리트, 영국, 미국 및 예멘이 회원국이다. (https://combinedmaritimeforces.com/, 2021. 9. 21. 방문)

61 연합해군사령부 예하의 다른 기동부대는 테러용 선박의 감시와 테러 관련 물자의 해상수송을 단속하는 150기동부대(CTF-150)와 해양안보작전을 담당하는 152기동부대(CTF-152)이다. (https://combinedmaritimeforces.com/ctf-151-counter-piracy/, 2021. 9. 21. 방문)

62 https://combinedmaritimeforces.com/ctf-151-counter-piracy/(2021. 9. 21. 방문).

다.[63] 애틀랜타 작전은 소말리아 난민에게 식량을 지원하는 세계식량계획 WFP 등의 물자운송 선박을 호송하고, 소말리아 연안을 항행하는 취약 선박을 보호하고, 소말리아 해적 및 해상무장강도를 억제 및 진압하는 것을 주 임무로 수행한다.[64] 이 외에도 소말리아 연안 IUU어업, 불법무기 및 마약 밀매 모니터링 업무를 수행하고 있다. 2012년 유럽연합 해군은 애틀랜타 작전을 통해 해적 선박과 연료저장소를 파괴하는 성과를 거두었다.[65]

(3) 소말리아 해적 퇴치 연락그룹

'소말리아 해적 퇴치 연락그룹Contact Group on Piracy off the Coast of Somalia' (이하 'CGPCS')은 소말리아 해적 퇴치에 관심이 있는 국가 및 기구, 산업계 간 협력을 추진하기 위해 2009년 설립된 국제포럼이다. CGPCS는 해적 퇴치 및 억제 작전, 해적 네트워크 교란 등 4개의 작업반으로 구성되어 있다. 전 세계 80개국과 아프리카연합, 아랍연맹, 유럽연합, IMO, NATO 및 유엔 사무국이 참여하고 있으며, 상설 사무국은 없고 본회의와 작업반 의장은 순환직 형태로 운영되고 있다.

CGPCS는 소말리아 해적을 종식시키고 처벌하기 위해 정치적·군사적· 산업적·비정부적 노력을 조정하는 것에 중점을 두고 발전해 왔다.[66] 그 결과 항행 선박을 보호하기 위해 30여 개국 간 해군 협력을 촉진해 왔으며, 소말리아 해적 방지 이니셔티브를 지원하는 유엔 신탁기금을 기부함으로써

---

63 애틀랜타 작전은 안보리 결의 제1814호, 1816호, 1838호를 반영하여 유럽연합 총회 결의 (2008/851/CFSP)에 의해 시작되었다. (https://eur-lex.europa.eu/legal-content/EN/TXT/?uri=CELEX%3A32008E0851, 2021. 9. 21. 방문)

64 2008/851/CFSP, art. 1.

65 EU Naval Force, Statement by the spokesperson of EU High Representative Cathrine Ashton following the Disruption of pirate logistical dumps in Somalia by EU Naval Force-Operation Atalanta, A 225/12(Brussels, 15 May 2012).

66 https://2009-2017.state.gov/t/pm/rls/fs/2016/255175.htm(2021. 9. 21. 방문).

소말리아와 이 지역의 다른 국가들이 해적행위를 근절할 수 있는 역량을 강화하는 성과를 거두었다.[67]

(4) 기니만 해적퇴치그룹

기니만 해적퇴치그룹G7++ Friends of the Gulf of Guinea(이하 'G7++FoGG')은 기니만의 해적 퇴치를 위해 미국, 영국, 프랑스, 독일, 이탈리아, 일본, 캐나다 G7 국가들이 주축이 되어 설립된 국제포럼이다. 이 포럼에는 기니만 연안국, 주요 해운 국가, 국제기구 및 산업계 인사 등이 참여하고 있다.

G7++FoGG의 설립 당시 목표는 2013년 야운데 행동강령에 근거하여 서아프리카국가경제공동체, 중앙아프리카국가경제공동체, 기니만위원회와 같은 지역 기구 간 해적 퇴치를 위한 해양안보체계를 수립하는 것이었다. 현재는 해적 퇴치 문제 외 IUU어업, 마약 및 무기 밀매 등 해상불법행위 전반에 대한 문제로 활동 범위를 넓히고 있다.[68]

(5) 아시아에서의 해적행위 및 선박에 대한 무장강도행위 퇴치에 관한 지역협력협정

2004년 채택된 「아시아에서의 해적행위 및 선박에 대한 무장강도행위 퇴치에 관한 지역협력협정Regional Cooperation Agreement on Combating Piracy and Armed Robbery against Ships in Asia, ReCAAP」은 한국을 포함한 21개국이 회원국으로 참가하고 있는 아시아 지역 협력 협정이다.[69] 이 협정은 「유

---

67 https://2009-2017.state.gov/r/pa/prs/ps/2011/10/175125.htm(2021. 9. 21. 방문).

68 2013년 6월 카메룬 야운데에서 서아프리카 17개 연안국 간 정상회담이 개최되었다. 이 회의에서 해양안보 강화 방안이 논의되었고, 그 결과 유럽연합의 지원으로 3개 지역에 해양안보센터가 설립되었다. (https://www.gogin.eu/en/2019/07/01/g7-group-of-friends-of-the-gulf-of-guinea-meets-in-brussels/, 2021. 9. 21. 방문)

69 2006년 9월 4일 발효하였으며, 2021년 9월 21일 현재 한국, 싱가포르, 호주, 인도, 일본, 필리핀, 방글라데시, 브루나이, 스리랑카, 베트남, 캄보디아, 라오스, 태국, 중국, 미얀마, 영국, 덴마

엔해양법협약」상 해적행위를 적용 범죄로 두었을 뿐만 아니라 해상무장강도를 재정의하여 체약 당사국의 관할수역에서 발생하는 무장강도행위를 규율 범위에 두었다. 이 규정을 통해 해협의 폭이 좁아 공해대가 존재하지 않는 말라카해협과 싱가포르해협을 적용 범위에 둘 수 있게 되었다.[70]

이 협정은 자국의 법령과 국제법에 따라 해적과 해상무장강도 행위를 방지 및 진압할 체약 당사국의 의무 규정뿐만 아니라 범죄행위자의 체포, 범죄에 사용된 선박, 항공기 및 피랍 선박의 나포, 화물에 대한 압류에 관한 규정을 두었다. 또한 피랍 선박과 납치된 희생자를 구조하기 위해 노력할 당사국의 의무를 규정하였다.[71]

이 협정은 체약 당사국 간 정보 공유와 체약 당사국의 능력 배양이 아시아에서의 해적행위 및 해상무장강도의 방지 및 진압에 기여함을 강조하면서 싱가포르에 정보공유센터ReCAAP Information Sharing Center를 설립하는 근거 규정을 두었다. 규정에 의해 설립된 센터는 24시간 유기적인 정보연락망 구축, 역량 강화 및 해적을 방지하고 진압하기 위한 협력을 적극적으로 추진하고 있으며, 회원국에 해적에 관한 시기적절하고 정확한 정보를 제공하여 정보 허브 역할을 하는 데 주력하고 있다.[72]

크, 네덜란드, 미국, 독일, 노르웨이 21개국이 회원국으로 참가하고 있다(https://www.recaap. org/about_ReCAAP-ISC).

70 말라카해협은 세계 해상 물동량 이송의 25% 이상을 담당하는 중요 항로이다. 인도양과 태평양을 잇는 중요 항로로, 동아시아에 공급하는 석유 대부분이 이 해협을 통해 이동하고 있다. 그러나 해협의 가장 좁은 곳이 3km가 되지 않아 선박 간 병목 현상이 발생하고 해적의 도주를 용이하게 하는 수천 개의 작은 섬이 산재해 있어 해적과 해상무장강도의 등장이 잦은 지역이다. 그러나 운송비용 절감 등의 경제적인 이유로 많은 선박이 드나들고 있다.

71 ReCAAP 제3조.

72 https://www.recaap.org/vision_mission_of_ReCAAP-ISC(2021. 9. 21. 방문).

Ⅳ. 해적행위에 대한 대한민국의 실행

한국은 수출입 물동량의 99.7%를 해상운송에 의존하고 있는 대표적인 해운 국가이다. 따라서 한국이 원활한 해상무역 활동을 펼치기 위해서는 해적행위와 같은 해상교통로의 위협요인을 억제하여 해상운송의 안전을 확보하여야 한다. 그러나 2011년 소말리아 해적 사건,[73] 2021년 5월 서아프리카 기니만 인근에서 한국 선원이 연달아 납치되는 사건 등 해적행위로 인한 피해는 빈번하게 발생하고 있다.[74]

한국은 「유엔해양법협약」과 1988 SUA 협약 및 의정서의 회원국으로 해적을 체포하여 국내 송환할 수 있는데, 국내 재판 시 부과되는 형벌은 국내법에 따라야 한다.[75] 다음에서는 해적행위에 관한 국내 관련 법령과 해적행위 진압을 위한 한국의 국제적 노력에 대해 살펴본다.

---

73 소말리아 해적 사건은 2011년 1월 인도양 공해상에서 발생하였다. 당시 소말리아 해적은 한국인 8명을 포함한 총 21명의 선원을 인질로 삼고 한국 해군과 교전을 벌이다 인질에게 총격을 가하였으며 한국 해군에 의해 공해상에서 체포되었다. 그들은 한국으로 인도되어 남해지방해양경찰청과 부산지방검찰청의 수사를 거쳐 부산지방법원(2011. 5. 27. 선고 2011고합93 판결)에서 유죄판결을 받았다. 연이어 소말리아 해적 사건에 대해 부산고등법원의 항소심 판결(2011. 9. 8. 선고 2011노349 판결)을 거쳐 대법원의 상고심 판결(2011. 12. 22. 선고 2011도12927 판결)이 선고되었다.

74 2021년 5월 31일 서아프리카 베냉 인근에서 조업 중이던 참치잡이 어선이 해적에게 피랍되었다. 이 어선은 한국과 가나 공동 명의였으며 해당 선박에는 한국 선원 4명이 타고 있었다. 이와 별개로 5월 19일에도 가나 인근에서 조업 중이던 가나 기국 참치잡이 어선이 피랍되었다. 이 선박에는 한국인 선장을 포함하여 총 5명의 한국 선원이 탑승하고 있었는데, 한국 관련된 해적 사건은 계속 발생하고 있다.

75 헌법 제6조 제1항은 "헌법에 의해 체결·공포된 조약과 일반적으로 승인된 국제법규는 국내법과 같은 효력을 가진다."고 규정하고 있다. 조약의 경우 한국에서 국내법과 동일한 효력을 가지며 국내 적용을 위해 별도의 입법을 필요로 하지 않는다는 것이 일반적인 견해이다.

1. 해적행위 관련 법령

(1) 형사 관련 법령
1) 형법
① 관할권

한국「형법」은 영토주권에 따라 속지주의를 주된 원칙으로 하며,[76] 속인주의[77]와 보호주의,[78] 수동적 속인주의[79]를 보조적 원칙으로 견지하고 있다. 한국은 육지 영토뿐만 아니라 영해와 영공은 물론 공해상의 한국 국적 선박과 비행기에서 죄를 범한 외국인에 대해 관할권을 행사하는 기국주의를 채택하고 있다. 따라서 공해상에서 한국 선박 또는 항공기 내에서 해적행위를 범한 외국인에 대해서도 한국 형법이 적용된다.[80]

수동적 속인주의에 따라 한국 선박 또는 항공기 내에서 발생한 범죄가 아니더라도 한국 국민의 재산권과 생명권을 침해한 해적에 대해 한국 형법이 적용된다. 그러나 한국은 보편주의(또는 세계주의)를 채택하고 있지 않으므로 공해상 외국 선박에서 외국인이 외국인을 대상으로 해적범죄를 저지른 경우 한국「형법」이 적용되지 않는다.[81]

② 처벌

한국「형법」은 해적행위를 처벌할 수 있는 명문의 규정을 두고 있지 않으며,「형법」상 해상강도, 인질강도 규정이나 선박위해처벌법, 선박납치죄 등

---

76 형법 제2조, 제4조(기국주의).
77 형법 제3조.
78 형법 제5조.
79 형법 제6조.
80 제4조(국외에 있는 내국선박 등에서 외국인이 범한 죄) 본법은 대한민국영역외에 있는 대한민국의 선박 또는 항공기내에서 죄를 범한 외국인에게 적용한다.
81 형법상 약취, 유인 및 인신매매의 죄에 관한 규정(제296조의2)에 대해서는 제한적으로 보편주의가 적용된다. 이재상·장영민·강동범,『형법총론』제10판, 박영사, 2019, 50-51쪽.

개별 법조항을 통해 해적행위를 처벌할 수 있다.

「형법」규정 중 해적행위와 가장 유사한 행위를 나타낸 규정은 「형법」제
340조 해상강도죄이다.[82] 이 조항에서는 "다중의 위력으로 해상에서 선박
을 강취하거나 선박 내에 침입하여 타인의 재물을 강취한 자"를 해상강도
로 규정하고 있다. 다만 해상강도는 선박 강취나 선박 내 재물 강취를 범죄
대상으로 하고 있어 항공기 납치 및 선박과 항공기 내 사람과 화물에 대한
해상불법행위 등의 해적행위 구성요건을 포섭할 수 없다는 한계가 있다.

2) 형사소송법

① 체포 권한

「형사소송법」제212조에 따라 현행범인은 누구든지 영장 없이 체포할 수
있다.[83] 따라서 2011년 소말리아 해적 사건에서 청해부대 소속 군인들이 현
행범인인 해적을 체포한 데는 문제가 없다. 다만 동법에서는 검사 또는 사
법경찰관리 아닌 자가 현행범인을 체포한 때에는 즉시 검사 또는 사법경찰
관리에게 인도하여야 한다고 규정하고 있다.[84] 그러므로 한국 해군이 해적
을 체포한 경우, '즉시' 검사 또는 사법경찰관리에게 인도하여야 한다. 여기
서 '즉시'의 의미에 대한 명문의 규정은 없으나 대법원은 "반드시 체포 시점
과 시간적으로 밀착된 시점이어야 하는 것은 아니고, 정당한 이유 없이 인
도를 지연하거나 체포를 계속하는 등으로 불필요한 지체를 함이 없이라는

---

82 제340조(해상강도) ① 다중의 위력으로 해상에서 선박을 강취하거나 선박내에 침입하여 타인
  의 재물을 강취한 자는 무기 또는 7년 이상의 징역에 처한다.
  ② 제1항의 죄를 범한 자가 사람을 상해하거나 상해에 이르게 한때에는 무기 또는 10년 이상의
  징역에 처한다.
  ③ 제1항의 죄를 범한 자가 사람을 살해 또는 사망에 이르게 하거나 강간한 때에는 사형 또는
  무기징역에 처한다.
83 제212조(현행범인의 체포) 현행범인은 누구든지 영장없이 체포할 수 있다.
84 제213조(체포된 현행범인의 인도) ① 검사 또는 사법경찰관리 아닌 자가 현행범인을 체포한 때
  에는 즉시 검사 또는 사법경찰관리에게 인도하여야 한다.

뜻"으로 판시한 바 있다.[85]

② 구속영장 청구의 기산점

「형사소송법」제200조의2 제5항에 따라, 체포한 피의자를 구속하고자 할 경우 검사 또는 사법경찰관리는 체포한 때로부터 48시간 내에 제201조 규정에 따라 구속영장을 청구하여야 하고, 그 기간 내에 구속영장을 청구하지 아니한 때에는 피의자를 즉시 석방하여야 한다.[86] 이 규정은 현행범인인 해적을 체포, 인도하는 경우에도 준용된다.[87]

2011년 소말리아 해적 사건 당시 대법원은 "형사소송법 제213조의2와 제200조의2 제5항에 따라, 검사 또는 사법경찰관리가 현행범인을 인도받은 후 현행범인을 구속하고자 하는 경우 48시간 이내에 구속영장을 청구하여야 하고 그 기간 내에 구속영장을 청구하지 아니하는 때에는 즉시 석방하여야 한다"고 판시하였다.[88] 따라서 한국 해군에 의해 체포된 해적의 경우 검사 또는 사법경찰관리에게 인도된 때로부터 48시간 내에 구속영장이 청구되어야 한다.

③ 형사 피의자 인권 보호 규정

한국 「헌법」은 제12조 제4항에서 "누구든지 체포 또는 구속을 당한 때에는 즉시 변호인의 조력을 받을 권리를 가진다"고 하여 체포, 구속을 당한 피고인, 피의자가 변호인의 조력을 받을 권리를 기본적 인권으로 보장하고 있

---

85 2011년 소말리아 해적 사건에서 소말리아 국적 피고인들은 체포되고 9일 후에 경찰관에게 신병 인도되었음을 근거로 '즉시' 인도되지 않았음을 주장하였으나 한국 법원은 이를 받아들이지 않았다(대법원 2011. 12. 22. 선고 2011도12927 판결).

86 제200조의2(영장에 의한 체포) ⑤ 체포한 피의자를 구속하고자 할 때에는 체포한 때부터 48시간이내에 제201조의 규정에 의하여 구속영장을 청구하여야 하고, 그 기간내에 구속영장을 청구하지 아니하는 때에는 피의자를 즉시 석방하여야 한다.

87 제213조의2(준용규정) 제87조, 제89조, 제90조, 제200조의2제5항 및 제200조의5의 규정은 검사 또는 사법경찰관리가 현행범인을 체포하거나 현행범인을 인도받은 경우에 이를 준용한다.

88 대법원 2011. 12. 22. 선고 2011도12927 판결.

다. 「형사소송법」에 따라 변호인을 선임할 수 있으며,[89] 접견교통권[90]을 보장하고, 피의자 신문 시 변호인이 참여함을 규정[91]하여 형사 피의자의 절차적 권리를 보호하고 있다. 해적의 경우에도 이러한 절차적 권리가 동일하게 적용된다. 이러한 권리가 적용되는 시점에 대해서는 명시적인 규정이 없으나, 2011년 소말리아 해적 사건 당시 법원은 구속영장 청구기간인 48시간의 기산점은 수사기관이 현행범인을 인도받은 때부터이며, 이때부터 변호인의 조력을 받을 권리가 보장된다고 판시한 바 있다.[92]

(2) 선박위해처벌법

「선박 및 해상구조물에 대한 위해행위의 처벌 등에 관한 법률」(이하 '선박위해처벌법')은 1988 SUA 협약 및 의정서의 국내 이행법률로, 협약에 따른 관할권 행사 범위와 명확한 처벌 근거를 마련하기 위해 제정되었다.[93] 이 법률은 크게 제1조(목적), 제2조(정의), 제3조(외국인에 대한 적용 범위), 제4조(범죄인의 인도), 제5~13조(죄목)의 5개 부분으로 구성되었다. 우선 제3조는 한국 영역 밖에서 한국 선박 및 대륙붕에 있는 해상구조물에 대해 동법상 죄를 범한 외국인과 한국 영역 밖에서 동법상 죄를 범했지만 한국 영역 내에 있는 외국인을 처벌할 수 있는 근거를 마련하였다.[94] 제4조에서는 한국 기국 선박의 선장이 동법상 범죄인으로 의심할 상당한 이유가 있는 경우 그 범죄

---

89 제200조의5(체포와 피의 사실 등의 고지) 검사 또는 사법경찰관은 피의자를 체포하는 경우에는 피의사실의 요지, 체포의 이유와 변호인을 선임할 수 있음을 말하고 변명할 기회를 주어야 한다.
90 제34조에 따라 변호인이나 변호인이 되려는 자는 신체가 구속된 피고인 또는 피의자와 접견하고 서류나 물건을 수수할 수 있으며 의사로 하여금 피고인이나 피의자를 진료하게 할 수 있다.
91 제243조의2 제1항에 따라 검사 또는 사법경찰관은 피의자 등의 신청에 따라 변호인을 피의자와 접견하게 하거나 정당한 사유가 없는 한 피의자에 대한 신문에 참여하게 하여야 한다.
92 부산지방법원 2011. 5. 27. 선고 2011고합93 판결.
93 이 법은 '운항 중인 선박 및 해상구조물에 대한 위해행위를 방지함으로써 선박의 안전한 운항과 해상구조물의 안전을 보호'하기 위해 2003년 5월 27일 제정·공포되었다.
94 선박위해처벌법 제3조.

혐의자를 1988 SUA 협약 당사국에 인도할 수 있다고 규정하였다. 이 경우 선장은 1988 SUA 협약상 절차 이외에도 동법상 국내 절차를 거쳐야 한다.[95] 제5조부터 제13조에서는 이 법률상 죄목에 대해 규정하고 있는데, 선박 및 해상구조물의 안전을 해치는 살인·상해·선박 납치, 위험 물건의 설치, 허위 정보의 전달 및 협박 등 각종 위해행위가 구체적으로 명시되어 처벌의 근거를 구체화하고 있다.[96]

(3) 해적피해예방법

「국제항해선박 등에 대한 해적행위 피해예방에 관한 법률」(이하 '해적피해예방법')은 해적행위 등으로부터 한국 기국 선박과 그 선원 및 해상구조물에 대한 안전을 확보하고 피해를 예방하는 데 필요한 사항을 규정하기 위해 제정되었다.[97]

이 법률은 기존에 '위험해역', '위험예비해역'으로 구분되어 있던 해적 위험해역 용어를 '위험해역'으로 일원화하고 위험해역 내에서도 특히 해적피해가 집중적으로 발생하는 해역을 '고위험해역'으로 지정하여 관련 조치를 이행하지 않을 경우 선원의 면허를 취소하거나 원양어업 허가를 제한하는 등의 강제조치를 하도록 하고 있다.

이 법률에서는 해적행위로 인한 위험과 피해를 예방하고 최소화하기 위해 범국가적 차원에서 종합대책을 수립하고 시행하고자 하였다. 따라서 외교부, 국방부, 해양수산부, 법무부, 국가정보원, 해양경찰청 등 10개 국가기관이 참여하는 해적행위피해예방협의회 설립 근거를 마련하고 이를 통해 종합대책을 운용할 것을 명시하였다.[98] 또한 위험해역을 통항하는 선

---

95 선박위해처벌법 제4조.
96 선박위해처벌법 제5~13조.
97 2016년 12월 27일 제정되었다.
98 해적피해예방법 제8조.

주 및 선박이 해적행위 피해예방요령을 반드시 지킬 것을 의무화한 것이 특징이다.[99]

또한 이 법률은 선원, 승선자, 해상구조물에 있는 사람을 해적행위로부터 안전하게 대피시킬 수 있는 선원대피처를 설치할 의무를 선주에게 부여하였다.[100] 또한 해적행위 등으로부터 선박 및 선원을 보호하기 위해 선주가 무기를 휴대한 해상특수경비원을 승선할 수 있게 하는 근거 규정을 두고 승선에 필요한 사항을 규정하였다.[101] 그리고 해상특수경비원의 의무 사항을 규정하고, 해적행위 등 위협으로부터 피할 수 없는 급박하고 불가피한 경우에만 무기의 사용을 가능하게 하고, 무기 사용의 최종 결정권을 선장에게 부여하여, 해상특수경비원에 대한 법적 근거를 구체화하였다.[102]

2. 청해부대 파견 및 국제 해적 퇴치 활동 참여

한국은 국제적인 해적 퇴치 노력에 동참하고자 2009년 3월 '소말리아 해역 호송전대'(이하 '청해부대')를 창설하고 소말리아 아덴만 해역에 파견하기 시작하였다. 청해부대는 한국 선박의 안전한 활동을 보장함과 동시에 연합해군사령부 및 유럽연합 해군과의 해양안보작전을 통해 해적 활동 감소에 기여해 왔다.

청해부대는 한국 선박을 안전하게 호송하는 것을 주 임무로 삼고 있으며, 한국 선박을 호송하지 않는 기간을 활용하여 연합해군사령부의 지휘하에 해적행위, 무기밀매, 마약거래, 테러 등으로부터 통항 선박을 보호하고 해적을 억제하는 활동을 펼치고 있다. 더불어 2017년부터는 유럽연합 소말리

---

99 해적피해예방법 제7조.
100 해적피해예방법 제12조.
101 해적피해예방법 제15조.
102 해적피해예방법 제31조, 제32조, 제33조.

아 대해적 작전에 참여하여 해적활동을 감시 및 차단하고 해적 의심 선박 발견 시 차단, 제압 및 검문 검색 활동을 실시하고 있다.[103] 청해부대는 2009년 3월부터 2021년 9월까지 2,386척의 선박을 호송하고 23,796척의 안전항행을 지원해 왔으며, 그 결과 2011년 362건이었던 아덴만 해적 활동은 2018년 6건, 2021년 상반기 1건으로 크게 감소하였다.[104]

한국은 청해부대 파병 이외에도 소말리아 해적 퇴치 연락그룹, 「아시아에서의 해적행위 및 선박에 대한 무장강도행위 퇴치에 관한 지역협력협정」, 기니만 해적퇴치그룹 및 IMO의 '서·중부 아프리카 해양안보 신탁기금'을 통해 해적 퇴치를 위한 국제적 활동에 기여하고 있다.

V. 대한민국의 실행에 대한 평가와 정책 제언

1. 해적행위에 대한 종합적 대응을 위한 법률 마련

해적을 국내로 송환하는 과정에서부터 난항을 겪었던 2011년 소말리아 해적 사건 당시와 비교할 때, 해적피해예방법이 제정된 현재는 괄목할 만한 성과를 이루었다고 볼 수 있다. 민간무장보안요원(해적피해예방법상 '해상특수경비원')을 규율하는 국제규범이 존재하지 않는 상황에서 이들의 법적 지위는 물론 합법적인 승선과 무기사용에 관한 법적 근거를 마련하고 선원대

---

103 유럽연합 소말리아 대해적 작전 참여는 「대한민국과 유럽연합 간의 대한민국의 유럽연합 위기관리활동 참여를 위한 기본협정」에 근거한다. 이 협정은 2014년 5월 23일 서명되고 2016년 12월 1일 발효되었다. 외교부, 청해부대, EU 소말리아 대해적작전 참여-한-EU 간 전략적 협력의 지평을 위기관리분야로 확대, 2017년 2월 14일.

104 '국군부대의 소말리아 아덴만 해역 파견연장 동의안' 의안원문, 2021년 10월 21일, 7쪽.

피처 및 해적피해예방 비상훈련 등 피해예방 조치를 마련한 것은 해적피해예방법의 큰 성과이다. 그러나 이 법률은 해적피해예방 대책에만 중점을 두었다는 한계가 있다. 예컨대 민간무장보안요원의 경우 승선과 무기 사용에 관한 내용만을 다루고 있을 뿐 이들이 해적을 소탕하는 과정에서 발생하는 정당방위의 한계 및 책임 소재는 구체적으로 다루지 않았다.

선박위해처벌법 또한 선박 및 해상구조물에 대한 위해행위 처벌의 근거를 명확히 하였다는 점에서 의의가 있다. 그러나 이 법률은 1988 SUA 협약과 의정서의 이행법률로 선박 및 해상구조물의 안전을 위협하는 범죄행위의 처벌 근거를 확보하는 데 중점을 두고 있을 뿐 해적행위를 종합적으로 규율하기 위해 제정된 법률은 아니다.

그러므로 해적행위를 실질적으로 규제하고 대응하기 위해서는 해적 피해예방 및 해적 처벌 근거에 관한 규정뿐만 아니라 해적 진압과 나포, 국내 송환 및 타국에의 인도 절차 등 실제 해적 체포와 처벌에 대한 특수성과 실효성을 고려한 종합적인 법률이 마련되어야 한다. 더불어 해적을 국내법 절차에 따라 처리하는 경우 해적 체포 주체 및 국내 신병 인도 절차에 관한 세부적인 내용을 명확히 하여 적법절차원칙 위반 논란을 해소하여야 한다.

2. 청해부대 파견에 대한 법적 근거 마련

한국은 국제적인 해적 퇴치 노력에 동참하고자 2009년부터 소말리아 아덴만 해역에 청해부대를 파견하고 있다. 청해부대는 해적 활동 감소에 기여한 것으로 평가받고 있으며, 이에 국제사회는 청해부대의 지속적인 파견을 요청하고 있다.[105] 따라서 청해부대의 해외 파견은 계속될 것으로 전망된다. 그러나 청해부대는 창설 이래 매년 국회 동의안을 연장하는 방식으로 파견

---

105 '국군부대의 소말리아 아덴만 해역 파견연장 동의안' 의안원문, 2021년 10월 21일, 7쪽.

되어 온바, 향후에도 국회 동의안을 통해 파견할 것인지, 그렇다면 이 방법이 적절한지에 대한 의문이 제기된다.

국회 동의를 통한 국군의 해외 파견은 헌법에 합치하는 방식이다.[106] 하지만 13년 동안 지속적으로 파견되어 온 청해부대의 상황을 고려한다면 파견부대의 규모와 기간, 파견 지역, 임무의 범위를 명시한 구체적인 하위 법령을 마련하는 것이 규범의 명확성과 예측가능성 측면에서 적절하다.

청해부대 파견의 법적 근거를 마련하는 것은 안정적 파견과 행정적 효율성 측면에서도 바람직하다. 한국이 국제사회의 해적 퇴치 활동에 안정적으로 동참하기 위해서는 파견 규모와 권한, 군인들의 처우에 대한 근거 규정이 필수적이기 때문이다. 청해부대와 유사하게 국제 평화유지활동을 위해 파견되고 있는 국제연합평화유지군United Nations Peacekeeping Force은 「국제연합 평화유지활동 참여에 관한 법률」(이하 '유엔평화유지활동법')에 근거하여 파견되고 있다.[107] 유엔평화유지활동법에서는 국제연합 평화유지활동에 참여할 부대와 요원의 파견 및 철수 등에 관한 사항을 규정하고 있다. 그러므로 청해부대 또한 파견 절차와 활동 권한에 대한 법적 근거를 마련함으로써 활동과 파견의 안정성을 확보하여야 한다.

---

106 헌법 제60조 제2항 국회는 선전포고, 국군의 외국에의 파견 또는 외국군대의 대한민국 영역 안에서의 주류에 대한 동의권을 가진다.
107 유엔평화유지활동법은 한국이 국제연합 평화유지활동에 보다 신속하고 적극적으로 참여하여 국제평화의 유지와 조성에 기여하기 위해 2010년 제정되었다.

참고문헌

1. 김자영, "해적행위 대응 민간무장보안요원PCASP의 승선문제에 관한 국제법적 고찰", 『안암 법학』, 제48호(2015).
2. 김채형, "소말리아 해적에 대한 국제법적 규제와 그 한계", 『안암 법학』, 제40호 (2013).
3. 박영길, "유엔해양법협약상 해적의 개념과 보편적 관할권", 『서울국제법연구』, 제 18권 제1호(2011).
4. 이석용, "해적행위 억제를 위한 국제법적·국내법적 대응에 관한 연구", 『법학연구』, 제24권 제2호(2013) .
5. James Kraska & Brian Wilson, "Fighting Pirates: The Pen and the Sword", *World Policy Journal*, Vol. 25, No. 4(2008).
6. M. Bob Kao, "Against a uniform definition of piracy," *Maritime Safety and Security Law Journal*, Vol. 3(2016).
7. Osatohanmwen Anastasia Eruaga & Maximo Q. Meljia Jr., "Piracy and Armed Robbery Against Ships: Revisiting International Law Definitions and Requirements in the Context of the Gulf of Guinea", *Ocean Yearbook*, Vol. 33, Issue. 1(2019).
8. Rüdiger Wolfrum, "Fighting Terrorism at Sea: Options and Limitations under International Law", in M.H. Nordquist [and others(eds), *Legal Challenges in Maritime Security* (Leiden: Nijhoff Leiden, 2008).
9. Sayed M. Hasan & Daud Hassan, "Current arrangements to combat piracy in the Gulf of Guinea region: An evaluation," *Journal of Maritime Law and Commercial*, Vol. 47, Issue. 2(2016).
10. Tullio Treves, "Piracy, Law of the Sea, and Use of force: Developments off the Coast of Somalia", *European Journal of International Law*, Vol. 20, Issue 2(2009), pp. 399-414.

* 이 글은 이용희, "IUU어업에 대한 국제법상 국가의 의무와 우리나라의 국내입법 태도에 관한 연구", 『한국해양정책학회지』, 제1권 제2호(2016)의 내용을 바탕으로 추가 수정, 보완하여 작성한 것이다.

06

불법·비보고·비규제어업에 대응한 해양법제도 분석[*]

이용희

Ⅰ. IUU어업에 대한 국제사회의 제도적 대응

1. IUU어업의 개념 및 현황

IUU어업은 '불법·비보고·비규제어업Illegal, Unreported, and Unregulated Fishing(이하 'IUU어업')'[1]을 통칭하는 개념이다. IUU어업에 대한 정의는 유엔식량농업기구Food and Agriculture Organization of the UN(이하 'FAO')가 2001년 채택한 'IUU어업 예방, 억지 및 근절을 위한 국제행동계획 International Plan of Action to Prevent, Deter and Eliminate Illegal, Unreported,

---

1 IUU어업의 개념에 대해 자세한 것은 김현정, "불법·비보고·비규제어업의 개념 정의—법과 정치의 관계를 중심으로", 『국제법학회논총』, 제59권 제3호(2014), 61−78쪽; Jens T. Theilen, "What's in a Name? The Illegality of Illegal, Unreported and Unregulated Fishing", *The International Journal of Marine and Coastal Law,* Vol. 28(2013), pp. 533−550 참조.

and Unregulated Fishing(이하 '국제행동계획')' 제3항에 규정된 것을 일반적으로 사용하고 있다.

'불법어업'은 연안국의 관할수역에서 당해 국가의 허가를 받지 않거나 법규를 위반하여 행하여지는 활동, 관련 지역수산기구의 회원국 선박이 당해 기구가 채택한 보존관리조치 또는 적용 가능한 국제법 관련 규정을 위반하여 행하는 활동, 관련 지역수산기구에 협력하는 국가를 포함하여 해당 국가의 국내법규 또는 국제적 의무를 위반한 활동을 말한다.

'비보고어업'은 조업수역 관할국가의 국내법규를 위반하여 관계 당국에 보고를 하지 않거나 거짓으로 보고하는 어업활동 또는 관련 지역수산기구의 관할수역에서 그 기구의 보고절차를 위반하여 보고를 하지 않거나 거짓으로 보고하는 어업활동을 말한다.

'비규제어업'이란 지역수산기구의 관할수역에서 무국적 선박, 비가입국 또는 실질적인 비가입국의 국적선이 해당 국제수산기구의 보존관리조치에 벗어나게 행동하거나 이를 위반하여 행하는 어업활동과 국제수산기구의 보존관리조치가 없는 수역이나 어족자원에 대해 국제법에 따른 해양생물자원 보존을 위한 국가의 책임을 따르지 않는 방식으로 행하여지는 어업활동을 말한다(그림 6-1).

연안국 관할해역뿐만 아니라 공해상에서 광범위하게 다양한 형태로 행하여지고 있는 IUU어업이 차지하는 비율은 전 세계 어획량의 30%에 이르는 것으로 보고되고 있다.[2] IUU어업은 목표 대상 어종과 가치 있는 해양자원을 위험에 처하게 하고 인류의 생존을 위협하며 다양한 어업관리조치의 신뢰성과 노력을 약화시키는 결과를 가져올 뿐만 아니라 배타적 경제수역에

---

2 Kevin Riddle, "Illegal, Unreported, and Unregulated Fishing: Is International Cooperation Contagious?", *Ocean Development & International Law,* Vol. 37(2006), pp. 266–267.

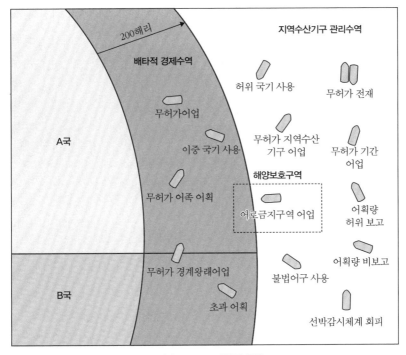

200해리

지역수산기구 관리수역

배타적 경제수역

허위 국기 사용

무허가 전재

A국

무허가어업

이중 국기 사용

무허가 지역수산 기구 어업

무허가 기간 어업

해양보호구역

무허가 어족 어획

어로금지구역 어업

어획량 허위 보고

어획량 비보고

무허가 경계왕래어업

불법어구 사용

B국

초과 어획

선박감시체계 회피

그림 6-1 IUU어업의 유형

대한 연안국의 주권적 권리를 약화시키는 결과를 초래하고 있다.[3] 실제적으로 IUU어업에 의해 매년 11~26백만 톤의 어류가 포획되고 있고, 그 가치는 100억 달러에서 230억 달러에 이르는 것으로 평가되고 있다.[4]

한편 대한민국은 2019년 현재 205척의 원양어선이 공해 및 타국 배타적 경제수역에서 조업을 하고 있으며, 다랑어, 오징어, 꽁치 등을 51.2만 톤 어획하는 대표적 원양어업국 중 하나이다.[5] 그러나 일부 원양어선이 IUU어업

---

3 Shin-Ming Kao, "International Actions Against IUU Fishing and the Adoption of National Plans of Action", *Ocean Development & International Law*, Vol. 46, No. 2(2015), p. 3.

4 FAO, *Voluntary Guidelines on Flag State Performance.* (http://www.fao.org/iuu-fishing/international-framework/voluntary-guidelines-for-flag-state-performance/en/, 2021. 8. 15. 방문)

5 대한민국 정부, 『제3차 해양수산발전기본계획(2021. 1.)』, 56-57쪽.

에 종사함으로써 IUU어업을 방치하는 국가로 지목되어 국가의 위신이 추락되기도 하였다. IUU어업 방치국이라는 비판은 2012년 호주에서 개최된 남극해양생물자원보존위원회(이하 'CCAMLR')에서 시작되었다.[6] 2013년 1월에는 미국에 의해 IUU어업국으로 지정된 바 있으며, 같은 해 11월 26일 'EU 이사회 규칙 제1005/2008호' 제32조에 근거하여 IUU어업 대응에 비협력 제3국으로 지정되었음을 통보받았고, 2014년 1월에는 EU에 의해 예비 IUU어업국으로 지정되었다.[7] 2019년 9월에도 미국은 우리나라 원양선박 2척이 남극해양생물자원보존조치위원회 보존조치를 위반한 사실을 근거로 해양대기청의 '국제어업관리 개선보고서'를 통해 우리나라를 예비 IUU어업국으로 지정하였다.[8]

이와 같이 대한민국은 원양어업국으로 IUU어업에 대한 기국flag State으로서의 의무 이행이 주요한 현안이면서 한편으로는 대한민국 관할해역에서 중국어선 불법어업이 광범위하게 지속적으로 이루어지고 있어 연안국으로서 IUU어업에 대응하여야 할 입장에 놓여 있다. 중국어선의 불법어업 단속 건수는 매년 평균 450척에 이르고 있으며,[9] 중국어선의 불법어업으로 인한 연간 평균 손실금액이 약 1조 3천억 원에 이르고 있는 것으로 평가되고 있다.[10]

---

6 이학수, "유럽연합과 한국간의 갈등사례연구: 불법어업국 지정을 중심으로", 『국제학논총』, 제22권(2014), 91쪽.

7 김현정, 앞의 주 1), 62쪽. 이에 대해 자세한 것은 박종면, "한국은 어떻게 IUU어업국에서 벗어났나", 『현대해양』, 2018. 12. 3. 참조. (http://www.hdhy.co.kr/news/articleView.html?idxno=8451, 2021. 7. 15. 방문)

8 해양수산부 보도자료, "미국, 우리나라를 예비 IUU어업국으로 지정", 2019. 9. 20.

9 박민규, "불법어업 예방 및 근절을 위한 한국의 처벌제도 개선 연구", 『해양정책연구』, 제29권 제2호(2014), 207쪽.

10 이광남·정진호, "중국어선 불법어업에 따른 수산부분 손실 추정", 『수산경영론집』, 제45권 제2호(2014), 82쪽.

2. IUU어업에 대응한 국제사회의 입법 노력

IUU어업 문제를 해결하기 위해 유엔과 FAO를 중심으로 한 국제사회는 법적 구속력이 있는 규범과 법적 구속력이 없는 연성법을 지속적으로 발전시켜 오고 있다. IUU어업에 특화된 국제적 논의의 본격적인 시작은 1999년 2월 개최된 FAO 제23차 수산위원회로 알려져 있다. 물론 IUU어업에 대한 국제법적 규제의 근거는 1982년 채택된 「유엔해양법협약」에서 찾아볼 수 있다. 그러나 보다 구체적인 IUU어업에 대한 국제적 대응 노력은 1992년 유엔환경개발회의 결과로 채택된 '의제 21Agenda 21'의 후속조치에서 찾아볼 수 있다. FAO는 1993년 제27차 회의에서 결의 15/93을 통해 편의치적 제도 활용으로 인한 기국 통제의 약화를 해결하기 위해 「공해상 어선의 국제적 보전관리조치 이행증진을 위한 협정」(이하 '1993년 준수협정')을 채택하였다.[11] 이어서 1995년에는 유엔 주도로 '유엔 경계왕래어족 및 고도회유성어족회의'가 3년의 노력 끝에 「경계왕래어족 및 고도회유성어족의 보존과 관리에 관한 1982년 해양법협약 관련조항의 이행을 위한 협정」(이하 '유엔공해어업협정')을 채택하였다.[12] 또한 FAO는 같은 해 11월 1일에 비록 법적 구속력이 없는 국제문서이지만 지속가능한 어업과 환경과 조화로운 수중생물자원 생산을 목적으로 국가 및 국제적 노력의 기본체계를 제공하기 위해

---

11 영문명은 Agreement to Promote Compliance with International Conservation and Management Measures by Fishing Vessels on the High Seas. 1993년 11월 24일 FAO 제27차 총회에서 채택되었고 2003년 4월 24일 발효하였다. 2021년 12월 현재 45개국이 이 협정에 비준 또는 가입하였다. 대한민국은 2003년 4월 24일 수락서를 기탁하고 당일부터 당사국의 지위를 획득하였다.

12 영문명은 Agreement for the Implementation of the Provisions of the United Nations Convention on the Law of the Sea of 10 December 1982 Relating to the Conservation and Management of Straddling Fisf Stocks and Highly Migratory Fish Stocks. 1995년 8월 4일 채택되고 2001년 12월 11일 발효하였다. 이 공해어업협정에는 2021년 12월 현재 91개국이 비준 또는 가입하고 있으며, 대한민국은 2008년 2월 1일 비준하였다.

「책임 있는 어업 행동규범Code of Conduct for Responsible Fisheries」을 채택하였다.

이상과 같은 국제적 노력이 IUU어업에 특화되지 않은 상태에서 공해어업을 중심으로 지속가능한 어업의 이행을 위해 추진된 것이라면 2001년 이후에는 IUU어업에 특화된 국제법 제정 노력이 추진되었다.

2001년에는 FAO가 「책임 있는 어업 행동규범」의 이행을 위한 필수적 요소로 「국제행동계획」을 채택하였다. 「국제행동계획」은 국제법상 법적 구속력이 부여된 국제문서는 아니지만,[13] IUU어업 관련 국가인 기국, 연안국, 항만국 및 거래국과 국제기구로 하여금 각각 모든 형태의 IUU어업에 대응하는 조치를 취하도록 하는 정책적 지침을 제공하고 있다. 이어서 2005년에는 「IUU어업에 대응한 항만국 조치모델제도Model Scheme on Port State Measures to Combat Illegal, Unreported, and Unregulated Fishing」(이하 '항만국조치모델')를 채택하였다. 항만국조치모델은 「국제행동계획」의 내용 중 항만국 조치 부분의 이행을 촉진할 목적으로 채택된 것으로, 구체적인 구상은 국제해사기구가 선박 기인 해양오염에 대응하기 위해 항만국 통제를 위한 지역 MOU 채택을 추진하는 방식을 IUU어업 대응에 적용하고자 추진한 것에서 비롯되었다.[14] '항만국조치모델'은 문서의 성격상 법적 구속력이 없는 연성법의 성격을 가지며, 모델의 수용 여부는 항만국의 정치적 의지에 달려 있다.[15] 2009년에는 「IUU어업의 예방, 억지 및 근절을 위한 항만국조치협정」(이하 '항만국조치협정')을 채택하였다.[16] 항만국조치협정의 채

---

13 국제행동계획 '4. The IPOA is voluntary'.

14 *Ibid.*, pp. 13–14.

15 *Ibid.*.

16 영문명은 Agreement on Port State Measures to Prevent, Deter and Eliminate Illegal, Unreported, and Unregulated Fishing. 2009년 11월 22일 로마에서 채택되었고 2016년 6월 5일 발효하였다. 대한민국은 2016년 1월 14일 가입서를 기탁하여 발효일부터 협정의 적용을 받고 있다. 2021년 8월 현재 73개국이 협정에 비준 또는 가입하고 있다.

택 배경에는 IUU어업에 대한 대응 조치를 회피하기 위해 항만국 조치가 미약하거나 이루어지지 않고 있는 국가의 항만을 이용하는 '편의 항만ports of convenience' 현상을 해결하는 조치로 법적 구속력 있는 국제협정의 필요성이 인정되었기 때문이다. 이 협정은 IUU어업에 대응하여 전 지구적 차원에서 채택된 최초의 법적으로 구속력 있는 국제문서라는 점과 1995년 유엔공해어업협정 이후 채택된 가장 중요한 어업 관련 국제조약이라는 점에서 높이 평가되고 있다.[17]

2014년에는 「기국 성과를 위한 자발적 지침Voluntary Guideline for Flag State Performance」이 채택되었다. 이 지침이 채택된 것은 IUU어업에 대응하여 국제규범에 의해 제시된 기국의 의무와 책임이 적절히 이루어지지 않고 있다고 FAO가 평가하였기 때문이다.[18]

2017년에는 FAO가 「전 지구적 어선, 냉동운반선 및 보급선 기록The Global Record of Fishing Vessels, Refrigerated Transport Vessels and Supply Vessels」을 출범시켰다. 이 조치는 항만국조치협정의 틀 속에서 IUU어업 종사 선박에 대한 통제를 강화하기 위해 선박정보를 축적하여 공유하는 것으로, 가장 특징적 요소는 선박의 선명이나 소유자 또는 기국이 변경되어도 선박의 수명 내내 변경되지 않는 고유의 선박 인식번호를 부과하여 국제적 통제에서 벗어나지 못하도록 한 것이다.[19]

또한 FAO는 2017년 「어획증명제도를 위한 자발적 지침Voluntary Guidelines for Catch Documentation Schemes」을 채택하였는데, 이 지침은 어류의 국제적인 공급물류체계에서 당해 어류의 원산지를 확인하는 제도의

---

17 Robert Daley, "New Agreement establishing global port state measures to combat IUU fishing", *Australian Journal of Maritime and Ocean Affairs*, Vol. 2, No. 1(2010), p. 28.

18 Kao, *supra* note 3, p. 5.

19 FAO, *The Global Record of Fishing Vessels, Refrigerated Transport Vessels and Supply Vessels.* (http://www.fao.org/iuu-fishing/tools-and-initiatives/global-record/en, 2021. 7. 5. 방문)

확립에 도움을 주고자 하는 것으로, 기국의 책임을 강화하는 측면뿐만 아니라 항만국조치협정의 이행을 위해 필요한 기반을 전 지구적으로 마련하는 것을 목적으로 하고 있다.

이러한 국제적 입법 노력에도 불구하고 공해에서의 IUU어업을 비롯한 폐해가 경감되지 않고 있으며, IUU어업을 둘러싸고 국제분쟁이 다수 발생하고 있어, 관련 국제문서 당사국 의무의 적극적이며 실질적이고 효과적인 이행이 더욱 강조되고 있는 상황이다.

이하에서는 IUU어업에 대응하여 채택된 해양법체계를 중심으로 기국, 연안국, 항만국, 거래국으로서 IUU어업에 대응하여야 할 조치의무의 범위를 관련 국제문서에 근거하여 분석한다. 또한 이러한 분석을 바탕으로 입법적 조치의 내용을 중심으로 IUU어업 대응과 관련된 대한민국의 실행사항을 분석한다.

II. IUU어업에 대응한 국가의 조치의무

1. 기국의 조치의무

IUU어업과 관련하여 해당 선박의 등록국인 기국에 요구되는 의무는 자국 선박에 대한 효과적인 관할권의 행사 및 통제의 실시이다. 이와 같은 IUU 어업에 대한 기국의 의무는 2001년 「국제행동계획」(제34~58항)에서 상세히 다루고 있지만, 이 문서는 법적 구속력이 없는 문서라는 점에서 국가의 국제법상 의무를 직접적으로 규정하고 있다고 보기 어렵다. 법적 구속력이 있는 전 지구적 규모의 국제협약에서 근거를 찾아보면 「유엔해양법협약」, 공해어업이행협정과 1993년 준수협정을 들 수 있다.

「유엔해양법협약」은 IUU어업을 직접적으로 규율하고 있지 않다.[20] 그러나 「해양법협약」의 해양환경보호규정 및 기국의 일반적 의무규정 등이 연안국의 배타적 경제수역에서 IUU어업을 행한 선박에 대한 기국의 의무를 도출하는 근거가 된다는 것은 '소지역수산위원회Sub-Regional Fisheries Commission'[21]가 요청한 사안에 대한 2015년 4월 2일 자 국제해양법재판소(이하 'ITLOS')의 권고적 의견에서도 확인된 바 있다.

먼저 공해상 어업에 대한 기국 의무를 살펴보면, 제116조에서 모든 국가에 자국민이 공해에서 어업에 종사하도록 할 권리가 있다는 점을 확인하고 있다. 그러나 이러한 권리는 해당 국가의 조약상의 의무, 배타적 경제수역의 경계왕래성어족, 고도회유성어족, 해양포유동물, 소하성어족, 강하성어족에 대한 연안국과의 협력의무, 「유엔해양법협약」 제7부 제2절(공해생물자원의 보존 및 관리)의 규정에 따를 것을 조건으로 하고 있다. 여기서 언급한 조약상의 의무는 「해양법협약」상의 의무와 해당 국가가 별도로 체결한 양자 및 다자조약상의 의무를 모두 의미한다고 해석된다.[22] 조약상의 의무로 「해양법협약」에서 고려할 수 있는 것이 제91조 선박의 국적, 제92조 선박의 지위, 제94조 자국 선박에 대한 기국의 의무, 제192조 해양환경에 대한 일반적 의무, 제193조 천연자원의 개발에 관한 국가의 주권적 권리 등이다.[23] 먼저 제91조는 모든 국가에 선박에 대한 국적 부여, 자국 영토에서의

---

20 김현정, "국제법상 불법·비보고·비규제어업(IUU어업)에 관한 기국의 의무와 책임", 『서울국제법연구』, 제22권 제1호(2015), 70쪽.

21 소지역수산위원회는 서부아프리카의 카보베르데, 기니, 시에라리온, 감비아, 기니비사우, 세네갈, 모리타니 등 7개국으로 구성된 국제기구이다.

22 Nandan Rosenne, *United Nations Convention on the Law of the Sea 1982: A Commentary.* Volume III(Leiden: Martinus Nijhoff Publishers, 1995), p. 286.

23 ITLOS, 2015. Advisory Opinion. Request for an advisory opinion submitted by the Sub-Regional Fisheries Commission. para. 111.

선박의 등록 및 자국기를 게양할 권리에 대한 조건을 정할 수 있는 권리를 부여함과 동시에 국가와 선박 간 '진정한 관련a genuine link'이 있을 것과 국기를 게양할 권리를 부여한 선박에 그러한 취지의 서류를 발급할 의무를 부여하고 있다. 제92조는 국제조약이나 이 협약에서 예외적 상황으로 인정되지 않는 한 기국이 공해상 자국 선박에 대해 배타적 관할권을 갖는다는 점을 규정하고 있으며, 2개국 이상의 국기를 편의에 따라 게양하는 선박을 무국적선으로 취급하도록 하였다. 제94조는 자국 선박에 대한 기국의 유효한 관할권 행사 및 통제를 담보하기 위해 ⅰ) 선박등록대장 유지 의무, ⅱ) 자국 국내법에 따라 선박, 선장, 사관과 선원에 대한 관할권 행사 의무, ⅲ) 선박의 해상안전 확보를 위한 필요조치 의무, ⅳ) 선박의 해상안전 확보를 위한 필요조치 시 일반적으로 수락된 국제적인 규제 조치, 절차 및 관행 준수 및 이행보장 조치 의무, ⅴ) 선박에 대한 관할권 또는 통제 부실 통보 시 조사 및 필요조치 의무, ⅵ) 타국이 관련된 공해상 해난이나 항행사고에 대한 조사 및 조사실시 협력의무 등을 이행할 것을 규정하고 있다. 제192조는 각국에 해양환경을 보호하고 보전할 의무를 부과하고 있는데, 이 점에 관해 ITLOS는 해양생물자원을 보존하는 것이 해양환경을 보호하고 보전하는 것의 핵심적 요소에 해당하므로 기국은 모든 수역에서 자국 선박이 생물자원 보존에 관한 조치를 준수토록 보장할 의무가 있음을 확인하였다.[24] 마지막으로 제193조에서는 각국에 자국의 천연자원을 개발할 주권적 권리를 인정함과 동시에 이 권리는 자국의 환경정책과 해양환경을 보호하고 보전할 의무에 따를 것을 조건으로 부여하고 있다.

이와 같은 일반적인 기국 의무 외에 「유엔해양법협약」은 공해어업과 관련하여 몇 가지 추가적인 기국 의무를 규정하고 있다. 제117조에서는 자국민을 대상으로 공해생물자원 보존조치를 취하거나 그러한 조치를 취하기

---

24 *Ibid.*, para. 120.

위해 타국과 협력할 의무를 부과하고 있다. 제118조는 공해생물자원의 보존 및 관리를 위한 협력의무를 부과함과 동시에 동일 생물자원 또는 동일 지역에서 조업하는 국가 간 필요조치 교섭 의무와 소지역 또는 지역 수산기구 설립 협력 의무를 규정하고 있다. 마지막으로 제119조는 공해생물자원 보존을 위해 허용어획량의 결정과 기타 보존조치를 최선의 과학 증거 등을 바탕으로 수립하고 수산자원 보존에 필요한 자료를 제공하고 교환할 의무 및 보존조치의 시행에 있어서 무차별원칙 보장의무를 명시하고 있다.

한편 연안국 배타적 경제수역에서의 어업과 관련해서는 기국에 제58조 제3항과 제62조 제4항의 의무를 추가적으로 규정하고 있다.[25] 제58조 제3항에서는 각국이 연안국의 배타적 경제수역에서 권리행사와 의무이행을 함에 있어 연안국의 권리와 의무를 적절히 고려하고, 연안국이 적법하게 채택한 국내법령을 준수할 의무를 부여하고 있다. 특히, 제62조 제4항에서는 배타적 경제수역에서 어업행위를 하는 다른 국가의 국민이 연안국의 법령에 의해 수립된 보존조치와 그 밖의 조건을 준수할 것을 강조하고 있다. 다만, 제62조 제4항의 의무는 의무이행 주체가 기국이 아닌 기국의 국민이므로 연안국의 배타적 경제수역 내 외국 선박에 대한 관할권 행사의 근거로서의 의미가 있는 것으로 평가된다.[26]

공해어업에 대한 기국의 책임을 강조하고자 제정된 1993년 준수협정은 공해어업에 대한 기국의 책임을 보다 상세히 규정하고 있다. 제3조에서는 기국의 책임으로, ⅰ) 자국 어선이 국제적 보존관리조치의 실효성을 저해하는 모든 활동을 금지하는 데 필요한 조치 채택 의무, ⅱ) 허가에 의해서만 공해어업이 실시되도록 할 의무, ⅲ) 기국 의무 이행 곤란 시 공해어업 허가를 삼가 할 의무, ⅳ) 어선의 국적 상실 시 공해어업 허가 자동 취소 효과, ⅴ) 국

---

25 Ibid., para. 111.
26 김현정, 앞의 주 20), 75-76쪽.

제적 보존관리조치를 위반한 경력의 타국 어선에 대한 공해어업 허가 제한, vi) 국제기준에 적합하게 모든 어선에 식별표시를 할 의무, vii) 자국 어선에 대한 조업정보 제출 의무, viii) 공해어업 허가의 거부, 정지 또는 취소 등 협정 위반 선박에 대한 국내법적 제재부과 의무 등을 규정하고 있다. 제4조는 어선의 기록에 관한 것으로, 공해어업 허가 선박의 기록을 유지하고 기록부에 등록할 의무를 부과하고 있다. 제5조는 국제협력 의무로, ⅰ) 국제적 보존관리조치 위반 선박의 혐의 입증 정보의 교환을 포함한 협정 이행을 위한 협력의무, ⅱ) 자발적으로 기항한 어선에 대한 항만국의 국제적 보존관리조치 의심 사실에 대한 기국 통보 의무와 항만국 조사조치를 위한 약정체결권, ⅲ) 전 지구적·지역적 또는 양자 간 협력 협정 또는 약정 가입 의무 등을 규정하고 있다. 마지막으로 제6조는 정보교환에 관한 사항으로, 어선등록부에 기재된 정보 중 필수적으로 당사국이 FAO의 접근을 허용할 것과 가능한 경우 접근을 허용할 정보의 종류 등 여덟 가지를 규정하고 있다.

한편 1995년 채택된 유엔공해어업협정은 제18조, 제19조에서 기국의 준수와 집행을 다루고 있고, 제20조와 제21조에서는 집행 시 협력을 규정하고 있다. 먼저 제18조는 기국으로 하여금 공해조업 자국 어선이 보존관리조치를 준수하도록 보장하기 위해 필요한 조치를 취할 의무와 기국으로서 통제할 수 있는 경우에만 자국 어선에 대한 공해어업 허가를 하도록 제한을 두고 있다. 제19조는 기국 자체의 준수 및 집행에 관한 사항으로, 자국 선박이 국제적 보존관리조치를 준수하도록 보장하여야 한다고 규정하며, 그것을 위해 다음과 같은 조치를 취하여야 한다고 의무를 부과하고 있다. ⅰ) 위반 여부와 관계없이 국제적 보존관리조치를 집행할 것, ⅱ) 위반 혐의 선박에 대한 즉각적이고 완전한 조사를 실시하고 그 결과를 혐의 주장 국가 및 지역기구에 신속히 통보할 것, ⅲ) 위반 혐의 선박에 위치, 어획량 등의 관련 정보를 조사 당국에 제공하도록 요구할 것, ⅳ) 위반 혐의 확인 시 지체 없이 소송절차를 위해 관계 당국에 사건을 회부하고 필요시 선박을 억류할 것, ⅴ) 중대한 위반 시 모든 제재조치 완료 시까지 공해어업에 종사하지 못하도록 할 것이다. 이때의 제재조치는 국제적 보존관리조치의 준수를 효율적으로 확보할 수 있도록 엄격하고 위반행위를 저지할 만한 것이어야 하며, 불법어업 행위로 말미암아 발생한 위반자의 혜택을 박탈할 수 있어야 한다고 규정하고 있다. 또한 위반 선박의 선장 또는 사관의 경우 자격을 취소하거나 정지하는 조치를 포함할 것을 요구하고 있다. 제20조는 집행의 국제적 협력에 관한 사항으로, 특히 기국의 경우에는 위반 혐의 조사 시 타국의 협조를 요청할 수 있으며, 조사가 이해관계국과의 협력 또는 지역기구의 약정을 통해 이루어진 경우 진행 사항 및 결과에 관한 정보를 이해관계국 모두에 제공하도록 의무화하고 있다(제2항과 제3항). 또한 공해상 조업 선박이 연안국 관할수역에서 무허가조업에 가담한 경우 연안국의 요구에 따라 기국이 즉각적이고 완전하게 조사하여야 한다. 이 경우 적절한 집행조치를 위해 연안국과 협력하여야 하며, 연안국 관계 당국이 공해상에서 이 선박에 승선하여 검색하는 것을 허가할 수 있도록 규정하고 있다(제6항). 마지막으로 제21조는 다른 당사국에 의한 검색제도를 규정하면서, 위반 혐의 통보 시 기국으로 하여금 근무일수로 3일 또는 지역기구가 정한 절차의 기간 내에 지체 없이 조사를 수행하고 집행조치를 취한 후 검색국에 그 결과를 통보하든지 검색국의 조사를 허가하든지 양자 중 하나를 행할 의무를 부담하도록 규정하고 있다(제6항).

2. 연안국의 조치의무

IUU어업에 대응하여 연안국은 자국 관할해역에서 어업자원을 관리할 권리와 책임을 가지며, 동시에 타국 선박에 대한 관찰, 통제 및 감시를 함에 있어 기국과 협력할 의무와 책임을 가진다.

먼저 영해에 대해 살펴보면, 「유엔해양법협약」은 제2조에서 영해에 대한 연안국의 주권을 인정했으며, 제19조는 제2항 (a)호에서 외국 선박이 연안국의 허가 없이 연안국 영해에서 행하는 어로행위any fishing activities를 연안국의 평화, 공공질서 또는 안전을 해치는 행위로 본다고 규정하였다. 또한 제21조에서는 연안국으로 하여금 연안국 영해에서 타국 선박에 의한 해양생물의 보존 및 연안국의 어업법령 위반 방지에 관한 법령을 「해양법협약」의 규정과 그 밖의 국제법 규칙에 따라 제정할 수 있도록 하였다. 그리고 외국 선박이 연안국 영해에서의 무해통항권을 행사하는 경우 이러한 법령을 준수하도록 의무화하고 있다. 이 밖에도 제25조에서는 연안국이 무해하지 아니한 통항을 방지하기 위해 필요한 조치를 자국 영해에서 취할 수 있다고 규정하였다. 따라서 연안국 영해에서 타국 선박이 IUU어업을 행하는 것은 무해통항에 해당하지 않으며, 연안국은 「해양법협약」과 그 밖의 국제법 규칙에 따라 제정된 국내법령에 따라 적절한 조치를 취할 수 있다. 조치의 내용에 대해서는 구체적으로 규정하고 있지 않으며 연안국의 재량에 맡겨 두고 있다.

한편 배타적 경제수역과 관련하여 「유엔해양법협약」은 제56조에서 연안국이 배타적 경제수역에서 생물자원에 관한 주권적 권리를 향유한다고 명시하였다. 배타적 경제수역의 생물자원에 대한 연안국의 권리와 의무는 「해양법협약」 제61~67조에서 규정하고 있다. 이 중 IUU어업에 대한 대응과 관련한 사항을 찾아보면, 제61조 제2항에서는 연안국이 생물자원의 유지가 위태롭게 되지 않도록 적절한 보존관리조치를 취할 것을 의무화하고 있으며, 제62조 제4항에서는 연안국의 배타적 경제수역에서 어로행위를 하는 타국의 국민은 연안국의 법령에 의해 수립된 보존조치와 그 밖의 조건을 준수하여야 한다고 규정하고 있다.

한편 「유엔해양법협약」 제73조 제1항에서는 연안국이 자국법령을 준수하도록 보장하기 위해 승선, 검색, 나포 및 사법절차를 포함하여 필요한 조치를 취할 수 있다고 규정하고 있다. 그러나 제3항에서 어업법령 위반 선박에 대한 연안국의 처벌은 관련국 간 달리 합의하지 않는 한 벌금형에 국한하고 있다. 연안국이 취할 수 있는 조치의 내용 중 몰수confiscation의 포함 여부에 대해서는 「해양법협약」에 명시되어 있지는 않다. 이에 대해 ITLOS는 2007년 'Tomimaru' 사건과 2014년 'Virgina G' 사건에 대한 판결에서, 다수의 국가관행이 몰수를 필요한 조치로 포함하여 국내법령에 규정하고 있으며, 제73조 제1항의 필요한 조치의 범위는 국가관행에 비추어 해석하여야 한다는 취지 아래 몰수의 가능성을 인정하였다.[27] 다만 항상 몰수를 할 수 있는 것은 아니며 연안국과 기국의 이익 간 균형이 유지되는 정도에서 가능하며, "협약에 부합하게 채택된 연안국의 법령 준수를 보장하기 위해 필요한 경우"에 한정된다는 점을 명백히 하였다.[28]

한편 1995년 유엔공해어업협정에서도 경계왕래성어족 및 고도회유성어족의 어업과 관련하여, 제7조 및 제8조에서 보존관리조치를 채택함에 있어 공해어업국과의 협력의무와 연안국이 채택한 조치에 대해 공해어업국에 정기적으로 통보할 의무를 부과하고 있다. 또한 제20조 제6항에서는 공해상 어선이 연안국 관할수역 내에서 무허가어업에 가담했다고 믿을 만한 합리적인 근거가 있는 경우 이 선박이 공해상에 위치하였을 때에는 연안국에 기국으로 하여금 이 사실에 대한 조사를 하도록 요구할 권리를 부여하고 있다.

---

27 *Tomimaru Case*, *Judgement, ITLOS*, 2007, para. 72; *Virginia G Case*, *Judgement, ITLOS*, 2014, para. 253.
28 *Virginia G Case*, *supra* note 27, para. 256.

3. 항만국의 조치의무

IUU어업에 대응하는 항만국의 조치는 IUU어업에 대한 기국과 연안국 조치의 보완적 의미로 행사된다. 항만국 조치의 주된 내용은 타국 어선의 자국 항만 접근 규제, 사전입항통보 의무화, 지정항만으로의 제한된 접근 허용, 입항 거부, 어획물의 양륙 또는 전재 거부 등의 조치를 포함한다.

「유엔해양법협약」은 IUU어업에 특화된 항만국 조치에 관한 근거 규정을 포함하고 있지 않다. 제218조에서 항만국 통제 규정을 언급하고 있지만, 이것은 해양오염에 관한 것으로 어업에 관련된 규정으로 볼 수는 없다.

1993년 준수협정은 제5조 국제협력에서 항만국의 조치에 대한 내용을 담고 있다. 제1항에서는 항만국을 포함하여 협정 당사국들로 하여금 기국의 조치의무 이행을 담보하기 위해 국제적 보존조치를 저해하는 행위에 가담한 것으로 보고된 기국 국적 어선을 밝히는 데 필요한 정보의 교환에 협력할 의무를 부여하고 있다. 이어서 제2항에서는 항만국에 특화하여, 어선이 기국 이외의 당사국 항만에 자발적으로 정박했고, 그 어선이 국제적 보존관리조치의 실효성을 저해하는 활동에 이용되었다고 의심할 만한 합리적인 근거가 있을 경우, 그 사실을 기국에 신속히 통지할 의무를 부과하였다. 그러나 기국에의 신속한 통지의무만을 규정하였을 뿐 항만에 기항한 어선의 협정 위반 여부를 조사하기 위한 항만국의 조치에 대해서는 별도의 약정 체결을 통해 해결하도록 규정하였을 뿐이다(제5조 제2항 후단).

유엔공해어업협정은 1993년 준수협정보다 진일보한 항만국 조치를 제23조에서 규정하였다. 먼저 항만국 조치에 대한 규정이 항만에 대한 항만국의 주권적 권리 행사에 영향을 미치지 않는다는 전제 아래(제23조 제4항), 제1항에서 항만국이 국제법에 따라 국제적 보존관리조치의 효율성 증진을 위해 무차별적으로 조치를 취할 권리와 의무가 있음을 확인하였다. 제2항에서는 자발적으로 정박한 어선에 대한 검색권을 부여했으며, 제3항에서는 국제적 보존관리조치의 효율성을 저해하는 방법으로 어획된 사실이 입증되는 경우 당해 어획물의 양륙 및 전재를 금지할 수 있는 조치 권한을 부여하였다.

마지막으로 2009년 항만국조치협정은 기존의 IUU어업에 대한 대응이 기국의 의무와 책임을 근간으로 하고 다른 국가의 경우 이를 보완하는 측면에서 접근하였던 것에서 벗어나, IUU어업에 대한 국제적 노력의 중심을 항만국 조치로 전환시킨 것으로 평가될 만큼 다양한 내용을 포함하고 있다.[29] 항만국조치협정에서 특히 주목되는 내용을 살펴보면 다음과 같다.

먼저 살펴볼 수 있는 것이 항만국의 정보요구조치이다. 제8조에서는 제7조에 따라 항만국이 입항 가능 항만으로 지정한 항만에 입항하려는 어선에 대해 최소한 부속서 A에서 요구하는 내용의 정보를 적절한 검토시간을 고려하여 제출하도록 요구할 수 있는 근거를 마련하고 있다.

두 번째는 항만이용에 대한 제한조치이다. 항만이용에 대한 제한조치는 다시 입항 전, 입항 후 및 검색 후 등 3단계로 구분된다. 입항 전의 경우에는 입항을 요청한 선박이 지역수산기구의 IUU어업 종사 선박 목록에 포함된 경우를 포함하여 IUU어업 또는 이를 지원하는 어업 관련 활동을 하였다는 충분한 증거가 있는 경우 항만국이 입항을 거부하여야 한다(제9조 제4항). 입항 후 항만이용 거부조치는 해당 선박이 다음의 다섯 가지 경우에 해당할 때 취하여야 한다. ⅰ) 기국이 요구하는 유효하고 적용 가능한 허가를 보유하고 있지 아니한 경우, ⅱ) 연안국에서 요구하는 유효하고 적용 가능한 허가를 보유하고 있지 아니한 경우, ⅲ) 선상 어획물이 연안국의 적용 가능한 요구사항을 위반하여 어획되었다는 명백한 증거를 입수한 경우, ⅳ) 항만국의 요청에 따라 기국이 합리적인 기간 내에 선상의 어획물이 지역수산관리기구의 적용 가능한 요구사항에 따라 어획되었다는 것을 확인하지 못한 경

---

29 FAO, *Voluntary Guidelines on Flag State Performance* (2014), p. 27.

우, ⅴ) 기타 해당 선박이 IUU어업 또는 이를 지원하는 어업 관련 활동을 하였다고 믿을 만한 합리적인 근거를 가진 경우(제11조 제1항 가호에서 마호)이다. 이때 거부되는 항만이용의 종류는 공해어업이행협정에서 규정한 양륙 및 전재 금지 외에도 포장, 가공과 연료 보급, 물자 재공급, 선박의 유지, 수리, 개조, 보수를 포함한 기타 항만서비스를 포함한다(제11조 제1항 본문). 마지막으로 검색 후 항만이용 제한조치는 항만국이 검색한 결과 해당 선박이 IUU어업 또는 이를 지원하는 어업 관련 활동을 하였다고 믿을 만한 명백한 근거가 있는 경우 아직 양륙되지 아니한 어류의 양륙, 전재, 포장 및 가공과 연료 보급, 물자 재공급, 선박의 유지, 수리, 개조, 보수를 포함한 기타 항만 서비스를 제한하는 조치를 취하여야 한다(제18조 제1항 나호).

세 번째는 검색조치이다. 항만국은 협정의 목적을 달성하기에 충분한 연간 검색 수준에 도달하기 위해 요구되는 수의 선박을 협약에서 규정한 우선순위를 고려하여 검색하여야 하며, 선박 검색의 최소 수준에 관해 지역수산 관리기구, FAO 또는 기타 방법을 통해 당사국 간에 합의하는 데 노력하여야 한다는 의무를 부과하고 있다(제12조 제1항과 제2항). 특히 검색과 관련하여서는 기존의 조치들이 기국의 조치에 항만국이 협력하는 틀을 완전히 바꿔, 기국으로 하여금 항만국의 검색에 협조할 것을 요구하였다는 점이 특기할 만한 사항이다(제20조).

4. 거래국의 조치의무

IUU어업에 대한 거래국의 조치는 IUU어업에 관련된 생산물에 대한 조치를 포함한다. 즉, 국제적 보존관리조치를 약화시킨 선박 또는 국가로부터의 어업생산물 수입을 금지하거나 생산물의 기원을 입증하는 데 필요한 법적 문서가 흠결 될 경우 개별적인 선적을 거절하는 조치를 말한다. 거래국

조치의 주된 목적은 IUU어업으로부터 생산된 상품의 시장 접근을 제한함으로써 IUU어업으로 인한 경제적 유인요소를 감소시키는 것이다.[30] 그러나 IUU어업에 관련된 전 지구적으로 구속력 있는 국제문서에서 거래국 조치를 규정한 예는 찾아보기 힘들다. CCAMLR 등 몇 개의 지역수산기구가 거래국 조치를 결정하여 시행하고 있을 뿐이다.[31]

비구속적 문서에서는 거래국 조치에 관한 근거를 찾아볼 수 있는데, 1995년 「책임 있는 어업 행동규범」과 2001년 「국제행동계획」이다. 1995년 「책임 있는 어업 행동규범」은 제11조(어획 후 활동 및 거래)에서 "어류와 어류 생산물의 국제적 거래가 어업의 지속가능한 발전과 수생생물자원의 책임 있는 이용을 위태롭게 해서는 안 된다"고 규정하고 있다(11.2.2). 2001년 「국제행동계획」은 제65항에서 제76항에 걸쳐 '국제적으로 합의된 시장 관련 조치internationally agreed market-related measures'에 관해 규정하고 있다. 특히, 거래 관련 조치에 대해서는 공정하고 투명하며 무차별적 원칙하에 다자간 어획문서 제도 채택 및 인증, 수출입 통제 또는 금지 조치와 같은 다자간 합의된 조치의 채택을 예시하고 있다. 또한 그러한 조치가 채택된 경우 국가는 지속적이고 효과적인 이행을 지원하여야 한다고 의무화하였다(제69항).

---

30 Christel El Vestad & Ingrid Kval Vik, "Implementing the EU-IUU Regulation: Enhancing Flag State Performance through Trade Measures", *Ocean Development & International Law*, 46(2015), p. 243.

31 Linda A. Chaves, *Illegal, Unreported and Unregulated Fishing: WTO-consistent Trade related measures to address IUU Fishing* (FAO, 2000), p. 4.4.1.

Ⅲ. IUU어업에 대응한 대한민국의 실행

대한민국은 IUU어업에 대응하여 다양한 국내 입법을 통해 기국, 연안국,
항만국, 거래국으로서의 국제법상 의무 이행을 위한 근거를 마련하고 있다.
우선적으로는 IUU어업의 정의를 2001년 「국제행동계획」 및 2009년 항만
국조치협정의 정의와 동일하게 「원양산업발전법」 제2조 제12호에서 제14
호에 걸쳐 규정하고 있다. 또한 IUU어업 대응을 위한 조치의 근거를 「수산
업법」, 「수산자원관리법」, 「원양산업발전법」, 「선박법」, 「어선법」, 「영해 및
접속수역법」, 「배타적 경제수역에서의 외국인어업 등에 대한 주권적 권리
의 행사에 관한 법률」, 「해양수산부와 그 소속기관 직제」 등의 법령에서 두
고 있다. 이러한 국내 입법 외에도 양자적 차원에서 일본 및 중국과의 어업
협정을 통해 IUU어업에 대한 대응 근거를 확보하고 있고, 러시아와는 2010
년 「대한민국 정부와 러시아 연방정부 간의 해양생물자원의 불법, 비보고
및 비규제 어업 방지 협력에 관한 협정」[32]을 체결하였다. 또한 2021년 5월
현재 대한민국은 외국 배타적 경제수역에서의 어업허가 획득을 위해 총 14
건의 양자어업협정을 체결하였다.[33] 다자적 차원에서는 전 세계 51개 지역
수산기구 중 18개 지역수산기구에 가입하고 있다.[34]

---

32 이 협정은 2009년 12월 22일 서명되고 2010년 7월 16일 발효하였다. 러시아 관할해역에서 불
   법적으로 어획된 대게가 대한민국에서 유통되는 것을 방지하기 위해 체결한 것이다. 이에 대해
   자세한 것은 박민규, 앞의 주 9), 223-224쪽 참조.

33 국가법령정보센터 홈페이지(https://www.law.go.kr/trtySc.do?menuId=1&subMenuId=25&
   tabMenuId=135, 2021. 6. 25. 방문).

34 이에 대해 자세한 것은 이석용, "국제어업법의 변화와 지역수산기구 강화에 따른 대응방안 고
   찰", 『서울법학』, 제22권 제1호(2014), 277-286쪽 참조. 2021년 6월 현재, 대한민국은 5개 참
   치 관련 지역수산기구(대서양참치보존위원회, 인도양참치위원회, 남방참다랑어보존위원회, 중
   서부태평양수산위원회, 전미열대다랑어위원회)와 13개 비참치 관련 지역수산기구(국제포경위
   원회, CCAMLR, 중부베링공해명태협약, 북태평양소하성어류위원회, 북서대서양수산위원회,

대한민국의 입법 태도에 대해 관련 국내법령에 반영되어 있는 기국, 연안국, 항만국, 거래국 의무 이행을 위한 법적 근거를 통해 분석해 본다.

1. 기국 의무 이행을 위한 국내 입법 조치

기국으로서 대한민국 관할해역 외측에서 대한민국 선박에 의한 IUU어업에 대응하기 위한 국내의 입법적 조치는 「어선법」, 「원양산업발전법」, 「선박법」, 「선박직원법」, 「선박안전법」, 「해양환경관리법」, 「해사안전법」, 「해양수산부와 그 소속기관 직제」 등에서 찾아볼 수 있다. 관련 입법들을 국제법에서 어선의 기국에 부여하고 있는 어선 등록상의 의무, 어업 허가상의 의무, 통제, 감시 및 집행 의무로 구분하여 살펴본다.

(1) 어선 등록 및 허가를 위한 입법

먼저 어선의 등록과 관련하여 「어선법」 제13조는 어선의 소유자로 하여금 어선을 어선원부에 등록하도록 의무화하고 있으며, 어선으로 등록하지 않은 이상 이 선박을 어선으로 사용할 수 없다고 규정하고 있다(제1항과 제2항). 어선원부의 관리주체는 선적항의 시장, 군수, 구청장으로 규정하고 있다. 또한 대한민국 어선이 아니면 대한민국 국기를 게양할 수 없다고 국기 게양권에 대해 명시하고 있으며, 대한민국 어선이 되기 위해서는 ⅰ) 국유 또는 공유의 선박, ⅱ) 대한민국 국민이 소유하는 선박, ⅲ) 대한민국의 법률에 따라 설립된 상사법인이 소유하는 선박, ⅳ) 대한민국에 주된 사무소

중동대서양수산기구, 중서대서양수산기구, 남동대서양수산기구, 남태평양수산관리기구, 아시아태평양수산위원회, 북태평양해양과학기구, 남인도양수산협정, 북태평양수산위원회) 등 총 18개 지역수산기구에 참여하고 있다. 또한 비록 지역수산기구의 형태를 갖추지 못하고 있지만, 2018년 10월 3일 채택된 「중앙 북극해 공해상 비규제어업 방지협정」을 2019년 10월 22일 비준하였으며, 이 협정은 2021년 6월 25일 자로 발효되었다.

를 둔 제3호 외의 법인으로서 그 대표자(공동대표인 경우에는 전원)가 대한민국 국민인 경우에 그 법인이 소유하는 선박 중 하나이어야 한다고 규정하고 있다(「어선법」 제37조, 「선박법」 제2조). 이러한 태도는 국제법에서 요구하고 있는 진정한 관련을 근거로 한 선박등록의무를 적극적으로 수용하고 있는 것으로 해석된다. 한편 어선 소유자가 대한민국 국적을 상실하는 경우에는 어선 등록이 말소되도록 제도화하고 있다(「어선법」 제19조).

등록 어선에 대해서는 선박국적증서 등을 발급하며, 어선의 소유자는 어선을 항행하거나 조업 목적으로 사용할 때 이 국적증서 등을 어선에 비치할 의무를 부과하고 있다(「어선법」 제13조 제2항, 제15조). 또한 선박국적증서를 발급받은 어선은 지체 없이 어선 번호판을 부착하여야 하며, 어선 번호판을 부착하지 않는 한 항행하거나 조업 목적으로 사용할 수 없다고 규정하고 있다(「어선법」 제16조). 이 밖에도 국제항행에 종사하는 어선은 선박국적증서 이외에 해양수산부장관으로부터 국제톤수증서를 발급받아 어선에 비치할 의무가 추가된다(「어선법」 제37조, 「선박법」 제13조 제1항).

한편 관할해역 외측에서의 어업허가와 관련하여서는 「원양산업발전법」 제6~11조에서 원양어업의 허가 및 취소에 관한 세부사항을 규정하고 있다. 먼저 제6조 제1항에서 원양어업을 하려는 자는 어선마다 해양수산부장관의 허가를 받도록 의무화하고 있다. 허가를 하는 경우에는 원양어업의 종류에 따라 조업구역을 구분하거나 조업시기를 정하여 허가할 수 있도록 하였다(제4항부터 제6항). 그러나 허가를 신청한 선박이 IUU어업 등의 사유로 원양어업의 허가가 취소된 이력이 있는 어선 등 17가지 사유에 해당하는 경우에는 해당 선박에 대해 원양어업 허가를 제한하거나 원양어업을 정지하거나 어선의 계류 또는 입출항을 제한할 수 있도록 하고 있다(제7조 제1항). 한편 「수산업법」 제67조 제1항에서는 "대한민국 정부와 어업협정을 체결한 외국의 배타적 경제수역에서 어업을 하려는 자는 그 외국의 해당 행정관청으로부터 어업허가를 받아야 한다"고 규정하여, 대한민국의 원양어업허가 이외에 타국의 어업허가를 조업의 전제조건으로 설정하고 있다.

(2) 원양어선 통제, 감시 및 제재를 위한 입법

다음으로 IUU어업에 대응한 관할해역 외측에서의 원양어업에 대한 통제, 감시 및 제재에 관한 사항을 살펴보면, 「원양산업발전법」은 제15조에서 원양어업허가를 받은 어선은 출항 전에 어선위치추적장치를 설치하도록 의무화하였다. 또한 제19조의2에서 원양어업의 투명성 강화를 위해 조업감시시스템을 구축하여 운영할 수 있도록 규정하였으며, 「해양수산부와 그 소속기관 직제」 제2조와 제5장(제24조 내지 제28조)에 근거하여 동해어업관리단에 조업감시센터를 설치하여 운영하고 있다. 조업감시센터의 주요 업무를 살펴보면, 원양어선 조업상황 실시간 감시, 원양어선 허가사항, 입어허가권, IUU어업 정보 등 기록 및 관리 등이 있다.[35] 이 밖에도 IUU어업 실태를 해양수산부장관이 조사하여 5년마다 공표하도록 하고 있다(제16조의2). 또한 원양어업을 허가받은 자에게 조업상황, 어획실적, 양륙량, 전재량, 판매실적을 해양수산부장관에게 보고할 의무를 부여하고 있다(제16조).

한편 제재와 관련하여 대한민국 국민이 해외수역에서 IUU어업을 하여서는 안 된다고 일반적인 의무를 규정하고, 해양수산부장관으로 하여금 국제수산기구 또는 연안국과 협력하여 IUU어업 차단에 노력하는 한편, 재발방지를 위해 필요한 조치를 취할 것을 요구하고 있다(제12조의2). 또한 해양수산부장관은 원양어업자들에게 국제수산기구가 정한 절차에 따른 승선 검색에 협조하고 필요한 조치를 취하도록 명할 수 있다(제13조 제5항). 이러한 조치의무에 따라 해양수산부장관은 원양어업자가 IUU어업에 종사하는 등 제13조 제2항에 열거된 18가지의 조업 관련 금지행위 위반 시 허가를 취소

---

35 https://eastship.mof.go.kr/ko/page.do?menuIdx=276, 2021. 8. 14. 방문.

하거나 6개월 이내의 기간을 정하여 원양어업의 정지를 명할 수 있으며(제11조 제1항), 어선의 계류 또는 출항이나 입항을 제한할 수 있도록 하였다(제7조). 또한 원양어업자에 대한 보조나 융자를 중단하거나 지원, 보조, 융자 대상에서 제외할 수 있으며(제13조 제6항), 「원양산업발전법」에 따른 명령을 위반한 해기사의 면허를 취소, 정지 또는 견책하도록 해양수산부장관이 관계행정기관의 장에게 요구할 수 있다(제11조 제2항). 이 밖에도 위에서 언급한 중대한 위반을 한 경우에는 5년 이하의 징역 또는 수산물 가액의 5배 이하와 5억 원 이상 10억 원 이하 중 높은 금액에 상당한 벌금에 처하여야 하며, 위반자가 소유 또는 소지하는 어획물, 제품, 어구 등을 몰수하도록 규정하고 있다(제33조 제1항, 제35조). 또한 허가를 받지 않고 원양어업을 한 자 등에 대해 과징금을 부과할 수 있는 규정을 두고 있다(제31조의2).[36]

한편 이러한 제재를 함에 있어 해양수산부장관은 중대한 위반을 하였거나 위반한 것으로 의심되는 행위가 발견된 원양어업자 등에 대해 조업의 즉시 중단, 지정된 항구로의 입항, 어획물의 양륙 및 전재 금지 조치를 최대한 신속하게 취하여야 한다(제13조 제8항과 제9항). 이때 위반 여부 조사를 위해 원양어업자 등에게 관련 자료 및 정보의 제공을 요청할 수 있고, 원양어업자는 그 요청을 따라야 하는 의무를 부담한다(제13조의2).

이 밖에도 대한민국은 기국으로서의 일반적 의무 중 선원 등에 대한 관할권 행사, 해상안전 확보 등의 이행을 위해 「선박법」, 「선박직원법」, 「어선법」, 「선박안전법」, 「해양환경관리법」, 「해사안전법」 등을 제정하여 국제기준에 일치하는 수준으로 대응하고 있는 것으로 평가된다.

한편 1999년 「한일어업협정」에는 기국이 자국의 국민 및 어선이 타방 체약국의 배타적 경제수역에서 어획할 때에는 제3조의 규정에 따라 타방 체

---

36 과징금제도의 도입은 IUU어업에 대한 「원양산업발전법」의 벌칙 규정이 형사처벌 위주이므로 행정벌인 과징금 도입이 필요하다는 2019년 미국의 요청을 수용한 결과이다.

약국이 결정하는 타방 체약국의 배타적 경제수역에서의 조업에 관한 구체적인 조건과 이 협정의 규정을 준수하도록 필요한 조치를 취하도록 의무화하고 있다. 다만 조치의 범위에는 상대국 배타적 경제수역에서의 자국의 국민 및 어선에 대한 임검, 정선 및 기타의 단속을 포함하지 아니한다고 명시하고 있다(제5조 제2항). 이와 유사한 태도는 2001년 「한중어업협정」에서도 찾아볼 수 있다(제4조 제2항).

2. 연안국 의무 이행을 위한 국내 입법 조치

연안국으로서 내수, 영해, 배타적 경제수역 등 관할해역에서 이루어지는 국민 또는 외국인의 IUU어업에 대한 대응조치와 관련하여 대한민국은 「영해 및 접속수역법」, 「배타적 경제수역 및 대륙붕에 관한 법률」, 「배타적 경제수역에서의 외국인어업 등에 대한 주권적 권리의 행사에 관한 법률(이하 '경제수역어업주권법')」, 「수산업법」, 「수산자원관리법」 등에서 조치의 근거를 입법화하고 있다. 이 밖에 「한중어업협정」과 「한일어업협정」에 따라 허가된 중국 어선과 일본 어선에 대한 대한민국 배타적 경제수역 입어 허용 등에 관한 조치를 실시하고 있다.

먼저 관할해역 내 어업에 대한 연안국으로서의 주권 또는 주권적 권리의 근거를 「영해 및 접속수역법」과 「배타적 경제수역 및 대륙붕에 관한 법률」에서 규정하고 있다. 「영해 및 접속수역법」에서는 대한민국의 영해를 통항하는 선박이 어로를 하는 행위는 대한민국의 평화, 공공질서 또는 안전보장을 해치는 것으로 분류하고 이를 금하고 있다(제5조 제2항 제10호).

한편 「배타적 경제수역 및 대륙붕에 관한 법률」에서는 제3조에서 대한민국의 배타적 경제수역에서 생물자원의 탐사, 개발, 보존 및 관리를 목적으로 하는 주권적 권리를 대한민국이 갖는다는 점을 명확히 하고, 제4조 제2

항에서 외국인으로 하여금 대한민국 배타적 경제수역에서 활동할 때 대한민국의 권리와 의무를 적절히 고려하고 대한민국 법령을 준수하도록 의무화하고 있다. 배타적 경제수역에서 행하여지는 외국인의 어업을 규제하는 구체적 내용은 경제수역어업주권법에서 규율하고 있다.

(1) 관할해역 내 어선 등록 및 허가를 위한 입법

관할해역에서의 어업을 위한 어선 등록은 앞서 살펴본 「어선법」의 규정이 적용된다. 어업의 허가와 관련하여서는 관할해역에서의 어업허가는 「수산업법」과 경제수역어업주권법에 근거하고 있다. 「수산업법」은 제41조, 제42조 및 제57조에 걸쳐 허가어업, 한시어업, 어획물 운반업의 허가에 관한 사항을 두고 있다. 허가를 하는 경우 어업의 종류, 어선의 규모별 조업구역, 어구·어법, 어구의 규모 및 표지 부착 등 제한 또는 조건을 붙이도록 하고 있으며, 공익의 보호, 어업 조정 또는 수산자원의 번식, 보호를 위해 필요하다고 인정하는 경우 허가의 제한 또는 조건을 붙일 수 있도록 하고 있다(제43조). 또한 이러한 허가 없이는 수산동식물을 포획 또는 채취할 수 없도록 규정하고 있다(제66조). 「수산업법」에서는 제5조에서 외국인도 어업허가의 대상으로 규정하는 한편, 허가의 구체적 절차는 제41조에서 정한 절차를 따르도록 규정하고 있다.

한편 배타적 경제수역 내 외국인의 어업허가 절차는 경제수역어업주권법 제5조에서 규정하고 있다. 외국인이 특정 금지구역이 아닌 대한민국 배타적 경제수역에서 어업활동을 하려면 선박마다 해양수산부장관의 허가를 받아야 한다(제1항). 해양수산부장관이 허가를 하는 경우에는 허가증을 발급하고, 외국인은 허가받은 선박에 허가사항을 식별할 수 있도록 표지를 하고 허가증을 선박에 비치하여야 한다(제2항과 제3항). 허가 시 해양수산부장관은 ⅰ) 허가 신청된 어업활동이 국제협약 또는 국가 간의 합의나 그 밖에 이에 준하는 것의 이행에 지장을 주지 아니한다고 인정될 것, ii) 허가 신청된 어업활동으로 인해 해양수산부령으로 정하는 바에 따라 해양수산부장관이 정하는 어획량의 한도를 초과하지 아니한다고 인정될 것, iii) 허용 가능한 어업 및 선박 규모의 기준 등 해양수산부령으로 정하는 기준을 충족한다고 인정될 것 등의 요건을 모두 충족하는 경우에만 허가를 하여야 한다(제6조 제1항). 이 밖에도 제11조에서는 배타적 경제수역에서 어획물이나 그 제품의 전재를 금지하고 있으며, 제12조에서는 어획물이나 그 제품의 대한민국 항만에의 양륙을 금지하고 있다.

「수산자원관리법」에서도 IUU어업에 대응한 조치를 포함하고 있는데, 제14조에서는 수산자원의 번식, 보호를 위해 필요하다고 인정되면 수산자원의 포획, 채취 금지 기간, 구역, 수심, 체장, 체중 등을 정하는 등의 조치를 취할 수 있는 근거를 마련하고 있다. 또한 제15조에서는 조업금지구역을 설정할 수 있도록 하였으며, 제25조에서는 폭발물, 유독물 또는 전류 등 유해어법을 금지하고 있다. 또한 제36조 및 제37조에서는 총허용어획량 결정 및 할당에 관해 규정하고 있는 등 관할해역에서의 수산자원 보호를 위한 다양한 조치를 규정하고 있다.

(2) 관할해역 내 어선 통제, 감시 및 제재를 위한 입법

관할해역 내 어선에 대한 통제, 감시 및 제재에 관한 사항을 찾아보면, 「어선법」 제5조의2는 어선의 안전운항을 확보하기 위해 어선위치발신장치의 설치를 어선 소유자에게 의무화하고 있다. 또한 「수산업법」 제72조는 어업감독 공무원으로 하여금 불법어업 방지 등을 위해 어선 등의 장소에 출입하여 장부, 서류 등을 검사하거나 정선이나 회항을 명할 수 있도록 권한을 부여하고 있다. 또한 이 법 제96조에서는 어업 허가를 받은 자로 하여금 수산데이터베이스 구축에 필요한 자료로 조업상황, 어획실적 등에 관한 자료를 해양수산부장관에게 보고할 의무를 부과하고 있다. 또한 경제수역어업주권법은 제6조의2에서 검사 또는 대통령령으로 정하는 사법경찰관이 불법어업활동 혐의가 있는 외국 선박에 대해 정선명령을 내릴 수 있는 권한을 부여하였으며, 이 명령을 받은 외국 선박은 명령에 따라야 한다는 의무를 부과하고 있다. 정선을 포함한 구체적인 사법절차에 대해서는 「배타적 경제수역에서의 외국인어업제한 위반 선박 등에 대한 사법절차에 관한 규칙」에서 별도로 규정하고 있다.

제재적 측면에서는 「영해 및 접속수역법」에서 이 법을 위반하여 영해 통항 중 어로행위를 한 선박에 대해 정선, 검색, 나포, 그 밖에 필요한 명령이나 조치를 취할 수 있도록 규정하고 있다(제6조). 또한 그에 대한 벌칙으로 그 선박의 승무원이나 그 밖의 승선자에게 5년 이하의 징역 또는 3억 원 이하의 벌금에 처하고, 정상을 고려하여 필요할 때에는 해당 선박, 기재, 채포물 또는 그 밖의 위반물품을 몰수할 수 있도록 하고 있다(제8조 제1항). 「수산업법」에서는 허가 없이 어업을 행한 경우 3년 이하의 징역 또는 3천만 원이하의 벌금에 처하고 있으며(제97조), 어획물, 제품, 어선, 어구 등을 몰수할 수 있도록 하였다(제100조 제1항). 이 밖에도 어업 종사자나 어획물 운반 종사자가 「수산업법」이나 「수산자원관리법」의 명령을 위반하는 때에는 해기사 면허의 취소, 정지 또는 견책 등을 관련 행정기관에 요구할 수 있도록 규정하고 있다(제71조).

한편 경제수역어업주권법은 이 법에서 정하고 있는 제반조치를 위반한 경우에는 최대 3억 원 이하의 벌금에 처하도록 하고 있으며(제16조의2에서 제20조), 어획물 및 그 제품, 선박, 어구 또는 그 밖의 어업활동 등에 사용한 물건을 몰수할 수 있는 재량을 부여하고 있다(제21조). 특히, 대한민국은 물론 자국에서도 어업허가를 받지 않은 채로 대한민국 배타적 경제수역에서 어업활동을 하다가 적발된 어선, 어구 및 어획물은 반드시 몰수하도록 강화하여 규정하고 있다(제21조 제1항 단서). 이러한 대응조치 외에도 법령 준수를 담보하기 위해 「해양수산부와 그 소속기관 직제」 제2조와 제5장(제24~28조)에 근거하여 황해와 동해에 각각 어업관리단을 설치하고 있다. 어업관리단의 주요기능 중 하나로 외국어선의 불법어업 단속 업무가 부여되어 있다.

한편 1999년 「한일어업협정」에는 대한민국 배타적 경제수역에서 대한민국이 정한 조치를 위반한 일본의 어선에 대해 어선 및 그 승무원을 나포 또는 억류할 수 있으며, 그러한 경우 취하여진 조치 및 그 후 부과된 벌에 관하여 외교경로를 통해 일본 측에 신속히 통보하도록 규정하고 있다(제6조 제2항). 다만, 나포 또는 억류된 어선 및 승무원은 적절한 담보금 또는 그 제공을 보증하는 서류를 제출한 후에는 신속히 석방되어야 하고, 각 체약국은 어업에 관한 자국의 관계법령에서 정하는 해양생물자원의 보존조치 및 기타 조건을 타방 체약국에 지체 없이 통보하여야 한다(제6조 제3항과 제4항). 이와 같은 태도는 2001년 「한중어업협정」에서도 거의 유사한 형태로 반영되어 있다(제4조와 제5조).

3. 항만국 의무 이행을 위한 국내 입법 조치

항만국으로서의 의무이행을 위한 법적 근거는 「원양산업발전법」 제14조에서 찾아볼 수 있다. 먼저 입항 전 정보요구와 관련하여서는 제1항에서 해외에서 어획물을 적재한 선박이 국내항에 입항하고자 할 때에는 입항 48시간 전에 어획물의 명칭, 수량, 어획증명서 등의 입증서류를 포함한 입항신고서를 해양수산부장관(국립수산물품질관리원장)에게 제출할 것을 의무화하고 있다.

다음으로 항만사용 제한 조치와 관련하여서는 입항 전 조치, 검색 후 조치로 나누어 규정하고 있다. 먼저, 입항 전 조치로 입항신고서를 제출한 선박이 IUU어업을 했거나 이를 지원하였다는 충분한 증거가 검색 등을 통해 확인된 경우 해양수산부장관이 선박의 입항금지조치를 취할 수 있도록 권한을 부여하고 있다(제14조 제2항). 다음으로, 입항 후 검색을 실시한 결과 해당 선박이 IUU어업과 관련성이 있음이 확인된 경우 해양수산부장관이 해당 선박의 입항, 출항 및 항만의 이용을 금지하거나 어획물의 양륙, 전재, 포장, 가공 및 연료와 물자의 공급, 정비, 수리 등 항만서비스 이용 등을 제한할 수 있는 재량을 부여하고 있다(제14조 제4항).

마지막으로, 검색조치와 관련하여서는 국제수산기구가 관리하는 어종의 수산물 적재 등 여섯 가지 경우에 해당하는 경우 해양수산부장관이 항만국 검색관으로 하여금 검색을 실시하게 할 수 있도록 규정하고 있다(제14조 제3항). 구체적인 검색 절차 및 검색 결과의 조치사항 등 필요한 사항은 해양수산부장관이 고시하도록 하고 있다(시행규칙 제23조 제6항). 이에 따라 해양수산부는 2014년 1월 31일 「수산물 적재 선박의 항만국 검색에 관한 고시」를 제정하였다. 이 고시는 항만국 검색 절차와 검색 결과 조치사항 등에 관한 사항을 상세히 규정하고 있다. 특히 법령에서 상세히 언급하지 않고 있는 검색 결과 조치와 관련하여서는, 검색 결과 IUU어업에 관련 있는 것으로 확인된 경우 해당 선박의 입항신청인과 항만관리운영기관의 장에게 지체 없이 알리도록 규정하고 있다(제7조 제1항). 또는 해양수산부장관으로 하여금 검색 및 조치 결과를 해당 선박의 기국과 관련 국제수산기구에 통보하도록 의무화하고 있다(제7조 제2항). 그러나 2014년 고시가 입항신고 절차와 서류 등 행정절차를 규정하는 데 치우쳐 있고 항만국조치협정에 명시된 사항을 규정하고 있지 않아, 이를 반영한 항만국 검색 세부규정을 마련하는 등 제도의 개선이 필요하였다. 이에 해양수산부는 IUU어업에 대한 조치를 강화하기 위해 항만국조치협정에서 정하고 있는 내용을 적극 반영하고 대한민국 국적 선박에 대한 추가 규율 등을 포함하는 「항만국 조치 협정 이행에 관한 고시」를 2021년 6월 25일 제정하여 즉시 시행하고 있다. 2021년 고시 제정으로 기존의 「수산물 적재 선박의 항만국 검색에 관한 고시」는 폐지되었다. 2021년 고시에서는 ① 항만국 검색 대상을 '어획물을 적재한 외국 선박'에서 '어획물 적재 여부와 상관없이 우리 어선을 포함하여 국내 항만에 입항하는 모든 선박'으로 확대했고, ② 2014년 고시에 누락되어 있던 항만국조치협정의 내용 중 항만국 검색 적용 대상, 외국과의 협력, 항만국 지정, 항만 이용, 검색 실시, 검색 결과 사후조치, 항만국 내 청구권에 관한 정보 등을 추가로 반영했으며, ③ 항만국 검색기관과 항만 운영기관을 명확히 정하고 각 기관의 역할 및 업무 범위도 세부적으로 규정하였다.[37]

4. 거래국 의무 이행을 위한 국내 입법 조치

「수산업법」 제58조 제1항 제1호에서는 "외국의 어업에 관한 법령 또는 외국과의 어업에 관한 협정을 위반하거나 다음 각 목을 위반하여 포획, 채취하거나 양식한 수산동식물 또는 그 제품을 운반한 때"에는 선적항을 관할하는 시장, 군수, 구청장이 어업운반업을 제한하거나 6개월 이내의 기간을 정해 영업의 정지를 명하거나 등록을 취소할 수 있다고 규정하고 있다. 이는 대한민국 국민이 외국의 법령을 위반하였거나 국제협정을 위반하여 포획한 수산물을 운반하지 못하도록 하는 조치로 이해된다. 또한 「수산자원관리법」 제17조에서는 "누구든지 이 법 또는 「수산업법」에 따른 명령을 위반하여 포획, 채취한 수산자원이나 그 제품을 소지·유통·가공·보관 또는 판매하여서는 아니 된다"고 규정하여 대한민국 관할해역에서 불법 어획된 어획물의 유통 등을 불법으로 규정하고 규제하고 있다.

---

37 해양수산부 보도자료, "불법·비보고·비규제(IUU) 어업, 이제 발붙일 곳 없다!"(2021년 6월 24일), 1-5쪽 참조.

한편 「원양산업발전법」 제13조 제9항에서는 대한민국 국민인 원양어업자가 해외수역에서 국제적 보존관리조치의 위반을 포함한 중대한 위반행위를 하였거나 한 것으로 의심이 되는 행위가 발견된 경우 어획물에 대한 양륙 및 전재 금지조치를 해양수산부장관이 취하도록 의무화하고 있다(제9항 제3호).

이 밖에도 「남방참다랑어보존위원회 남방참다랑어 어획증명제도의 이행 고시」, 「유럽공동체 어획증명서 등 발급 절차에 관한 규정 예규」(해양수산부 예규, 농림수산식품부 예규로 2009년 12월 29일 제정), 「황다랑어 수입확인 요령」(해양수산부 고시) 등을 통해 다른 국가 또는 지역수산기구의 IUU어업 대응조치를 이행하기 위해 어획증명서 발급 등의 조치 근거를 마련하고 있다.

Ⅳ. IUU어업에 대응한 대한민국의 실행 평가 및 제언

IUU어업은 해양생태계와 해양자원을 위험에 처하게 하고, 종국적으로 인류의 생존을 위협하며, 국제적 합의에 기초하여 채택되는 각국 또는 국제기구의 다양한 어업보존관리조치의 신뢰성과 노력을 훼손시키는 결과를 초래한다고 심각하게 우려되고 있다. 이와 같은 IUU어업에 대한 국제사회의 우려를 해소하기 위해 전체 국제사회가 전 지구적 또는 지역적 단위로 유엔과 FAO를 중심으로 많은 노력을 기울여 왔으며, 그 결과는 다양한 형태의 구속적 또는 비구속적 국제문서의 생산 및 이행의 형태로 나타나고 있다.

IUU어업에 대한 국제법적 대응 노력을 평가하면, 국제적 노력의 형태가 법적 구속력이 있는 문서와 법적 구속력이 없는 연성법적 문서로 혼합하여 이루어졌음을 알 수 있다. 또한 IUU어업에 대한 대응 노력의 초기 단계에서는 주된 관심사가 불법어업에 대응하여 공해에서의 기국의 의무 설정 및 강화에 초점이 맞추어졌으나, 2001년 이후 불법어업 이외에 비보고 및 비규제 어업까지를 포괄적으로 규율대상으로 확장하고, 대응조치의 주체를 기존의 기국에서 항만국을 비롯한 연안국, 거래국으로 확대하는 등 국제적 대응 노력을 다변화하여 전방위적으로 접근하여 오고 있음을 알 수 있다.

  대한민국은 주요 원양어업국이며 IUU어업 관련국으로 지목된 사례가 있을 뿐만 아니라, 대한민국 관할해역 내 외국의 불법어업으로 곤란을 겪고 있는 상황에 처해 있다. 따라서 우리 스스로의 국익을 위해서뿐만 아니라 국제협약의 당사국으로서 성실하게 국제문서상의 의무를 이행할 필요가 있다. 이러한 측면에서 대한민국은 기국, 연안국, 항만국 및 거래국으로서 IUU어업에 대응하기 위한 다양한 입법 노력을 기울여 왔다. 기국 의무 이행을 위한 입법적 조치로는 「어선법」, 「원양산업발전법」, 「선박법」, 「선박직원법」, 「선박안전법」, 「해양환경관리법」, 「해사안전법」, 「해양수산부와 그 소속기관 직제」 등을 마련하고 있다. 연안국 의무와 관련하여서도 「영해 및 접속수역법」, 「배타적 경제수역 및 대륙붕에 관한 법률」, 경제수역어업 주권법, 「수산업법」, 「수산자원관리법」 등에서 국제의무 이행을 위한 입법적 근거를 적절히 마련하고 있는 것으로 평가된다. 항만국 의무와 관련하여서는 「원양산업발전법」 제14조에서 항만국으로서의 검색조치 및 조치 후 처리절차, 입항어선에 대한 정보 요구, IUU어업 종사 선박에 대한 입항 거부 또는 항만이용 거부 조치 등을 국제문서상 요구사항에 부응하게 적절히 규정하고 있음을 발견할 수 있다. 그러나 검색대상 선박의 범위와 입항 가능 항만지정절차 등에 대해서는 구체적 규정을 두고 있지 않아 보완을 위한 후속적 입법조치가 요구된다. 거래국 의무 이행과 관련하여서는 비록 구속력 있는 전 지구적 국제문서상의 구체적인 이행의무가 명시되어 있지 않지만, 「수산업법」, 「수산자원관리법」 및 「원양산업발전법」 등에서 IUU어업을 통한 어획물이나 그 생산물의 소지, 유통, 가공, 보관 또는 판매를 금지하고 있거나 양륙 및 전재 금지조치를 의무화하고 있음을 발견할 수 있다. 이 밖에도 「남방참다랑어보존위원회 남방참다랑어 어획증명제도의 이행 고시」, 「유럽공동체 어획증명서 등 발급절차에 관한 규정 예규」, 「황다랑어 수입 확인 요령」 등을 통해 다른 국가 또는 지역수산기구의 IUU어업 대응조치를 이행하기 위해 어획증명서 발급 등의 조치 근거를 마련하고 있다.

이러한 대한민국의 실행은 현행 IUU어업에 대응한 국제문서의 내용을 적절히 충족하고 있는 것으로 평가된다. 다만 IUU어업에 관한 국제의무의 실행은 단순히 국내적 입법조치로 완성되는 것이 아니고 이러한 입법상의 조치를 성실히 집행하여야 완성된다는 점을 고려할 때 대한민국 입법조치의 집행 측면에 대한 분석도 지속적으로 이루어져야 하겠다.

참고문헌

1. 김현정, "국제법상 불법·비보고·비규제어업(IUU어업)에 관한 기국의 의무와 책임", 『서울국제법연구』, 제22권 제1호(2015).
2. _____, "불법·비보고·비규제어업의 개념 정의-법과 정치의 관계를 중심으로", 『국제법학회논총』, 제59권 제3호(2014).
3. 박민규, "불법어업 예방 및 근절을 위한 한국의 처벌제도 개선 연구", 『해양정책연구』, 제29권 제2호(2014).
4. 이석용, "국제어업법의 변화와 지역수산기구 강화에 따른 대응방안 고찰", 『서울법학』, 제22권 제12호(2014).
5. Christel El Vestad & Ingrid Kval Vik, "Implementing the EU-IUU Regulation: Enhancing Flag State Performance through Trade Measures", *Ocean Development & International Law*. Vol. 46(2015).
6. Jens T. Theilen, "What's in a Name? The Illegality of Illegal, Unreported and Unregulated Fishing", *The International Journal of Marine and Coastal Law*, Vol. 28(2013).
7. Kevin Riddle, "Illegal, Unreported, and Unregulated Fishing: Is International Cooperation Contagious?", *Ocean Development & International Law*, Vol. 37(2006).
8. Robert Daley, "New Agreement establishing global port state measures to combat IUU fishing", *Australian Journal of Maritime and Ocean Affairs*, Vol. 2, No. 1(2010).
9. Rosemary Gail Rayfuse, *Non-Flag State Enforcement in High Seas Fisheries*, (Leiden: Martinus Nijhoff Publishers, 2004).
10. Shin-Ming Kao, "International Actions Against IUU Fishing and the Adoption of National Plans of Action", *Ocean Development & International Law*, Vol. 46, No. 2(2015).

07

선박 배출 대기오염 규제

김기순

Ⅰ. 선박 배출 대기오염의 현황과 규제

선박에서 배출되는 대기오염은 현재 해운업계가 직면하고 있는 가장 큰 환경문제이다. 선박이 연료를 연소하는 과정에서 배출되는 이산화탄소CO_2, 황산화물SOx, 질소산화물NOx과 미세먼지PM 등은 기후변화와 대기오염의 주요 원인이 되고 있다. 특히 대형선박이 연료로 사용하는 벙커유bunker fuel는 연소 시 발암물질을 수반한 유독가스를 배출한다.

선박에서 배출되는 대기오염은 많은 지역에서 대기질 문제를 초래하고 강한 산성비의 원인이 되는 등 자연환경에 큰 영향을 미치고 있다. 질소산화물과 황산화물은 인체에 작용하여 호흡기질환, 심폐질환, 조기사망 등을 유발하며, 인간 건강과 환경을 위협한다. 또한 이산화탄소 등 온실가스greenhouse gas, GHG는 해수면 상승뿐만 아니라 해양 산성화를 초래하며,

이는 생물다양성을 감소시키고 생태계의 안정성을 해치는 등 해양생태계에 악영향을 미치게 된다.

선박의 기름유출에 의한 해양오염은 줄어드는 추세인 반면, 선박에서 배출되는 대기오염은 갈수록 증가하고 있다. 특히 선박이 전 세계 이산화탄소 배출량에서 차지하는 비중은 늘어나고 있다. 2020년 발표된 「제4차 국제해사기구International maritime organization(이하 'IMO') GHG Study(IMO Fourth Greenhouse Gas Study)」 최종보고서[1]에 따르면, 선박에서 배출된 온실가스 배출량은 2012년 9억 7,700만 톤에서 2018년 10억 7,600만 톤으로 9.6% 증가하였다. 이 가운데에서 이산화탄소 배출량은 2012년 9억 6,200만 톤에서 2018년 10억 5,600만 톤으로 9.3% 증가하였다. 전 세계 인위적 배출anthropogenic emissions에서 선박 배출량이 차지하는 비중도 2012년 2.76%에서 2018년 2.89%로 늘어났다. 따라서 선박에서 배출되는 온실가스와 기타 대기오염물질을 감축하는 것이 국제 사회의 주요한 과제가 되고 있다.

2015년 제정된 「파리협정Paris Agreement」은 온실가스로 인한 기후변화의 위험과 영향을 감소시키기 위해 지구 평균기온 상승 폭을 제한하고 있다. 「파리협정」은 "산업화 전 수준 대비 지구 평균 기온 상승을 섭씨 2도 보다 현저히 낮은 수준으로 유지하고, 산업화 전 수준 대비 지구 평균 기온 상승을 섭씨 1.5도로 제한하기 위해 노력"하는 것을 목표로 하고 있다.[2] 이에 따라 각국은 21세기 중반까지 온실가스 배출량을 '순 제로net zero'로 줄이

---

1 제4차 IMO GHG Study는 제73차 IMO 해양환경보호위원회Marine Environment Protection Committee(이하 'MEPC')(2018년 10월)의 합의에 따라 작업이 진행되어 왔으며, 제75차 MEPC(2020년 11월)에 최종보고서가 제출되어 승인을 받았다. 이 보고서는 2012~2018년 국제해운에서 발생하는 온실가스 및 대기오염물질에 대한 연도별 배출량과 탄소집약도carbon intensity 개관, 2050년까지의 배출량 전망 등을 포함한다. IMO, *"Fourth Greenhouse Gas Study 2020, Executive Summary"*, 2021, pp. 1-2.

2 파리협정, 제2조 (1)항 (a).

는 장기적인 목표를 세우고 있다.

이러한 목표에 이르려면 국제해운업계는 2050년까지 온실가스 배출량을 2008년 대비 50%까지 감축하고, 장기적으로 'Zero'에 가까운 수준으로 감축하여야 한다. 추가 감축조치를 취하지 않는 경우, 2050년까지 전 세계 해운에서 발생하는 온실가스 중 이산화탄소 배출량 비율은 전체 대기오염의 17%에 이르게 될 것으로 예상된다.[3]

이산화탄소를 비롯한 선박의 대기오염물질 배출을 해결하기 위한 노력은 IMO를 중심으로 이루어지고 있다. IMO는 선박의 안전과 보안, 선박에 의한 해양 및 대기 오염 방지를 주관하는 유엔 전문기구로, 선박으로부터의 대기오염원 배출을 제한하고 해운산업의 탈탄소화decarbonization를 선도하는 역할을 한다. IMO는 해양오염과 해양 안전을 다루는 다수의 IMO 협약을 채택해 왔으며, 이러한 협약을 수락한 당사국은 IMO 협약을 자국법의 일부로 수용하고 이행하도록 되어 있다.

국제법상으로는 「유엔해양법협약」,[4] 「1997년 교토의정서」,[5] 「선박으로부터의 오염방지를 위한 국제협약」(이하 'MARPOL')[6] 등 일련의 국제협약이 선박에서 배출하는 대기오염을 규제하고 있다. 해양법협약은 선박 기인 대기오염을 오염원 중 하나로 다룬다. 이에 따라 각국은 '대기에 의한 또는 대기를 통한 해양환경의 오염'을 예방, 감소, 통제하여야 할 의무를 부담한다. 그러나 해양법협약은 '기본조약framework treaty' 내지 우산조약umbrella treaty

---

3 European Environment Agency, "Aviation and shipping emissions in focus" 15 Mar 2018. p. 1. (https://www.eea.europa.eu/articles/aviation-and-shipping-emissions-in-focus#:~:text=Carbon%20dioxide%20emissions%20from%20global,and%20shipping%20continue%20to%20rise, 2022. 1. 17. 방문)

4 영문명은 United Nations Convention on the Law of the Sea, 1982(UNCLOS).

5 영문명은 Kyoto Protocol to the United Nations Framework Convention on Climate Change, 1977(Kyoto Protocol).

6 영문명은 International Convention for the Prevention of Pollution from Ships.

으로 당사국에 일반적인 의무를 규정하고 있으며, 더 상세한 의무나 더 엄격한 절차는 국내법, IMO 협약 등 관련 협약과 기준 등을 통해 이행된다.[7] 따라서 해양법협약의 대다수 조항은 당사국에 IMO 협약과 기준 등을 적용할 의무를 부과한다고 볼 수 있다.

「교토의정서」는 명시적으로 국제해운을 다루고 있지는 않다. 다만 국제해운에서 발생하는 온실가스 배출량을 감축하기 위한 규정을 포함하고 있다. 「교토의정서」는 기후변화협약 제I 부속서에 포함된 당사국(미국, 영국, 독일, 프랑스, 일본 등 선진국)들이 IMO를 통해 선박용 벙커유로부터 발생하는 온실가스의 배출을 제한, 감축하여야 한다고 규정하고 있다.[8] 「교토의정서」 체결 이후 IMO는 해운 관련 벙커유 배출을 제한 또는 감축하기 위해 노력하고 있다.

MARPOL은 선박에서 배출하는 대기오염을 다루는 IMO 협약이다. MARPOL은 선박의 운항 및 사고 발생에 따른 해양오염의 방지를 위해 채택되었으며, 「유엔해양법협약」의 해양오염 규제를 실질적으로 집행하는 협약이다. MARPOL은 채택 당시에는 선박에서 배출하는 대기오염에 대한 규제를 포함하지 않았지만, 1997년 의정서에 '제VI 부속서'를 추가하여 선박에서 발생하는 대기오염물질의 배출을 규제하고 있다. MARPOL 제VI 부속서는 황산화물과 질소산화물의 배출을 제한하고, 오존파괴물질ozone depleting substances, ODS의 고의적인 배출을 금지한다. 선내 소각과 휘발성유기화합물volatile organic compound, VOCs의 배출도 규제한다.

MARPOL 제VI 부속서는 개정을 거듭하면서 규제를 강화하고 있다. 2008

---

7 Agustín Blanco Bazán, "UN Informal Consultative Process(ICP) on Oceans and the Law of the Sea", Tenth meeting, 17 to 19 June 2009, Presentations in the Discussion Panel, p. 1.
8 Kyoto Protocol, 제2조 제2항. 이 조항은 기후변화협약 제I 부속서 당사국들이 국제민간항공기구International Civil Aviation Organization(이하 'ICAO')를 통해 항공기용 연료로부터 발생하는 온실가스 배출량을 제한, 감축하여야 한다는 내용도 포함하고 있다.

년과 2011년, 2016년, 2021년의 개정을 통해 대기오염물질의 배출 기준을 강화하고, 에너지효율 조치를 채택하고, 선박연료유 사용량 보고제도Data collection system for fuel oil consumption of ships, DCS를 도입하고, 선박의 온실가스 배출 감축을 위한 추가조치를 채택하였다. 이들은 국제항행에서 발생하는 대기오염물질과 온실가스의 배출을 줄이기 위한 의무적인 조치이다.

한편 IMO는 2018년 4월 온실가스 감축을 위해 「선박의 온실가스 배출 감축에 관한 IMO 초기 전략Initial IMO Strategy on reduction of GHG emissions from ships」(이하 'IMO 초기 전략')을 채택하였다. IMO 초기 전략은 선박에서 발생하는 온실가스의 배출량을 감축함으로써 「파리협정」에서 정한 목표를 국제해운 부문에서 달성하기 위해 채택되었다. IMO 초기 전략은 국제해운 분야에서 온실가스의 감축과 조속한 폐기를 위한 단기, 중기 및 장기 조치의 프레임을 세우는 예비단계라고 볼 수 있다. 2018년 10월 IMO는 초기 전략에서 확인된 일정에 따른 후속조치 프로그램을 승인하였다. 2023년에는 초기 전략을 수정한 IMO 온실가스 최종 전략Revised IMO GHG Strategy이 채택될 예정이다. 최종 전략에서는 온실가스 감축을 위한 추가조치와 함께 금세기 후반기에 탈탄소화를 이룬다는 궁극적인 목표를 제시할 것으로 보인다.

이 글은 선박 배출 대기오염을 규제하는 국제법 체제와 IMO 정책을 고찰하고, 이와 관련한 한국의 국내 이행을 검토하는 데 목적이 있다. 이를 위해 「유엔해양법협약」과 MARPOL 제VI 부속서의 관련 규정, IMO 초기 전략과 후속 조치 등을 살펴보고, 관련 국내법과 기본계획을 검토하며, 이에 관한 평가와 정책적 제언을 제시한다.

Ⅱ. 유엔해양법협약의 대기오염 규제

1. 해양환경의 보호 및 보전

「유엔해양법협약」은 모든 해양법 분야를 규율하는 국제협약으로, 기존의 법제도를 망라하는 포괄적이고 구속력 있는 법제도로 채택되었다. 해양법협약은 영해, 배타적 경제수역exclusive economic zone, EEZ, 대륙붕, 심해저제도, 해양환경, 해양과학조사, 해양기술이전, 분쟁해결 등 해양법 분야를 광범위하게 규제한다.

해양환경 부문에서는 해양환경 보호와 해양자원의 보전 및 관리를 통합하여 다루고 있으며, 해양환경과 관련한 각 국가의 권리와 의무를 국제적 차원에서 정립하고 있다. 「유엔해양법협약」이 채택되기 전에도 해양환경을 보호하고 각 오염원별로 해양오염을 규제하는 법제도가 다수 있었다. 그러나 해양환경을 효율적으로 보호하기 위해 모든 해양오염을 규제하는 전 지구적 차원의 법제도가 필요하였고, 이러한 배경에서 기존의 법제도를 포괄하는 새로운 법제도로 해양법협약이 채택되었다.

「유엔해양법협약」은 제12부에서 해양환경 보호 및 보전에 관한 법제도를 규정하고 해양환경 분야를 총체적으로 규제하고 있다. 해양환경의 보호와 보전에 대해서는 제192~237조까지 11개 절 46개 조문에 규정되어 있다. 이 규정들을 통해 각국의 해양환경보호의무, 국제협력, 기술지원, 국제법규와 국내입법의 제정 및 집행, 국제책임, 주권면제에 이르기까지 해양환경과 관련된 분야를 폭넓게 규율한다.

「유엔해양법협약」은 모든 종류의 해양오염원을 포괄적으로 규제한다. 해양오염원에 따라 선박에 의한 오염, 육상오염원에 의한 오염, 해양투기에 의한 오염, 대기로부터의 오염, 해저활동에 의한 오염, 심해저활동에 의한 오염 등으로 나누어 규정한다. 각국은 '해양환경의 모든 오염원'을 예방, 감소 및 통제하기 위해 입법 제정과 집행 등 필요한 조치를 하도록 되어 있다.

2. 대기로부터의 오염

「유엔해양법협약」은 '대기로부터 또는 대기를 통한 오염pollution from or through the atmosphere'을 명시적으로 규제하고 있다. '대기로부터 또는 대기를 통한 오염'은 육지, 선박 또는 항공기에서의 인간 활동으로 배출된 유해물질이 대기를 통해 바다로 유입되는 오염을 말한다.[9] 육상에서 발생하는 오염의 4분의 3 정도가 대기를 통해 해양으로 유입되는 것으로 알려져 있다.[10]

'대기로부터 또는 대기를 통한' 해양환경오염은 「유엔해양법협약」 제212조에 의해 규제된다. 제212조 제1항은 각국이 대기로부터 또는 대기를 통한 해양환경오염을 예방, 감소, 통제하기 위해 법령을 제정하도록 규정하고 있다. 이들 법령은 '국제적으로 합의된 규칙, 기준, 권고관행과 절차' 및 항공의 안전을 고려하여 채택되어야 하며, 각국 주권 아래 있는 영공과 자국기를 게양하고 있는 선박 및 항공기에 적용된다. 이 조항은 광범위한 영역을 지니고 있으며, '당사국 주권 영토 내의 활동에 의해 발생하는 대기오염'과 '세계 어디에 있든 자국 선박 및 항공기로부터 발생하는 대기오염'을 모두 포함한다. 당사국들은 입법을 통해 대기오염원을 통제한다. 제212조 제2항은 당사국들이 입법 이외에도 대기오염의 예방, 감소 및 통제에 필요한 그 밖의 조치를 취할 것을 규정하고 있다.

---

9 IMO, *The London Dumping Convention, the First Decade and Beyond* (London, 1991), p. 43.

10 박찬호·김한택, 『국제해양법』 (서울: 서울경제경영, 2011), 189쪽.

제212조 제3항은 대기로부터 또는 대기를 통한 해양환경의 오염을 예방, 감소, 통제하기 위한 '국제적으로 합의된 규칙, 기준, 권고관행과 절차'를 확립하도록 권장한다. 이러한 국제 규칙과 기준은 특히 국제기구나 외교회의를 통해 확립된다. 여기에서 '국제적으로 합의된 규칙, 기준, 권고관행과 절차'는 IMO와 ICAO 등이 채택한 국제 규칙, 기준, 권고관행과 절차를 말한다.[11] 「유엔해양법협약」은 대기로부터 발생하는 해양오염을 규제하기 위한 각국의 국내 법령이 '국제 규칙 및 기준'과 동등한 효력을 가질 것을 요구하지는 않는다.[12] 따라서 각국의 국내 법령은 국제 규칙 및 기준보다는 덜 효과적일 수 있다.

각국은 대기로부터 또는 대기를 통한 해양환경오염을 예방, 감소, 통제하기 위해 자국 법령을 집행할 권한을 갖는다. 각국은 제212조에 따라 제정된 자국 법령을 자국 관할권하의 영공에서 또는 자국 선박이나 항공기에 대해 집행한다. 이때 해당 법령은 자국 관할권이 미치는 내수, 영해, 군도수역의 상공에서는 타국 항공기나 선박에 대해서도 집행할 수 있고, 그 밖의 해역 상공에서는 자국 선박이나 항공기에 대해서만 집행할 수 있다.[13] 또한 각국은 대기를 통한 해양환경오염을 예방, 감소, 통제하기 위해 수립된 '적용 가능한 국제 규칙과 기준'을 시행하는 국내법령을 제정하고, 필요한 조치를 취하도록 되어 있다(제222조).

---

11 박찬호·이기범, 『유엔해양법협약 해설서 제2권』 (국제해양법학회·해양수산부, 2018), 601쪽. ICAO는 국제 민간항공의 총 이산화탄소 배출량 증가를 해결하기 위해 2016년 「국제항공을 위한 탄소 상쇄 및 감소 제도Carbon Offsetting and Reduction Scheme for International Aviation, CORSIA」를 채택, 시행하고 있다. Philippe Sands & Jacqueline Peel, *Principles of International Environmental Law*, 4th ed(Cambridge: Cambridge University Press, 2018), p. 331.
12 해양오염원 중 해저활동에 의한 오염(제208조), 심해저활동에 의한 오염(제209조), 해양투기에 의한 오염(제210조), 선박에 의한 오염(제211조)은 각국이 제정한 국내 법령이 국제 규칙 및 기준과 적어도 동등한 효력을 가질 것을 규정하고 있다.
13 박찬호·이기범, 앞의 주 11), 620~621쪽.

이상과 같이 「유엔해양법협약」은 대기로부터의 해양오염을 규제하기 위해 당사국에 입법권과 법령집행권을 부여하고 있다. 다만 「유엔해양법협약」은 대부분의 협약 규정이 일반적이고 보편적인 성격을 띠고 있어서 조항 대부분이 자체적으로 집행되지는 않으며, IMO 협약과 같은 다른 국제협정과 기준을 통해 이행될 수 있다. 선박에서 배출하는 대기오염의 규제는 MARPOL 제VI 부속서를 통해 구체적으로 규정되고 있다.

Ⅲ. MARPOL의 선박 배출 대기오염 규제

1. MARPOL 제VI 부속서 채택과 개정

MARPOL은 선박에 의한 해양오염을 방지하기 위해 IMO가 채택한 국제협약으로, 선박의 정상적인 운영과정에서 배출되는 기름과 유해액체물질 등에 의한 해양오염을 규제하기 위한 목적으로 채택되었다. 협약 초기에는 대기오염에 대한 규제가 포함되지 않았으나, 1997년 개정에 의해 선박에 의한 대기오염을 규제하고 있다.

MARPOL은 1973년 채택된 MARPOL 협약과 1978년 채택된 MARPOL 의정서, 1997년 채택된 의정서로 구성되어 있다. 1973년 MARPOL 협약의 발효가 늦어지자 1978년 MARPOL 의정서가 이 협약을 흡수하여 MARPOL 73/78로 출범하였고(1983년 10월 2일 발효), 1997년 MARPOL 73/78을 개정하는 새로운 의정서가 채택됨으로써 MARPOL 체제를 이루고 있다.

1997년 의정서는 MARPOL 제VI 부속서(선박으로부터의 대기오염방지를 위한 규칙)를 추가하여 선박에서 배출하는 대기오염을 규제하고 있다.

MARPOL 제VI 부속서는 황산화물, 질소산화물 등 선박의 배출가스에 포함된 대기오염물질의 배출을 제한하고, 오존파괴물질과 휘발성유기화합물질의 고의적인 방출, 선내 소각 등을 규제한다. 제VI 부속서는 2005년 5월 19일 발효되었다.

MARPOL은 수차례의 개정을 통해 내용을 강화하고 있다. 2008년 제58차 IMO 해양환경보호위원회Marine Environment Protection Committee(이하 'MEPC')(2008년 10월)에서는 MARPOL 제VI 부속서 개정안과 1997년 버전을 개정한 「질소산화물 기술코드 2008 Technical Code on Control of Emission of Nitrogen Oxides from Marine Diesel Engines」(이하 'NOx Technical Code 2008')을 채택하였다. 제VI 부속서 개정안은 대기오염물질의 배출 한도를 대폭 강화하고 지정된 배출규제해역emission control area, ECA에서의 보다 엄격한 기준을 설정하였다.[14]

NOx Technical Code 2008은 선박용 디젤엔진이 질소산화물의 배출량 제한limiting emission values of NOx을 준수하도록 만들어진 절차로, 130kW 이상의 모든 선박용 디젤엔진에 필수적으로 적용된다. 개정된 제VI 부속서와 NOx Technical Code 2008은 2010년 7월 1일부터 시행되고 있다.

2011년 개정에서는 제4장이 추가되어 선박의 에너지효율 조치를 다루고 있다. 선박의 에너지효율 조치는 선박에서 배출되는 온실가스의 저감을 목표로 하는 의무적 조치로 도입되었다.[15] 2016년에는 결의문 MEPC.278(70)

---

14 배출규제해역은 특정한 지리적 해역이 대기오염에 취약한 경우 선박에서 배출되는 질소산화물과 황산화물, 미세먼지에 대해 일반해역에서보다 더 엄격한 기준을 설정하는 것으로, MEPC는 이를 지정할 수 있는 권한을 갖는다. 현재 전 세계적으로 4개 해역에 질소산화물과 황산화물 배출규제해역이 지정되어 있다. James Harrison, "Pollution of the Marine Environment from or Through the Atmosphere", Law Explorer, 23 Jul, 2016. (https://lawexplores.com/pollution-of-the-marine-environment-from-or-through-the-atmosphere-james-harrison/, 2022. 1. 18. 방문)

15 https://www.imo.org/en/OurWork/Environment/Pages/Air-Pollution.aspx(2022. 1. 18. 방문).

표 7-1 MARPOL 제VI 부속서의 선박 대기오염물질 배출 규제

규칙	규제 내용	규제시기
제12규칙	오존파괴물질 배출 규제	2005년
제13규칙	질소산화물 배출 규제	2005년
제14규칙	황산화물과 미세먼지 배출 규제	2005년
제15규칙	휘발성유기화합물 배출 규제	2005년
제16규칙	선내 소각 규제	2005년
제20규칙	에너지효율설계지수EEDI	2013년
제22규칙	선박에너지효율관리계획서SEEMP	2013년
제22A규칙	연료유 사용량 데이터에 관한 수집 및 보고	2019년
제23규칙	기술협력의 증진 및 기술 이전	2013년

에 의해 선박연료유 사용량에 대한 데이터 수집 시스템을 도입하기 위한 개정안이 채택되었다. 또한 2021년 개정안에서는 국제항해 선박(현존선)의 에너지효율을 높이기 위한 추가조치가 채택되었다(표 7-1).

IMO는 선박운항이 기후변화와 지구온난화에 미치는 잠재적 영향을 고려하여 국제항행 선박으로부터 배출되는 온실가스를 감축하기 위한 대책을 추진하고 있다. 위에서 언급한 에너지효율 조치와 현존선에 대한 추가 에너지효율 조치, 선박연료유 사용량 보고제도 등은 국제해운의 온실가스 배출 억제대책 차원에서 도입된 조치들이다. 이와 함께 제72차 MEPC (2018년 4월)에서는 「선박의 온실가스 배출 감축에 관한 IMO 초기 전략」을 채택하였다.[16] IMO 초기 전략은 온실가스 감축을 위한 첫 번째 단계의 조치로 채택되었으며, 온실가스 감축목표와 목표 달성을 위한 추가 감축조치를 포함한다.

16 Resolution MEPC.304(72)(adopted on 13 April 2018), Initial IMO Strategy on Reduction of GHG Eauissions from Ships.

2. 오존파괴물질의 배출 규제

MARPOL 제VI 부속서 제12규칙은 선박에서의 오존파괴물질 사용을 금지한다. 이에 따라 선박에서 오존파괴물질을 고의적으로 배출하거나 오존파괴물질을 포함한 새로운 설비를 설치하는 것은 금지된다.

오존파괴물질에는 구형 냉장고·에어컨, 휴대용 소형 소화기에 사용되는 염화불화탄소CFCs와 할론, 수소염화불화탄소HCFCs 등이 포함된다. 전 세계적으로 이러한 물질의 생산과 사용은 1987년 몬트리올의정서체제[17]의 규정에 따라 단계적으로 폐지되고 있다.[18]

3. 질소산화물의 배출 규제

질소산화물은 질소와 산소의 화합물로, 보일러나 발전시설, 자동차, 선박의 디젤엔진으로부터 배출된다. IMO는 MARPOL 제VI 부속서를 통해 해상운송 시 발생하는 질소산화물의 배출을 규제하고 있다.

(1) MARPOL 제VI 부속서 제13규칙

MARPOL 제VI 부속서 제13규칙은 선박용 디젤엔진에 의한 질소산화물 배출을 규제한다. 제13규칙은 (i) 출력 130kW를 초과하는 선박용 디젤엔진, (ii) 2000년 1월 1일 이후에 주요 개조가 이루어지는 출력 130kW를 초과하는 선박용 디젤엔진에 적용된다(1.1).

질소산화물 배출에 대한 규제는 선박의 건조 날짜와 주요 개조 조건에 기

---

17 Montreal Protocol on Substances that Deplete the Ozone Layer, Montreal 1987.
18 https://www.imo.org/en/OurWork/Environment/Pages/Ozone-depleting-substances-(ODS)-%E2%80%93-Regulation-12.aspx(2021. 7. 30. 방문).

표 7-2 MARPOL 제VI 부속서 제13규칙의 질소산화물 배출 제한기준

구분	적용 선박 (건조일 기준)	총 가중 사이클 배출 한계total weighted cycle emission limit(g/kWh) n=엔진 정격 속도(크랭크축의 분당 회전수: rpm)		
		n<130rpm	130rpm≦ n<2,000rpm	n≧2,000rpm
Tier I	2000년 1월 1일 이후 2011년 1월 1일 이전에 건조된 선박 (2000년 1월 1일)	17.0g/kWh	$45.0 \times n^{(-0.2)}$g/kWh	9.8g/kWh
Tier II	2011년 1월 1일 이후 건조된 선박(2011년 1월 1일)	14.4g/kWh	$44.0 \times n^{(-0.23)}$g/kWh	7.7g/kWh
Tier III	2016년 1월 1일 건조되고, 북아메리카 ECA & 미국 카리브해 ECA를 운항하는 선박(2016년 1월 1일)	3.4g/kWh	$9 \times n^{(-0.2)}$g/kWh	2.0g/kWh
Tier III	2021년 1월 1일 이후 건조되고, 발트해 ECA & 북해 ECA를 운항하는 선박 (2021년 1월 1일)	3.4g/kWh	$9 \times n^{(-0.2)}$g/kWh	2.0g/kWh

초하여 엔진의 정격 속도를 기준으로 결정된 단계에 따라 다양한 기준이 적용된다. 배출 기준은 일반적으로 Tier I, Tier II, Tier III으로 구분되는데,[19] 단계별 질소산화물 배출 제한기준은 표 7-2와 같다.

대부분의 Tier I 엔진은 1997년 버전의 NOx Technical Code에 따라 인증을 받았는데, 이 인증은 해당 엔진의 사용수명 동안 유효하다. 2008년 개정안에 의해 도입된 Tier II 및 Tier III의 경우 디젤엔진의 질소산화물 배출량 제한은 NOx Technical Code 2008에 따라 결정된다.

Tier III 규제는 NOx Tier III(질소산화물 3단계) 배출규제해역에서 운항하는 선박에만 적용되며 더 엄격한 기준이 설정되어 있다. 현재까지 설정된 질소산화물 배출규제해역은 발트해Baltic Sea ECA(Nox), 북해North Sea ECA(NOx), 북아메리카North American ECA(NOx), 미국 카리브해U.S.

---

19 Tier I 기준은 1997년 제VI 부속서에 규정되었고, Tier II/III 기준은 2008년에 채택된 제VI 부속서 개정에 의해 도입되었다.

Caribbean Sea ECA(NOx)의 4개 해역이다(6).

Tier II 및 Tier III로 인증되었거나 Tier II로만 인증된 선박용 디젤엔진의 Tier 상태와 운전 상태는 NOx Tier III 배출규제지역에 들어갈 때와 나올 때, 또는 해당 지역에서 운전상태가 변경될 때 로그북log-book 또는 전자 기록부에 기록해야 한다(5.3).

(2) NOx Technical Code 2008

NOx Technical Code 2008은 선박용 디젤엔진의 질소산화물 배출 제어에 관한 기술 코드로, IMO가 엔진 제조업체와 선박 소유주의 제13규칙 준수를 돕기 위해 만든 것이다. NOx Technical Code 2008은 제13규칙 적용 선박에 설치된 130kW 이상의 모든 선박용 디젤엔진에 필수적으로 적용된다. 선박용 디젤엔진은 이 코드에 따라 질소산화물 배출량 측정, 검사, 분석 및 인증서 발급을 받도록 되어 있다.

모든 선박용 디젤엔진은 선내에 설치하기 전에 시험대test-bed에서 질소산화물 배출량을 측정하고 당사국 주 관청에서 사전 인증을 받아야 한다. 테스트 완료 후 질소산화물 배출한도가 제13규칙을 충족시키는 경우 국제엔진대기오염방지증서engine international air pollution prevention certificate(이하 'EIAPP 증서')가 발급된다(2.2.1).

엔진 크기, 제작 및 배송 일정 때문에 시험대에서 사전 인증을 받을 수 없는 경우, 엔진 제조업체, 선박 소유주 또는 조선업자는 주 관청에 선상 onboard 인증 테스트를 요청하여야 한다. 선상 인증 테스트를 진행한 엔진의 경우 EIAPP 증서가 발급되며, 시험대에서 사전 인증된 것과 동일한 절차가 적용된다(2.2.4).

선박에 사전 인증된 엔진을 설치한 후, 모든 선박용 디젤엔진에 대한 선상 검증조사를 실시하여 엔진이 제13규칙에 포함된 질소산화물 배출 한도를 계속 준수하는지 검증하여야 한다(6.1). 질소산화물 감소 장치가 장착된 엔진의 경우에는 엔진 매개변수engine parameter 점검방법의 일부로 장치의 작동을 점검하고 이를 엔진 매개변수 기록부record book of engine parameters[20]에 기록한다(6.2).

4. 황산화물과 미세먼지의 배출 규제

황산화물에 대한 규제는 MARPOL 제VI 부속서 제14규칙에서 다루고 있다. 제14규칙은 선박에서 사용되는 연료유의 황 함유량에 대한 기준을 설정하고 있다. 선박에서 배출되는 황산화물은 엔진이나 보일러의 연소과정에서 발생하기 때문에 연료유의 황 함유량을 감소시킴으로써 황산화물 배출을 직접적으로 해결하기 위한 것이다.

황산화물 규제는 일반해역과 배출규제해역으로 나누어 연료유의 황 함유량을 차등 규제한다. 황산화물 배출규제해역은 발트해 ECA(SOx), 북해 ECA(SOx), 북아메리카 ECA(SOx), 미국 카리브해 ECA(SOx)의 4개 해역이다.

위 4개 해역은 선박의 잦은 운항으로 선박에서 배출하는 황산화물이 육지에 많은 영향을 미치기 때문에 배출규제해역으로 지정하였고, 일반해역보다 황산화물 배출을 엄격하게 통제하고 있다.[21]

2020년 1월 1일부터는 선박에 사용되는 연료유 내 황 함유량에 대한 새로운 제한이 적용되고 있는데, 특정 배출규제지역에서는 한계가 더 엄격하게 제한되고 있다. 새로운 제한은 규칙 「IMO 2020」에 따른 것으로,

---

20 엔진 매개변수 기록부는 부품, 엔진 설정 등 엔진의 질소산화물 배출에 영향을 미칠 수 있는 모든 매개변수 변경사항을 기록하기 위해 사용되는 문서를 말한다. Resolution MEPC.177(58) (adopted on 10 October 2008), NOx Technical Code 2008, 1.3.16.

21 손진록, "선박의 대기오염물질 배출 규제 및 대책−선박용 디젤엔진의 질소산화물을 중심으로−", 『한국선용기관학회지』, 제25권 제3호(2001), 61쪽.

표 7-3 MARPOL 제VI 부속서 제14규칙의 황 함유량 기준

일반해역	배출규제해역
4.50% m/m(2012년 1월 1일 이전)	1.50% m/m(2010년 1월 1일 이전)
3.50% m/m(2012년 1월 1일 이후)	1.0% m/m(2010년 1월 1일 이후)
0.50% m/m(2020년 1월 1일 이후)	0.10% m/m(2015년 1월 1일 이후)

MARPOL 제VI 부속서의 개정에 따라 의무화되었다.[22] 이에 따라 일반해역에서 선박에 사용되거나 운반되는 연료유는 황 함유량 0.50% m/m을 초과해서는 안 된다.[23] 배출규제해역에서는 선박이 운항하는 동안 사용되는 연료유의 황 함유량은 0.10% m/m을 초과하지 않도록 제한된다(표 7-3).[24]

제14규칙의 집행은 기국과 항만국의 통제를 통해 이루어진다. 제VI 부속서의 규정 준수를 감시하고 새로운 한도를 적용하는 것은 당사국 소관이며, 기국과 항만국은 규정 준수를 강제할 권한과 책임을 갖는다. IMO는 2019년 항만국 통제 가이드라인Guidelines for Port State Control을 채택하여 MARPOL Annex VI 제3장에 규정하고 있다.[25]

5. 휘발성유기화합물의 배출 규제

제VI 부속서의 제15규칙은 유조선의 휘발성유기화합물 배출을 규제한다.

---

22 IMO 2020-Cutting Sulphur Oxide Emissions(https://www.imo.org/en/MediaCentre/HotTopics/Pages/Sulphur-2020.aspx, 2021. 7. 30. 방문). 상세한 것은 김회준, "국제해사기술법규 동향, MEPC 73차 논의 결과", 『대한조선학회지』, 제55권 제4호(2018), 24쪽 참조.

23 Resolution MEPC.305(73)(adopted On 26 October 2018)에 따라 황 함유량 기준이 3.5%에서 0.5% 이하로 강화되었다.

24 이 외에도 황산화물의 방출을 줄이기 위한 대안적 조치로 스크러버scrubber와 같은 배기가스 세척 시스템exhaust gas cleaning systems, EGCS을 사용할 수 있다. 이에 따르면 선박에 배기가스 세척 시스템을 장착하거나 다른 기술적 방법을 사용하여 황산화물 배출량을 제한할 수 있다. (https://dieselnet.com/standards/inter/imo.php#s, 2022. 1. 19. 방문)

25 Annex 15 Resolution MEPC.321(74)(adopted On 17 May 2019), 2019 Guidelines for Port State Control under MARPOL Annex VI, Chapter 3.

제15규칙은 유조선으로부터의 휘발성유기화합물 배출이 당사국 관할하의 항구나 터미널에서 규제되는 경우 이에 적용되는 안전기준과 규제사항을 규정하고 있다. 유조선의 휘발성유기화합물 배출을 규제하는 국가는 이를 IMO에 통지하여야 한다(제15규칙 제1, 2항).

유조선으로부터의 휘발성유기화합물 배출이 규제된 항구 또는 터미널을 지정한 당사국은 IMO가 개발한 장치에 대한 안전기준[26]에 따라 자국이 승인한 유증기 배출제어시스템을 지정된 항구와 터미널에 설치, 가동하여야 한다(제15규칙 제3~5항).

원유를 수송하는 유조선은 주관청이 승인한 휘발성유기화합물 관리계획서VOC Management Plan를 본선에 비치하고 시행하여야 한다. 이때 휘발성유기화합물 관리계획서는 IMO가 개발한 가이드라인[27]에 따라 준비되어야 한다(제15규칙 제6항).

6. 선내 소각의 규제

제VI 부속서의 제16규칙은 선내에서 폐기물을 소각하는 행위를 규제한다. 폐기물의 선내 소각은 선내 소각기에서만 하도록 허용된다(제1항). 다만 선박의 정상운행 중 발생하는 하수 슬러지 및 슬러지유의 선내 소각은 주기관과 보조기관 또는 보일러에서도 허용된다. 이때 항내, 항만 및 강어귀에서는 소각할 수 없도록 되어 있다(제4항).

다음과 같은 물질의 선내 소각은 금지된다.

---

26 MSC/Circ.585 배출통제장치를 위한 기준.
27 휘발성유기화합물 관리계획서 개발을 위한 가이드라인[MEPC.185(59)], 휘발성유기화합물 관리계획서의 개발을 돕기 위한 장치 및 작동에 관한 기술정보(MEPC.1/Circ.680), 휘발성유기화합물 관리계획서의 개발 및 업데이트를 위한 증기압력제어장치에 관한 기술정보(MEPC.1/Circ.719) 참조.

(1) 부속서 I, II 또는 III에 해당되는 화물잔류물 또는 이와 관련된 오염된 포장물 질들;

(2) 폴리염화비페닐PCBs;

(3) 부속서 V에 정의된 폐기물 중 중금속을 많이 함유하고 있는 것;

(4) 할로겐 화합물질을 함유하고 있는 정제된 석유제품;

(5) 선박에서 발생하지 않는 하수 슬러지와 슬러지유, 그리고

(6) 배기가스 세정장치의 잔류물(제2항).

그 밖에 폴리염화비닐PVCs의 선내 소각도 금지된다(제3항).

이 규칙은 환경에 유해한 물질과 선박에서 발생하지 않는 폐기물 등의 선내 소각을 금지함으로써 소각으로 인해 발생하는 대기오염물질의 배출을 최소화하기 위한 것이다.[28]

7. 선박의 온실가스 배출 감축

IMO는 국제해운에서 배출되는 온실가스를 감축하기 위해 선박의 에너지 효율을 높이고 온실가스 배출량을 줄이는 방안과 기술 협력 및 역량 강화 활동을 전개하기 위한 접근방식 등을 추진해 왔다. 선박의 에너지효율에 관한 규칙과 온실가스 배출 감축 논의 현황은 아래와 같다.

(1) 선박의 에너지효율에 관한 규칙

제62차 MEPC(2011년 7월)에서 MARPOL 제VI 부속서 당사국들은 결의

---

28 폐기물 기타 물질의 해상 소각은 1972년 런던협약Convention on the Prevention of Marine Pollution by Dumping of Wastes and Other Matter, 1972과 1996년 런던의정서1996 Protocol to the Convention on the Prevention of Marine Pollution by Dumping of Wastes and Other Materials, 1972에 의해서도 규제되고 있다.

MEPC.203(62)에 의해 MAPOL 제VI 부속서 개정안을 채택하였다. 이 개정안에서는 제4장 '선박의 에너지효율에 관한 규칙'을 신설하고, 선박의 에너지효율 기준을 보장하기 위해 다음과 같은 조치를 도입하였다. 이들 조치는 선박의 운송효율을 개선하기 위한 것이다.

- 에너지효율설계지수Energy Efficiency Design Index(이하 'EEDI')
- 선박에너지효율관리계획서Ship Energy Efficiency Management Plan(이하 'SEEMP')

에너지효율 규칙은 이산화탄소 배출량 감축을 위해 선박에서 대기로 방출하는 이산화탄소의 양을 지수화하는 것으로, 선박 설계, 건조 시부터 선박당 이산화탄소의 배출값을 산정하고 운항 시에도 이산화탄소 배출 시스템을 개선하고 배출량을 감축하는 방안을 유도하기 위해 도입되었다.[29] 이러한 규칙은 의무적인 온실가스 감축조치의 일환으로 채택되었으며, 이로써 MARPOL 제VI 부속서는 「교토의정서」 이후 최초의 의무적인 온실가스감축 제도가 되었다.[30]

1) 적용

EEDI와 SEEMP로 구성된 '선박의 에너지효율에 관한 규칙'은 총톤수 400톤 이상의 모든 선박에 적용된다. 이 규칙들은 예외적으로 (1) 기국의 주권이나 관할권하의 해역에서만 운항하는 선박, (2) 기계적인 방법에 의해 추진력을 얻지 않는 선박과 플랫폼, (3) 비전통 추진방식non-conventional

---

29 정노택, "IMO의 선박기인 CO_2 배출 규제 동향 및 고찰", 『한국해양환경공학회지』, 제14권 제1호(2011), 65쪽.

30 IMO, Energy Efficiency Measures. (https://www.imo.org/en/OurWork/Environment/Pages/Technical-and-Operational-Measures.aspx, 2022. 2. 10. 방문)

propulsion을 가진 선박[31]에는 적용하지 않는다(제19규칙 제1, 2항). 다만 2019년 9월 1일 이후 인도되는 비전통 추진방식의 크루즈여객선 및 전통,[32] 비전통 추진방식을 가진 LNG 운반선에는 적용한다(제19규칙 제3항). 이 규정은 2014년 MEPC가 에너지효율설계지수의 범위를 확대하기 위해 채택한 EEDI 규제에 관한 개정안에 따른 것이다. 이에 따라 국제 해상운송에서 발생하는 이산화탄소 배출량의 약 85%를 차지하는 선박 유형이 국제규제 체제에 통합되었다.[33]

'선박의 에너지효율에 관한 규칙'은 2013년 1월 1일부터 시행되고 있다.

2) EEDI

신규 선박은 건조 시 선종 및 크기에 따라 EEDI를 충족하여야 한다. EEDI는 선박이 1톤의 화물을 1마일 운송할 때 배출되는 이산화탄소의 양(g)을 나타내며, 선종과 크기별로 최소 에너지효율 수준을 요구한다. EEDI는 선박을 건조할 때 에너지효율 성능을 충족하도록 하는 기술적 조치로, 오염이 적은 에너지효율 장비와 엔진의 사용을 촉진하는 것을 목표로 한다.

2013년 1월 1일 이후 건조되는 신규 선박의 설계는 선종에 대한 기술 수준을 충족시켜야 하며, 이 수준은 5년마다 점차 강화된다. EEDI는 선박을 설계하는 과정에서 기관출력, 재화중량톤수 등을 활용해서 계산한다. 이때 EEDI가 작을수록 이산화탄소 배출이 적고 더 에너지 효율적인 선박 설계가 된다(제20규칙 제1, 2항).[34]

---

31 '비전통 추진방식'이란 전통 추진방식 외에 디젤 및 전기 추진방식, 터빈 추진방식, 하이브리드 추진방식을 말한다. 선박에서의 오염방지에 관한 규칙(해양수산부령 제519호) 〔별표 20의2〕 선박에너지효율설계지수 계산 대상선박(제30조의2 제1항 관련) 제13항.
32 '전통 추진방식'이란 왕복내연기관으로 작동되며 직접 또는 기어 박스를 통해 추진축에 결합하여 추진하는 방법을 말한다. 위 규칙, 제13항.
33 IMO, Energy Efficiency Measures, *supra* note 30.
34 *Ibid.*.

EEDI 규제에 따라 신규 선박은 2013년부터 연비를 기존 선박보다 10% 이상 개선하여야 한다. 이는 신규 선박의 연비 경쟁력을 강화하고, 선박의 연료효율에 영향을 미치는 모든 부품의 기술개발을 촉진하며, 에너지효율을 개선하는 효과를 가져올 것으로 예상된다.

3) SEEMP

SEEMP는 총톤수 400톤 이상의 현존선에 비치하여야 하는 문서로, 선박 운영자가 선박의 에너지효율을 향상시킬 방안을 수립하고 문서화한 것이다. 현존선은 에너지효율 향상을 위해 SEEMP에 따라 선박에서 배출되는 이산화탄소를 줄여 나가도록 되어 있다. 선주와 선박 운영자는 선박의 성능을 최적화하기 위해 이산화탄소 배출량 등을 지속적으로 모니터링하고 이산화탄소 배출 저감을 위해 가장 효율적인 운항방법을 선별하도록 지속적으로 관리하여야 한다.[35] 각 선박은 해당 선박 고유의 SEEMP를 비치하도록 의무화되어 있다(제22규칙 제1~3항).

SEEMP는 선박의 에너지효율 향상을 위한 관리계획을 수립하고 그 시행과 감시, 평가 및 개선 단계에서 새로운 기술과 관행에 따라 지속적 관리를 함으로써 선박에 의한 이산화탄소 배출을 크게 저감시킬 것으로 보인다.

4) 선박연료유 사용량 보고제도

총톤수 5,000톤 이상의 국제항해 선박에 대해서는 연료유 사용량 데이터에 관한 수집과 보고가 의무화된다.[36] 2019년 1월 1일부터 총톤수 5,000톤 이상의 모든 선박은 매년 제VI 부속서 부록 9의 IMO 선박연료유 사용량 데이

---

35 정노택, 앞의 주 29), 70쪽.
36 제70차 MEPC(2016년 10월)는 결의 MEPC.278(70)에 따라 MARPOL 제VI 부속서 개정안을 채택하고 선박의 연료유 사용량에 대한 데이터 수집 시스템을 도입하였다.

터베이스에 제출되어야 할 정보[37]에 언급된 자료를 수집, 집계하여 주관청에 보고하여야 한다(제22A규칙 제1~3항).

데이터는 IMO가 개발한 가이드라인을 고려하여 검증되며, 주관청은 전자통신을 이용하여 IMO 선박연료유 사용량 데이터베이스로 전송해야 한다. IMO 사무총장은 제출된 자료에 근거하여 관련 정보를 요약한 연례 보고서를 작성하고 MEPC에 이를 제출하도록 되어 있다(제22A규칙 제7~10항). 이러한 과정은 매년 반복하게 된다.

선박연료유 사용량 보고제도는 선박의 에너지효율 조치가 선박의 운항 에너지효율에 미치는 영향을 확인하고, 날씨와 선박 속도에 따른 운항 에너지효율을 분석하고, 선박의 연료유 사용량을 확인하기 위해 도입된 것이다.[38] 국제항해 선박의 연료유 사용량 정보를 수집하고 온실가스 배출현황을 분석함으로써 선박 온실가스 배출정보를 체계적으로 관리할 수 있다는 이점이 있다. 선박의 온실가스 배출정보는 IMO의 선박 온실가스 감축전략 수립의 기초자료로도 이용된다.[39]

(2) 선박의 온실가스 배출 감축 논의와 IMO 초기 전략

선박의 온실가스 배출 감축 논의는 1997년 제40차 MEPC 회의에서 시작되었고, 2003년 제23차 IMO 총회에서 결의문 A.963(23)을 통해 「선박에서 발생하는 온실가스 저감에 관한 IMO 정책 및 실행」을 채택하면서 본격적으로 진행되었다. 결의문 채택 후 MEPC는 '국제해운에 종사하는 선박으로부

---

37 제VI 부속서 부록 9에는 선박의 식별을 위한 IMO 번호, 제출되는 데이터 수집기간, 선종에 따른 총톤수, 순톤수, 재화중량톤수, 에너지효율설계지수, 연료유 종류별 소모량 및 연료유 소모량 데이터 수집 방법론, 운항거리, 운항시간 등이 포함된다.

38 이인애, "EU, IMO의 기후변화 대응 온실가스 배출규제 동향", 『해양한국』, 2020. 10. 5. (http://www.monthlymaritimekorea.com/news/articleView.html?idxno=28210, 2022. 2. 8. 방문)

39 선박에서 배출하는 온실가스 배출정보를 체계적으로 관리하기 위해 해양수산부는 '선박온실가스종합관리시스템'을 운영하고 있다.

터 온실가스 배출 제어를 위한 전문가 작업반'(Working Group: GHG-WG 1, GHG-WG 2)을 구성하고, 법적 구속력 있는 온실가스 배출규제 체제를 확립하기 위해 지속적인 논의를 해왔다.[40]

온실가스협약 관련 작업은 협약 초안 관련 문서, 기술 및 운항 관련 조치, 시장기반조치market-based measures, MBMs로 나누어 다루어져 왔다. 협약 초안에 대해서는 여러 논의가 있었으나, MARPOL 제VI 부속서의 부분 개정을 위한 협약 초안을 개발하는 것으로 결정되었다.[41]

제62차 MEPC(2011년 7월)에서 부속서 VI에 제4장 '선박의 에너지효율에 관한 규칙'을 신설하고, 제70차 MEPC(2016년 10월)에서는 선박의 온실가스 감축에 대한 포괄적인 IMO 전략comprehensive IMO strategy 개발을 위한 로드맵을 승인하였다.[42] 이어서 IMO 총회는 2017년 12월 제30차 회의에서 '기후 변화에 대응'이라는 제목의 전략적 방향을 채택하였다.

2018년 4월 제72차 MEPC에서는 결의문 MEPC.304(72)에 따라 「선박의 온실가스 배출 감축에 관한 IMO 초기 전략」을 채택하였다.[43] IMO 초기 전략은 승인된 온실가스 감축 로드맵의 첫 번째 단계로 채택되었으며, 2023년 단기, 중기, 장기 전략 및 이행 일정과 함께 수정될 예정이다.

IMO 초기 전략은 국제해운에서 발생하는 온실가스 배출량을 감축함으로써 온실가스 배출문제 해결에 대한 IMO의 기여도를 높이고 국제해운 부문이 수행하여야 할 조치를 확인하는 데 목적이 있다. 또한 국제해운에서

---

40 제52차 MEPC(2004)는 온실가스 배출에 관한 IMO 가이드라인IMO guidelines on greenhouse gas emissions을 통해 「교토의정서」가 규제하는 여섯 가지 종류의 온실가스(CO_2, CH_4, N_2O, HFC, PCFs, SF_6)를 모두 규제하기로 결정한 바 있다. 이에 따라 선박에서 배출하는 이들 온실가스에 대한 규제 논의가 진행되고 있다.

41 국토해양부 & 한국선급, 「IMO 제60차 해양환경보호위원회(MEPC) 회의 결과 보고」, 2010. 3. 29., 18쪽 참조.

42 MEPC 70/18/Add.1 Annex 22, Annex 11 Roadmap for Developing A Comprehensive IMO Strategy on Reduction of GHG Emissions from Ships.

43 Resolution MEPC.304(72), supra note 16.

발생하는 온실가스 배출의 연구, 개발 및 모니터링에 대한 인센티브를 포함한 조치를 확인하기 위한 것이다.

IMO는 「파리협정」의 목표인 '산업화 전 수준 대비 섭씨 2도 이하'를 국제해운 부문에서 달성하기 위해 이 전략을 채택하였다. IMO 초기 전략은 단기, 중기 및 장기적으로 채택하여야 할 조치를 구체화하기 위한 예비 구조로, 2030년까지의 단기 감축목표와 2050년까지의 중장기 감축목표를 포함한다.

IMO 초기 전략의 주요 내용은 비전vision, 의욕수준levels of ambition과 적용원칙guiding principles, 가능한 추진 일정 및 단기, 중기, 장기 추가조치 목록과 국가에 미치는 영향, 장애 요소 및 지원 조치, 최종 전략 개발을 위한 후속 활동, 전략의 정기적 검토 등으로 구성되어 있다.

IMO 초기 전략은 "국제해운에서 발생하는 온실가스 배출량 감축에 지속적으로 전념하고, 금세기 내 온실가스 배출을 가능한 한 빨리 단계적으로 감축하는 것을 목표"로 하는 비전을 명시하고 있다.[44] 이러한 비전을 달성하기 위한 '의욕수준'은 크게 세 가지로 나누어진다. 첫째, 신규선박에 대한 EEDI의 추가단계 이행을 통해 선박의 탄소집약도를 줄이고,[45] 둘째, 국제해운 전체의 연비효율을 2030년까지 최소 40%까지 개선함으로써 국제해운의 탄소집약도를 줄이고, 셋째, 국제해운의 연간 총 온실가스 배출량을 2008년 대비 2050년까지 최소한 50%까지 감축하는 것이다.[46] 궁극적으로

---

44 *Ibid.*, 2; 비전의 채택 과정에서 IMO 초기 전략이 금세기 말까지 '탈탄소'를 목표로 하여야 하는지에 대해 많은 논의가 있었다. 그러나 '탈탄소'라는 용어의 해석을 놓고 국가 간 이견을 좁히지 못하고 "금세기 내 온실가스 배출을 가능한 한 빨리 단계적으로 감축하는 것을 목표"로 최선의 노력을 한다는 선에서 타결되었다. Aldo Chircop, "The IMO Initial Strategy for the Reduction of GHGs from International Shipping: A Commentary", *The International Journal of Marine and Coastal Law*, Vol. 34(2019), Issue 3, p. 482.
45 탄소집약도는 에너지소비량에 대한 탄소배출량 비율을 나타내며, 탄소집약도가 높을수록 탄소 함유량이 높은 에너지 사용 비율이 높다는 것이다.
46 Resolution MEPC.304(72), *supra* note 16, 3.

는 금세기 중 온실가스 배출 'Zero'에 도달하는 것이 IMO 초기 전략의 비전과 의욕수준이 추구하는 목표라고 볼 수 있다.

IMO 초기 전략은 온실가스 배출량을 감축하고 목표를 달성하는 데 도움이 될 수 있는 여러 가지 후보 조치를 포함한다. 또한 선박의 에너지효율 개선을 위한 단기(2018~2023년), 중기(2023~2030년) 및 장기(2030~2050년) 추가 조치에 대한 추진 일정을 제시한다.

2018년 10월 제73차 MEPC는 IMO 온실가스 최종 전략의 개발을 위한 단계별 후속조치를 논의하고 후속 프로그램을 수립하였다. 이 후속 프로그램에 따라 2023년 봄에 단기, 중기 및 장기 추가조치를 포함한 IMO 온실가스 최종 전략이 채택될 예정이다. IMO 최종 전략은 2019년부터 데이터 수집 시스템에 의해 수집한 정보를 바탕으로 마련되며, 최종 채택된 지 5년 후에 재검토한다.

(3) 온실가스 배출 추가 감축조치

2021년 6월 제76차 MEPC는 원격회의를 열고 선박의 온실가스 배출 추가 감축을 위한 MARPOL 제VI 부속서의 개정안을 승인, 채택하였다. 이 개정안은 새로운 규제조치로 현존선 에너지효율지수Energy Efficiency Existing Ship Index(이하 'EEXI'), 탄소집약도지수Carbon Intensity Indicator(이하 'CII') 및 탄소집약도지수 등급제CII Rating(이하 'CII 등급제')를 채택하였다. 이러한 조치는 IMO 초기 전략의 "2030년까지 국제해운의 평균 연비효율을 40%까지 개선한다"는 목표를 달성하기 위한 단기 대책으로 도입되었다.

EEXI는 현존선의 온실가스 감축을 위한 기술적 조치로, 일본의 제안에 따라 채택되었다. EEXI는 선박이 1톤의 화물을 1마일 운송하는 데 발생하는 이산화탄소의 양을 기관출력, 재화중량톤수 등을 이용하여 사전적으로 계산한 값을 말한다. EEDI와 유사한 방식으로 선박의 에너지효율을 지표화하기 위한 것이지만, EEDI가 선박 건조 시에 적용되는 것과 달리 현존선에 적용되는 개념이다. EEXI는 현존선에 대해 신규 선박과 동등한 연비 성능을 요구하며, 총톤수 400톤 이상의 국제항해에 종사하는 선박을 대상으로 한다.[47] 따라서 운항 중인 현존선은 EEXI 기준값 대비 약 20%를 감축한 값을 충족시켜야 하며,[48] 이를 충족시켜야 국제에너지효율증서International Energy Efficiency Certificate, IEEC를 발급받고 운항할 수 있다.

CII와 CII 등급제는 현존선의 온실가스 감축을 위한 운항적 조치로 도입되었다. CII는 선박이 1년간 1톤의 화물을 1마일 운송하는 데 발생하는 이산화탄소 양을 연료사용량, 운항거리 등을 이용하여 사후적으로 계산한 값을 말한다. CII는 총톤수 5,000톤 이상의 국제항해에 종사하는 현존선을 대상으로 한다. CII 등급제는 CII에 따라 연간 연비실적을 평가하고 등급을 부여한다. 매년 선박이 실제 사용한 연간 연료소비량 및 항해거리에 근거하여 'CII 달성값attained CII'을 계산하고, 'CII 달성값'과 'CII 허용값required CII'을 비교하여 A(높은 등급)부터 E(낮은 등급)까지 에너지효율 등급을 부여하도록 되어 있다. 주관청은 A 또는 B 등급 선박에 인센티브를 제공하도록 권장된다. 반면 3년 연속 D등급 또는 E등급 선박은 시정 조치 계획을 제출하여 주관청의 확인을 받도록 되어 있다. CII 기준값을 산출하기 위한 연간 감축률은 매년 강화된다. 현존선은 2019년 기준 대비 2020~2022년까지는 매년 1%씩, 2023~2026년까지는 매년 2%씩 추가 감축하여야 하고, 2027~2030년은 차후에 결정하기로 하였다.[49]

이러한 조치는 현존선에 대한 규제를 강화하는 IMO 정책에 따른 것으로, 이에 따라 2013년 이전의 현존선은 의무적으로 에너지효율을 개선하여야

---

47 해양수산부, 「IMO 제76차 해양환경보호위원회(MEPC 76) 결과」, 2021. 7., 1~4쪽.
48 EEXI 기준값은 1999~2009년까지 건조된 선박의 선종 및 톤급별 선박에너지효율 평균값을 말한다. 해양수산부 보도자료, 2021. 6. 23.
49 해양수산부, 앞의 주 47), p. 2.

한다. 새로운 추가조치에 따라 현존하는 모든 선박은 EEXI를 충족시키고 운항실적에 따른 CII도 매년 감축해 나가야 한다. 이를 충족시키기 위해 선박 소유주는 선박 엔진출력 제한, 에너지 저감장치 탑재 등의 기술적 조치와 함께 최적항로 운항, 저탄소 연료 사용 등의 운항적 조치를 취하여야 한다. 이러한 조치로 해운업계의 규제 대응 부담이 지속적으로 증가할 것으로 보이지만, 반면에 친환경 선박으로의 개조 또는 신조 수요를 촉진시킬 것으로 전망된다.

MARPOL 제Ⅵ 부속서 개정안은 2022년 11월 1일부터 발효되며, EEXI 및 CII 인증 요건은 2023년 1월 1일부터 시행된다. 검토 조항review clause에 따라 IMO는 늦어도 2026년 1월 1일까지 CII 및 EEXI 요건의 이행 효과를 검토하고, 필요한 경우 추가 개정안을 개발 및 채택하도록 되어 있다.[50]

한편 제76차 MEPC에서는 현존선에 대한 에너지효율규제의 도입이 국가와 화물운송, 경제에 미치는 영향 등을 종합적으로 분석한 IMO 주관 '포괄적 영향평가' 결과를 승인하고, 미비한 사항은 추가 검토하여 영향평가절차를 개선해 나가기로 결정하였다.[51] 이는 제74차 MEPC(2019년 5월)에서 선박 온실가스 감축을 위한 제도 도입 시 영향평가를 실시하도록 합의한 바에 따른 것이다.[52]

---

50 Further shipping GHG emission reduction measures adopted, IMO, 17 June 2021. (https://www.imo.org/en/MediaCentre/PressBriefings/pages/MEPC 76.aspx, 2022. 2. 28. 방문)

51 해양수산부, 앞의 주 47), 4쪽; 환경영향평가절차는 KMI, "IMO 국제해사 정책동향", 『해양환경』, 제41권(2020) 참조.

52 제74차 MEPC에서는 영향평가절차Procedure for Assessing Impacts on States of Candidate Measures(MEPC.1/Circ.885a)가 승인되었고, 제6차 GHG 워킹그룹(ISWG−GHG 6차 회의)부터 온실가스 감축 후보조치에 대한 영향평가문서가 제출되고 있다. 박한선, 『IMO 국제해사 정책동향』, 제41권(2020), [해양환경].

8. MARPOL의 선박 배출 대기오염 규제가 대한민국에 주는 함의

국제사회는 온실가스 배출을 최대한 감축하고 기온 상승을 억제하기 위해 노력하고 있다. IMO와 유럽연합EU, 영국, 노르웨이 등 각국의 해운업계도 선박에서 배출하는 대기오염물질과 온실가스의 감소를 위한 방안을 마련하고 있다.

위에서 본 바와 같이 IMO의 선박 배출 대기오염 규제는 MARPOL을 통해 이루어지고 있다. MARPOL은 선박 기인 오염을 포괄적으로 규제하는 국제협약이며, MARPOL 제VI 부속서는 선박에서 발생하는 대기오염을 방지하기 위해 대기오염물질과 온실가스의 배출을 규제하는 규칙, 기준과 절차를 포함하고 있다.

MARPOL 제VI 부속서는 2022년 7월 현재 100개 국가가 비준하고 있고 톤수 기준 세계 상선운송의 96.65%에 적용된다. 제VI 부속서는 의무 규정으로 되어 있어 국제해운에 종사하는 대부분의 선박이 이를 강제적으로 준수하도록 되어 있다. 한국은 선적능력 세계 점유율 7위의 국가로 수출입 물동량의 99.7%를 선박으로 운송하고 있고, IMO 회원국이자 MARPOL 비준국으로 MARPOL 제VI 부속서에 따른 규제를 이행하여야 할 책임과 의무가 있다. 따라서 이들 규정을 국내법으로 수용하여 이행하고 있다.

MARPOL 제VI 부속서는 선박에서 배출되는 대기오염물질을 감축하기 위해 오존파괴물질의 고의적 배출을 금지하고 질소산화물, 황산화물, 휘발성유기화합물의 배출과 폐기물의 선내 소각을 규제한다. 지리적으로 대기오염에 취약한 해역에 대해서는 배출규제해역을 설정하고, 일반해역에서보다 질소산화물과 황산화물의 배출을 더 엄격하게 규제한다. 이러한 규제는 국제항해에 종사하는 우리나라 선박에도 모두 적용되고 있다.

IMO는 선박에서 배출되는 온실가스의 감축을 위해 선박의 에너지효율

조치와 'IMO 초기 전략'을 채택하였다. EEDI와 SEEMP, 선박연료유 사용량 보고제도 등은 국제해운 분야의 온실가스 감축을 위해 도입된 효율적 조치들이다. 총톤수 400톤 이상의 신규 선박에 대해서는 EEDI를 적용하여 최소한의 에너지효율 성능의 준수를 요구하고, 현존선에 대해서는 SEEMP를 적용하여 모니터링과 효율적인 운항방법에 따른 지속적인 관리를 요구한다. IMO는 2021년 개정안을 통해 EEXI, CII, CII 등급제와 같은 온실가스 배출 감축 조치를 추가로 채택하였다. 이러한 조치들은 현존선의 에너지효율을 개선하여 온실가스 배출을 규제하는 것으로, 2023년 1월 1일부터 적용된다. 따라서 신규 선박과 현존선이 모두 온실가스 배출 규제를 받게 되었으며, 이로 인해 해운 및 조선업계에 미치는 영향이 매우 클 것으로 보인다.

특히 온실가스 배출 감축을 위한 IMO 초기 전략이 수립되고 최종 전략 채택을 위한 후속 일정이 합의됨에 따라, 한국 정부와 국내 해운 및 조선업계는 이에 대한 적극적 대응이 불가피하다. 이를 위해 정부 차원에서 선박에 의한 온실가스 배출 감축목표를 설정하고 이를 달성하기 위한 정책과 전략 수립이 우선되어야 할 것이다. 또한 EEDI와 SEEMP, EEXI, CII 등에 따른 규제 강화에 대처하고, 고효율 선박과 탈탄소화 기술의 활용 등 시장기반조치에 따른 정책 방안을 강구하고, 친환경 선박과 대체연료 공급 시설에 대한 집중적인 연구와 개발에 주력할 필요가 있다. 더욱이 EEDI는 5년마다 단계적으로 규제를 강화하도록 되어 있어서 이에 대비하여 선박의 효율성을 향상시키는 친환경 연료 추진 선박에 대한 연구가 중요시되고 있다.

한편 IMO 회원국들은 IMO 초기 전략 후속활동 프로그램의 일환으로 국가행동계획National Action Plan, NAP을 수립하도록 되어 있다. 국가행동계획은 단기 감축조치에 해당하는 것으로, IMO 온실가스 배출 감축 규제에 대응하는 국가정책으로 제시되는 것이다. 따라서 한국은 온실가스 배출 감축 규제를 위한 대응방안으로 국가행동계획을 마련하고 이를 단계적으로 실행해 나가야 할 것이다. 또한 IMO의 온실가스 감축전략을 이행하기 위한 단기, 중기, 장기 조치에 따른 체계적인 접근 방식을 준비하여야 할 것이다.

IMO 총회는 일찍이 국제사회에 온실가스 감축을 가속화하기 위한 국제협력을 요구하고 지속가능한 해운시스템을 채택할 것을 요구한 바 있다. IMO는 향후에도 이러한 기조 위에서 회원국들이 온실가스 감축을 위한 조치와 국가행동계획을 이행하도록 압박해 나갈 것이다. 이에 IMO 초기 전략에 적극적으로 대응하고 온실가스 감축 전략 기술을 개발하고 관련 국내법제도를 구축하는 등 국내정책과 국가행동계획, 법제도 등을 통해 선제적으로 대처해 나가야 할 필요가 있다.

Ⅳ. 선박 배출 대기오염 규제의 국내 이행

1. 대한민국의 관련 국내법

(1) 대기환경보전법

「대기환경보전법」은 대기환경을 적정하고 지속가능하게 관리, 보전하기 위해 제정된 법이다. 「대기환경보전법」은 자동차, 선박 등에서 배출되는 대기오염물질을 줄이기 위해 측정망을 설치하고 대기오염도 등을 상시 측정하여 발표하도록 규정하고 있다(제3조). 환경부장관은 대기환경을 개선하기 위해 대기환경개선 종합계획을 10년마다 수립하여 시행한다(제11조).

「대기환경보전법」 제4장에서는 자동차, 선박의 배출가스를 규제한다. 제76조(선박의 배출허용기준 등) 제1항에 따르면, 선박 소유주는 선박의 디젤기관에서 배출되는 대기오염물질 중 '대통령령으로 정하는 대기오염물질'을

표 7-4 대기환경보전법 시행규칙 [별표 35]

선박의 배출허용기준(제124조 관련)

기관 출력	정격 기관속도 (n: 크랭크샤프트의 분당 속도)	질소산화물 배출기준(g/kWh)		
		기준 1	기준 2	기준 3
130kW 초과	n이 130rpm 미만일 때	17 이하	14.4 이하	3.4 이하
	n이 130rpm 이상 2,000rpm 미만일 때	$45.0 \times n^{(-0.2)}$ 이하	$44.0 \times n^{(-0.23)}$ 이하	$9.0 \times n^{(-0.2)}$ 이하
	n이 2,000rpm 이상일 때	9.8 이하	7.7 이하	2.0 이하

비고: 기준 1은 2010년 12월 31일 이전에 건조된 선박에, 기준 2는 2011년 1월 1일 이후에 건조된 선박에, 기준 3은 2016년 1월 1일 이후에 건조된 선박에 설치되는 디젤기관에 각각 적용하되, 기준별 적용 대상 및 적용 시기 등은 해양수산부령으로 정하는 바에 따른다.

배출할 때 환경부령으로 정하는 허용기준에 맞게 하여야 한다. 또한「대기환경보전법 시행령」제60조(선박 대기오염물질의 종류)는 "「대기환경보전법」제76조 제1항에서 "대통령령으로 정하는 대기오염물질"이란 질소산화물을 말한다."고 규정하고 있다. 따라서「대기환경보전법」에서 규제하는 선박 배출 대기오염물질은 질소산화물에 국한된다.

「대기환경보전법 시행규칙」[별표 35]에서는 제124조(선박의 배출허용기준)와 관련한 선박의 배출허용기준을 표 7-4와 같이 규정하고 있다. 여기에서 규정하고 있는 선박의 배출허용기준은 질소산화물의 배출기준을 명시하는 것으로, MARPOL 제VI 부속서 제13규칙을 이행한다.

(2) 해양환경관리법

「해양환경관리법」은 해양환경의 보전과 관리를 위해 제정된 법으로, 선박에서 배출하는 대기오염물질의 감축을 위한 MARPOL 규제를 수용하며, 시행령과 시행규칙을 통해 시행에 필요한 사항을 규정하고 있다. 시행규칙으로는「해양환경관리법 시행규칙」과「선박에서의 오염방지에 관한 규칙」이 제정되어 있으며,「선박에서의 오염방지에 관한 규칙」을 통해 선박 기인 오염을 방지하기 위해 필요한 사항을 규정하고 있다.

표 7-5 **선박 배출 대기오염 저감을 위한 해양환경관리법의 규제 조항**

해양환경관리법	해양수산부령(선박에서의 오염방지에 관한 규칙)	
	관련 조항	관련 별표
제41조(대기오염물질의 배출방지를 위한 설비의 설치 등)	제30조(대기오염방지설비의 설치기준 등) 제34조(황산화물용 배기가스정화장치 등)	[별표 19] [별표 20] [별표 8]
제41조의2(선박에너지효율설계지수의 계산 등)	제30조의2(선박에너지효율설계지수 계산 대상선박 등) 제30조의3(선박에너지효율설계지수 허용값 등)	[별표 20의2] [별표 20의3]
제41조의3(선박에너지효율관리계획서의 비치 등)	제30조의4(선박에너지효율관리계획서의 비치 대상 등) 제48조(협약검사증서의 발급)	[별표 20의4]
제42조(오존층파괴물질의 배출규제)	제31조(오존층파괴물질이 포함된 설비 제거 업체 등의 지정) 제31조의2(오존층파괴물질기록부)	[별표 21]
제43조(질소산화물의 배출규제)	제32조(질소산화물의 배출규제) 제33조(질소산화물 배출방지용 배기가스정화장치)	[별표 21의2] [별표 20]
제44조(연료유의 황함유량 기준 등)	제34조(황산화물용 배기가스정화장치 등) 제6조(황산화물배출규제해역)	[별표 20]
제45조(연료유의 공급 및 확인 등)	제35조(연료유의 공급)	[별표 22] [별표 23]
제46조(선박 안에서의 소각금지 등)	제36조(선박 안에서의 소각)	[별표 24] [별표 20]
제47조(휘발성유기화합물의 배출규제 등)	제37조(유증기배출제어장치의 설치대상 물질 등)	[별표 25] [별표 26]
제47조의2(휘발성유기화합물 관리)	제37조의2(휘발성유기화합물관리계획서의 검인 등)	[별표 17]

(출처: 이승원·오창석, 「우리나라 선박배출 대기오염 관리현황 및 감사시사점」, 감사원, 2020)

「해양환경관리법」 제2조 제13항에 따르면, '대기오염물질'이란 오존층파괴물질, 휘발성유기화합물과 「대기환경보전법」 제2조에 규정된 대기오염물질 및 이산화탄소를 말한다. 제3조 제6항에서는 선박의 디젤기관으로부터 발생하는 질소산화물 등 대기오염물질의 배출허용기준에 관해 이 법에서 규정하고 있는 경우를 제외하고 「대기환경보전법」이 정하는 바에 따르도록 규정하고 있다.

제2조 제14항에서는 '황산화물배출규제해역'을 규정하고 있다. '황산화물배출규제해역'은 황산화물에 따른 대기오염 및 이로 인한 육상과 해상의 악

영향을 방지하기 위해 선박으로부터의 황산화물 배출을 특별히 규제하는 해역으로, 해양수산부령이 정하는 해역을 말한다. 선박 소유주는 '황산화물 배출규제해역'에서 대통령령으로 정하는 황 함유량 기준(0.1% m/m)을 초과하는 연료유를 사용해서는 안 된다(제44조). 이 조항은 MARPOL 제VI 부속서 제14규칙을 이행하는 규정으로, 2021년 1월 1일부터 시행되고 있다.

제4장 '해양에서의 대기오염방지를 위한 규제'에서는 선박에서 배출되는 대기오염을 규제하고 있으며,「해양환경관리법 시행령」에서 상세한 규제 조항을 두고 있다. 선박 배출 대기오염의 감축을 위한 관련 조항은 표 7-5와 같다.

제5장에서는 '해양오염방지를 위한 선박의 검사 등'을 규정하고 있다(표 7-6). 검사 대상 선박의 소유자는 해양오염방지설비의 설치·유지 및 변경·교체·수리 등과 관련하여 정기검사, 중간검사, 임시검사, 임시항해검사 등을 받도록 되어 있다(제49~52조). 해양수산부장관은 정기검사에 합격한 선박에 대해 해양오염방지검사증서를, 임시항해검사에 합격한 선박에 대해 임시해양오염방지검사증서를 각각 교부한다(제49조, 제52조).

선박소유자가 선박에 방오시스템을 설치하는 경우에는 방오시스템검사를 받고 방오시스템검사증서를 교부받게 된다(제53조). 또한 국제항해에 사

표 7-6 해양오염방지를 위한 선박의 검사에 대한 해양환경관리법의 규제 조항

해양환경관리법	해양수산부령(선박에서의 오염방지에 관한 규칙)	
	관련 조항	관련 별표
제49조(정기검사)	제39조 (정기검사) 제50조 (해양오염방지검사증서등의 유효기간 기산)	-
제50조(중간검사)	제40조 (중간검사)	[별표 7]
제51조(임시검사)	제41조 (임시검사)	[별표 7]
제52조(임시항해검사)	제43조 (임시항해검사)	[별표 7]

(출처: 이승원·오창석,「우리나라 선박배출 대기오염 관리현황 및 감사시사점」, 감사원, 2020)

용되는 총톤수 400톤 이상의 선박을 건조하거나 개조하는 경우, 선박소유자는 최소 출력 이상의 추진기관을 설치하고 선박 에너지효율검사를 받도록 되어 있다. 에너지효율검사에 합격한 선박에 대해서는 에너지효율검사 증서가 발급된다(제54조의2). 이러한 증서를 교부받지 못한 선박을 항해에 사용해서는 안 된다(제57조 제1항).

한편 해양수산부장관은 외국선박에 대해 항만국통제를 행사할 수 있다. 우리나라의 항만, 항구 또는 연안에 있는 외국선박의 해양오염방지설비, 방오시스템, 연료유의 황 함유량 또는 선박 에너지효율이 MARPOL의 기술상 기준이나 황 함유량 기준에 적합하지 않은 경우, 해양수산부장관은 선장에게 관련 설비의 교체, 개조, 변경, 수리, 개선, 기타 필요한 조치를 명령할 수 있다(제59조).

(3) 항만지역등 대기질 개선에 관한 특별법

「항만지역등 대기질 개선에 관한 특별법」(이하 '항만대기질법')은 2019년 4월 2일 법률 제16308호로 제정되었고, 2020년 9월 1일부터 시행되고 있다. 시행령과 시행규칙도 2019년 제정되어 2020년 9월 1일부터 시행되고 있다.

이 법은 항만배출원을 체계적으로 관리함으로써 항만지역 및 인근 지역 주민의 건강을 보호하고 쾌적한 생활환경을 조성하는 데 목적이 있다(제1조). 부산, 인천 등 주요 항만도시의 미세먼지 농도가 심각하고 발생 원인이 항만과 선박이기 때문에 항만지역에서 발생하는 미세먼지 저감 대책을 마련하기 위해 2019년 특별법으로 제정되었다.

항만대기질법은 항만지역의 대기질 관리 및 항만배출원에 대해 적용한다(제3조). 해양수산부장관은 5년마다 항만지역의 대기질 개선을 위한 종합계획을 수립한다. 적용대상이 되는 대기오염물질은 질소산화물, 황산화물, 휘발성유기화합물, 먼지, 미세먼지, 오존O_3 등이다(제7조).

해양수산부장관은 항만대기질관리구역 내에 황산화물 배출규제해역을 정해 고시할 수 있다. 배출규제해역에서는 일반해역보다 강화된 연료유 기준을 적용하며, 선박소유자는 황 함유량 기준을 초과하는 연료유(0.1% m/m)를 사용해서는 안 된다(제10조). 황산화물 배출규제해역 지정 고시에 따라 배출규제해역의 범위는 인천항, 평택·당진항, 여수·광양항, 부산항, 울산항으로 지정되었다. 강화된 선박 연료유 기준은 2020년 9월 1일부터 정박계류 중인 선박에, 2022년 1월 1일부터 운항선박에까지 적용되고 있다.[53] 그 밖의 해역에서 항해하는 선박의 연료유 황 함유량은 0.5% 이하이며, 2020년 1월 1일부터 외항 선박에, 2021년 1월 1일부터 내항 선박에 단계적으로 적용하고 있다.

해양수산부장관은 항만대기질관리구역 내에 저속운항해역을 정해 고시하고, 해당 해역을 운항하는 선박소유자에게 해양수산부령으로 정하는 속도 이하로 운항하도록 권고할 수 있다(제11조).

항만대기질법은 항만지역의 먼지 배출원인 선박과 하역장비의 체계적인 관리, 친환경 선박의 구입 촉진, 친환경 하역장비로의 전환 촉진과 친환경 항만의 구축을 추진한다(제12~17조). 항만시설에는 선박 접안 시 선박에서 필요한 전기를 육상에서 공급하는 '육상전원공급설비AMP'를 설치하여야 하며, 선박소유자에게는 선박 내에 육상전원공급설비에서 전력을 수급할 수 있는 '수전장치'의 설치를 권고할 수 있다(제18조).

(4) 환경친화적 선박의 개발 및 보급 촉진에 관한 법률

「환경친화적 선박의 개발 및 보급 촉진에 관한 법률」(이하 '친환경선박법')은 2018년 12월 31일 법률 제16167호로 제정되었고, 2020년 1월 1일부터 시행 중이다. 시행령과 시행규칙도 2020년과 2019년에 각각 제정되어 2020

---

53 해양수산부고시 제2019-202호(2019. 12. 26. 제정) 제2~3조.

년부터 시행 중이다.

이 법은 친환경 선박의 개발 및 보급을 위한 종합 계획 및 시책을 수립, 추진함으로써 조선·해운산업의 지속적인 발전과 깨끗한 해양환경 조성을 도모하는 데 목적이 있다(제1조). IMO의 선박 배출 대기오염 규제 강화와 국가 및 지역 단위의 환경규제로 국내 해운업계와 조선업계가 어려움을 겪자 친환경 선박에 대한 투자와 판로 확대를 꾀하고자 제정되었다.

'친환경 선박'은 해양오염 저감기술을 적용하거나 선박 에너지효율을 높일 수 있는 기술을 사용하여 설계된 선박, LNG(액화천연가스)·LPG(액화석유가스) 등 친환경 에너지를 동력원으로 사용하는 선박, 전기에너지를 동력원으로 사용하는 전기추진선박, 하이브리드선박, 또는 연료전지추진선박을 포함한다(제2조 제3항).

산업통상자원부장관 및 해양수산부장관은 친환경 선박의 개발 및 보급을 촉진하기 위한 기본계획을 5년마다 공동으로 수립한다(제3조). 기본계획을 추진하기 위해 산업통상자원부장관은 매년 친환경 선박의 개발시행계획을, 해양수산부장관은 보급시행계획을 각각 수립, 추진하여야 한다(제4조, 제5조). 친환경 선박의 개발 및 정책에 관해 필요한 사항을 협의하기 위해 산업통상자원부에는 친환경 선박의 개발에 관한 정책협의회를, 해양수산부에는 친환경 선박의 보급에 관한 정책협의회를 둔다(제7조).

국가나 지방자치단체는 친환경 선박의 구매자 및 소유자, 연료 공급자, 노후선박을 친환경 선박으로 전환하는 자 등에 대해 필요한 자금을 지원할 수 있다(제10~12조). 또한 국가, 지방자치단체, 공공기관, 지방공기업의 장에게는 친환경 선박 구입 의무가 부과된다. 이에 따라 국가, 지방자치단체, 공공기관, 지방공기업의 장은 선박 조달 시 해양수산부령으로 정하는 특별한 사정이 없으면 친환경 선박으로 구입하여야 한다(제13조).

친환경선박법은 친환경 선박 전환정책 대상을 외항 화물선뿐만 아니라 내항선, 여객선, 어선, 유도선, 예선 등 다양한 선종으로 확대하여 지원정책의 폭을 넓히고 있다. 또한 친환경 선박의 개념에 LNG, LPG, CNG(압축천연가스) 등 친환경 에너지를 동력원으로 하는 선박과 전기추진선박, 하이브리드선박, 수소를 이용한 연료전지추진선박 등을 포함함으로써 첨단 선박기술 개발 추세를 반영하고 있다. 국가, 지방자치단체 등의 친환경 관공선 구입을 강제화함으로써 친환경 선박의 보급계획도 추진해 나가고 있다.[54]

(5) 기후위기 대응을 위한 탄소중립·녹색성장 기본법

「기후위기 대응을 위한 탄소중립·녹색성장 기본법」(이하 '탄소중립기본법')은 그동안 시행되어 온 「저탄소 녹색성장 기본법」을 폐지하고, 2021년 9월 24일 법률 제18469호로 제정되었다. 이 법은 2022년 7월 1일부터 시행 중이다. 시행령은 2022년 3월 25일 제정되어 동년 7월 1일부터 시행되고 있다.

폐지된 「저탄소 녹색성장 기본법」은 저탄소 녹색성장에 필요한 기반을 조성하고 녹색기술과 녹색산업을 새로운 성장 동력으로 활용한다는 목적으로 2010년에 제정되었다. 한국은 이에 근거하여 기후변화의 위기를 해소하고 지속가능 발전에 기여하는 기후변화 대응정책을 이끌어 왔다. 그러나 국제 사회에서 지구 평균온도 상승을 억제하고 2050년까지 탄소중립 carbon neutral[55]을 달성하도록 촉구함에 따라 기후변화에 대한 대응체계를 보완하고 2050년 탄소중립 목표를 법제화한다는 취지에서 탄소중립기본법을 제정하였다. 이 법은 「저탄소 녹색성장 기본법」과 이를 기반으로 시행된 녹색성장정책을 계승하고 있다.

---

54 https://motie.go.kr/motie/gov3.0/gov_openinfo/sajun/bbs/bbsView.do?bbs_seq_n=162469&bbs_cd_n=81(2022. 1. 19. 방문).

55 '탄소중립'이란 대기 중에 배출, 방출 또는 누출되는 온실가스의 양에서 온실가스 흡수의 양을 상쇄한 순배출량이 영(零)이 되는 상태를 말한다. 기후위기 대응을 위한 탄소중립·녹색성장 기본법 제2조 제3항.

탄소중립기본법은 온실가스 감축 및 기후위기 적응 대책을 강화하고, 탄소중립 사회로의 이행 과정에서 발생할 수 있는 경제적·환경적·사회적 불평등을 해소하며, 녹색기술과 녹색산업을 육성, 촉진, 활성화하는 것을 목적으로 한다(제1조). "2050년까지 탄소중립을 목표로 하여 탄소중립 사회로 이행하는 것"을 국가 비전으로 하며, 이를 달성하기 위해 국가탄소중립녹색성장전략을 수립하도록 되어 있다(제7조).

정부의 중장기 감축목표는 "국가 온실가스 배출량을 2030년까지 2018년의 국가 온실가스 배출량 대비 35퍼센트 이상의 범위에서" 감축하는 것으로, 이를 달성하기 위해 산업, 건물, 수송, 발전, 폐기물 등 부문별 감축목표를 설정하여야 한다(제8조). 정부는 국가 비전과 중장기 감축 목표 등의 달성을 위해 20년을 계획기간으로 하는 국가기본계획을 5년마다 수립, 시행한다(제10조). 또한 주요 정책 및 계획을 심의, 의결하기 위해 대통령 소속으로 2050 탄소중립녹색성장위원회를 둔다(제15조). 그 밖에 기후변화영향평가제도(제23조), 온실가스감축인지 예산제도(제24조),[56] 온실가스 배출권거래제(제25조), 탄소흡수원 확충(제33조), 온실가스 종합정보관리체계 구축(제36조), 기후대응기금 설치(제69조) 등을 규정하고 있다.

탄소중립기본법은 2050 탄소중립 이행의 법적 기반을 마련하고 탄소중립 이행을 위한 실질적인 정책수단을 마련하였다는 데 중요한 의미가 있다. 해양과 관련해서는 (i) 국가탄소중립녹색성장전략 수립 시 해양 관련 정책과의 연계에 관한 사항을 고려하고(제7조 제2항), (ii) 해양수산 등 부문별 소관 분야의 정보 및 통계를 매년 온실가스 종합정보센터에 제출하고(제36조 제2항), (iii) 기후위기가 해양, 수산 등에 미치는 영향과 취약성, 위험 및

---

56 온실가스감축인지 예산제도는 예산과 기금이 기후변화에 미치는 영향을 분석하고 이를 국가와 지방자치단체의 예산재정 운용에 반영하는 제도이다. 기후위기 대응을 위한 탄소중립·녹색성장 기본법 제24조.

사회적·경제적 파급효과를 조사, 평가하는 기후위기적응정보관리체계를 구축, 운영하도록 한다(제37조 제2항). 이 중에서 제36조 제2항은 해양수산 부문 정보 및 통계를 매년 온실가스 종합정보센터에 제출하도록 함으로써 선박에서 배출되는 온실가스의 총량 파악이 가능하도록 하고 있다. 이는 해양수산부가 운영하는 '선박온실가스종합관리시스템'과 더불어 선박에서 배출되는 온실가스의 체계적인 정보 관리에 기여할 것으로 보인다.

2. 선박 배출 대기오염 규제 관련 기본계획

(1) 제2차 대기환경개선 종합계획(2016~2025년)

환경부는 2015년 대기, 기후 분야의 10년간 정책방향을 제시하는 「제2차 대기환경개선 종합계획」을 발표하였다. 이 종합계획은 「대기환경보전법」 제11조에 근거한 것으로, 대기환경 개선을 위해 10년마다 수립, 시행하는 법정계획으로 수립되었다. 제1차 종합계획은 2006~2015년 사이에 실시되었다.

제2차 종합계획은 대기질 개선 부문과 기후변화 대응 부문으로 나누어진다. 대기질 개선 부문은 대기질 개선을 위한 향후 10년간의 정책 방향과 주요 과제를 제시하는 계획으로, 대기환경 분야 최상위 계획에 해당된다. 이 부문에서는 대기오염물질 배출 현황 및 전망에 기초하여 미세먼지와 이산화질소 등 대기오염물질의 저감 목표를 설정하고 분야별, 단계별 대책을 제시한다. 또한 대기오염물질과 온실가스를 연계한 통합 대기환경 관리체계를 구축하고 있다.

기후변화 대응 부문은 기후변화에 대응하기 위한 주요 과제를 부문별로 발굴 제시하는 데 중점을 두고 있다. 종합계획에 포함되는 기후대책은 (i) 온실가스 저감, (ii) 대기오염물질과 온실가스 연계관리 강화, (iii) 기후변화로 인한 영향평가와 적응대책 추진, (iv) 온실가스 배출관리체계 구축,

(ⅴ) 교토메커니즘 이행기반 구축, (ⅵ) 온실가스 감축 기술개발 및 기업지원 강화, (ⅶ) 국제협력 및 교육홍보 강화에 관한 사항을 포함한다. 이 계획에서는 '30년 감축목표 달성 및 기후변화 대응 강화'를 위한 주요 과제를 부문별로 발굴하여 제시하며, 기후변화 대응을 위한 범정부 차원의 대책을 제안한다.[57]

(2) 제3차 환경관리해역 기본계획(2019~2023년)

해양수산부는 2019년 환경관리해역의 보전 관리를 위한 제3차 기본계획을 발표하였다. 이 기본계획은 「해양환경관리법」 제16조에 근거하여 수립되었으며, 변화하는 관리 여건에 대응하고 체계적인 해역관리를 하기 위해 채택되었다. 제1차 기본계획(2004~2009년), 제2차 기본계획(2013~2017년)에 이어 채택된 이 기본계획은 2019년부터 2023년까지 5년간 시행되며, 「해양환경보전법」 제15조에 따른 환경보전해역 4개소와 특별관리해역 5개소를 대상으로 한다.

이 기본계획은 환경관리해역의 해양환경을 개선, 유지하기 위해 4대 중점 분야를 선정하고, 이에 따라 특별관리해역 및 환경보전해역의 환경 관리를 위한 추진 과제와 세부 과제를 제시한다. 4대 중점분야는 (ⅰ) 오염물질 유입 차단, (ⅱ) 수질, 저질 환경 개선, (ⅲ) 해양건강성 증진, (ⅳ) 관리역량 강화 등이다. 이 중에서 선박 기인 대기오염과 관련이 있는 것은 (ⅱ) 수질, 저질 환경 개선과 관련된 추진 과제로, 항만 대기오염, 선박 기인 수질오염 차단 등 선박에 의한 환경오염 방지를 위한 국제협약에 대응하여 국내 관리 체계의 선진화를 꾀하는 것을 목표로 하고 있다.

분야별 중점 추진 과제로는 (ⅰ) 점오염원 관리, 비점오염원 관리, 육상 기인 해양쓰레기 관리, (ⅱ) 해양수질환경 개선, 해양저질환경 개선, 해양쓰

---

57 환경부, 제2차 대기환경개선 종합계획(2016~2025), 2015.

레기 관리, (iii) 해양생태계 관리, 서식지 관리 및 복원, (iv) 정책 지원 및 개선, 해양오염사고 관리 강화 등이 제시되고 있다.[58]

(3) 2020년 제1차 친환경선박 개발·보급 기본계획(2021~2030년)

2020년 12월 해양수산부와 산업통상자원부는 향후 10년간 이행할 「제1차 친환경선박 개발·보급 기본계획(2021~2030년)」을 발표하였다. 이 기본계획은 친환경선박법 제4조에 근거한 것으로, 친환경 선박의 개발과 보급을 적극 추진하고 있다. 기본계획은 탄소중립을 위한 친환경 선박 중장기 계획이며, 선박 배출 온실가스 감축 및 신시장 창출을 목표로 한다.

「제1차 친환경선박 개발·보급 기본계획」은 국가행동계획의 일환으로, 저탄소, 무탄소 등 선박 배출 온실가스의 저감기술 확보를 위한 체계적 기술개발을 지원하고 친환경 실증 프로젝트를 추진하는 동시에, 2030년까지 친환경 선박 전환을 통해 온실가스를 감축한다는 데 중점을 두고 있다. 구체적인 중점 추진 과제로는 (i) 미래 친환경 선박 기술 확보, (ii) 신기술 확산을 위한 시험기반 구축, (iii) 한국형 실증 프로젝트(Green Ship-K) 추진, (iv) 연료공급 인프라 확충, (v) 친환경 선박 보급 촉진, (vi) 친환경 선박시장 주도 생태계 조성을 제시하고 있다.

기본계획에 이어 2021년 1월 산업통상자원부는 「한국형 친환경선박 개발시행계획」을, 해양수산부는 「한국형 친환경선박 보급시행계획」을 각각 수립, 공표하였다. 이들 시행계획은 기본계획의 연도별 이행을 위해 수립된 것으로, 기본계획의 중점 추진 과제를 시행하는 세부 추진 과제를 포함하고 있다. 개발시행계획의 추진 과제는 (i) 미래 친환경 선박 세계 선도 기술 확보, (ii) 신기술 확산을 위한 시험기반 구축, (iii) 한국형 실증 프로젝트(Green Ship-K) 추진이다. 보급시행계획의 추진과제는 (i) 연료공급 인프

---

58 해양수산부, 제3차 환경관리해역 기본계획(2019~2023), 2019.

라 확충, (ⅱ) 친환경 선박 보급 촉진, (ⅲ) 친환경 선박시장 주도 생태계 조성이다.[59]

(4) 2021년 제1차 항만지역 등 대기질 개선 종합계획

해양수산부는 2021년 1월 「제1차 항만지역 등 대기질 개선 종합계획」을 수립, 발표하였다. '대기질 개선 종합계획'은 항만대기질법 제7조에 근거하여 항만지역 등의 대기질 개선을 위해 수립된 법정계획으로, 법 시행 이후 처음으로 수립되었다. 이 종합계획은 2025년까지 항만 배출 초미세먼지 배출량을 2017년 대비 60% 감축하는 것을 목표로 한다.

대기질 개선 종합계획은 항만 내 배출원에서 발생하는 대기오염물질의 현황 및 전망에 대한 과학적인 분석과 함께 체계적인 관리방안을 마련하는 데 중점을 두고 있다. 이를 위해 4대 전략과 15개 세부 과제를 수립하고 있다.

부문별 추진 전략으로는 (ⅰ) 선박 기인 대기오염물질 저감, (ⅱ) 항만의 친환경화, (ⅲ) 안전한 생활환경 조성, (ⅳ) 관리기반 구축을 제시하고 있다. 이를 이행하는 전략별 추진 과제는 (ⅰ) 선박연료유 황 함유량 기준 강화, (ⅱ) 선박 저속운항 프로그램 활성화, (ⅲ) 친환경 선박 확대, (ⅳ) 육상전원 공급장치 이용 확대, (ⅴ) 항만 하역장비의 친환경화, (ⅵ) 노후경유차 항만 출입제한 실시, (ⅶ) 친환경 항만 인프라 확대, (ⅷ) 항만, 물류의 스마트화 등이다. 이러한 추진 전략과 전략별 추진 과제는 항만대기질법을 이행하고 친환경적인 항만관리와 항만지역의 대기질 개선을 위한 사업으로 추진되고 있다.[60]

---

59 해양수산부, 보도자료, 「그린뉴딜, 탄소중립을 위한 친환경선박 중장기 계획 수립」, 2020. 12. 23., 1~12쪽; 해양수산부, 「2021년 한국형 친환경선박(Greenship-K) 보급시행계획」, 2021. 1. 21., 1~10쪽; 산업통상자원부, 「2021년 한국형 친환경선박(Greenship-K) 개발시행계획」, 2021. 1. 11., 1~7쪽.
60 해양수산부, 「항만지역 등 대기질 개선 종합계획」, 2021. 1., 5~6쪽.

Ⅴ. 평가 및 정책 제언

1. 평가

최근 IMO의 해양환경 관리는 선박이 배출하는 대기오염물질 규제에 높은 비중을 두고 있으며, MARPOL을 통해 규제를 강화해 나가고 있다. 이에 따라 국내의 해양환경 정책도 해양의 대기질 관리에 집중하고, 기존의 육상 중심의 대기질 관리정책에서 연안 및 항만 구역의 대기질 관리정책으로 점차 확대되어 가고 있다.

한국의 국내법들은 관련 법 규정과 기본계획을 통해 IMO의 선박 배출 대기오염 규제정책과 MARPOL 제Ⅵ 부속서의 규정을 충실히 이행하고 있다. 특히「해양환경관리법」은 MARPOL 제Ⅵ 부속서가 수차례의 개정을 통해 규제를 강화함에 따라, 관련 국내법을 제정 또는 개정하여 이러한 규제를 적극 수용하고 시행해 나가고 있다.

「대기환경보전법」은 대기환경을 적정하고 지속가능하게 관리, 보전한다는 목적에 따라 자동차와 선박의 배출가스를 규제하고, MARPOL 제Ⅵ 부속서 제13규칙에 따른 선박의 배출허용기준을 규정하고 있다. 대기환경을 개선하기 위해 대기환경개선 종합계획도 수립, 시행하고 있다.

「해양환경관리법」은 해양환경의 보전과 관리를 위해 선박에서 발생되는 오존파괴물질, 휘발성유기화합물, 질소산화물, 이산화탄소 등 대기오염물질의 배출을 규제한다. 또한 황산화물배출규제해역, 선박에너지효율설계지수EEDI 계산, 선박에너지효율관리계획서SEEMP 비치, 연료유 공급, 선내소각금지 등의 규정을 통해 MARPOL 제Ⅵ 부속서의 관련 규정을 모두 반영하고 있다. 특정 해역의 환경보전을 위해 환경관리해역 기본계획도 수립하고 있다.

항만대기질법은 주요 항만도시의 대기질 개선을 위해 미세먼지 저감 대책과 항만배출원의 체계적인 관리를 추진하고, 항만지역의 대기질 개선을 위한 종합적인 시책과 세부 시책을 수립, 시행하고 있다. 항만지역의 대기질 개선목표를 달성하기 위해 인천항, 부산항 등을 황산화물 배출규제해역으로 지정하고 강화된 황산화물의 배출 기준을 적용하고 있는데, 이는 MARPOL 제VI 부속서 제14규칙을 적용한 것이다.

친환경선박법은 친환경 선박의 개발 및 보급을 촉진하기 위해 국가와 지방자치단체, 공공기관에 친환경 선박의 구입 의무를 부과하고 기본계획과 시책을 수립, 추진하고 있다. 이에 따른 세부 과제는 IMO의 선박 배출 온실가스와 대기오염물질 감축에 대응하기 위해 선박 에너지효율을 개선하고 청정에너지와 대체에너지의 사용, 선박 운항의 효율화를 추진하는 방안을 포함하고 있다.

탄소중립기본법은 기후변화 대응체계를 강화하고 2050 탄소중립 목표를 달성하기 위해 제정된 법이다. 「대기환경보전법」에서도 기후변화 적응대책을 규정하고 있지만, 탄소중립기본법은 기후변화에 대한 대응체계를 강화하고 기후위기 적응시책을 구체화하고 있다. 탄소중립기본법에서 새로 도입한 제도로는 온실가스감축인지 예산제도, 탄소흡수원 확충, 탄소포집·이용·저장기술의 육성, 기후대응기금 설치 등이 있다. 이는 국가 기후위기 대응체계 구축이라는 입법 취지를 반영한 것이다.

2. 정책 제언

선박 배출 대기오염 규제와 관련된 한국의 국내법과 정책은 IMO의 규제정책과 MARPOL 제VI 부속서 규정을 충실하게 수용, 실시하고 있다. 제도적 개선이나 법령 정비를 위해 몇 가지 제안을 하면 다음과 같다.

(1) 대기오염물질의 체계적 관리

한국의 대기오염물질 관리는 환경부 소관이다. 그러나 환경부는 주로 육상에서 발생하는 대기오염물질을 관리하며, 선박에서 발생하는 대기오염물질에 대한 관리는 대부분 해양수산부에서 맡고 있다. 환경부에서는 선박에서 배출되는 대기오염물질 중 선박의 디젤기관에서 배출되는 질소산화물 허용기준만 규제하고 있고, 그 외의 대기오염물질에 대해서는 규제를 하지 않고 있다. 이에 따라 선박 배출 대기오염물질에 대해 통일적이고 일괄적인 규제가 이루어지지 않는다는 문제가 제기되고 있다.

「대기환경보전법」 제76조와 「대기환경보전법 시행령」 제60조는 선박의 디젤기관에서 배출되는 대기오염물질의 배출을 규제하되, 선박 대기오염물질의 종류를 질소산화물에 국한시키고 있다. 한편 「대기환경보전법 시행규칙」 [별표 35]는 선박의 배출허용기준을 규정하면서 기준 1, 기준 2, 기준 3을 적용하는 기준별 적용대상 및 적용시기 등을 해양수산부령으로 정하도록 규정하고 있다. 이에 대해 해양수산부령 「선박에서의 오염방지에 관한 규칙」 [별표 21의2]는 선박에 설치된 디젤기관의 질소산화물 배출규제 적용시기 및 적용방법을 「대기환경보전법 시행규칙」 [별표 35]에 따르도록 규정하고 있다.

이들 규정에서는 선박에서 배출되는 질소산화물의 기준별 적용대상과 적용시기, 적용방법을 놓고 「대기환경보전법」과 해양환경보전법이 상호 교차 적용되는 양상을 보이고 있다. 이는 선박 배출 대기오염물질 중 질소산화물을 환경부가 별도로 관리하는 데 따른 것으로 보인다. 그러나 선박 배출 대기오염을 효과적으로 규제하기 위해서는 질소산화물 이외의 대기오염물질도 일괄적이고 총체적으로 관리하는 것이 필요하다. 이러한 점에서 선박 배출 대기오염물질에 대한 환경부와 해양수산부의 이원적 관리체제를 개선하여 일원화된 관리체제로 나아가는 것이 바람직하다고 본다.

(2) 질소산화물 배출규제해역 지정

IMO가 선박 기인 대기오염물질에 대한 규제를 강화함에 따라 한국도 황산화물과 질소산화물 등 대기오염물질에 대한 배출기준을 강화하고 규제 대상 선박을 확대해 나가고 있다.

황산화물의 경우, 「해양환경관리법」 제44조에 따라 선박이 황산화물배출규제해역에서 황 함유량 기준을 초과하는 연료유를 사용하지 않도록 규제하고 있다. 또한 항만대기질법 제10조에 따라 황산화물 배출규제해역을 지정하고, 이 해역에 진입하는 선박은 황 함유량 기준을 초과하는 연료유를 사용하지 못하도록 규제한다.

질소산화물은 「대기환경보전법」 제76조와 「대기환경보전법 시행령」 제60조, 「대기환경보전법 시행규칙」 [별표 35]에서 규제하고 있다. 해양수산부는 2021년 5월 19일부터 선박 디젤기관의 질소산화물 배출기준을 강화하여, 2013년 1월 1일 전에 건조된 국내 항해선박의 기관을 교체할 경우 기관의 제작연도에 관계없이 「대기환경보전법 시행규칙」 [별표 35]의 기준 2를 적용하도록 하고 있다.

그러나 한국에서는 기준 3에 해당하는 질소산화물 배출규제해역을 아직 지정하지 않고 있다. 한국 항만 중 부산지역은 선박에서 배출하는 질소산화물의 총량이 황산화물 다음으로 많고, 질소산화물이 공기 중에서 화학반응을 일으켜 발생하는 2차 생성 미세먼지의 비중도 적지 않다. 따라서 선박에서 직접 배출되는 1차 선박배출량과 2차 선박배출량의 총량을 고려할 때 질소산화물의 관리가 매우 필요하다고 생각된다. 이러한 점에서 배출규제 기준을 강화하고 나아가 질소산화물 배출규제해역을 지정하는 것을 고려하여야 할 것이다.

274

참고문헌

1. 박찬호·김한택,『국제해양법』(서울: 서울경제경영, 2011).
2. 박찬호·이기범,『유엔해양법협약 해설서 제2권』(국제해양법학회·해양수산부, 2018).
3. 안용성 외,「국내 항만의 대기오염물질 관리정책 및 제도 개선방안」(KMI, 2019. 1.).
4. _____,「선박 대기오염물질 배출저감 기술의 평가·인증체계 구축 및 활용방안 연구」(KMI, 2019. 12.).
5. 이승원·오창석,「우리나라 선박배출 대기오염 관리현황 및 감사시사점」, 연구보고서 (감사원, 2019. 10.).
6. 정노택, "IMO의 선박기인 CO$_2$ 배출 규제 동향 및 고찰",『한국해양환경공학회지』, 제14권 제1호(2011).
7. Aldo Chircop, "The IMO Initial Strategy for the Reduction of GHGs from International Shipping: A Commentary", *The International Journal of Marine and Coastal Law*, Vol. 34, Issue. 3(2019).
8. IMO, "Fourth Greenhouse Gas Study 2020, Executive Summary", 2021.
9. James Harrison, "Pollution of the Marine Environment from or Through the Atmosphere", *Law Explorer*, 23 Jul, 2016.
10. Sands Philippe, Jacqueline Peel, *Principles of International Environmental Law*, 4th ed(Cambridge: Cambridge University Press, 2018).

08

해양쓰레기

정다운

I. 해양쓰레기 현황과 문제점

해양쓰레기는 "재질과 종류, 기존 용도를 불문하고 고의 또는 부주의로 해안에 방치되거나 해양으로 유입, 배출되어 해양환경에 악영향을 미치는 고형물"이라고 정의될 수 있다.[1] 해양쓰레기의 상당 부분을 차지하고 있는 것은 플라스틱이며, 플라스틱 생산의 꾸준한 증가로 해양 플라스틱 쓰레기는 계속해서 증가할 것으로 보인다. 2015년 기준으로 해변이나 해저에 쌓인 해양 플라스틱을 제외하고도 269,000톤에 상당하는 5.25조 개의 플라스틱 조각 및 잔여물이 해양에서 떠다닌다는 연구가 있으며,[2] 2050년에는 무게

---

1 해양수산부, 『개정판 해양수산 용어사전』 (해양수산부, 2020), 80쪽.
2 Laura Parker, "Ocean Trash: 5.25 Trillion Pieces and Counting, but Big Questions Remain", National Geographic, 2015년 1월 11일. (https://www.nationalgeographic.com/science/article/150109-oceans-plastic-sea-trash-science-marine-debris, 2021. 10.

로 계산하였을 때 바다에 플라스틱의 양이 어류의 양보다 더 많아질 것이라는 예측도 있다.[3] COVID-19 팬데믹으로 인해 마스크, 보호 용품, 비닐봉지, 음식 포장지 등의 일회용품 사용량이 급증하여 해양쓰레기 문제는 더욱 심각해질 것으로 보인다.[4]

해양쓰레기의 기원은 다양하다. 해양쓰레기의 80%는 육상오염원으로 인한 것이며, 선박에서 발생하거나 투기 등의 해상오염원으로 인해 발생하기도 한다.[5] 해양쓰레기의 주요 특징 중 하나는 주요 해류 또는 해양생물에 의해 먼 거리를 이동하기도 하고 해저에 퇴적되기도 한다는 점이다. 태평양 위에 존재하는 거대 쓰레기 지대Great Pacific Garbage Patch는 전 세계에서 버려진 해양쓰레기들이 바람과 해류를 통해 이동하여 만들어진 것으로 해양쓰레기의 이러한 특징을 잘 보여 준다.[6]

2016년 「생물다양성협약」 사무국에서 발행한 '해양쓰레기가 해양 및 연안 생물다양성에 미치는 영향에 대한 보고서'에 따르면, 해양쓰레기에 영향을 받는 생물종은 800종이 넘으며, 해양쓰레기 섭취, 플라스틱 봉투 등에 얽힘 등으로 인해 고통 받는 해양생물은 꾸준히 증가하고 있다.[7] 유기되

31. 방문)

3 Ellen MacArthur Foundation. (https://www.ellenmacarthurfoundation.org/publications/the-new-plastics-economy-rethinking-the-future-of-plastics-catalysing-action, 2021. 10. 31. 방문)

4 윤창교, "코로나19 이후 매달 마스크 1290억개가 버려지고 있다", 프레시안, 2021년 4월 21일. (https://www.pressian.com/pages/articles/2021040809484041520#0DKU, 2021. 10. 31. 방문)

5 해양쓰레기가 해양환경에 미치는 영향 전반에 관해서는 UN, *The Second World Ocean Assessment*, Volume II(2021. 4. 21.), pp. 151-170; Joint Group of Experts on the Scientific Aspects of Marine Environmental Protection(GESAMP), *Sources, fate and effects of microplastics in the marine environment: a global assessment: A report to infrom the Second United Nations Environment Assembly* (2016) 참고.

6 National Geographic, "Great Pacific Garbage Patch". (https://www.nationalgeographic.org/encyclopedia/great-pacific-garbage-patch/, 2021. 10. 31. 방문)

7 CBD, *Marine Debris: Understanding, Preventing and Mitigation the Significant Adverse*

거나 분실되거나 폐기된 어구abandoned, lost or otherwise discarded fishing gear는 해양생물의 서식지를 파괴할 뿐만 아니라, 폐어구에 물고기들이 걸려서 죽는 고스트 피싱ghost fishing으로 인해 해양생물에게 심각한 영향을 미치고 있다. 또한 해양쓰레기의 상당 부분을 차지하는 해양 플라스틱 쓰레기는 크기가 5mm 이하인 미세플라스틱으로 분해되어 해양생태계 먹이사슬에서 발견되고 있다. 해양쓰레기는 해양생태계뿐만 아니라, 미세플라스틱을 포함한 해양쓰레기를 섭취한 어류와 해산물을 소비하는 인간에게도 부정적인 영향을 미친다.[8] 또한 해양쓰레기는 어업 활동, 양식 산업, 해양 운송업, 관광업 등 사회적·경제적으로도 영향을 미친다.[9] 그러나 해양쓰레기의 오염원, 분포, 경로와 도착지, 어업과 양식 산업을 포함한 생물군에 대한 영향 등에 대해서는 여전히 관련 지식이 부족하다.[10]

해양쓰레기는 전 지구적 문제로 국제사회에서 그 중요성이 계속 확인되고 있다. 예를 들면, 2015년 9월 25일 유엔총회에서 채택된 '지속가능한 개발을 위한 2030 계획2030 Agenda for Sustainable Development'의 지속가능한 개발 목표 14에서는, 국가들이 지속가능한 개발을 위해 2025년까지 해양 및 해양자원을 보존하고 지속가능한 방법으로 사용하여야 하며, 해양쓰레기를 비롯한 육상활동으로 인한 모든 종류의 해양오염을 예방하고 현저하게 줄여야 한다고 언급하고 있다.[11] 2020년 12월 31일 유엔총회에서 채택된 '해양 및 해양법에 관한 결의'에서도 해양쓰레기로 인한 해양오염의 심

Impacts on Marine and Coastal Biodiversity(Technical Series No. 83)(2016), pp. 17−19.

8 *Ibid.*, pp. 19−25.

9 United Nations General Assembly, Oceans and the law of the sea: report of the Secretary−General, Seventy−first session (A/71/74)(2016), paras. 21−32.

10 UN, *supra* note 5, pp. 169−170.

11 UN General Assembly, Resolution 70/1, "Transforming our world: the 2030 Agenda for Sustainable Development" (A/Res/70/1)(2015. 9. 25.).

각성을 인식하고 관련 협약 실행의 중요성을 확인하였다.[12]

이 장에서는 해양쓰레기 규제를 위한 국제적·지역적·국내적 차원의 규범 체계를 검토하고, 해양쓰레기를 예방 및 감소하는 데 필요한 정책적 제안을 제시하고자 한다.

Ⅱ. 해양쓰레기 규제를 위한 국제협약

1. 유엔해양법협약

「유엔해양법협약」[13]은 해양에서 발생하는 모든 활동을 규율하는 기본 협약으로, 해양쓰레기 규제에 적용되는 일반적인 의무를 규정하고 있다. 해양쓰레기가 생물자원, 해양생물, 인간의 건강에 미칠 수 있는 위험 및 해양환경에 미치는 해로운 영향을 고려할 때, 해양쓰레기는 「유엔해양법협약」 제1조의 '해양환경오염'에 해당될 수 있다.[14]

「유엔해양법협약」은 해양환경을 보호하고 보전할 일반적 의무를 규정하고 있으며,[15] 각국은 해양환경오염의 방지, 경감 및 통제를 위한 조치를 취할 의무가 있으며, 이러한 조치는 해양생태계 및 해양생물체 서식지의 보호

---

12 UN General Assembly, Resolution adopted by the General Assembly on 31 December 2020 (A/RES/75/239)(2020. 12. 31.), pp. 36−39, paras. 217−229.

13 영문명은 United Nations Convention on the Law of the Sea. 협약 채택: 1982년 12월 10일; 협약 발효: 1994년 11월 16일; 한국 발효일: 1996년 2월 28일.

14 Nilufer Oral, "From the Plastics Revolution to the Marine Plastics Crisis: A Patchwork of International Law", in Richard Barnes and Ronan Long (eds), *Frontiers in International Environmental Law: Oceans and Climate Challenges: Essays in Honour of David Freestone* (Leiden: Brill Nijhoff, 2021), p. 285.

15 유엔해양법협약 제192조.

와 보존에 필요한 조치를 포함한다.[16] 또한 해양쓰레기는 다양한 오염원에서 발생하는데, 「유엔해양법협약」은 육상오염원에 의한 오염을 방지, 경감, 통제하기 위한 의무뿐만 아니라,[17] 투기에 의한 오염[18] 및 선박에 의한 오염을 방지, 경감 및 통제하기 위한 의무[19] 등도 규정하고 있다.

특히, 해양쓰레기의 80%에 해당하는 육상오염원은 국가관할권 내의 산업활동 및 경제적인 이해관계와 밀접한 관계가 있다. 이에 따라 「유엔해양법협약」은 육상오염원으로부터 해양환경 보호를 위한 "세계적·지역적 규칙, 기준 및 권고관행과 절차를 확립"하는 데 있어서 국가의 경제적 능력 및 경제개발의 필요성을 고려하고 있다.[20] 또한 육상오염원으로부터 해양환경 오염을 방지 및 경감하기 위해 지역적 차원의 협력을 강조하고 있다.[21]

「유엔해양법협약」은 해양쓰레기에 대한 구체적인 규정을 포함하고 있지 않지만, 해양쓰레기 문제에 적용 가능한 기본 협약으로 중요한 의미를 가진다.

2. 해양쓰레기 오염원과 관련된 협약

(1) 선박으로부터의 오염방지를 위한 국제협약 및 의정서

「1973년 선박으로부터의 오염방지를 위한 국제협약」 및 「1978년 의정서」는 선박에 의한 해양오염의 방지를 목적으로 채택되었다.[22] 6개의 부속서

---

16 유엔해양법협약 제194조.

17 유엔해양법협약 제207조.

18 유엔해양법협약 제210조.

19 유엔해양법협약 제211조.

20 유엔해양법협약 제207조 제4항.

21 유엔해양법협약 제207조 제3항과 제4항.

22 영문명은 The International Convention for the Prevention of Pollution from Ships(이하 'MARPOL' 협약). 협약 채택: 1978년 2월 17일; 협약 발효: 1983년 10월 2일; 한국 발효일: 1984년 10월 23일.

는 선박에서 발생하는 다양한 오염원을 규율하고 있는데,[23] 해양쓰레기는 제5부속서인 '선박으로부터의 폐기물에 의한 오염방지를 위한 규칙'에 의해 규율된다. '폐기물'은 "이 협약의 다른 부속서에 정의되어 있거나 열거된 물질을 제외하고 선박의 통상의 운항 중에 발생하고 연속적으로 또는 주기적으로 처분되는 모든 종류의 음식쓰레기, 생활쓰레기, 운항상 쓰레기, 모든 플라스틱, 화물 잔류물, 소각재, 식용유, 어구 및 동물 사체"라고 정의하고 있다.[24]

2013년에 개정된 제5부속서는 다른 규칙에서 달리 규정하지 않는 한 모든 종류의 폐기물을 바다에 버리는 것은 금지하고 있다.[25] 특히, 제7조(적용제외)에서 규정된 것을 제외하고는 합성로프, 합성어망 및 플라스틱제의 쓰레기봉투 등을 포함한 모든 플라스틱을 해양에 처분하는 것을 금지한다.[26] 이 개정된 부속서는 모든 선박에 적용된다.[27]

국제해사기구의 해양환경보호위원회Marine Environment Protection Committee는 2017년 「MARPOL 제5부속서 실행을 위한 가이드라인」을 채택하여, 선박에서 발생하는 쓰레기 관리뿐만 아니라, 산적 화물 중 화물 잔류물의 관리, 선박 관련 종사자에 대한 해양쓰레기에 관한 교육 및 정보 프

---

23 제1부속서(기름에 의한 오염방지를 위한 규칙); 제2부속서(산적된 유해액체물질에 의한 오염규제를 위한 규칙); 제3부속서(포장된 형태로 선박에 의하여 운송되는 유해물질에 의한 오염방지를 위한 규칙); 제4부속서(선박으로부터의 오수에 의한 오염방지를 위한 규칙); 제5부속서(선박으로부터의 폐기물에 의한 오염방지를 위한 규칙); 제6부속서(선박으로부터의 대기오염의 방지를 위한 규칙).

24 IMO Resolution MEPC.201(62), "Amendments to the Annex of the Protocol of 1978 Relating to the International Convention for the Prevention of Pollution from Ships, 1973" (Revised MARPOL Annex V)(2011. 7. 15.). 개정안 발표, 2013년 1월 1일.

25 Ibid., 규칙 제3조 제1항.

26 Ibid., 규칙 제3조 제2항. 규칙 제7조에서 선박의 안전을 위한 목적, 선박 또는 설비의 훼손으로 인한 폐기물의 우발적 손실, 사고로 인한 어구의 손실, 해양환경보호를 위한 어구의 처분 등을 제외하고 있다.

27 Ibid., 규칙 제2조.

로그램 개발, 오염물질 저장시설에서의 쓰레기 처리, 제5부속서 규정 준수의 강화 등에 대한 내용을 제공하였다.[28] 또한 2018년에는 「선박으로부터 발생하는 해양 플라스틱 쓰레기를 위한 실행 계획」을 채택하여, 2025년까지 선박으로부터 발생하는 해양 플라스틱 쓰레기의 감소, 오염물질 저장시설 및 관리의 효율성 개선, 선원들의 해양 플라스틱 쓰레기에 대한 인식 향상을 위한 교육, 국제 협력의 강화, 기술 협력 및 역량 강화를 목표로 하고 있다.[29]

(2) 폐기물 및 그 밖의 물질의 투기에 의한 해양오염방지에 관한 협약 및 의정서

「1972년 폐기물 및 그 밖의 물질의 투기에 의한 해양오염방지에 관한 협약」 및 「1996년 의정서」[30]는 투기에 의한 해양오염을 방지하기 위한 의무를 규정하고 있다. 특히 런던의정서 제2조는 "체약당사국은 개별적으로 또는 집단적으로 모든 오염원으로부터 해양환경을 보호하고 보존하며, 그들의 과학적·기술적·경제적 능력에 따라, 폐기물이나 그 밖의 물질의 해상 투기나 소각에 의한 오염을 방지, 감축, 가능한 경우 제거하기 위한 효과적인 조치를 취한다"고 규정하고 있다. 런던협약 및 런던의정서에서 규정하는 투기는 "선박, 항공기, 플랫폼 또는 그 밖의 인공해양구조물로부터 폐기물이나 그 밖의 물질을 고의로 버리는 행위"로, 의정서 제1부속서에 열거된 물

---

28 IMO Resolution MEPC.295(71), "2017 Guidelines for the Implementation of MARPOL Annex V" (MEPC 71/17/Add.1)(2017. 7. 7.).

29 IMO Resolution MEPC.310(73), "The 2018 Development of an action plan to address marine plastic litter from ships" (MEPC 73/19/Add.1)(2018. 10. 26.).

30 영문명은 Convention on the Prevention of Marine Pollution by Dumping of Wastes and Other Matter(이하 '런던협약'). 협약 채택: 1972년 12월 29일; 협약 발효: 1975년 8월 30일; 한국 발효일: 1994년 1월 20일; 1996 Protocol to the Convention on the Prevention of Marine Pollution by Dumping of Wastes and Other Matter, 1972(이하 '런던의정서') 의정서 채택: 1996년 11월 7일; 의정서 발효: 2006년 3월 24일; 한국 발효일: 2009년 2월 21일.

질을 제외하고는[31] 모든 해양 투기는 원칙적으로 금지한다.[32] 따라서 해양쓰레기의 투기는 원칙적으로 금지된다.

그러나 2016년 '런던협약과 의정서상의 해양에 투기되는 폐기물 속의 쓰레기에 관한 현재 지식 상태 검토'는 런던협약 및 런던의정서에서 예외적으로 투기가 허용되는 물질인 준설물질 및 하수오니에 미세플라스틱을 포함한 해양 플라스틱 쓰레기가 포함되는 경우가 많다고 지적하고 있다.[33] 이에 따라 2021년 런던협약 및 런던의정서 합동과학그룹회의는 해양쓰레기와 미세플라스틱에 대한 검토 그룹을 설립하였다.[34] 검토 그룹은 레저보트의 폐기 및 FRB 선박의 유기, 오염방지도료에서 발생하는 미세플라스틱, 플라스틱을 포함한 준설물질, 하수오니 등에 중점을 두어 기존의 문서들을 분석하고, 체약 당사국이 취할 수 있는 권고 및 가능한 실행 조치들을 발전시킬 예정이다.[35]

---

31 제1부속서에서는 투기를 고려할 수 있는 폐기물이나 그 밖의 물질을 다음과 같이 규정하고 있다. (1) 준설물질, (2) 하수오니, (3) 생선폐기물이나 산업적 생선가공 공정에서 발생되는 물질, (4) 선박 및 플랫폼 또는 그 밖의 인공해양구조물, (5) 불활성 무기지질물질, (6) 천연기원의 유기물질, (7) 주로 강철, 철, 콘크리트 및 이와 유사한 무해한 물질로 구성된 부피가 큰 물질로서 물리적 영향이 고려되고, 그러한 폐기물이 작은 섬과 같은 고립된 공동체에서 발생하여 투기 이외의 다른 실질적인 처분 방법이 없는 경우, (8) 격리 목적의 이산화탄소 포집 공정으로부터 발생한 이산화탄소 스트림.

32 런던협약 제3조 제1항 (가)(1); 런던의정서 제1조 제4항 (1).

33 IMO, Review of the current state of knowledge regarding marine litter in waste dumped at sea under the London Convention and Protocol [LC 38(16)](2016), pp. 7-12.

34 IMO, Report of the Forty-Fourth Meeting of the Scientific Group of the London Convention and the Fifteenth Meeting of the Scientific Group of the London Protocol (LC/SG 44/16)(2021. 4. 29.), p. 24, para. 8.14.2.

35 IMO, Marine Litter and Microplastics: Progress report from the Correspondence Group on Marine Litter and Microplastics, Submitted by the co-chairs of the Correspondence Group (LC 43/9)(2021. 8. 20.), pp. 1-2, paras. 3-4.

(3) 육상오염원과 관련된 협약 및 비구속적 문서

육상오염원과 관련된 해양환경오염을 방지, 경감 및 통제할 의무를 규정하고 있는 국제협약은 「유엔해양법협약」이 유일하다.[36] 그러나 육상활동으로부터 발생하는 해양쓰레기 규제와 관련된 주요한 비구속적인 문서들이 존재한다.

첫째, 1995년 '육상활동으로부터의 해양환경보호를 위한 행동계획Global Program of Action for the Protection of the Marine Environment from Land-based Activities, GPA'은 법적 구속력을 가진 문서는 아니지만, 국가가 개별적 또는 집단적으로 육상활동으로부터 해양환경보호를 위한 조치를 취하는 데 있어서 실용적 가이드로서의 역할을 한다.[37] 특히, 쓰레기는 육상활동으로 발생하는 오염원 중 하나로 다루어지고 있으며, 쓰레기를 예방하고 감소하기 위한 국내적·지역적·국제적 단계에서의 활동들을 포함하고 있다. 즉, 국내적으로는 쓰레기를 줄이기 위한 적절한 규제 조치의 도입, 쓰레기 관리 시설의 설치, 공공인식 제고 및 캠페인 등을 포함하고 있으며, 지역적·국제적 단계에서의 협력을 강조하고 있다.[38] 그러나 국가들의 행동계획에 대한 모니터링 및 이행 여부를 확인하기 위한 체계가 존재하지 않는다는 한계가 있다.[39]

둘째, 2011년 '호놀룰루 전략-해양쓰레기의 예방과 관리를 위한 글로벌 프레임워크Honolulu Strategy: A Global Framework for Prevention and Management of Marine Debris'는 해양쓰레기가 생태계, 인류 건강, 경제에 미치는 영향을 줄이기 위해 채택된 포괄적이고 글로벌한 협력 체계이다. 호놀

---

36 Nilufer Oral, *supra* note 14, p. 288.

37 UNEP(OCA)/LBA/IG.2/7(1995. 12. 5.). p. 9, para. 14.

38 *Ibid.*, pp. 54-56, paras. 140-148.

39 김민경·정서용, "미세플라스틱에 의한 해양오염의 규율을 위한 국제적 대응방안에 대한 검토: 국제법을 통한 규범적 접근을 중심으로", 『서울국제법연구』, 제27권 제1호(2020), 167-168쪽.

룰루 전략은 정부 및 플라스틱 산업 종사자, 과학자들을 비롯한 여러 단체가 참여하여 만들어졌으며, 전 세계에 적용 가능한 3개의 목표와 19개의 전략으로 구성되어 있다.

해양으로 유입되는 육상오염원으로 인한 해양쓰레기의 양과 영향 줄이기(목표 1), 고체의 폐기물, 유실된 선박, 유기되거나 분실되거나 폐기된 어구, 버려진 선박 등을 포함한 해양에서 발생하는 해양쓰레기의 양과 영향 줄이기(목표 2), 연안에 쌓인 해양쓰레기의 양과 영향 줄이기(목표 3)를 포함한다. 그리고 각각의 목표를 달성하기 위해 구체적인 전략을 제공하는데, 해양쓰레기 예방 및 관리에 대한 교육 및 자원봉사, 인센티브와 같은 시장 기반 수단의 사용, 최선의 관행best practice의 실행, 해양쓰레기 예방·감소·관리에 관한 관련 법령 및 정책 발전 및 강화, 모니터링 역량 강화 및 관련 규제의 준수 강화, 해양쓰레기의 제거를 촉진하기 위한 지역적·국내적 및 지방 메커니즘 마련 등이 이에 해당한다.

2012년 유엔지속가능발전회의에서는 '해양폐기물에 대한 국제 파트너십 Global Partnership on Marine Litter'을 설립하여, 해양쓰레기와 플라스틱 오염을 예방하고, 정부기관, 국제기구, 비정부기구, 시민사회, 개인 등 다양한 이해관계자의 파트너십을 통해 관련 실행을 강화하였다.

3. 생물다양성 및 생물종과 관련된 협약

(1) 생물다양성에 관한 협약

「생물다양성에 관한 협약」[40]은 생물다양성의 보전과 그 구성요소의 지속가능한 이용 및 유전자원의 이용으로부터 발생하는 이익의 공정하고 공평한

---

[40] 영문명은 Convention on Biological Diversity(이하 '생물다양성협약'). 협약 채택: 1992년 5월 22일; 협약 발효: 1993년 12월 29일; 한국 발효일: 1995년 1월 1일.

분포를 목적으로 한다. 해양쓰레기는 생물다양성의 보전에 부정적인 영향을 미치기 때문에, 당사국은 생물다양성의 보전 및 지속가능한 이용을 위한 일반적 조치[41] 및 보호지역제도 또는 특별조치 필요 지역[42]을 취할 의무를 고려할 수 있다. 또한 2010년 생물다양성협약 당사국총회에서는 아이치 Aichi 생물다양성 목표를 채택했는데, 목표 8은 2020년까지 생태계 기능과 생물다양성을 해하지 않을 정도로 오염을 줄일 것을 요구하였다.[43]

생물다양성협약 당사국총회는 전문가 워크숍에서 '해양쓰레기가 해양 및 연안의 생물다양성과 서식지에 미치는 심각하게 부정적인 영향을 예방, 감소하기 위한 지침'을 준비할 것을 요청하였다.[44] 이에 따라 2016년에는 해양쓰레기가 생물다양성 및 그 서식지에 미치는 영향에 대한 현재의 과학적 지식을 확인하고 정책적 대안을 검토했으며, 2016년 결의안에 관련 지침을 부속서에 포함시켜 채택하였다.[45]

2016년 결의안에 포함된 지침은 해양쓰레기가 해양 및 연안 생물다양성과 서식지에 미치는 영향을 예방, 감소하기 위해서는 플라스틱 폐기, 처분, 분실 등이 발생하지 않도록 미리 예방하는 것에 중점을 두어야 하며, 경제적 인센티브, 시장 기반 조치, 공공−민간 파트너십 등을 포함한 관련 조치

---

41 생물다양성협약 제6조.
42 생물다양성협약 제8조.
43 CBD, COP Decision X/2, "The Strategic Plan for Biodiversiy 2011−2002 and the Aichi Biodiversity Targets" (UNEP/CBD/COP/DEC/X/2)(2010. 10. 29.).
44 CBD, COP Decision XI/18, "Marine and coastal biodiversity: sustainable fisheries and addressing adverse impacts of human activities, voluntary guidelines for environmental assessment, and marine spatial Planning" (UNEP/CBD/COP/DEC/XI/18)(2012. 12. 5.), para. 26(c).
45 CBD, COP Decision XIII/10, "Addressing impacts of marine debris and anthropogenic underwater noise on marine and coastal biodiversity" and Annex on "Voluntary Practical Guidance on Preventing and Mitigating the Impacts of Marine Debris on Marine and Coastal Biodiversity and Habitat" (CBD/COP/DEC/XIII/10)(2016. 12. 10.).

및 정책적 대응도 함께 고려되어야 한다고 권고하였다.[46] 각 국가는 이 지침에 따라 해양쓰레기를 예방 및 감소하기 위해 적절한 조치를 취할 것을 권장한다. 이러한 결의안은 법적 구속력을 가지는 것은 아니지만, 해양쓰레기 규제와 관련하여 협약상의 생물다양성 보전 의무를 구체화하여 해양쓰레기와 관련된 국제적 및 국내적 차원에서 적용 가능한 최선의 관행을 제공한다.

(2) 이동성 야생동물종의 보전에 관한 협약

「이동성 야생동물종의 보전에 관한 협약」은 이동성 야생동물종 개체 수와 서식지 보전을 목적으로 채택되었다.[47] 해양쓰레기가 해양 포유류 등의 이동성 야생동물종에 미치는 영향을 고려하여 「이동성 야생동물종의 보전에 관한 협약」 당사국총회에서는 해양쓰레기에 대한 결의안을 몇 차례 채택하였다.[48] 이 결의안들은 첫째, 해양쓰레기 관리 및 이동성 야생동물종에의 영향에 대한 지식의 공백을 확인하고, 주변국과의 협력 및 표준화된 방법을 사용한 모니터링 프로그램을 발전시킬 것을 요구하였다. 둘째, 상업 선박에서 사용되는 최선의 관행을 발전시킬 것을 요구하며, 특히 국가뿐만 아니라 이해관계자와 함께 유기되거나 분실되거나 폐기된 어구의 해결이 필요함을 언급하였다. 셋째, 해양쓰레기 예방과 관리를 위한 산업 부문에서의 조치, 공공인식 제고 및 교육 캠페인의 중요성 등을 포함하고 있다. 넷째, 해양쓰레기에 관한 기존의 규제 프레임워크의 실행, 순환경제 접근 방식의 적용, 관련 국내 계획의 발전 및 실행, 인센티브 등의 시장 기반 조치 도입을 위한 민간 부분 및 시민사회와의 파트너십 등을 포함하고 있다.

---

46 *Ibid.*, para. 7.

47 영문명은 Convention on the Conservation of Migratory Species of Wild Animals. 협약 채택: 1979년 6월 23일; 협약 발효: 1983년 11월 1일.

48 CMS Resolution 12.20 on Management of Marine Debris monitoring the effects (2017).

(3) 유엔공해어업협정

「1982년 12월 10일 해양법에 관한 국제연합협약의 경계왕래어족 및 고도회유성어족 보존과 관리에 관한 조항의 이행을 위한 협정」은 특히 바다에 버려지거나 분실 또는 폐기된 어구와 관련해서 중요하다.[49] 유엔공해어업협정은 "당사국은 어구로 인한 오염, 폐기, 투기물을 최소화하고, 유실되거나 폐기된 어구가 어종에 미칠 수 있는 부정적인 영향을 최소화하여야 한다"고 규정하고 있으며,[50] "통일적이고 국제적으로 승인된 선박 및 어구 표시 제도에 따라, 어선 및 어구 식별 표시"를 요구하고 있다.[51]

4. 폐기물 규제에 관련된 조약

(1) 유해폐기물의 국가간 이동 및 그 처리의 통제에 관한 바젤협약

「유해폐기물의 국가간 이동 및 그 처리의 통제에 관한 바젤협약」은 해양쓰레기가 선진국에서 개발도상국으로 수출되는 것과 같이 해양쓰레기의 국가 간의 이동을 규제한다.[52] 바젤협약은 유해폐기물 또는 그 밖의 폐기물과 관련해서 당사국의 일반적 의무를 규정하고 있는데, 유해폐기물 또는 그 밖의 폐기물 생산을 최소화할 의무, 유해폐기물 또는 그 밖의 폐기물의 환경적으로 건전한 관리를 할 의무, 유해폐기물 또는 그 밖의 폐기물의 환경적

---

49 영문명은 Agreement for the Implementation of the Provisions of the United Nations Convention on the Law of the Sea of 10 December 1982 Relating to the Conservation and Management of Straddling Fish Stocks and Highly Migratory Fish Stocks(이하 '유엔공해어업협정'). 협정 채택: 1995년 8월 4일; 협정 발효: 2001년 12월 11일; 한국 발효일: 2008년 3월 2일.

50 유엔공해어업협정 제5조 (바)항.

51 유엔공해어업협정 제18조 제3항 (라).

52 영문명은 Basel Convention on the Control Transboundary Movements of Hazardous Wastes and their Disposal(이하 '바젤협약'). 협약 채택: 1989년 3월 22일; 협약 발효: 1992년 5월 5일; 한국 발효일: 1994년 5월 29일.

으로 건전한 관리가 불가능한 국가에 대한 수출 금지, 유해폐기물 또는 그 밖의 폐기물의 비당사자에게 수출·수입 금지, 유해폐기물 또는 그 밖의 폐기물의 국가 간 이동에 대해 협약에 규정된 방법을 준수하는 등의 의무를 포함하고 있다.[53]

2019년에 제14차 바젤협약 당사국총회에서는 플라스틱 규제와 관련해서 중요한 개정이 있었다. 유해폐기물(부속서 VIII)과 그 밖의 폐기물(부속서 II)의 범위 안에 폐플라스틱을 추가함으로써, 폐플라스틱 또한 바젤협약의 적용 대상이 되었다.[54] 다만 페트PET, 폴리에틸렌PE, 폴리프로필렌PP 등의 단일재질로 구성된 폐플라스틱은 제외되었다.[55] 국가들은 대부분의 폐플라스틱에 대해서도 바젤협약상의 의무를 준수하여야 하며, 수입국의 사전 서면동의를 받은 경우에만 국가 간 이동이 가능하고, 국가들은 플라스틱 생산을 최소화할 의무, 환경적으로 건전한 관리를 할 의무 등을 가진다. 이 개정안은 2021년 1월 1일부터 발효되었다.

(2) 잔류성 유기오염물질에 관한 스톡홀름협약

「잔류성 유기오염물질에 관한 스톡홀름협약」은 독성이 있고 잘 분해되지 않으며 인간 및 해양 생태계 내에 축적되는 잔류성 유기오염물질로부터 인간의 건강과 환경을 보호하기 위해 채택되었다.[56] 해양쓰레기가 유기오염물질을 흡수하고, 특히 미세플라스틱에서 잔류성 유기오염물질이 발견되고 있으며, 이러한 유기오염물질이 배출지역으로부터 멀리 떨어진 곳까지 운반되고, 해양생태계 내에 축적된다는 점을 고려할 때 스톡홀름협약의 적

---

53 바젤협약 제4조.

54 Decision BC−14/12, "Amendments to Annexes II, VIII and IX to the Basel Convention" (UNEP/CHW.14/27/Annex 1)(2018).

55 Ibid., para. 4.

56 영문명은 Stockholm Convention on Persistent Organic Pollutant(이하 '스톡홀름협약'). 협약 채택: 2001년 5월 22일; 협약 발효: 2004년 5월 17일; 한국 발효일: 2007년 4월 25일.

용 대상이 된다. 제6조에서 폐기물로부터의 배출 저감 또는 근절을 위한 조치를 규정하고 있는데, 잔류성 유기오염물질의 특성이 나타나지 않도록 환경적으로 건전한 방법으로 폐기물이 관리 및 처리되어야 한다. 또한 바젤협약과의 협력 및 조정을 명시하고 있으며,[57] 잔류성 유기오염물질의 생산·사용, 배출의 저감 또는 근절에 대한 정보 교환을 명시하고 있다.[58] 그러나 플라스틱과 관련해서 특정한 오염물질만을 잔류성 유기오염물질로 규정하고 있다는 점에서 한계가 있다.

5. 평가

현재 해양쓰레기만을 다루는 국제협약은 존재하지 않는다. 「유엔해양법협약」이 해양환경보호를 위한 기본 의무를 제공하고 있으며, 각각의 국제협약은 협약의 적용 범위 내에서만 해양쓰레기를 규제하고 있다. 해양쓰레기 문제는 다양한 오염원, 생물다양성에 미치는 영향, 초국경적인 이동 등의 복합적인 양상을 가진 만큼, 각 협약상의 의무의 실행을 강화하고 상호 보완하는 것이 중요하다.

한편, 해양 플라스틱은 해양쓰레기의 80% 이상을 차지하는데, 해양 플라스틱 쓰레기에 대한 규제가 파편화되어 있어 현재의 법적 체계로는 이 문제에 대응하는 데 한계가 있다는 비판이 존재한다.[59] 이러한 문제점을 인식하고 최근 유엔환경총회United National Environment Assembly에서는 해양 플라스틱 쓰레기와 미세플라스틱에 대한 임시 개방형 전문가 그룹을 구성하

---

57 스톡홀름협약 제6조 제2항.
58 스톡홀름협약 제9조.
59 Elizabeth A. Kirk, Naporn Popattanachai, "Marine Plastics: Fragmentation, effectiveness and Legitimacy in international lawmaking", *Review of European, Comparative and International Environmental Law*, Vol. 27, No. 3(2018), p. 222.

여, 국내적·지역적·국제적으로 대응 가능한 방안의 검토를 요구하였고,[60] 해양 플라스틱 쓰레기에 대한 결의안을 채택해 왔다.[61] 2022년 3월에는 해양 플라스틱오염에 대한 법적 구속력 있는 협약을 마련한다는 결의안을 채택하였다.[62] 해양플라스틱에 대한 새로운 조약은 기존의 협약상의 의무들을 대체하는 것이 아니고 상호 보완하는 방향으로 나아가야 한다.[63]

Ⅲ. 해양쓰레기 규제를 위한 지역 협력

1. 유엔환경계획 지역해 프로그램 개관

유엔환경계획United Nations Environment Program, UNEP의 지역해 프로그램Regional Seas Programme은 국가 간의 협력을 통해 지역 해양환경보호를 촉진하기 위해 1974년에 설립되었다. 유엔환경계획 지역해 프로그램은 해양환경보호 의무를 지역적 단계에서 실행하기 위한 주된 플랫폼으로, 특정 지역의 해양환경보호를 위한 협약 또는 실천계획 등을 채택하여 지역적 협

---

60 UNEA Resolution on Marine Litter and Microplastics (UNEP/EA.3/Res.7)(2018. 1. 30.). UNEP, "Combating marine plastic litter and microplastics: an assessment of the effectiveness of relevant international, regional and subregional governance strategies and approaches" (UNEP/AHEG.2018/1/INF/3)(2018).

61 UNEA Resolution 1/6 (UNEP/EA.1/Res.6)(2014. 6. 27.); Resolution 2/11 (UNEP/EA.2/Res.11)(2016. 8. 4.); Resolution 3/7 (UNEP/EA.3/Res.7)(2018. 1. 30.); Resolution 4/6 (UNEP/EA.4/Res.6)(2019. 3. 28.).

62 UNEA, Resolution 5/14 "End plastic pollution: towards an international legally binding instrument" (UNEP/EA.5/Res.14)(2022. 3. 7.).

63 UNEP, *supra* note 60, p. 89.

력의 법적 근거를 마련하고 있다.[64] 이를 통해 지역적 특성을 고려하여 해양
환경보호를 위한 구체적인 의무를 규정하고 있을 뿐만 아니라, 지역적 협력
을 통한 의무의 이행을 촉진하고 있다. 이는 국제규칙, 기준, 권고관행 등의
발전을 위해 지역적 특성을 고려한 지역적 차원의 협력 의무를 규정한 「유
엔해양법협약」과도 일치한다.[65] 현재 18개 지역에서 146개 국가가 참여하
고 있다.[66]

몇몇 지역은 해양환경보호를 위한 지역 협약 외에도 육상오염원을 규제
하는 구속력 있는 부속서나 의정서를 채택하였다.[67] 그리고 몇몇 지역은 해
양쓰레기에 관한 실천계획을 채택하여, 해상 및 육상에서 발생하는 해양쓰
레기의 양을 감소시키고, 그 지역의 사회경제적 요인을 고려하여 적절한 조
치를 취할 것을 목표로 하고 있다.[68] 실천계획은 비구속적 문서로 채택되는
것이 보통이나, 예외적으로 지중해에서 채택한 '해양쓰레기 관리에 관한 지
역계획'은 법적 구속력을 갖는다.[69]

---

64 Nilufer Oral, "Forty years of the UNEP Regional Seas Programme: from past to future", in
   Rosemary Rayfuse(ed), *Research Handbook on International Marine Environmental Law*
   (Cheltenham and Camberley: Edward Elgar Publishing, 2015), p. 361.
65 유엔해양법협약 제197조.
66 유엔환경계획 지역해 프로그램은 1) 유엔환경계획이 운영하는 지역, 2) 유엔환경계획이 운영하
   지 않는 지역(유엔환경계획의 후원으로 설립되었으나 다른 지역기구가 관리), 3) 유엔환경계획
   으로부터 독립적인 지역(독자적으로 설립되었으나, 다른 지역해 프로그램과 협력 관계 유지)으
   로 나눌 수 있다. 첫째, 유엔환경계획이 운영하는 지역은, 카리브해, 동아시아해, 동아프리카해,
   지중해, 북서태평양, 서아프리카해가 포함된다. 둘째, 유엔환경계획이 운영하지 않는 지역에는
   흑해, 북동태평양, 홍해 및 아덴만, 남아시아해, ROPME 해역, 남동태평양, 태평양 지역이 포함
   된다. 셋째, 유엔환경계획으로부터 독립적인 지역은 북극, 남극, 발틱해, 북동대서양을 포함한
   다. (https://www.unep.org/explore-topics/oceans-seas/what-we-do/regional-seas-
   programme, 2021. 10. 31. 방문)
67 UNEP, *supra* note 60.
68 예를 들면, 북동대서양, 지중해, 발틱해, 북서태평양, 동아시아 지역이 있다.
69 Regional Plan on Marine Litter Management in the Mediterranean in the Framework of
   Article 15 of the Land Based Sources Protocol (UNEP/MED IG.21/9)(2013). 발효일: 2014
   년 7월 8일.

2. 해양쓰레기에 관한 지역 협력의 예: 지중해 지역

지중해 '해양쓰레기 관리에 관한 지역계획'은 총 5개의 파트와 3개의 부속서로 구성되어 있다. Part I(일반 조항: 제1~5조)에서는 지중해 해양쓰레기 관리에 관한 지역계획 수립 이유, 적용 지역 및 범위, 정의 그리고 목적 및 일반 원칙을 규정하였다. 이 지역계획은 지중해 지역의 해양쓰레기 오염을 최소화하기 위한 예방, 감소 및 이미 존재하는 해양쓰레기의 제거, 해양쓰레기에 대한 지식 향상, 국제적 기구 또는 관련 다른 지역 기구에서 합의된 국제 기준에 맞추어 해양쓰레기를 관리할 것을 목적으로 한다.[70]

Part II(제6~10조)에서는 해양쓰레기 예방 및 감소를 위한 조치 및 운영상의 목표를 규정하여, 해양쓰레기 예방 및 감소를 위한 일관되고 통합된 조치의 필요성, 국가 실행 계획에 포함되어야 할 내용, 국내적으로 필요한 법령 및 조직 마련, 해양쓰레기의 예방 및 제거를 위한 목표 기한과 구체적인 조치들을 포함하고 있다. Part III(제11~12조)에서는 해양쓰레기의 평가 및 모니터링 의무를 구체화하고 있으며, Part IV(제13~19조)에서는 해양쓰레기 관련 연구 및 과학적 협력, 기술 지원, 공공인식 향상 및 주요 이해당사자의 참여를 규정하고 있다. Part V(제20~22조)는 최종 조항으로 목표 일정에 따른 관련 조치의 실행 및 발효일 등의 내용을 규정하고 있다. 이와 더불어, 부속서에서는 해양쓰레기 관리에 관한 지역계획의 관련 규정의 실행을 위한 일정 및 비용(부속서 2), 해양쓰레기에 관한 지식 공백을 메꾸고 관련 조치의 실행을 지원하기 위한 잠재적인 연구 목록(부속서 3), 2년에 한 번씩 제출하는 국가 보고서의 구성요소(부속서 4) 등을 포함하고 있다.

---

70 *Ibid.*.

3. 대한민국과 유엔환경계획 지역해 프로그램

한국은 2개의 유엔환경계획 지역해 프로그램, 즉 북서태평양 해양 및 연안 환경의 보전, 관리, 개발에 관한 실천계획[71]과 동아시아 해역조정기구[72]의 당사국으로 참여하고 있다.

(1) 북서태평양보전실천계획

북서태평양보전실천계획은 1994년 한국, 중국, 일본, 러시아에 의해 채택되었고, 북한은 포함되지 않는다. 북서태평양보전실천계획의 지리적 적용범위는 북서태평양 지역 동경 121~143°, 북위 33~52°이다. 북서태평양보전실천계획은 법적 구속력을 가지고 있지는 않지만, 그 지역의 사회, 경제, 정치적 상황 및 환경 문제를 고려한 포괄적인 전략으로 인간 건강, 생태적 통합 및 미래세대를 위한 동북아 해역의 지속 가능성을 보호하는 한편, 지역 주민의 장기적인 최고이익 확보를 위한 해양 및 연안 환경의 현명한 이용, 개발 및 관리를 목적으로 채택되었다.[73]

특히, 2008년 '해양쓰레기에 대한 북서태평양보전실천계획 지역 실천계획NOWPAP Regional Action Plan on Marine Litter'은 해양쓰레기의 해양 및 연안 환경으로의 유입 방지, 해양쓰레기의 양과 분산 모니터링, 기존 해양쓰레기 제거 및 처분을 목적으로 채택되었다. 그리고 북서태평양보전실천계획은 해양쓰레기에 대한 정보를 공유하기 위해 지역 보고서를 마련해 왔

---

71 영문명은 'The Action Plan for the Protection, Management and Development of the Marine and Coastal Environment of the Northwest Pacific Region(NOWPAP)'(이하 '북서태평양보전실천계획').

72 영문명은 'Coordinating Body on the Seas of East Asia(COBSEA)'.

73 북서태평양보전실천계획에 대해서는, 정서용, "북서태평양실천계획의 성과와 과제", 『한국해양환경에너지학회지』, 제9권 제2호(2006); 김기순, "동북아 해양환경 협력방안에 관한 연구-NOWPAP을 중심으로", 『과학기술법연구』, 제16권 제2호(2010) 참조.

다.[74] 또한 '북서태평양보전실천계획 중기 전략 2018-2023'에서는 해양 관련 지속가능한 개발 목표의 실행에 중점을 두며, 육상 및 해양에서 발생하는 해양오염의 예방 및 감소를 위해 북서태평양보전실천계획 회원국의 역량 강화, 데이터 및 정보 수집 및 공유, 가이드라인과 최선의 관행 발전을 위해 노력할 것을 강조하고 있다.[75]

북서태평양보전실천계획은 비록 비구속적 실천계획에 불과하나, 북서태평양 지역에서 해양쓰레기 예방 및 감소를 위한 지역적 이행에 의한 협력 메커니즘으로서 각 회원국의 국내적 실행에 관한 정보를 교환하고 최선의 관행을 발전시키는 데 중요한 역할을 한다. 따라서 북서태평양보전실천계획은 해양쓰레기에 대한 모니터링, 해양쓰레기 관리 및 처리 기술 공유 및 인접국인 회원국들과 긴밀한 협력을 위한 중요한 협력 체제로 이해할 수 있다.

(2) 동아시아 해역조정기구

동아시아 해역조정기구는 동아시아 해양환경을 위해 한국을 포함하여, 캄보디아, 중국, 인도네시아, 말레이시아, 필리핀, 태국, 싱가포르, 베트남이 지역 협력 체계를 마련한 것이다. 동아시아 해역조정기구의 '해양쓰레기에 대한 지역 실천계획Regional Action Plan on Marine Litter'은 2019년에 개정되어, 동아시아 지역에서 해양쓰레기에 대한 지속적이고 통합적인 관리를 위해 필요한 환경 정책, 전략, 조치 등의 실행을 조정하고 협력을 촉진하였다.

2019년 실천계획은 해양쓰레기의 예방 및 감소, 수명주기a whole life

---

74 예를 들어, 북서태평양지역에서 육상오염원으로 발생하는 해양쓰레기의 예방을 위한 조치 및 최선의 관행에 관한 지역 리포트Regional report on measures and best practices for prevention of marine litter input from land-based sources in the NOWPAP region(2007); 해양 플라스틱 쓰레기의 재활용Recycling Plastic Marine Litter(2010); NOWPAP 지역에서의 부유식 해양쓰레기 분산의 이해Understanding of floating marine litter distribution in the NOWPAP region(2017).

75 NOWPAP Medium-term Strategy 2018-2023.

cycle 접근 방법을 고려한 지속가능한 소비와 생산, 가능한 한 친환경적인 방법으로 이미 존재하는 해양쓰레기 제거, 과학적 접근 방식에 기반한 해양쓰레기와 그 영향에 대한 모니터링과 평가 개선, 공공인식 제고, 해양쓰레기 규제에 대한 국내 실행 지원 및 분야별 조정 및 지역적·국제적 협력을 목표로 한다.[76] 이러한 목표를 달성하기 위해 4개의 행동, 즉 "(1) 육상오염원으로부터 해양쓰레기의 예방 및 감소, (2) 해양오염원으로부터 해양쓰레기의 예방 및 감소, (3) 해양쓰레기의 모니터링과 평가, (4) 동아시아 해역조정기구의 해양쓰레기에 대한 지역 실천계획의 실행을 지원하는 활동을 위한 조치들"을 포함하고 있다.[77]

4. 평가

해양쓰레기를 예방하고 감소하기 위해서는 국제적 협력뿐만 아니라 지역적 협력도 중요하다. 이러한 측면에서 유엔환경계획 지역해 프로그램은 중요한 역할을 할 수 있다. 대한민국이 회원국으로 활동하고 있는 북서태평양 보전실천계획과 동아시아 해역조정기구의 경우, 다른 유엔환경계획 지역해 프로그램과 달리 해양환경 보호를 위한 구속력 있는 협약이 채택되지는 않았다. 그러나 북서태평양 지역 또는 동아시아 지역의 지리적·생태학적 특수성을 고려하여 해양쓰레기를 예방하고 감소하기 위한 지역적 협력을 가능하게 하는 중요한 협력 체계이다. 따라서 해양쓰레기의 초국경적 이동으로 인해 국내적 노력만으로는 해결될 수 없다는 인식하에 해양쓰레기 예방 및 감소를 위해 지역적 협력이 적극적으로 활용되어야 할 것이다.

　해양쓰레기 예방 및 감소를 위한 지역적 협력으로는 해양쓰레기에 대한

---

76 COBSEA Regional Action Plan on Marine Litter(2019), p. 4.

77 *Ibid.*, p. 5. 부록 2에 각 실행을 달성하기 위한 구체적인 행동들이 포함되어 있다.

각 회원국의 국내적 실행 및 재활용 기술 등의 정보 교환, 지역 내의 해양쓰레기 현황 모니터링, 관련 협약상 의무의 체계적이고 조화로운 방식으로의 실행 등이 포함될 수 있을 것이다. 이를 위해 2013년 지중해에서 채택한 '해양쓰레기 관리에 관한 지역계획'은 대한민국과 주변국 간에 해양쓰레기 예방 및 감소를 위한 지역적 실천계획을 발전시키는 데 있어서 참고할 수 있는 좋은 사례가 될 것이다.

IV. 해양쓰레기 규제와 관련된 대한민국 국내법 및 정책

1. 대한민국 국내법

(1) 해양환경관리법

해양에 유입되거나 해양에서 발생하는 각종 오염원을 포함하여 해양환경을 종합적·체계적으로 관리할 수 있는 법적 근거를 마련하기 위해 2007년 「해양환경관리법」이 제정되었다.[78] 제4조에서는 국제협약과의 관계를 규정하여, 「해양환경관리법」이 국제협약의 기준보다 강화된 기준을 포함하는 경우를 제외하고, 해양환경 및 해양오염과 관련된 국제협약의 기준과 내용을 우선시하고 있다. 해양에서 발생하는 해양폐기물 규제와 관련해서는[79] MARPOL협약상의 의무인 선박의 항해 및 정박 중 발생하는 폐기물 등의 선

---

78 2007년 1월 19일 제정.

79 '폐기물'은 "해양에 배출되는 경우 그 상태로는 쓸 수 없게 되는 물질로서 해양환경에 해로운 결과를 미치거나 미칠 우려가 있는 물질(제5호, 제7호 및 제8호에 해당하는 물질을 제외한다)"이라고 정의한다. 해양환경관리법 제2조 4항.

박에서의 해양오염방지(제3장 제2절)와 런던협약 및 의정서상의 의무인 해양 시설에서의 해양오염방지(제3장 제3절)에 대한 의무를 포함하고 있다. 또한 스톡홀름협약에서 규율하는 잔류성 유기오염물질이 해양생태계에 미치는 영향을 고려하여, 잔류성 유기오염물질의 조사, 관리 의무(제3장 제5절)도 포함하고 있다.[80] 그러나 해양환경의 종합관리를 위한 기본체계를 위한 법률 인 만큼, 해양쓰레기에 대한 포괄적이고 구체적인 규정을 포함하고 있지는 않다.

(2) 해양폐기물 및 해양오염퇴적물 관리법

「해양폐기물 및 해양오염퇴적물 관리법」은 「해양환경관리법」에서 해양폐 기물 등의 관리에 관해 규정하고 있는 내용만으로는 해양폐기물을 예방 및 관리하기에 한계가 있다는 것을 인식하고, 2019년 "해양폐기물 및 해양오 염퇴적물을 환경친화적이고 체계적으로 관리하는 데에 필요한 사항을 규 정함으로써 해양환경의 보전 및 국민의 삶의 질 향상에 이바지하는 것을 목 적으로" 제정되었다(제1조).[81] 폐기물은 「해양환경관리법」의 정의에 따르며 (제2조 제1항), '해양폐기물'은 "해양 및 바닷가에 유입, 투기, 방치된 폐기물" 을 의미한다(제2조 제5항). '해양오염퇴적물'은 "해양에 퇴적된 물질로서 해 양환경기준을 초과하는 물질을 포함하고 있거나 사람의 건강, 재산, 생활환 경 또는 자연환경에 해로운 영향을 미치는 물질"을 의미한다(제2조 제6항).

국가와 지방자치단체뿐만 아니라 국민 또한 해양폐기물 및 해양오염퇴 적물 관리를 위해 적극적으로 협력할 의무가 있다(제4조 제2항). 원칙적으로 폐기물의 해양으로의 배출이 금지되며(제7조), 폐기물이 해양으로 유입되지

---

80 그러나 스톡홀름협약의 이행 및 국내 잔류성 유기오염물질의 체계적인 관리는 「잔류성오염물 질 관리법」에 의해 규율된다.
81 2019년 12월 3일 제정.

않도록 필요한 조치를 하여야 하며(제11조), 이미 발생한 해안폐기물(제12조), 부유폐기물(제13조), 침적폐기물(제14조)을 수거할 의무를 규정하고 있다. 또한 해양수산부장관은 해양폐기물 및 해양오염퇴적물을 적정하게 관리하기 위해 해양폐기물 및 해양오염퇴적물 관리 기본계획을 10년마다 수립, 시행하고, 5년이 지나면 그 타당성을 재검토하여 변경할 수 있도록 하였다(제5조).

(3) 폐기물의 국가 간 이동 및 그 처리에 관한 법률

「폐기물의 국가 간 이동 및 그 처리에 관한 법률」은 바젤협약의 국내 시행 입법으로, 폐기물의 수출, 수입 등 폐기물의 국가 간 이동을 통제 및 관리한다(제1조).[82] 폐기물의 국가 간 이동을 통제, 관리하기 위한 적절한 시책을 마련할 의무, 협약 당사국 등과 협력할 의무, 폐기물과 관련된 기술의 개발 및 이전 등에 대한 지원 의무 등 국가의 의무를 규정하고 있으며(제4조), 폐기물 수출입 등의 통제 및 관리를 규정하고 있다(제2장). 2019년 바젤협약의 개정에 맞추어 오염된 폐플라스틱 등이 국내 수출입규제폐기물 목록에 반영되었다.[83]

2. 해양쓰레기에 관한 기본 계획

(1) 2019년 해양 플라스틱 저감 종합대책

2019년 5월 해양수산부는 '해양 플라스틱 저감 종합대책'을 심의, 확정하였고, "해양 플라스틱을 2018년 대비 2022년까지 30%, 2030년까지 50% 줄

---

82 그러나 「해양환경관리법」 및 「해양폐기물 및 해양오염퇴적물 관리법」에 따른 해역 배출 폐기물과 선박의 항행에 따라 배출되는 폐기물은 적용 범위에서 제외하고 있다(제3조 제2항).

83 폐기물의 국가 간 이동 및 그 처리에 관한 법률 적용대상 폐기물의 품목 고시(시행 2021년 1월 10일)(환경부고시 제2020-292호).

이는 것을 목표"로 하고 있다.[84] 해양 플라스틱은 해양쓰레기의 상당 부분에 해당되는 만큼, 해상 발생, 육상 유입, 해외 유입의 발생원별 특성을 고려하여 해양 플라스틱 발생의 예방 체계 구축을 목표로 하고 있다. 즉, 해양에서 발생하는 해양 플라스틱과 관련해서는 폐어구, 폐부표 회수 및 관리를 강화하고, 친환경 부표 보급을 확대할 예정이다. 육상에서 하천을 통해 유입되는 플라스틱 쓰레기를 차단하기 위해 해양 유입 차단 의무를 부과하고, 해외 유입의 해양 플라스틱과 관련해서 주변국과 공동 조사, 연구 및 합동 대응팀 구성을 언급하였다. 또한 해양 플라스틱 수거 및 운반 체계의 개선, 정보통신기술 기반의 모니터링 체계 전환, 해양 플라스틱 처리 및 재활용 촉진과 함께 국민인식 제고 등의 내용을 포함하고 있다.

(2) 2019년 제3차 해양쓰레기 관리 기본계획

2019년 8월 「해양환경관리법」 제24조 제1항을 근거로, 해양쓰레기 관리 정책의 기본 방향을 제시하고 폐기물 해양 수거 및 처리 계획을 수립, 시행하기 위해 '제3차 해양쓰레기 관리 기본 계획'(2019~2023)이 채택되었다.[85] 기본계획의 추진 전략에는 해상, 육상, 외국에서 발생하는 해양쓰레기 발생원에 대한 관리 강화, 해양쓰레기 수거 및 운반 체계 개선, 해양쓰레기 처리, 재활용 촉진, 해양 미세플라스틱 관리를 포함한 관리 기반 강화, 국민인식 제고, 국제 현안 대응 및 협력 강화를 포함한다.

---

[84] https://www.mof.go.kr/iframe/article/view.do?articleKey=26338&boardKey=10&current PageNo=1(2021. 10. 31. 방문).

[85] https://www.mof.go.kr/article/view.do?articleKey=26953&boardKey=22&menuKey=389 &currentPageNo=1(2021. 10. 31. 방문).

(3) 2021년 제1차 해양폐기물 및 해양오염퇴적물 관리 기본계획

2021년에는 해양수산부에서 「해양폐기물 및 해양오염퇴적물 관리법」 제5조를 근거로, '제1차 해양폐기물 및 해양오염퇴적물 관리 기본계획'(2021~2030)을 수립하였다.[86] 해양폐기물 관리 추진 전략에는 해상·육상·외국에서 발생하는 해양폐기물 예방, 수거, 운반체계 개선, 처리 및 재활용 촉진, 관리 기반 강화, 국민인식 제고 등을 포함한다. 해양오염퇴적물 관리 추진 전략에는 해양오염퇴적물 발생 예방 및 관리 강화, 정화 기술 개발 및 시장 확대, 국민인식 증진, 통합 관리기반 구축 등의 거버넌스 개선을 포함한다. 또한 외국에서 기인한 폐기물 관리, 대응 강화와 관련해서, 북서태평양보전실천계획을 통해 주변국과 공동 조사, 연구, 해양폐기물 공동 관리 방안 마련 및 모니터링 강화를 추진하고 있다.[87]

3. 대한민국 실행에 대한 평가와 정책 제언

「해양환경관리법」에서 해양쓰레기에 적용될 수 있는 일반적인 의무를 확인하고 있으며, 「해양폐기물 및 해양오염퇴적물 관리법」에서 구체적으로 해양쓰레기의 원칙적 배출 금지 및 수거 의무 등을 명시하고 있다. 그리고 「폐기물의 국가 간 이동 및 그 처리에 관한 법률」에서 폐기물의 수출, 수입 등 폐기물의 국가 간 이동 통제 및 관리를 규정하고 있다. 또한 「해양환경관리법」 및 「해양폐기물 및 해양오염퇴적물 관리법」을 근거로 채택된 2019년 8월 '제3차 해양쓰레기 관리 기본계획' 및 2021년 '제1차 해양폐기물 및 해양오염퇴적물 관리 기본계획'에서 해양쓰레기에 관련된 의무를 시행하기 위

---

86 https://www.mof.go.kr/article/view.do?articleKey=39282&boardKey=22&menuKey=851 &currentPageNo=1(2021. 10. 31. 방문).

87 2021년 '제1차 해양폐기물 및 해양오염퇴적물 관리 기본계획', 59쪽.

한 구체적인 전략, 즉 해양쓰레기 발생원에 대한 관리 강화, 쓰레기 처리 및 재활용 촉진, 해양쓰레기 관리 기반 강화 및 국민인식 제고 등의 내용을 포함하고 있다. 해양쓰레기와 관련된 대한민국 국내법 및 기본계획은 대체로 관련 국제협약의 내용과 일치하는 것으로 생각된다.

다만, 몇 가지 정책적인 재고가 필요한 부분이 있다.

첫째, 육상, 해상 또는 해외에서 발생하는 다양한 해양쓰레기가 해양에 들어가는 것을 예방하고 감소하는 것뿐만 아니라, 해양쓰레기가 될 수 있는 제품의 디자인 및 생산 단계에서부터 제품의 이용, 재활용 및 폐기까지 플라스틱 관련 제품의 수명주기life cycle를 고려하여 해양쓰레기 발생을 최소화할 수 있는 포괄적인 접근 방식이 필요하다.[88] 2016년 「자원순환기본법」이 제정되어, 폐기물의 발생을 억제하고 발생된 폐기물을 적정하게 재활용 또는 처리하는 등 지속가능한 자원 순환 사회를 만드는 것을 목적으로 하지만, 자원의 재활용 또는 재사용 이전에 제품의 디자인 및 생산 단계에 대한 고려가 필요하다.[89]

둘째, 해양쓰레기 문제를 해결하기 위해서는 국가 또는 지방자치단체의 노력뿐만 아니라, 민간 사업자, 비정부기구, 개인 등의 노력도 필요하다. 따라서 해양쓰레기와 관련된 계획을 수립하고 시행하는 데 있어서, 다양한 이해당사자가 정책을 발전시키고 실행하는 데 참여할 수 있는 기회가 마련되어야 한다.

---

88 Karen Raubenheimer, Alistair McIlgorm & Nilufer Oral, "Towards an improved international framework to govern the life cycle of plastics", *Review of European, Comparative and International Environmental Law,* Vol. 27, No. 3(2018), pp. 215−219.

89 Dawoon Jung, "An International Legal Framework for Marine Plastics Pollution: Time for a change to regulate a life cycle of plastics", in Froukje Maria Platjouw and Alla Pozdnakova (eds), *The Environmental Rule of Law for Oceans: Designing Legal Solutions* (Cambridge: Cambridge University Press, forthcoming 2022).

참고문헌

1. 김민경·정서용, "미세플라스틱에 의한 해양오염의 규율을 위한 국제적 대응방안에 대한 검토: 국제법을 통한 규범적 접근을 중심으로", 『서울국제법연구』, 제27권 제1호(2020).
2. 김선화, "해양쓰레기의 규제를 위한 국제적 노력의 동향", 『해사법연구』, 제19권 제1호(2007).
3. Karen Raubenheimer, Alistair McIlgorm & Nilufer Oral, "Towards an improved international framework to govern the life cycle of plastics", *Review of European, Comparative and International Environmental Law*, Vol. 27, No. 3(2018).
4. Nilufer Oral, "From the Plastics Revolution to the Marine Plastics Crisis: A Patchwork of International Law", in Richard Barnes and Ronan Long (eds), *Frontiers in International Environmental Law: Oceans and Climate Challenges: Essays in Honour of David Freestone* (Leiden: Brill Nijhoff, 2021), 2021.
5. UN, *The Second World Ocean Assessment*, Volume II (2021).
6. UNEP, Combating marine plastic litter and microplastics: an assessment of the effectiveness of relevant international, regional and subregional governance strategies and approaches (UNEP/AHEG.2018/1/INF/3)(2018).
7. Y Lyons, Theresa Su & Mei Lin Neo, A review of research on marine plastics in Southeast Asia: Who does what? (2019). Available at https://www.gov.uk/government/publications/a−review−of−research−on−marine−plastics−in−sea−who−does−what.

09

북극 규범의 현황과 향후 전망

김민수

Ⅰ. 북극 규범 체제의 특징

북극을 규율하는 단일조약은 존재하지 않는다. 이는 남극이 남극조약체제를 중심으로 관리되고 있다는 점과 비교된다. 이러한 차이는 남극과 북극이 가지는 물리적·법적 지위가 다르기 때문이다. 표 9-1에서 구분한 바와 같이 남극은 지리적으로 대륙 중심이며, 「남극조약」에 근거해 어느 국가도 남극대륙에 대한 주권과 주권적 권리를 갖지 못한다. 반면 북극은 지리적으로 북극해를 중심으로 연안국의 주권, 주권적 권리, 관할권이 미치는 해역과 공해로 구분된다. 즉, 다른 바다와 다름없이 「유엔해양법협약」이 적용되는 지역이다.

북극해는 얼음으로 된 해역으로 「유엔해양법협약」 제234조가 적용되며, 제122조의 반폐쇄해적 성격도 가진다.[1] 특히 폐쇄해 또는 반폐쇄해와 관련

표 9-1 남·북극 현황과 법적 체제 비교

구분	북극	남극
지리적 현황	북위 66.5도 이북의 육, 해, 공	「남극조약」 제6조(모든 빙산을 포함한 남위 60도 이남의 지역)
지리 구성	북극해 중심	남극대륙 중심
주권과 관할권	「유엔해양법협약」에 근거해 북극 연안국의 영해, EEZ, 대륙붕과 공해로 구성	「남극조약」 제4조는 어느 국가도 남극 대륙에 대한 주권과 주권적 권리를 주장하지 않도록 규정
활동	기본적으로 「유엔해양법협약」에 근거해 연안국이 행할 수 있는 주권, 주권적 권리, 관할권과 관련된 모든 활동 가능	「남극조약」 제1조에 근거해 남극은 과학적 연구 등 평화적 목적의 활동만 가능(군사적 목적의 활동은 금지)
대표 협의체	북극이사회	남극조약협의당사국회의

해 연안국은 제123조에 근거해 「해양법협약」 이행에 있어서 해양생물자원의 관리, 보존, 탐사 및 이용 조정, 해양환경 보호, 보전에 관한 권리의무 이행의 조정, 과학조사정책의 조정 및 적절한 경우 해역에서의 공동과학조사계획의 실시 등에 있어 서로 협력을 해야 한다. 이는 북극해에서 연안국 간 북극 협력이 왜 필요한지를 잘 보여 준다.

이러한 측면을 고려해 북극 규범의 특징을 정리하면 다음과 같다. 첫째, 북극을 규율하는 단일규범은 존재하지 않으며, 규범 제정이 필요한 분야별로 조약이 제정되어 왔다. 둘째, 북극해는 다른 바다와 비교해 겨울에는 얼음으로 덮여 있고 빙산의 존재가 항행에 위협이 되고 있다. 바다에 얼음이 존재하여 야기되는 위험을 줄이기 위해 환경과 안전적 측면에서 특별한 관리가 있어야 하고, 일반 바다와 비교해 특별한 규범을 필요로 한다. 「유엔해양법협약」 제234조에서 결빙해역 규정을 도입한 것도 이와 같은 맥락이다. 셋째, 최근 규범이 다루는 대상과 규범을 제정하는 주체가 다양화되고 있

---

1 「유엔해양법협약」 제122조에 따르면 '폐쇄해 또는 반폐쇄해'라 함은 2개국 이상에 의해 둘러싸이고 좁은 출구에 의해 다른 바다나 대양에 연결되거나, 또는 전체나 그 대부분이 2개국 이상 연안국의 영해와 배타적 경제수역EEZ으로 이루어진 만, 내만 또는 바다를 말한다.

다. 북극해 규범 제정과 관련하여 북극권 연안국을 포함해 북극이사회 회원국에서 점차 확대되어 비북극권 국가 또는 국제기구가 북극해를 규율하는 규범 제정에 적극 참여하고 있다. 「중앙 북극해 공해상 비규제어업 방지 협정CAOFA」이 전자의 사례이며, 「폴라코드Polar Code」,[2] 「북극 중유 사용 및 운송 금지규정」 제정이 후자의 대표적 사례이다.

「국제법위원회ILC 설립규정」은 제1조에서 국제법위원회가 국제법의 점진적 발달과 '성문화'에 기여한다고 규정하고 있다.[3] 이 조항은 국제법의 역할과 진화과정을 잘 보여 준다. 국제법은 새로운 현실을 반영하면서 점차 규범화로 발전하고 '성문화'를 통해 완성되면서 법적 예측 가능성과 명료성을 확보하게 된다. 그리고 이후 정치, 경제, 사회를 둘러싼 환경의 변화와 새로운 현실을 반영해 규범은 변화하고 점진적으로 발전하게 된다. 이처럼 조약이나 관습을 통해 완성되어 현실을 규율하는 법은 '존재하는 규범lex lata'이며, 새로운 변화와 현실로 인해 이를 규율하는 방향으로 발전해 나가는 과정에 있는 법은 '있어야 할 규범lex ferenda'이다. 북극 규범도 마찬가지다. 현재의 북극을 규율하면서 또한 기후변화 등 변화하는 북극의 현실을 반영해 점진적으로 발달하면서 법질서를 형성하고 유지해 나가야 한다. 여기서는 현재 체결되어 발효가 되었거나 발효를 앞두고 있는 관련 규범들을 '존재하는 규범' 차원에서 중점적으로 다루고, 향후 새로운 환경변화를 반영해 협약 체결이 필요한 부분을 '있어야 할 규범' 측면에서 살펴본다.

---

2 이를 극지 규범으로 해석하는 사례도 있으나, 명칭의 혼돈을 피하기 위해 여기서는 'Polar Code'를 '폴라코드'로 통일하여 사용한다.

3 국제법위원회 설립규정 제1조. The International Law Commission shall have for its object the promotion of the progressive development of international law and its codification. (밑줄은 저자 강조)

II. 북극 규범의 현황

북극 규범은 북극해를 규율하는 법체제로 볼 수 있다. 「유엔해양법협약」을 포함해 바다를 규율하는 모든 규범이 적용될 수 있다는 의미를 내포한다. 해양법에서 국제관습법으로 인정되고 있는 사안은 2021년 10월 기준으로 아직 해양법협약에 가입하지 않은 미국에도 적용된다. 즉 항행과 관련된 국제해사기구IMO 협약,[4] 수산업을 규율하는 유엔식량농업기구FAO 규범,[5] 환경과 생태계 보전과 관련된 국제협약[6] 등이 관련된 분야에서 북극에서도 적용된다. 따라서 여기서는 북극에도 적용되는 일반 협약은 배제하고, 북극과 직접적인 연관성을 가지거나, 북극의 특수성을 협약 목적으로 반영하고 있거나, 적용 대상을 북극에 한정하고 있는 협약을 중심으로 살펴보도록 한다.

1. 유엔해양법협약 제234조

「유엔해양법협약」 제234조는 결빙해역ice-covered areas에 관련된 규정으로, "연안국은 특별히 가혹한 기후조건과 연중 대부분 그 지역을 덮고 있는 얼음의 존재가 항해에 대한 장애나 특별한 위험이 되고 해양환경오염이 생

---

4 대표적인 협약으로는 「1974년 해상에서의 인명안전을 위한 국제협약SOLAS」(1974), 「국제해상충돌방지규칙COLREG」(1972), 「국제 해양 수색 및 구조 협약SAR」(1979) 등이다.
5 「FAO의 책임 있는 수산업 규범Code of Conduct for Responsible Fisheries」(1995) 등이다.
6 「1973년 선박으로부터의 오염방지를 위한 국제협약과 1978년 의정서MARPOL」(1973/1978), 「북동대서양의 해양환경보호에 관한 협약OSPAR」(1992), 「육지 폐기물 기타 물질의 투기에 의한 해양오염 방지 협약(런던협약)」(1972), 「유해 폐기물의 국가 간 이동 및 그 처리의 통제에 관한 바젤협약」(1989), 「멸종위기에 처한 야생동식물의 국제거래에 관한 협약CITES」(1973) 등이다.

태학적 균형에 중대한 피해를 초래하거나 돌이킬 수 없는 혼란을 가져올 수 있는 경우, 배타적 경제수역EEZ에 있는 결빙해역에서 선박으로부터의 해양오염을 방지, 경감 및 통제하기 위한 차별 없는 법령을 제정하고 집행할 권리를 가진다. 이러한 법령은 항행과 이용 가능한 최선의 과학적 증거에 근거하여 해양환경의 보호와 보존을 적절하게 고려한다."고 규정하고 있다. 이는「해양법협약」협정문 협상 당시 캐나다와 러시아의 주도로 들어간 조항이다. 극지해역이 직접적으로 언급된 유일한 조항으로 결빙해역에서 선박으로부터의 해양오염 방지, 감소 및 통제를 위한 차별 없는 법령을 제정하고 집행할 권리가 연안국에 있음을 규정하여 북극 연안국들의 결빙해역에 대한 국내 규제의 근거를 제공하고 있다.[7]

2. 북극이사회 설립 이전의 규범

1996년 북극이사회가 설립되어 북극 지역의 거버넌스 현안을 논의하는 협의체로 자리잡고 있다. 현재까지 북극이사회를 중심으로 규범 형성이 논의되고 북극이사회 회원국이 협약당사국이 되는 협약을 체결해 오고 있다. 그러나 북극을 규율하는 규범은 북극이사회 설립 이전에도 존재하였다. 따라서 북극이사회 설립 전후로 나눠 규범을 살펴보도록 한다.

(1) 스발바르조약[8]

스발바르 수역은 어업과 광물 자원이 풍부하며, 상업적으로도 북극항로의

---

7 김지혜·김민수·김주현·이슬기·정성엽,『북극 해상운송 규범 분석을 통한 우리나라 대응방안 연구』(KMI 일반연구, 2020), 34쪽.

8 영문명은 'Treaty Regulating the Status of Spitsbergen and Conferring the Sovereignty of Norway'이며, 줄여서 'The Svalbard Treaty'라고 한다.

통로로 중요한 의미를 가지고 있다.[9] 또한 20세기 들어서면서 스발바르 수역과 육역에서의 자원 개발 가능성이 커지면서 노르웨이, 스웨덴, 러시아, 독일 등의 자원 분쟁이 확대되고, 특히 북극의 전략적 요충지로서 미국과 러시아의 관심이 커지게 되었다.[10] 제1차 세계대전 종전 후 개최된 파리평화회의와 연계하여 1919년 스피츠베르겐회의가 개최되었다. 회의 참가국들은 스발바르제도에 대한 노르웨이의 주권, 다른 회원국의 스발바르제도 경제적 이용 권한 및 4해리 영해 접근권, 비군사적·평화적 이용 등을 골자로 하는 「스발바르조약」을 체결하였다.[11]

「스발바르조약」은 총 10개 조문과 1개의 부속서로 이루어져 있다.[12] 조약의 전문은 스발바르제도에 대한 노르웨이의 주권을 인정함을 전제로 형평한 체제equitable regime하에 개발과 평화적 이용을 보장하고 있다. 제1조에서는 체약국은 조약 규정에 따라 스발바르제도에 대한 노르웨이의 완전하고 절대적인 주권full and absolute sovereignty을 승인하도록 규정하고 있다. 제2조에서는 체약국의 선박과 국민이 노르웨이 영토와 영해에서의 어업권을 동등하게 누릴 수 있도록 규정하고 있으며, 제3조에서는 항만과 해역에 접근할 수 있는 권리를 동등하게 누릴 수 있도록 규정하고 있다. 특히 제3조를 통해 체약국은 해양, 산업, 광산, 상업적인 활동 또한 동등하게 누릴 수 있도록 하였다.[13] 제5조에서는 국제기상관측기지international meteorological

---

9 이용희, "북극 스발바르조약에 관한 연구," 『해사법연구』, 제25권 제2호(2013), 109쪽.

10 라미경, "스발바르조약 100주년의 함의와 북극권 안보협력의 과제", 『한국 시베리아연구』, 제24권 제4호(2020), 5쪽.

11 극지연구소(2014), '스발바르조약', 8쪽.

12 https://www.jus.uio.no/english/services/library/treaties/01/1-11/svalbard-treaty.xml (2021. 7. 11. 방문).

13 이는 본질적으로 '비차별과 형평의 원칙principles of non-discreimination and equal enjoyment'이 반영된 결과이다. Christiper R. Rossi(2015), "A Unique International Problem: The Svalbard Treaty, Equal Enjoyment, and Terra Nullius: Lessons of the Territorial Temptation from History", *Washington University Global Studies Law Review*, Vol. 15, Issue 1, p. 110.

station를 설립하고 과학조사scientific investigations가 가능하도록 근거를 두고 있다. 한편 제9조는 노르웨이가 스발바르제도 내에서 어떠한 군사기지를 건설하거나 건설을 허용하지 않도록 규정함으로써 스발바르제도의 군사적 이용을 금지하고 있다.

(2) 북극곰보호협정[14]

1965년 미국, 캐나다, 덴마크, 노르웨이, 스위스, 구소련 대표들이 북극곰 보호에 대한 조약 제정 필요성을 제기하였다.[15] 이후 국제자연보전연맹IUCN을 중심으로 협정에 대한 논의가 진행되었고, 1973년 11월 오슬로에서 「북극곰보호협정」이 체결되고, 1976년 5월 발효되었다. 미국, 캐나다, 덴마크, 노르웨이, 구소련 등 북극 연안국 5개국이 협정 당사국이다.

협정은 총 10개의 조문으로 구성되어 있다. 우선 전문에서는 북극 지역의 동식물 보호에 대한 북극 지역 국가의 특별한 책임을 인식함을 전제로 북극곰에 대한 추가적인 보호가 필요하며, 이를 위해 국내 조치를 마련할 것을 규정하고 있다. 특히 제1조에서는 제3조에 규정된 예외적 내용을 제외하고 북극곰을 사냥, 포획, 죽이는 행위를 금지하고 있다. 제3조는 예외적으로 과학적 또는 보존의 목적으로 행해지는 사냥, 원주민의 전통적 권리의 행사, 내국민에 의해 전통적 방식으로 북극곰을 사냥해 왔던 지역 내 행위 등은 허용하고 있다. 제6조에서는 각 체약국에 협정 발효에 필요한 입법과 조치를 하도록 규정하고 있으며, 제7조에서는 북극곰에 대한 국내 연구를 수행하고 보존과 관리를 위한 연구를 수행하도록 규정하고 있다. 이후 2000년 미국과 러시아 간 「알래스카-추코트카 협정」[16]을 비롯해 캐나다-누나

---

14 영문명은 'The 1973 Agreement on the Conservation of Polar Bears'.

15 체결 배경에 대한 정보는 https://polarbearagreement.org/about-us/1973-agreement(2021. 7. 11. 방문).

16 영문명은 'Agreement between the Government of the United States of America and the

부트-그린란드 간 MOU가 2009년에,[17] 캐나다-미국 간 MOU가 2008년 5월에[18] 체결되었다.[19]

3. 북극이사회 체제 내 규범

1996년 설립된 북극이사회는 북극의 환경보호 및 지속가능한 발전에 대해 논의하는 북극권 8개 회원국 간 지역협의체이다. 현재 8개 회원국 이외 북극 원주민 단체로 구성된 상시참여단체permanent participants, 한국을 포함한 13개 옵서버 국가, 13개 국제기구와 13개 비정부 옵서버, 잠정 옵서버 (EU) 등으로 구성되어 매년 북극 관련 이슈와 현안에 대해 논의하고 공동 협력사업을 추진하고 있다.

(1) 북극 항공해상 수색구조 협력 협정[20]

북극 상공 및 해상에서의 안전을 위한 수색 및 구조의 목적으로 북극이사회 8개 회원국 간에 2011년 5월 그린란드에서 체결되었으며 2013년 발효되었다. 이는 북극이사회 회원국 간에 처음으로 체결한 법적 구속력을 가진 협

Government of the Russian Federation on the Conservation and Management of the Alaska-Chukotka Polar Bear Population'.

17 영문명은 'Memorandum of Understanding between the Government of Canada, the Government of Nunavut, and the Government of Greenland for the Conservation and Management of Polar Bear Populations'.

18 영문명은 'Memorandum of Understanding between Environment Canada and the United States Department of the Interior for the Conservation and Management of Shared Polar Bear Populations'.

19 Tanya Shadbolt, Geoff York & Ernest W. T. Cooper, "ICON ON ICE: International Trade and Management of Polar Bears', WWF, 2012, pp. 147-150.

20 영문명은 'Agreement on Cooperation on Aeronautical and Maritime Search and Rescue in the Arctic'.

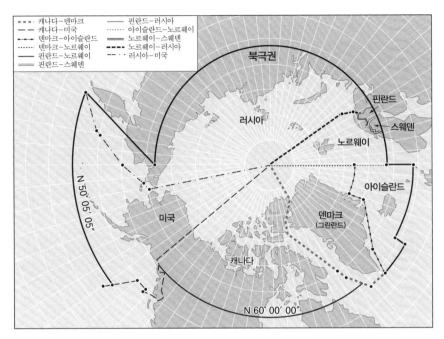

그림 9-1 협정 적용 지역

정으로, 북극 지역 내 인명구조 및 환경피해 방지를 목표로 하고 있다.[21] 협
정 적용 지역은 그림 9-1과 같다.

협정은 총 20개 조항과 부속서로 구성되어 있다. 우선 협정은 전문을 통
해 1979년 「해양수색과 구조에 관한 국제협약」[22]과 1944년 일명 시카고협

---

21 김민수·김지혜·김엄지·김지영·이슬기·이경호, 『중앙 북극공해 비규제어업방지협정 이행방안
연구』(KMI 일반연구, 2020), 31쪽.

22 협정당사국은 자국의 연안 해역에서 수색 및 구조SAR 업무를 수행할 수 있는 적절한 조치(SAR
조직, 장비 비치 등)를 취하여야 하며, 인접 국가와 SAR 구역의 설정, 시설의 상호 이용, 요원에
대한 훈련에 관해 협정을 체결하도록 권고하고 있다. 또 당사국은 효율적인 SAR 업무 수행을 위
해 SAR 업무의 조정을 위한 국가기관, 구조조정 본부 및 구조 지부를 설치하여야 한다. 아울러
당사국은 조난선의 조기 위치 파악 및 구조 세력의 조기 투입을 위해 자국의 SAR 구역 내에서
선박 위치 통보 제도를 실시할 수 있다. 이상 협정의 내용은 행정안전부 국가기록원 자료 참조.
(https://www.archives.go.kr/next/search/listSubjectDescription.do?id=004440&sitePage=
1-2-1, 2021. 7. 12. 방문)

약으로 불리는 「국제민간항공협약」과의 연관성을 밝히고 있다. 이는 북극해에서의 특수한 사정을 감안한 지역 차원의 협력 조약과 전 지구적 차원의 조약이 결합하여 북극해의 효과적인 규율과 관리를 위한 국제법 규범 체계를 구성하는 데 기여하고 있다.[23] 제2조에서는 북극해에서의 공중 및 해상에서의 수색 및 구조를 위한 협력과 조정을 강화함이 목적임을 밝히고 있다.[24] 그리고 협정국 간 수색 및 구조의 지역 범위를 지정하고 있으면서도[25] 국가 간 해양경계, 주권, 주권적 권리 또는 관할권에 영향을 미치지 않는다는 점을 명확히 하고 있다.[26] 협정 제7조에서는 각 협정국이 구조조정센터Rescue Coordination Centers, RCCs를 두도록 하고 있으며, 협정의 부록 Appendix을 통해 각국의 구조조정센터를 명시하고 있다.[27] 각 협정국이 수색 및 구조 활동을 위해 타국의 영토로 들어가는 경우 요청서를 영토국 구조조정센터나 구조담당기관으로 보내야 하며, 요청서를 받은 당사국은 즉시 접수하고, 가능한 한 빨리 승인 여부를 알려 줘야 한다.[28] 수색 및 구조 활동의 효율성을 증진시키기 위해 각 당사국은 시설, 통신, 연료, 항만, 의료, 구조인력 등에 대한 정보를 교환하여야 한다.[29] 또한 경험 교환, 실시간 기상 및 해양관측 분석정보 교환, 공동 수색 및 구조 훈련 및 교육, 선박 보고

---

23 김민경, 『북극해에 대한 국제법적 규율: 북극해의 이용과 환경보호 보전을 중심으로』(박사학위논문, 고려대학교, 2018), 63쪽.
24 협정 제2조(조약의 목적).
25 협정 부속서Annex에서 규정.
26 협정 제3조.
27 예를 들어 캐나다는 'Joint Rescue Coordination Centre, Trenton', 노르웨이는 'Joint Rescue Coordination Centre, Northern Norway(JRCC NN Bodø)', 러시아는 'State Maritime Rescue Coordination Center(SMRCC)', 'Main Aviation Coordination Center for Search and Rescue (MACC)', 미국은 'Joint Rescue Coordination Center Juneau (JRCC Juneau)', 'Aviation Rescue Coordination Center Elmendorf (ARCC Elmendorf)' 등이다.
28 협정 제8조.
29 협정 제9조 제1항.

시스템 활용 등에 있어 공조 노력을 기울여야 한다.[30] 한편 당사국은 정기적으로 회의를 개최하고,[31] 수색 및 구조 활동 이후 활동에 대해 공동으로 검토할 수 있도록 규정하고 있다.[32]

(2) 북극해 유류오염 방지 및 대응에 관한 협력 협정[33]

협정은 2013년 키루나 각료회의에서 취약한 북극 해양환경과 지역민과 원주민의 생계에 위협이 되는 해양유류 오염에 대비하기 위해 8개 북극국가 간 체결된 두 번째 협정으로, 총 23개 조문으로 구성되어 있다.[34] 전문에서는 이 협정이 1982년 「유엔해양법협약」, 「1990년 유류오염 준비, 대응 및 협력 협정」,[35] 「1969년 유류 오염 시 공해상의 개입에 관한 협약」[36]을 고려하고, 법의 일반원칙으로서의 '오염자부담원칙polluter pays principle'을 고려하도록 규정하고 있다. 제1조에서는 협정이 유류오염으로부터 북극해양 환경을 보호하기 위해 유류오염 대비와 대응에 있어 협력, 조정 및 상호 지원을 강화하기 위해 제정되었음을 밝히고 있다. 제3조에서는 협정의 적용 범위를 각 협정 당사국별로 명시하고 있다. 캐나다는 북위 60도 이북 해역, 그린란드와 페로를 포함한 덴마크는 그린란드 배타적 경제수역의 남쪽 한계와 페로의 수산구역 위쪽 해역, 핀란드는 북위 63도 30분 이북 해역, 아이슬란드는 배타적 경제수역 남쪽 한계선 이북 해역, 노르웨이는 북극서클(북극

---

30 협정 제9조 제2항.

31 협정 제10조.

32 협정 제11조.

33 영문명은 'Agreement on Cooperation on Marine Oil Pollution Preparedness and Response in the Arctic'.

34 김민수 외, 앞의 주 21), 32쪽.

35 영문명은 '1990 International Convention on Oil Pollution Preparedness, Response and Co-operation'.

36 영문명은 '1969 International Convention Relating to Intervention on the High Seas in cases of Oil Pollution Casualties'.

경계) 이북 해역, 러시아는 백해, 바렌츠해, 카라해, 랍테프해, 동시베리아해
와 추크치해 해안선 이북 해역, 스웨덴은 북위 63도 30분 이북 해역, 미국은
보퍼트해에서 미국과 캐나다의 경계로부터 알래스카 본토 북쪽 면을 따라
알류샨열도의 연안 기준선에서 바다 쪽과 알루샨 열도의 남쪽 24해리, 베링
해에서 미국의 동쪽 배타적 경제수역 한계까지를 포함한다.[37] 각 당사국의
관할권 이원해역에 대해서는 국제법에 따라 가능한 범위 내에서 이 협정의
6, 7, 8, 10 및 15조의 규정을 적용한다.[38] 그리고 협정은 "국가가 소유 또는
운영하고 당분간 정부의 비상업적 서비스에만 사용되는 군함, 해군 보조선
또는 기타 선박"에는 적용되지 않는다.[39]

각 당사국은 유류오염 준비 및 대응을 위한 국내 시스템을 구축하여야 하
고,[40] 다른 당사국과 협력을 통해 해운업, 항만 기관 등과 유류오염 대응 훈
련 프로그램, 사고 대응 계획과 통신 등을 마련하여야 한다.[41] 당사국은 유류
오염 사고 또는 예상되는 사고에 대한 정보를 받은 경우, 유류오염 사고인지
를 평가하고, 사고의 성질, 범위와 결과를 평가하여야 한다. 또한 지체 없이
사고에 영향을 받거나 받을 수 있는 모든 국가에 통보하여야 한다.[42] 각 당사
국은 적절한 모니터링 활동을 수행하여야 하며, 사고 시 영향을 받는 당사국
(들)은 효과적이고 시의적절한 대응과 부정적 환경영향을 최소화하기 위해
사고를 모니터링하여야 한다.[43] 이외 대응 활동에 있어서의 협조 요청,[44] 유

---

37 협정 제3조 제1항.
38 협정 제3조 제2항.
39 협정 제3조 제3항.
40 협정 제4조 제1항.
41 협정 제4조 제2항.
42 협정 제6조.
43 협정 제7조.
44 협정 제8조.

류오염 사고 대응 활동의 공동 검토,[45] 정보의 교환,[46] 공동 훈련 및 교육[47] 등을 규정하고 있다. 제17조에서는 협정 비당사국과 국제법에 따라 협력을 하도록 규정하고 있다. 실질적으로 이 협정에 근거해 북극이사회 긴급 예방, 대비 및 대응 실무그룹EPPR이 당사국 간 공동 작전 및 훈련을 통해 협정의 실효성을 확보하기 위해 노력하고 있다.[48]

(3) 국제 북극 과학협력 강화 협정[49]

이 협정은 2017년 5월 11일 미국 알래스카 페어뱅크스에서 개최된 제10차 북극이사회 각료회의에서 체결되었다. 북극이사회 체제 내에서 체결된 구속력 있는 협정으로는 세 번째이다. 협정은 총 20개 조문과 2개의 부속서로 구성되어 있다. 협정 적용 지역은 그림 9-2와 같다.

협정의 체결 목적은 북극 과학지식 발전의 효율성을 증진시키기 위해 과학활동에 있어 협력을 확대하는 것이다.[50] 당사국은 과학활동에 필요한 과학 플랫폼, 자료, 샘플, 데이터, 장비의 도입과 반출, 자국 내 연구 인프라, 시설, 물류서비스에 대한 접근, 그리고 영토, 연안, 대기, 해양 지역에 대한 접근, 공동연구, 데이터 접근 등을 용이하게 하도록 최선을 다해야 한다.[51] 교육과 직업능률 향상, 교육 기회 등을 진흥하여야 하며, 전통적이고 지역적인 지식을 과학활동을 기획하고 이행하는 데 활용하여야 한다.[52] 또한 비협약 당사국과 북극 과학과 관련해 협력을 지속적으로 강화하도록 규정하

---

45 협정 제11조.
46 협정 제12조.
47 협정 제13조.
48 김민경, 앞의 주 23), 66쪽.
49 영문명은 'Agreement on Enhancing International Arctic Scientific Cooperation'.
50 협정 제2조.
51 협정 제4~7조.
52 협정 제8조, 제9조.

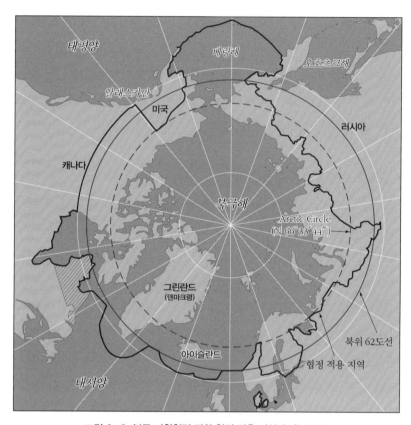

그림 9-2 북극 과학협력 강화 협정 적용 지역(출처: IASC)

고 있다.[53] 필요한 범위 내에서 지적재산권의 효율적인 보호 규정도 제3조에서 규정하고 있다.

 한편 부속서에는 이 협정의 적용 범위가 나와 있는데, 62도 이북의 국가 관할권 이원 지역인 공해도 포함하고 있다.[54] 캐나다는 유콘, 노스웨스트 지역, 누나부트 및 캐나다 인접 해양지역이, 덴마크는 그린란드 남부지역의

53 협정 제17조.

54 관련 원문은 다음과 같다: "Identified Geographic Areas also include areas beyond national jurisdiction in the high seas north of 62 degrees north latitude."

배타적 경제수역 북부와 페로제도의 어업 수역이, 핀란드와 아이슬란드는 관련 국가 영토 및 해역이, 노르웨이는 북위 62도 북부의 해양 지역과 북위 66.6도의 북극권 영토가, 스웨덴은 60.5도 이상 해양 지역이 포함된다. 미국의 경우, 북서 경계의 포큐파인, 유콘, 쿠스코큄강, 알류산열도 및 보퍼트해, 베링해, 추크치해 등 북극해 인접 해양지역이 속하며, 러시아는 무르만스크, 네네츠 자치구, 추크치, 야말로네네츠, 보르쿠타, 사하공화국, 노릴스크, 아르한겔스크, 노바야젬랴, 세베로드빈스크 등이 속한다.[55]

4. 중앙 북극해 공해상 비규제어업[56] 방지 협정[57](이하 'CAO 어업협정')

(1) 체결 배경
중앙 북극해 공해에 대한 규제 논의는 미국 주도로 시작되었다. 미국은 2009년 「매그너슨-스티븐스 어업 보존 및 관리법Magnuson-Stevens Fishery Conservation and Management Act」을 근거로 북극관리수역Arctic Management Area을 지정하여 알래스카 배타적 경제수역에서의 모든 상업적 어업을 금지하였다.[58] 규제되지 않거나 부적절하게 규제된 상업적 어업

---

55 제1부속서.
56 「불법·비보고·비규제어업 예방, 억지 및 근절을 위한 국제행동계획International Plan of Action to Prevent, Deter and Eliminate Illegal, Unreported and Unregulated Fishing, IPOA-IUU」 제3항에 규정된 정의에 따르면, 비규제어업이라 함은 "관련 지역수산관리기구의 관할수역에서 무국적 선박에 의해 행하여지는 어업활동 또는 그 기구의 비당사국의 국기를 게양한 선박 또는 조업실체에 의해 그 기구의 보존관리조치와 일치하지 않거나 위반하는 방법으로 행해지는 어업활동" 또는 "적용 가능한 보존관리조치가 없는 수역이나 또는 어족자원에 대해 국제법상의 해양생물자원 보존을 위한 국가의 책임과 불일치하는 방법으로 행해지는 어업활동"을 의미한다. 김현정, "불법·비보고·비규제어업의 개념 정의-법과 정치의 관계를 중심으로", 『국제법학회논총』, 제59권 제3호(2014), 64쪽.
57 영문명은 "Agreement to Prevent Unregulated High Seas Fisheries in the Central Arctic Ocean".
58 김민수 외, 앞의 주 21), 43쪽.

표 9-2 CAO 어업협정 체결 과정

구분	날짜	장소	주요 논의 내용
제1차 회의	2015. 12. 1~3.	미국 워싱턴	과학적 사안과 정책적 사안에 관한 논의로 진행 비규제어업을 방지하기 위한 단계별 세 가지 접근방식 제안 RFMO/As 설립 필요성, 공동과학조사 프로그램 수립 논의 (미국) CAO 어업협정 초안 제시
제2차 회의	2016. 4. 19~21.	미국 워싱턴	1차 회의에서 논의되었던 단계별 세 가지 접근방법 구체화 생태계와 사전 예방적 접근의 잠정조치에 대해 공감
제3차 회의	2016. 7. 6~8.	캐나다	과학조사와 모니터링에 대한 공동프로그램 및 원주민과 지역적 지식에 대한 논의 미국이 제안한 협정(안)의 상당 부분 동의 법적 구속력 지닌 협정 체결 가능성 논의
제4차 회의	2016. 11. 29.~ 12. 1.	페로제도	RFMO/As 설립을 위한 협상개시 시기 조정, 의사결정 과정에 대한 견해 차이 해소 과학전문가회의 결과 반영 협정 채택에 대부분 동의
제5차 회의	2017. 3. 15~18.	아이슬란드	일부 문제를 제외한 상당 부분 합의 도출 협정수역 규정방식, RFMO/As 설치 협상 개시 조건 등 미해결 사안은 권고안을 회람하도록 결정
제6차 회의	2017. 11. 28~30.	미국 워싱턴	CAO 어업협정 채택

[출처: 김민수·김지혜·김엄지·김지영·이슬기·이경호, 『중앙 북극공해 비규제어업방지협정 이행방안 연구』(KMI 일반연구, 2020), 47쪽]

※주: RFMO는 지역수산관리기구regional fisheries management organisation이다.

이 북극 지역의 민감한 해양생태계와 생물자원에 부정적 영향을 미칠 것을 우려해서 사전 예방적 접근방식을 도입한 것이다.[59]

초기에는 북극 연안 5개국을 중심으로 협정 체결 논의가 이루어졌다. 2015년 북극 연안국은 「오슬로선언」을 통해 북극 연안국 이외 중앙 북극공해 어업에 이해관계를 가진 다른 국가들의 참여를 허용하였다. 일명 'broad process'에 따라 한국, 중국, 일본, 아이슬란드, EU가 비연안국으로 협정 제정에 참여하였다. 2015년 7월 「오슬로선언」 이후 2017년 11월 협정 초안이

---

59 박영길, "북극해의 중앙: 대륙붕 경쟁과 공해어업 문제", 『북극정책포럼』, 2016년 6월호, 13쪽.

채택되기까지 총 여섯 차례의 회의가 개최되었다(표 9-2).[60]

이후 CAO 어업협정은 2018년 10월 3일 북극 연안국이자 북극이사회 회원국인 미국, 러시아, 캐나다, 덴마크, 노르웨이와 함께 비연안국인 한국, 중국, 일본, 아이슬란드, EU 등 10개 서명 주체들이 참석한 가운데 그린란드 일루리사트에서 체결되었다.[61] 우리나라는 2019년 10월 협정 국내 비준 절차를 완료하였다. 중국이 2021년 5월 10개 서명국 가운데 마지막으로 비준함으로써 협정 제11조[62]에 따라 협약은 2021년 6월 25일 자로 발효하였다.

(2) 협정 주요 내용

CAO 어업협정은 전문과 15개의 조항으로 구성되어 있다. 협정의 전문에서는 북극해 해빙 감소와 중앙 북극해 생태계 변화, 지속가능한 해양생태계와 어업의 중요성, 어족자원의 보존 및 지속가능한 관리의 필요성이 언급되어 있다. 또한 「유엔해양법협약」, 「FAO 규범」 및 「오슬로선언」과의 관계에 대해 언급하고 있다. 상업적 어업 실행과 지역 어업관리기구 또는 약정의 수립이 시기상조라는 점을 전제로 제2조에서는 협정이 사전 예방적 접근 도입을 통해 중앙 북극해 공해에서의 비규제어업 방지를 목적으로 하고 있음을 명시하고 있다. 협정이 적용되는 중앙 북극해 공해 범위는 그림 9-3과 같다.

협정의 주요 내용을 요약하면 다음과 같다. 첫째, 중앙 북극해 공해 지역에서의 어업자원의 보존 및 지속가능한 이용을 위해 '한시적' 사전예

---

60 김민수 외, 앞의 주 21), 44쪽.
61 외교부 보도자료(2018), "북극 공해 비규제어업 방지 및 북극해 과학 연구 촉진을 위한 새로운 규범을 만들다", 외교부 홈페이지, 2021. 7. 17. 방문.
62 협정의 발효 요건에 대해 규정하고 있다: 1. 이 협정은 기탁처가 제9조 제1항에 열거된 국가 및 유럽연합의 이 협정에 대한 모든 비준서, 수락서, 승인서 또는 가입서를 접수한 날 후 30일째 되는 날에 발효된다. 2. 이 협정은 이 협정의 발효 이후 제10조 제2항에 따라 가입을 요청받아 가입서를 기탁한 각 국가에 대해, 그 가입서를 기탁한 날 후 30일째 되는 날에 발효된다. 이하 협약 국문은 외교부 번역본 참조.

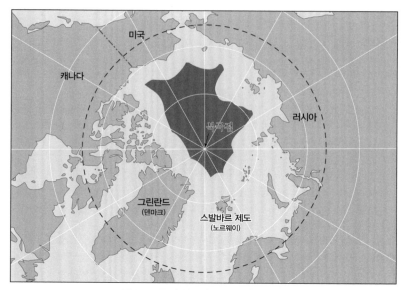

그림 9-3 **중앙 북극해**(CAO 어업협정 지역)

방 조치를 도입하고 있다. 협정에서 사전예방 조치를 규정한 곳은 총 3곳이다. 우선 서문에서는 '사전예방적 접근과 합치되는consistent with the precautionary approach' 방식으로 추가적인 보존 및 관리의 필요성을 검토하도록 하고 있다. 협정의 목적을 규정하고 있는 제2조에서는 '사전예방적 보존 및 관리 조치의 적용을 통해through the application of precautionary conservation and management measures' 중앙 북극해 공해 영역에서의 비규제어업을 방지하도록 규정하고 있다. 그리고 제5조에서는 '사전예방적 접근the precautionary approach' 방식을 통해 어업 관리 및 생태계를 고려하고, 어업관리기구나 협정 수립에 대한 협상 개시 여부, 임시 보존 및 관리 조치 등의 수립 여부를 통한 상업적 어업 여부를 고려하도록 규정하고 있다.[63]

둘째, 협정은 한시적 어업관리조치를 규정하고 있는데, 어족자원의 지속

---

63 김민수 외, 앞의 주 21), 79~80쪽.

가능한 관리를 위한 보전 및 관리 조치를 할 수 있는 소지역 어업관리기구나 약정이 존재하는 경우와 어족자원의 지속가능성을 보장하는 매커니즘에 동의한 경우에 가능하다.[64] 또한 추후 합의되는 규칙에 따라 시험어업에 대한 규정이 마련되는 경우 시험어업이 가능하다. 협정은 발효 후 3년 이내에 협정 수역에서의 시험어업[65]을 위한 보존 및 관리 조치를 수립하도록 규정하고 있다.[66]

셋째, 협정은 공동 과학 연구 및 모니터링 프로그램을 수립하도록 규정하고 있다. 이에 따라 협정 당사국은 협정 발효 후 2년 내에 협정 수역의 생태계에 대한 이해를 제고하고, 특히 어족자원이 현재 또는 미래에 지속가능한 방식으로 수확될 수 있을 정도로 협정 수역에 존재하는지 여부와 그러한 어업이 협정 수역의 생태계에 미칠 수 있는 영향을 판단하기 위한 목적으로 공동 과학 연구 및 모니터링 프로그램을 수립해야 한다.[67]

넷째, 협정은 협정 이행 및 과학 데이터 검토, 지역수산기구 설립 협상 개시, 시험어업 규칙 마련 등을 위해 최소 2년마다 당사국회의를 개최하도록 규정하고 있다.[68] 2021년 6월 16일 종료된 10개 서명국 간 준비 총회에서 제1차 당사국총회를 2022년 상반기에 한국에서 개최하기로 결정하였다. CAO 어업협정의 첫 당사국총회를 한국에서 개최하게 된 것은, 그간 한국이 북극 관련 과학 연구 및 외교 활동에 적극 참여함으로써 축적한 국제사회의 신뢰를 반영한 결과로 평가된다.[69]

---

64 협정 제3조 제1항.
65 시험어업explorary fishing은 제1조 용어 정의를 통해 "미래 상업적 어업과 관련한 과학적 데이터에 기여함으로써 미래 상업적 어업의 지속가능성과 실행가능성을 평가할 목적으로 행해지는 어업"을 의미한다.
66 협정 제5조 제1항 가호.
67 협정 제4조 제2항.
68 협정 제5조.
69 외교부 보도자료(2020).

다섯째, 절차 규정으로 협정은 의사결정 및 분쟁해결 절차를 두고 있다. 절차적 문제는 과반수로, 실질적 문제는 컨센서스로 결정한다.[70] 협정의 해석 또는 적용과 관련된 당사자 간 분쟁은 「유엔공해어업협정」 절차[71]가 준용된다.[72] 기타 규정으로 10개 협정 원서명국의 협정에 대한 모든 비준서, 수락서, 승인서 또는 가입서는 접수한 날부터 30일째 되는 날 발효되며,[73] 탈퇴는 의사 통보일로부터 최소 6개월 후 가능하다.[74] 협정은 발효 후 최초 16년간 유효하며, 공식 반대가 없다면 5년씩 연장 가능하며, 지역수산기구 설립 등으로 종료가 가능하다.[75]

이처럼 CAO 어업협정은 해빙이 가속화되는 중앙 북극해 공해에서 한시적으로 조업활동을 유예하고, 중앙 북극해에서 어족자원 보호 및 관리를 위한 협력 기반을 마련한 것으로 의미가 있다.[76] 또한 실제로 조업이 이뤄지기 전에 사전예방주의 원칙precautionary principle을 도입하였으며, 공동 과학연구 모니터링 프로그램을 통해 어업자원 조사 및 어업 가능성 평가 등을 위해 북극, 비북극권 국가들이 협력할 수 있도록 한 점이 높게 평가된다.[77]

5. 국제해사기구 폴라코드

(1) 개요

극지 해역을 운항하는 선박의 건조, 설비, 운항방식 등에 대한 통일된 규칙

---

70 협정 제6조.
71 협정 규정 중 분쟁 방지를 위한 협력 및 평화적 해결(제27~32조)을 준용한다.
72 협정 제7조.
73 협정 제11조.
74 협정 제12조.
75 협정 제13조.
76 김민수, "북극 거버넌스와 한국의 북극정책 방향", 『KMI 해양정책』, 제35권 제1호(2020), 186쪽.
77 김민수, "우리나라의 'CAO 어업협정' 서명, 북극 규범 제정 주도 '이정표'", 『KMI 극지해소식』, 제68호(2018), 15쪽.

표 9-3 극지 운항 선박 관련 규범 발전 연혁

날짜	주요 내용
1993년	북극 해역을 항해하는 선박에 적용하는 국제규정 개발을 위한 IMO 외부 작업반 Outside Working Group, OWG 구성 및 제정 작업 시작
2002년	북극결빙수역운항선박가이드라인Guideline for Ships Operating in Arctic Ice -Covered Waters 발표
2004년 5월	남극조약협의당사국회의ATCM에서 2002년 발표된 IMO 가이드라인을 개정하여 남극에서도 적용할 수 있도록 요청
2006년	국제선급연합회IACS Polar Class Rule 제정
2009년 3월	IMO에서 선박 설계 및 의장 전문위원회Subcommittee on Ship Design and Equipment, DE 제52차 회의를 통해 북극결빙수역운항선박가이드라인 중 적용해역을 '북극 결빙해역'이라는 제한을 두지 않고 '극지해역'으로 대체하여 남극도 포함하는 것으로 결정
2009년 5월	IMO 해사안전전문위원회Maritime Safety Committee, MSC 제86차 회의에서 기존의 IMO 북극결빙수역운항선박가이드라인과는 별도의 극지방 선박운항 코드를 2012까지 IMO 선박 설계 및 의장 전문위원회의 작업 내용에 포함하여 개발하기로 결정
2010년 2월	IMO 선박 설계 및 의장 전문위원회 제53차 회의에서 통신작업반을 구성하여 각 국으로부터 제출된 문서를 검토하기로 함.
2010년 10월	IMO 선박 설계 및 의장 전문위원회 54차 회의 개최 주요 논의 사항: 통신작업반을 통해 마련된 코드 초안을 검토
2014/2015년	MARPOL, SOLAS 개정을 통해 Polar Code 도입
2017년 1월	Polar Code 발효

[출처: 김지혜·김민수·김주현·이슬기·정성엽, 『북극 해상운송 규범 분석을 통한 우리나라 대응방안 연구』(KMI 일반연구, 2020), 34쪽]

의 필요성이 부각되기 시작한 것은 1989년 알래스카 해역에서 발생한 엑손발데스 유류오염 사고로 인해서다.[78] 특히 국제해사기구를 통해 극지 수역에서의 항행과 관련한 규범 제정이 이루어져 왔다. 표 9-3에서 정리한 바와 같이, 2002년 북극결빙수역운항선박가이드라인Guideline for Ships Operating in Arctic Ice-Covered Waters[79] 채택, 2009년 남극해역도 포함된 극

---

78 김지혜 외, 앞의 주 7), 33~34쪽.

79 2002년 12월 23일 국제해사기구의 해양환경보호위원회MEPC에서 채택하였으며, 4부(건조, 장비, 운영, 환경보호 및 피해조정) 16개 장으로 구성되어 있다.

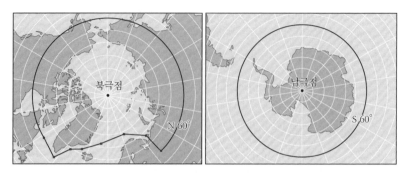

그림 9-4 폴라코드 적용 지역(좌: 북극, 우: 남극)

지해역운항선박가이드라인Guideline for Ships Operating in Polar Waters[80] 채택, 그리고 2017년 국제해사기구에서 채택된 북극 해상운송 관련 대표적 규범인 「폴라코드International Code for Ships Operating in Polar Waters: Polar Code」 제정으로 이어졌다.[81] 2009년 가이드라인은 2002년 가이드라인을 확대해 남극을 포함하는 극지역 전체를 대상으로 하고 결빙상태가 선박에 구조적 위험을 야기하는 극지역으로 수역을 규정하였다.

2007년 남극에서 크루즈 선박인 M/V 익스플로러호가 침몰된 사고를 계기로 2009년 가이드라인을 구속력 있는 규범으로 발전시키기 위한 작업이 진행되었다.[82] 이후 「1974년 해상에서의 인명안전을 위한 국제협약SOLAS」

---

80 국제해사기구 총회의 결의(A 26/Res.1024)로 2009년 12월 10일 채택되었으며, 4부(건조, 장비, 운영, 환경보호 및 피해조정) 16개 장으로 구성되어 있다.

81 김지혜 외, 앞의 주 7), 34쪽.

82 2007년 남극해의 사우스셰틀랜드제도South Shetland Islands 부근에서 M/V 익스플로러호가 빙산과 충돌하여 침몰하는 사고가 발생하였다. 이 선박은 캐나다 유람선으로 154명의 승객과 승무원을 태우고 있었는데, 물에 잠긴 얼음에 부딪혀 선체가 갈라지고 침수되었지만 승객과 승무원 모두 지나가던 유람선에 의해 안전하게 구조되었다. 2015년에는 남극해에서 한국 원양어선 썬스타호가 유빙에 좌초되었다가, 쇄빙연구선인 아라온호에 의해 구조된 사례도 있다. 2010년부터 2015년 사이에 남극과 북극 해역에서 발생한 선박 사고는 모두 39건에 이른다. 이러한 사건들을 계기로 국제사회에서는 남극과 북극 모두에서 선박의 안전운항이 매우 중요하다는 인식이 널리 퍼졌다. 김기순, "Polar Code의 의미와 국내 이행을 위한 과제", 『극지와 세계』, Vol. 3(2020), 11쪽.

과 「1973년 선박으로부터의 오염방지를 위한 국제협약MARPOL」을 개정 형태로 흡수하여 구속력 있는 규범인 「폴라코드」가 제정되었다.[83] 폴라코드 적용 지역은 그림 9-4와 같다.

(2) 협약 주요 내용

「폴라코드」는 항행안전조치(Part Ⅰ-A, 총 12장)와 오염예방조치(Part Ⅱ-A, 총 5장, 강제규정), 추가 지침(Ⅰ-B, Ⅱ-B, 권고규정)으로 구성되어 있다. 규범은 남극과 북극에서 운항을 희망하는 선박을 A, B, C 범주로 나누고 지정 수역을 구분하여 운항허가를 신청하도록 규정하고 있으며, 극지운항 매뉴얼을 소지하도록 하여 선박 소유자, 운항자, 선장과 선원들에게 선박안전 관련 정보를 제공하도록 규정하고 있다.[84]

항행안전과 관련된 강제규정의 내용을 살펴보면 첫째, 모든 협정 대상 선박은 유효한 극지선박증서polar ship certificate를 배치하여야 한다. 그리고 모든 선박은 SOLAS에서 규정하고 있는 동일한 성능표준을 만족하여야 하며, 선박에 대한 평가는 운항과 환경 조건에 따라 이루어져야 한다.[85] 둘째, 선주, 선장, 선원에게 운항 역량과 한계에 대한 정보를 제공하기 위한 목적으로 극지수역운영매뉴얼Polar Water Operation Manual을 선상에 배치하여야 한다.[86] 셋째, 제3장에서 제12장에 걸쳐 선박 구조, 구획과 안전성, 기계설비와 기능 요건, 화재안전, 구명설비, 통신, 항해계획, 인원 배치와 훈련 등의 내용을 규정하고 있다.

오염예방조치 관련 강제규정의 내용을 살펴보면, MARPOL 규정을 준수함을 전제로 제1장에서는 선박으로부터 기름 및 유류 혼합물을 바다로 배

---

83 김민경, 앞의 주 23), 55쪽.
84 김민경, 앞의 주 23), 56쪽.
85 폴라코드 Part Ⅰ-A 제1장.
86 폴라코드 Part Ⅰ-A 제2장.

출하는 모든 행위를 금지하고 있다. 다만 밸러스트 수를 배출하는 것은 허용된다. 제2장에서는 유해액체물질noxious liquid substsances, NLS을 해상으로 투기하는 행위를 금하고 있다. 제3~5장에서는 포장된 형태로 해상으로 운송되는 유해물질에 의한 오염의 금지, 선박 오수에 의한 오염의 예방, 선박쓰레기로부터의 오염 방지를 차례대로 규정하고 있다.

한편 「폴라코드」는 남극에 관한 특별 규정을 두고 있는데, 남극에서 쓰레기를 바다에 버리는 행위는 얼음 밀집 지역으로부터 10분의 1을 벗어나되 가장 근접한 정착빙으로부터 최소한 12해리 이상 벗어나야 하며 음식물쓰레기는 얼음 위에 배출하는 것이 금지되는 규정,[87] 「남극조약」 지역에서의 선박평형수 교환 가이드라인 고려에 관한 규정[88] 등이 이에 해당한다.[89]

그러나 「폴라코드」가 SOLAS 비적용 선박에는 적용되지 않는다는 한계점이 있어 이를 해결하기 위해 국제해사기구에서 논의가 진행되고 있다. 우선 SOLAS에는 어선이 포함되어 있지 않으나 남극과 북극 해역에서 어선으로 인한 사고 위험이 높아 「폴라코드」 적용 대상 선박을 어선으로 확대 적용할 필요가 있다.[90] 또한 총톤수 500톤 미만의 화물선, 개인용 요트 또한 「폴라코드」의 적용을 받지 않는다. 따라서 2018년 12월 해사안전위원회 제100차 세션에서는 적용 범위 선박을 SOLAS 비적용 선박으로 확대하고자 하는 논의를 시작하였다. 2020년 해양안전위원회MSC 제102차 회의에서는 극지해역 운항 SOLAS 비적용 선박의 안전대책을 승인하였으며, 제

---

87 폴라코드 Part II-A 제5장.

88 폴라코드 II-B 제4장, 「남극조약」을 언급한 규정은 다음과 같다: "The provisions of the Guidelines for ballast water exchange in the <u>Antarctic treaty</u> area (resolution MEPC.163(56)) should be taken into consideration along with other relevant guidelines developed by the Organization."(밑줄은 저자 강조)

89 유진호, "지구온난화에 따른 국제해사기구 Polar Code 발효와 향후의 과제: 북극과 남극의 개방적 규제와 친환경정책 어젠다 확장의 기점", 『Issues Brief on Foreign Laws』, Vol. 1(2019), 84~85쪽.

90 김지혜 외, 앞의 주 7), 65쪽.

103차 회의에서는 「폴라코드」 개정안이 채택되어 2024년 개정안이 발효될 예정이다.[91]

6. 북극 중유 사용 및 운송 금지 규범

(1) 개요

2010년 3월 국제해사기구 해양환경보호위원회MEPC 회의 결의를 통해 「MARPOL 제1부속서」 개정을 통한 「남극지역에서의 중유 사용과 운송을 위한 특별 규정」[92]이 채택되었다. 그리고 2011년 8월 1일 자로 개정된 협약이 발효되었다. 새로운 개정은 남극 지역을 운항하는 선박의 중유 사용 금지와 친환경적 연료 사용을 골자로 한다.

그리고 10년이 지나서 북극을 포함한 극지 지역 내에서의 중유 사용과 운송을 금지하는 규범이 마련되었다. 2020년 6월 해양환경보호위원회 제76차 회의를 통해 기존의 남극과 함께 북극에서도 중유 사용과 운송을 금지하는 내용으로 하는 「MARPOL 협약 제1부속서」 개정이 채택되었다.[93] 개정된 MARPOL은 2024년 7월 1일 자로 발효될 예정이다.

국제해사기구를 통한 본격적인 규범화 작업 이전에 국제적으로 세 번의 중요한 계기가 있었다. 2017년 3월 북극 해운을 통한 중유 사용과 운송 금지를 요구하는 EU 결의, 2017년 7월 해양환경보호위원회 회의 의제에 '북극 중유로부터의 위협 감소Reducing Risks from Arctic HFO'를 추가하기로 한

---

91 위의 주, 70쪽.

92 Amendment to Annex I (Regulations for the prevention of pollution by oil) to the International Convention for the Prevention of Pollution from Ships (MARPOL) to Add Chapter 9 – Special requirements for the use or carriage of oils in the Antarctic area.

93 Amendment to Annex I (Regulations for the prevention of pollution by oil) to the International Convention for the Prevention of Pollution from Ships (MARPOL) to Add Chapter 9 titled "Special requirements for the use or carriage of oils in polar waters".

국제해사기구의 결정, 2018년 4월의 국제해사기구에 북극에서의 선박 연료로서의 중유 사용과 운송 금지를 논의하도록 한 8개 국가(핀란드, 스웨덴, 노르웨이, 아이슬란드, 미국, 독일, 네덜란드, 뉴질랜드) 제안이다.[94] 이러한 제안은 22개 국제해사기구 회원국들의 지지를 얻어 영향 평가에 기초해 금지 여부를 결정하기로 의견이 모아졌다.

(2) 주요 내용

협약 개정은 2010년 제1부속서 개정문과 비교해 첫째, 적용 대상 지역을 '남극지역Antarctic area'에서 '극지 해역polar waters'으로 확대하였다. 또한 2010년 제1부속서 개정문에 규정 43ARegulation 43A를 추가하여 북극 지역에서 중유의 사용과 운송을 금지하는 규정을 신설하였다. 둘째, 2010년 개정은 수색과 구조 활동 또는 선박의 안전에 참여한 선박만을 예외로 두고 있으나, 신규로 유류오염 대비와 대응 활동 선박을 예외로 추가하였다. 그리고 2024년 7월 1일부터 개정 협약이 발효됨을 규정하고 있다.[95] 셋째, 부속서 12A 규정이 적용되는 선박과「폴라코드」Part II-A의 제1장 1.2.1 규정[96]이 적용되는 선박에는 북극에서의 중유 사용과 운송 금지가 2029년 7월 1일부터 적용된다.[97]「폴라코드」관련 규정에 따르면 2017년 1월 1일 이후 건조된 선박 중 유류 총용량이 600m^2 이하인 경우는 모든 유류 탱크는 0.76m 이상 분리되어야 한다. 따라서 연료탱크와 선체 간 76cm 이상 떨어

---

94 해양수산부,『2019 북극정책백서』(2020), 234쪽.

95 Regulation 43A 제1항.

96 규정 원문은 다음과 같다: "For category A and B ships constructed on or after 1 January 2017 with an aggregate oil fuel capacity of less than 600 m3, all oil fuel tanks shall be separated from the outer shell by a distance of not less than 0.76 m. This provision does not apply to small oil fuel tanks with a maximum individual capacity not greater than 30 m3."(밑줄 저자 강조)

97 Regulation 43A 제2항.

져 있는 선박의 경우 2029년 1월 이후 협약이 적용된다. 넷째, 북극 수역 연안을 국경으로 하고 있는 협약 당사국의 관리청은 일시적으로temporarily 당사국의 국기를 게양한 선박이 당사국의 주권과 관할 수역 내에서 항행하는 동안 이 규정의 적용을 유예할 수 있다. 다만 국제해사기구의 지침을 준수하여야 하고, 유예기간은 2029년 7월 1일을 넘길 수 없다.[98] 그리고 이러한 유예를 하는 관리청의 경우 국제해사기구를 통해 당사국에 관련 정보와 적절한 행동에 대해 회람하여야 한다.

(3) 향후 과제

그러나 북극에서의 중유 사용과 운송 금지 규정에 대한 논란의 여지는 남아 있다. 우선 남극과 비교해 북극에서의 중유 사용과 운송 금지 규정에서 많은 예외가 부여되고 있다는 비판이다. 즉 수색과 구조 활동 또는 선박 안전, 유류오염 대비와 대응을 위한 선박에 예외를 두고 있는 것은 공익의 목적이 강해 남극에서도 인정되고 있는 예외이므로 합리적인 예외 사유로 볼 수 있다. 그러나 연료탱크와 외부 선체를 0.76m 분리한 선박에 대한 예외, 북극해 연안 국가의 선박이 연안국 관할권 수역 내에서 항행할 경우 2029년까지 예외를 둔 것은 실질적인 개정 효과를 반감시킬 수 있다. 둘째, 북극 원주민의 사냥과 생활에 중요한 연료인 중유 사용을 금지할 경우 북극 원주민 사회에 경제적 영향을 미칠 수 있는 만큼 이에 대한 지속적인 고려가 필요

---

98 Regulation 43A 제3항: "Notwithstanding the provisions of paragraphs 1 and 2 of this regulation, the Administration of a Party to the present Convention, the coastline of which borders on Arctic waters, may <u>temporarily waive</u> the requirements of paragraph 1 of this regulation for ships flying the flag of the Party <u>while operating in waters subject to the sovereignty or jurisdiction of that Party</u>, taking into account the guidelines to be developed by the Organization. <u>No waivers issued under this paragraph shall apply on and after 1 July 2029</u>."(밑줄은 저자 강조)

하다는 입장도 제기되고 있다.[99] 셋째, 중유를 금지하면 어떠한 연료를 선박이 활용하여야 하는지에 대한 선사의 고민이다. 중유를 대체할 새로운 친환경 연료를 찾고, 중장기적으로 LNG 추진 선박과 같은 친환경 선박 투입 여부도 결정하여야 한다. 친환경 연료의 활용 및 친환경 선박 건조가 협약 개정 발효시점인 2024년까지 비용 문제를 최소화시키면서 북극해 운항 선박의 필요를 충족시킬 수 있을지에 대한 선사의 고민이 지속되고 있다.

Ⅲ. 대한민국의 이행과 북극 규범 전망

1. 대한민국의 이행 현황

(1) 스발바르조약의 이행

한국은 2012년 9월 조약에 가입했으며, 북한 또한 2016년 1월 가입하였다. 1920년 14개 서명국을 포함해 2020년 10월 기준으로 조약 가입국은 총 46개국이다.[100] 현재 스발바르제도에는 한국 북극연구기지인 다산기지가 2002년 건립되어 운영되고 있으며, 니알슨과학기지촌에는 북극다산기지 이외에도 독일, 노르웨이, 영국, 중국 등 10개국의 북극과학기지가 위치하고 있다.[101]

---

99 해양수산해외산업동향, "IMO의 북극해 중유 사용금지 논의, 북극권 국가 논쟁 가열", 2018.
100 라미경, 앞의 주 10), 7쪽.
101 극지연구소 홈페이지(https://www.kopri.re.kr/kopri/html/infra/03020101.html, 2021. 7. 11. 방문).

(2) 폴라코드의 이행 현황

「선박안전법」제26조 선박시설 기준과 「해양환경관리법」제4조 국제협약과의 관계의 하위규범인 「해양수산부 고시」(극지해역 운항선박기준)의 형식으로 도입되었다.[102] 극지해역 운항선박기준 고시는 「폴라코드」의 내용을 국내에 이행하기 위해 극지해역을 운항하는 선박의 안전운항을 보장하고 극지환경을 보호하기 위해 필요한 사항을 규정하고 있다.

고시는 제3조에서 극지해역을 운항하는 선박인 국제항행 여객선, 국제항행에 종사하는 총톤수 500톤 이상의 선박에 적용되나, 이와는 별개로 극지환경 보호를 위해 필요한 해양오염방지 요건은 극지해역을 운항하는 모든 선박에 적용됨을 규정하고 있다. 또한 극지운항 선박의 설비(제4조), 운항평가 및 극지운항 매뉴얼(제5조), 극지선박증서(제6조), 대체설계 및 배치(제7조), 재검토기한(제8조) 등을 규정하고 있다.

(3) CAO 어업협정의 이행 현황

한국은 CAO 어업협정에 대해 2019년 10월 22일 자로 국내 비준절차 및 기탁을 완료하였다. 이보다 앞선 2019년 5월에는 모든 국가가 비준을 한 후 개최될 당사국총회 준비를 위한 서명국 간 준비회의가 개최되어 협정 발효 이전 필요한 조치들이 논의되었다. 2019년 11월에는 지식 공동생산 워크숍이 개최되어 협정 내 원주민 지식 활용과 참여 가능 방안에 대해 논의하였다. 2020년 2월에는 임시과학조정그룹PSCG을 통해 의사규칙, 데이터 공유방안 등 협력 안건을 논의하였다. 그리고 2021년 6월 15일부터 이틀 동안 협정 서명국 간 준비총회가 개최되었고, 한국이 2022년 제1차 당사국회의를 개최하는 것으로 결정되었다.

CAO 어업협정은 북극권 이슈를 다루는 지역 협정 가운데 한국이 논의에

---

102 유진호, 앞의 주 89), 85쪽.

표 9-4 CAO 어업협정 이행을 위한 기한과 내용

기한	협약 조문	의제 및 내용
2년 내	제3조 제2항	제4조에 따라 수립된 공동 과학연구 및 모니터링 프로그램(각각의 국가 과학 프로그램하에 과학연구 수행 권장)
	제4조 제2항	공동 과학연구 및 모니터링 프로그램 수립 협정 발표 후 2년 이내에, 협정 수역 생태계에 대한 이해 제고, 어족자원이 지속가능한 방식으로 수확될 수 있을 정도로 협정 수역에 존재하는지 여부, 그러한 어업이 협정 수역의 생태계에 미칠 수 있는 영향 판단 목적
	제4조 제5항	정보공유 절차 채택(공동 과학연구 및 모니터링 프로그램 일환)
	제4조 제6항	공동과학회의 운영을 위한 위임사항 및 그 밖의 절차 채택(당사자 간 연구 결과 발표, 이용 가능한 최상의 과학 정보 검토 및 당사자회의에 시의적절한 과학적 조언 제공 목적)
3년 내	제3조 제3항	당사자는 제5조 제1항 라호에 근거해 당사자가 수립한 보존 및 관리 조치(자국기를 게양할 자격이 있는 선박이 협정 수역에서 시험어업을 수행하도록 허가)
	제5조 제1항 다 1)	협정 수역에서 어업관리를 위한 하나 또는 그 이상의 추가적인 지역 또는 소지역 어업관리 기구나 약정 수립 여부
	제5조 제1항 라	협정 발효 후 3년 이내에 협정 수역에서의 시험어업을 위한 보존 및 관리 조치 수립
RFMO 수립 이전 기타	제3조 제1항	어족자원의 지속가능한 관리를 위한 보존 및 관리 조치(인정된 국제표준에 따라 어업을 관리하기 위해 국제법을 따라 수립되었거나 수립될 수 있고 운영되는 하나 또는 그 이상의 지역 또는 소지역 어업관리 기구나 약정에 따라 채택) 임시 보존 및 관리 조치(이 협정 제5조 제1항 다호 2목에 따라 당사자가 수립할 수 있는)
	제5조 제1항 다 2)	협정 수역의 그러한 자원과 관련된 추가적인 또는 별도의 임시 보존 및 관리 조치 수립 여부
	제13조 제3항	협정과 협정 수역에서의 어업 관리를 위한 추가적인 지역 또는 소지역 어업관리 기구나 약정을 수립하는 잠재적인 새로운 협정 간 효과적인 전환에 대비(건강한 해양생태계를 보호하고 협정 수역에서의 어족자원의 보존 및 지속가능한 이용 보장 목적)
	제5조 제2항	북극 원주민을 포함한 북극 공동체 대표가 참여할 수 있는 위원회 또는 이와 유사한 기관 설립 가능 규정
	제8조 제1항	협정의 비당사자가 이 협정의 규정과 합치하는 조치
	제8조 제2항	국제법에 합치하는 조치(협정의 효과적인 이행을 저해하는 비당사자의 국기를 게양할 자격이 있는 선박의 활동 저지)

[출처: 김민수·김지혜·김엄지·김지영·이슬기·이경호, 『중앙 북극공해 비규제어업방지협정 이행방안 연구』(KMI 일반연구, 2020), 68~70쪽]

서부터 체결까지 참여한 최초의 협정이다. 국제협력을 기반으로 협정 당사국과 중앙 북극해 공해에서의 공동 과학조사 및 시험어업을 실시하고, 이후 지역수산기구 설립 시 원 협정 당사국으로 참여할 수 있는 기반을 마련하였다. 협정 발효 이후 필요한 조치 및 시한을 정하고 있어 한국에서는 관련 부처와 기관을 중심으로 정해진 기한 내 필요한 이행 방안을 마련하기 위한 협의를 진행 중이다(표 9-4).

2. 북극 규범 전망

현재 북극권 이슈들을 규율하기 위해 발효되었거나 발효를 앞둔 협약과 우리나라 국내 이행 현황에 대해 살펴보았다. 현재 북극은 「유엔해양법협약」과 국제법 원칙에 따라 잘 규율되고 있다는 것이 북극권 국가의 일반적인 견해이다. 이는 2008년 일루리사트선언에 잘 반영되어 있다. 여기서 북극해 연안 5개국은 이미 「해양법협약」 등 국제법에 의해 북극은 잘 관리되고 있으며 새로운 포괄적 국제협약이 불필요하다고 강조한 바 있다.[103] 그러나 앞서 살펴본 바와 같이 2010년 이후 북극이사회를 중심으로 수색 및 구조, 과학협력, 유류오염 방지 및 대응 등 분야별 규범제정이 확대되고 있다. 특히 CAO 어업협정을 통해 한·중·일 등 비북극권 국가가 규범제정 과정부터 참여해 협약 당사국의 지위를 얻는 사례도 나타나고 있다. 또한 국제해사기구를 중심으로 국제기구 차원에서 북극권에 적용될 수 있는 규범의 제정이 활발히 이루어지고 있다. 「폴라코드」와 함께 2024년 발효를 앞둔 북극 중유 사용 및 운송 금지 규정의 제정이 대표적인 사례이다. 이처럼 북극권 국

---

103 Illulisat declaration(2008), 관련 내용은 다음과 같다: "We therefore see <u>no need to develop a new comprehensive international legal regime to govern the Arctic Ocean</u>. We will keep abreast of the developments in the Arctic Ocean and continue to implement appropriate measures." (밑줄은 저자 강조).

가가 주장하는 바와 같이 북극해를 규율하는 북극 규범의 공백이 있다고 볼 수는 없지만, 향후 북극권 이익과 함께 국제사회의 이익이 혼재되고 이해관계자들의 범위와 규모 역시 확대될 것으로 예상되는바,[104] 다양한 분야에서의 이해관계와 중층적 이익구조에 따라 「남극조약」과 같은 일반 국제조약의 탄생은 어렵다 하더라도 '살라미' 형식의 분야별 북극 규범 제정은 지속될 것으로 예상된다.[105]

일례로 북극해에서의 해양쓰레기, 선박의 수중 소음, 크루즈관광 등 해빙解氷으로 인해 확대되고 있는 경제활동과 관련된 규제 등이 향후 규범화로 진행될 가능성이 높은 분야이다. 특히 북극해에서의 해양쓰레기와 미세플라스틱 문제와 규범화는 국제적 논의가 진행 중이다. 북극해 얼음 속에 갇혀 있는 방대한 양의 미세플라스틱과 해양쓰레기가 해빙 가속화와 함께 북극해를 오염시킬 가능성에 주목하고 있다.[106] 현재 해양쓰레기를 단독으로 규율하는 일반 국제협약은 없다(표 9-5). 북극이사회의 워킹그룹 차원에서 관련 연구가 진행 중이며, 2021년 5월 북극이사회 각료회의에서는 '북극해 해양쓰레기 지역실천계획Regional Action Plan on Marine Litter in the Arctic'이 채택된 바 있다.[107] 그러나 최근 유엔환경계획UNEP을 중심으로 해양쓰

---

104 Lawson W. Bringam, "The Chnage Maritime Arctic and New Marine Operations", in Robert C. Beckman, Tore Henrikson etc., (eds), *Governance of Arctic Shipping* (Leiden: Brill & Nijhoff, 2017), pp. 20~21.

105 김민수, "북극 거버넌스와 한국의 북극정책 방향", 『해양정책연구』, 제35권 제1호(2020), 191~192쪽.

106 2018년 4월, 독일 알프레트 베게너 극지해양연구소Alfred Wegener Institute for Polar and Marine Research는 2014~2015년 3차례 북극해 5곳에서 빙하핵을 채취해 분석한 결과, 머리카락 직경의 6분의 1에 불과한 11㎛ 크기를 포함한 미세플라스틱이 모든 핵에서 발견되었다고 발표하였다. 미세플라스틱 집적도는 얼음 1ℓ에 1만 2천 개에 달하였다. 해양수산부, 『2018 북극정책동향백서』(2019), 175쪽.

107 이 계획은 북극해 해양쓰레기 해결을 위한 지역적·국제적 노력을 기반으로 ⅰ) 어업과 양식업을 통해 발생되는 해양쓰레기 저감, ⅱ) 선박과 해양플랜트로부터 발생되는 해양쓰레기 저감, ⅲ) 육상쓰레기 및 오염수 관리 향상, ⅳ) 북극 환경에서의 지속가능한 물질 관리, ⅴ) 북극 연안 정화, ⅵ) 모니터링과 연구 강화, ⅶ) 지원 활동, ⅷ) 국제협력 등 8개 실천방안을 제시하고 있다.

표 9-5 해양플라스틱 오염 감소를 위한 국제규범 및 북극권 국가 가입 현황

구분	캐나다	페로제도	그린란드	핀란드	아이슬란드	노르웨이	러시아	스웨덴	미국
런던협약과 의정서	■	■	■	■	■	■	■	■	■
MARPOL	■	–	■	■	■	■	■	■	■
세계야생 이동성 동물보존협약	–	■	■	■	–	■	–	■	–
UNCLOS	■	■	■	■	■	■	■	■	
바젤협약	■	■	■	■	■	■	■	■	
생물다양성협약	■	■	■	■	■	■	■	■	■
OSPAR	–	■	■	■	■	■		■	
UNFSA	■	■	■	■	■	■	■	■	■
IMO 선박 해양 플라스틱 실천계획	■		■	■		■	■	■	■

[출처: Jannie. F. Linnebjerg, et al, FACETS 6: 1-25(2020), p. 5]

레기 협약 제정을 위한 논의가 진행 중에 있다. 2014년 유엔환경총회UNEA에서 해양쓰레기와 미세플라스틱 결의안이 채택된 이후 2018년 5월 해양쓰레기에 관한 일반협약 필요성이 유엔환경총회 제1차 전문가그룹 회의에서 제기되었다.[108] 그러나 국제협약의 필요성에는 대부분 국가와 이해 관계자들이 동의하지만 세부 사항에 대해서는 이견이 존재하여 협약으로의 진행이 늦어지고 있다.[109] 이처럼 북극해에서의 해양쓰레기와 미세플라스틱 대응을 위한 규범화 작업은 북극이사회 회원국 차원에서 지역 규범화 논의가 진행될 수도 있고, 유엔환경계획 차원에서 채택되는 일반 협약의 적용 차원에서 진행될 수도 있을 것이다. 다만 전자의 경우에는 북극의 해양쓰레기와 미세플라스틱 문제가 북서태평양과 북동대서양에서 기인되는 측면을 고려할 때 협약 제정 논의는 북극권 국가와 더불어 양 대양에 속한 국가와 함께

---

108 이세미, "새로운 해양쓰레기 국제협약의 가능성", 『오늘의 해양쓰레기』, 통권 제135호(2021), 22~23쪽.
109 위의 주, 23쪽.

이루어질 필요가 있다. 이 경우 한국은 북서태평양 지역 국가로 논의에 참여할 수 있을 것이다. 또한 후자의 경우처럼 일반 협약의 형태로 논의가 진행될 경우, 북극해를 포함한 각 지역해의 특성을 반영한 국가 간 협력방안이 담길 수 있도록 진행될 필요가 있다.

3. 국내 규범 전망

앞서 살펴본 바와 같이 한국은 협약 당사국으로서 「폴라코드」와 CAO 어업협정의 이행을 위해 국내 제도 측면과 이행방안 마련을 위해 지속적으로 노력하고 있다. 향후 북극을 규율하는 규범 제정에 적극 참여하는 한편, 규범 이행을 위한 국내외 법제도를 정비하는 노력도 병행할 필요가 있다. 여기서는 북극과 관련된 국내 규범으로 2021년 4월 제정되고 10월 시행된 「극지활동 진흥법」의 내용과 향후 과제에 대해 살펴보도록 한다.

(1) 제정 이유

최근 지구온난화 등 전 세계적인 기후변화로 인해 청정지역이자 자원의 보고인 극지의 환경변화가 가속화되면서 극지의 지속가능성 문제가 대두되고, 한국도 극지의 연구개발, 보존, 이용에 적극적으로 참여할 필요성이 커지고 있다. 그러나 남극에서의 활동과 환경보호에 관하여는 「남극활동 및 환경보호에 관한 법률」에 규정되어 있으나, 북극권을 포함한 극지에서의 연구 및 개발 등에 관하여는 별도의 근거 법률이 마련되어 있지 않다. 이에 한국은 남극과 북극을 아우르는 극지에서 연구개발, 보존, 이용 등의 활동을 체계적으로 육성, 지원함으로써 국제사회에서의 인류 공통 문제 해결을 선도하고 국가경제의 발전과 국익 제고에 이바지하기 위해 2021년 4월 13일 「극지활동 진흥법」을 제정, 공포하였으며, 법률은 같은 해 10월

14일부터 시행되었다. 법률은 지구온난화 등 기후변화로 극지의 지속가능성 문제가 대두되고 자원고갈 등으로 극지 환경 및 자원의 관리, 보전, 개발, 이용의 필요성이 점차 커지는 추세에 맞추어, 극지활동을 체계적으로 육성, 지원함으로써 국가경제의 발전과 국민 삶의 질 향상을 도모하고 국제사회에서 인류 공통의 문제 해결에 이바지할 수 있는 법적 기반을 마련하려는 것이다.[110]

(2) 주요 내용[111]

1) 극지활동진흥기본계획의 수립(제6조)

해양수산부장관은 극지활동의 진흥을 위해 극지활동의 기본방향 및 추진체계에 관한 사항 등이 포함된 극지활동진흥기본계획을 5년마다 국무회의 심의를 거쳐 수립하고, 기본계획의 시행을 위해 매년 극지활동진흥시행계획을 수립, 시행하여야 한다.

2) 극지에 관한 실태조사(제7조)

해양수산부장관은 기본계획 및 시행계획을 효율적으로 수립, 시행하기 위해 극지에 관한 인문, 사회, 과학 분야의 실태조사를 실시할 수 있고, 필요한 경우 관계 행정기관의 장 등에게 실태조사를 위한 자료의 제출을 요청할 수 있도록 규정하고 있다.

3) 연구개발의 지원 및 전문인력의 양성 등(제8조 및 제9조)

국가는 극지와 관련한 연구개발의 촉진 및 전문인력의 양성을 위해 필요한 시책을 수립, 추진하고, 대학, 연구기관, 기업 간의 연계 및 공동 연구개발

---

110 국가법령정보센터(2021. 7. 21. 방문).
111 국가법령정보센터 원문 참조.

등의 사업을 예산의 범위에서 지원할 수 있도록 규정하고 있다.

4) 북극에서의 경제활동 진흥(제10조)

국가는 북극항로 개척 등 북극에서의 경제활동 진흥을 위해 필요한 시책을 수립하고 추진하여야 한다.

5) 극지활동 기반시설의 설치, 운영(제11조)

국가는 극지 과학기지, 쇄빙선 및 항공기 등 극지활동 기반시설을 설치, 운영할 수 있으며, 극지활동 기반시설을 대학, 연구기관, 기업이 적극 활용할 수 있도록 필요한 조치를 하여야 한다.

6) 통합정보시스템의 구축, 운영 및 안전관리(제13조 및 제14조)

해양수산부장관은 극지활동 관련 정보를 체계적으로 관리할 수 있는 통합정보시스템을 구축, 운영할 수 있으며, 극지활동에서 발생할 수 있는 사고의 예방과 사고발생 시의 신속한 대응 등을 위한 안전관리 체계를 마련하여야 한다.

(3) 향후 전망

남극과 북극은 지리적 특성뿐만 아니라 국가의 관할권, 국가들의 이해, 규율하는 규범 체계 등 여러 환경에서 차별성을 가진다. 그러나 극지정책 추진과 협력이라는 큰 그림하에서 추진되어야 국익과 국제사회 이익의 조화라는 측면에서 시너지 효과를 발휘할 수 있다. 이러한 측면에서 통합 극지정책 추진의 법적 기반이 되는 「극지활동 진흥법」의 제정과 시행은 규범적인 측면에서 한국 극지정책 추진 역사의 한 획을 그은 것으로 평가된다. 특히 북극정책 추진에 있어 법적 기반이 없었던바 북극경제의 진흥과 국제협력 분야에서 새로운 모멘텀을 얻게 되었다.

이제 법률이 추구하는 목적을 달성하기 위해 하부구조를 튼튼하게 다지는 작업이 필요하다. 우선 극지 국제협력 추진을 위한 범부처 협력 플랫폼 구축이 필요하다. 현재 해양수산부와 외교부를 중심으로 추진되고 있는 국제협력의 틀을 경제, 환경, 기상, 과학기술 등의 관련 부처가 함께 논의하는 플랫폼으로 확대할 필요가 있다. 또한 법률이 규정하고 있는 북극에서의 경제활동 진흥을 위한 제도적 뒷받침이 마련되어야 한다. 2016년 이후로 맥이 끊긴 북극항로 시범운항 사업을 포함해 북극 친환경 에너지 확보, 북극항로 활성화, 기업의 북극권 진출 등을 포함한 다분야 진출 전략과 이를 뒷받침할 북극권 국가 정부 간 경제협력 확대, 정보제공과 금융지원 등 기업지원 방안 마련 등이 필요할 것이다. 2021년 10월 14일 자로「극지활동 진흥법」시행령과 시행규칙이 제정·시행되었다. 시행령과 시행규칙을 중심으로「극지활동 진흥법」의 효율적이고 성공적인 이행을 위한 하부구조의 기반을 다지는 시책이 구체화될 필요가 있다.

참고문헌

1. 김민경, 『북극해에 대한 국제법적 규율: 북극해의 이용과 환경보호 보전을 중심으로』(박사학위 논문, 고려대학교, 2018).
2. 김민수, 「북극 거버넌스와 한국의 북극정책 방향」, 『KMI 해양정책』, 제35권 제1호 (2020).
3. 김민수·김지혜·김엄지·김지영·이슬기·이경호, 『중앙 북극공해 비규제어업방지협정 이행방안 연구』(KMI 일반연구, 2020).
4. 김지혜·김민수·김주현·이슬기·정성엽, 『북극 해상운송 규범 분석을 통한 우리나라 대응방안 연구』(KMI 일반연구, 2020).
5. 김현정, "불법·비보고·비규제어업의 개념 정의-법과 정치의 관계를 중심으로", 『국제법학회논총』, 제59권 제3호(2014).
6. 라미경, "스발바르조약 100주년의 함의와 북극권 안보협력의 과제", 『한국 시베리아연구』, 제24권 4호(2020).
7. 유진호, "지구온난화에 따른 국제해사기구 Polar Code 발효와 향후의 과제: 북극과 남극의 개방적 규제와 친환경정책 어젠다 확장의 기점", 『Issues Brief on Foreign Laws』, Vol. 1(2019).
8. 이세미, "새로운 해양쓰레기 국제협약의 가능성", 『오늘의 해양쓰레기』, 통권 제135호(2021).
9. 이용희, "북극 스발바르조약에 관한 연구," 『해사법연구』, 제25권 제2호(2013).
10. Jannie Linnbjerg, Julia Baak, Tom Barry & Maria Gavrilo, "Review of plastic pollution policies of Arctic countries in relation to seabirds", FACETS 6: 1-25, 2020. 7.
11. Lawson W. Bringam, "The Changing Maritime Arctic and New Marine Operations", in Robert C. Beckman, Tore Henrikson etc.(eds), *Governance of Arctic Shipping* (Leiden: Brill Nijhoff, 2017), pp. 1-23.
12. 각 협정문 원본과 외교부 번역본.

10

남극조약체제와 대한민국

서원상

Ⅰ. 개관

남극의 면적은 한반도의 약 60배(1,350만km²)로 지구 전체 육지면적의 약 10%에 달할 정도로 광활하며, 남극 전체 표면의 98% 정도는 평균 두께 2,160m의 만년빙으로 덮여 있는 황량한 땅이다.[1] 과학기지 운영과 관광 등 남극에서의 인간 활동이 이루어지고 있지만, 최첨단 과학기술을 자랑하는 21세기인 오늘날에도 남극의 대부분은 인간의 손길이 닿지 않는 미지의 땅으로 남아 있다. 그 덕분에 백색의 제7대륙이라고도 불리는 남극대륙은 「남극조약」에 따라 과학연구를 위한 인류 공영의 땅, 지구의 마지막 청정 지역,

---

1 지구상 담수의 약 90%가 이곳에 얼음 형태로 보존되어 있다고 한다. 외교부 홈페이지 참조. (https://www.mofa.go.kr/www/wpge/m_4005/contents.do, 2021. 6. 14. 방문)

천연 실험실로 보존되고 있다.[2]

남극대륙은 오랜 기간 인류의 미답지로 탐험의 대상이었을 뿐, 가혹한 환경조건으로 인해 어느 국가도 실효적인 지배를 하지 못하였다. 탐험가들이 남극대륙을 발견한 1820년 이후 미국, 러시아, 영국, 프랑스 등의 남극 탐험은 물개잡이와 고래잡이의 근거지를 찾는 것이 주요 목적이었는데, 차츰 지도 제작과 과학적 연구 등을 목적으로 하는 대규모 탐험으로 전환되었다.[3]

남극을 최초로 발견한 것은 19세기 서양의 탐험대가 아니라 7세기 뉴질랜드 원주민인 마오리족이었다는 주장이 최근에 제기되었지만,[4] 아직까지 남극의 역사는 쿡James Cook, 아문센Roald Engelbregt Gravning Amundsen, 스콧Robert Falcon Scott, 섀클턴Ernest Henry Shackleton과 같은 유럽 탐험가들의 영웅담으로 기억되고 있다.

과학기술의 발달로 남극에서의 인간 활동이 가능해지고 남극의 정치적·경제적 필요가 증대되면서, 20세기 이후 남극대륙에 대한 영유권, 즉 주권을 주장하는 국가들이 나타났다. 남극에 대한 영토주권을 주장한 국가는 영국(1908년), 뉴질랜드(1923년), 프랑스(1924년), 호주(1933년), 노르웨이(1939년),[5] 칠레(1940년), 아르헨티나(1942년) 등 총 7개국이다(그림 10-1, 표 10-1). 그중에서도 아르헨티나, 칠레, 영국의 주장은 한국의 세종과학기지가 위치한 남극반도 지역에 경합된다. 각 주장국은 나름대로의 이해관계를 가지는데, 아르헨티나, 호주, 칠레, 뉴질랜드는 지리적 인접성에 기인하여 기후, 해류, 어로, 안보전략 등 남극대륙에 대한 직접적 이해관계가 있고, 북반구의

---

2 김예동, 『남극을 열다』(서울: 지식노마드, 2015), 15쪽.

3 김기순, "남극과 북극의 법제도에 대한 비교법적 고찰", 『국제법학회논총』, 제55권 제1호 (2010), 17쪽.

4 연합뉴스, "남극 최초 발견은 7세기 마오리족… 서구 탐험대보다 빨라", 2021. 6. 11. 자 참조. (https://www.yna.co.kr/view/AKR20210611103800009, 2021. 6. 14. 방문)

5 노르웨이는 유일하게 남극점으로부터 시작되는 파이도표pie-chart를 통한 정밀한 경계를 제시하지 않은 영유권 주장국이다.

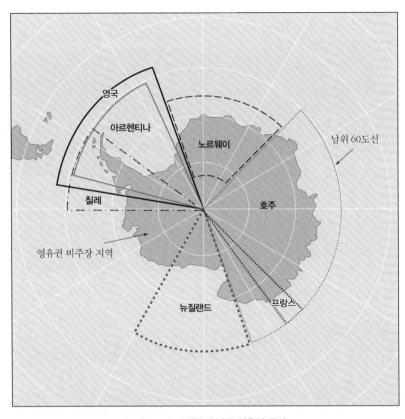

그림 10-1 7개국의 남극 영유권 주장

표 10-1 국가별 영유권 주장 근거

국가	영유권 주장 근거
영국(1908년)	발견(제임스 쿡 1744년, 브랜스필드 1820년), 주권의 평화적·지속적 행사
뉴질랜드(1923년)	발견(제임스 클라크 로스 1843년), 행정행위 *영국이 뉴질랜드에 영유권 주장 양도(1923년)
프랑스(1924년)	발견(뒤르빌, 1840년), 선형이론sector theory
호주(1933년)	영유권 주장 지역 기반 대륙붕 권리 선언(1953년), 호주남극영토법(1954년)
노르웨이(1939년)	고래잡이 관행, 아문센 남극점 도달에도 불구하고 선형이론 반대
칠레(1940년)	지리적 접근성, 지질적 연속성, 선형이론, 실효적 지배, 행정적 선행
아르헨티나(1942년)	역사적 권원, 지리적 접근성, 지질적 연속성, 실효적 지배, 기타 법적 행위

노르웨이는 고래와 물개 자원의 보호에, 프랑스와 영국은 탐험 및 과학 활동에 관심이 있었다.[6]

「남극조약」은 1957~1958년의 국제지구관측년IGY 동안 과학자들이 남극과 그 주변에서 활동하였던 12개국에 의해 1959년 12월 1일 미국 워싱턴에서 체결되고 1961년 6월 23일 발효되었다.[7]

「남극조약」은 남극대륙이 평화적 목적으로만 사용되어야 하고(제1조), 남극에서 과학적 조사의 자유와 이를 위한 협력은 계속될 것이며(제2조), 남극대륙의 과학적 관측과 그 결과는 교환되고 자유롭게 이용 가능하여야 한다(제3조)는 평화와 협력의 원칙 위에 확립되었다. 그러나 「남극조약」의 성립이 가능하였던 결정적인 이유는 제4조를 통해 남극 영유권 문제에 대한 합의를 도출해 내었기 때문이다.

「남극조약」 제4조는 7개 영유권 주장국의 '주장'이 보호되고, 미국과 러시아의 '영유권 주장 가능성'이 유지되는 가운데, 다른 국가의 새로운 영유권 주장을 인정하지 않는 체제를 채택하였다. 「남극조약」 제4조는 이 조약에 담겨 있는 그 무엇도 다음과 같이 해석되어서는 안 된다면서 세 가지 조항을 열거하고 있다. 첫째로 어느 체약당사국이 종전에 주장한 바 있는 남극지역에서의 영토주권 또는 영토에 관한 청구권rights of or claims to territorial sovereignty을 포기하는 것(제4조 제1항 a호), 둘째로 어느 체약당사국의 영토주권에 관한 청구권의 근거basis를 포기하거나 약화시키는 것(제4조 제1항 b호), 셋째로 타국의 남극지역에 대한 영토주권, 영토주권에 관한 청구권 또는 그 청구권의 근거를 승인하거나 또는 승인하지 않는 것에 관하

---

6 일명 엘스워스랜드Ellsworth Land와 버드랜드Byrd Land로 알려진 지역은 영유권이 주장되지 않았다.

7 「남극조약」의 원 서명국original signatories은 아르헨티나, 호주, 벨기에, 칠레, 프랑스, 일본, 뉴질랜드, 노르웨이, 남아프리카공화국, 소련, 영국 및 북아일랜드, 미국 등 12개국이며, 2021년 현재 당사국 수는 54개국으로 증가하였다.

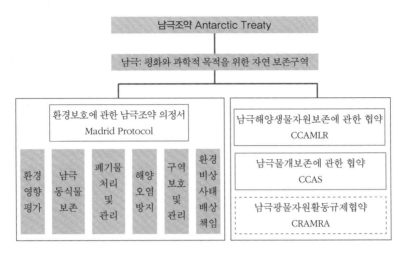

그림 10-2 남극조약체제 개요도

여 어느 체약국의 입장position을 해하는 것(제4조 제1항 c호)이다. 다시 말해서, 조약 발효 중에 남극에서 이루어진 여하한의 조치 또는 활동도 영토주권의 권리를 창설하거나 청구의 주장, 지지, 부인의 기초를 구성할 수 없다는 것이고, 동시에 남극에 대한 영토주권의 새로운 청구 또는 기존 청구의 확대를 불허한다는 것이다.[8]

남극의 '영유권 주장 동결'에 관한 「남극조약」 제4조의 취지를 공유하는 남극 관련 국제조약을 묶어 소위 남극조약체제Antarctic Treaty System, ATS 라 부른다(그림 10-2). 남극조약체제는 「남극조약」, 남극 환경과 생태계의 포괄적 보호를 천명하고 남극을 평화와 과학을 위한 자연보존구역으로 지정하고 과학적 연구 이외에 광물자원과 관련한 어떠한 활동도 금지하는 「환경보호에 관한 남극조약 의정서」[9] 및 6개 「부속서Annex」, 남극대륙 및

---

8 서원상, "극지의 국제법과 국가주권: 남극조약 제4조와 스발바르조약 제1조를 중심으로", 『국제해양법연구』, 제1권 제1호(2017), 68쪽.
9 영문명은 'Protocol on Environmental Protection to the Antarctic Treaty: Madrid Protocol'.

주변해역에 서식하는 모든 해양생물자원(어류, 갑각류, 해조류 등)의 합리적 이용을 포함한 적절한 보존을 목적으로 하는 「남극해양생물자원보존에 관한 협약」,[10, 11] 한국은 가입하지 않은 「남극물개보존에 관한 협약Convention for the Conservation of Antarctic Seals, CCAS」, 미발효된 「남극광물자원활동규제협약Convention on the Regulation of Antarctic Mineral Resource Activities, CRAMRA」, 「남극조약협의당사국회의 사무국 및 운영에 관한 제 규칙」 등으로 구성된다.

남극조약체제의 국제규범은 모두 「남극조약」 제4조의 영유권 주장 동결에 근거를 두고 있다. 영유권이 그 땅과 바다로부터 파생되는 경제적 이익의 배타적 향유로 연결되기 때문에, 에너지, 광물자원과 해양생물자원에 대한 남극 거버넌스 역시 특정국의 배타적 권한을 인정하지 않고 각각 개별적인 법률문서를 통해 국제공동 관리체계에 맡겨졌다.

Ⅱ. 주요 내용

1. 남극조약

「남극조약」은 조약체결의 협상 과정에 참여하였던 12개 원서명국original signatories에 의해 1959년 12월 1일 서명되었고, 이로부터 2년 뒤인 1961년

체결: 1991년; 발효: 1998년 1월; 한국 가입: 1998년 1월.

10 영문명은 'Convention on the Conservation of Antarctic Marine Living Resources, CCAMLR'. 체결: 1980년; 발효: 1982년 4월; 한국 가입: 1985년 3월.

11 「남극해양생물자원보존에 관한 협약Convention on the Conservation of Antarctic Marine Living Resources」과 「남극해양생물자원보존위원회Commission for the Conservation of Antarctic Marine Living Resources」 모두 CCAMLR로 약칭되어 사용되고 있다.

6월 23일 발효되었다. 원서명국 중 아르헨티나, 호주, 칠레, 프랑스, 뉴질랜드, 노르웨이, 영국 등 7개국은 남극대륙에 대해 영유권을 주장하는 국가들이고, 벨기에, 일본, 남아프리카공화국, 미국, 소련 등 나머지 5개국은 7개국의 영유권 주장을 인정하지 않는 국가들이다.

「남극조약」의 전문은 남극대륙이 모든 인류의 이익을 고려하여 평화적인 목적과 과학적 협력의 기초로 이용되어야 하며 국제적 분쟁의 장이 되어서는 안 된다고 선언하면서, 남극의 평화적 목적의 이용과 남극에서의 국제적인 화합을 확보하기 위해 「유엔헌장」의 목적과 원칙에 따를 것을 명시하고 있다. 이러한 기본이념을 실현하기 위해 「남극조약」은 모두 14개 조문을 두고 있다.

(1) 남극 영유권 주장의 동결

「남극조약」 제4조가 곧 남극의 영토주권 문제의 종결을 의미하지 않는다. 이 조항은 주권 문제에 관한 당사국들의 의견을 존중하되 각국의 반복적인 주권 주장의 필요를 제거함으로써 평화적으로 협력할 수 있는 기반을 제공한 것이다. 환언하자면 제4조의 기능은 영토주권 문제의 해결 또는 분쟁 가능성의 제거가 아니라, 기존 주장국을 포함하는 모든 조약 당사국으로 하여금 주권에 관한 상이한 의견과 논리적 대립에 아무런 실익이 없음을 공감하게 하는 것이다. 여전히 남극조약체제 안에는 남극에 대한 영토주권을 주장하는 국가, 자국을 포함한 그 어느 국가의 영토주권 또는 그 주장을 거부, 부인하는 국가, 남극에 대한 영토주권 주장을 인정하지 않으나 미래를 위해 자국의 주장을 유보한 국가들이 존재한다. 어쨌거나 상호 간의 의견 차이를 존중하는agreeing to disagree 독특한 조약 형태는 남극조약협의당사국Antarctic Treaty Consultative Parties, ATCP이 50여 년간 남극 문제를 다룰 수 있는 기반이 되었고, 이 조항 덕분에 남극은 조약의 목적으로 추구하는 평

화구역으로 남을 수 있었다.[12]

「남극조약」 제4조는 개별 국가의 영토주권 주장을 동결하는 데 성공했지만, 어느 국가의 주권도 인정되지 않는 남극이라는 공동의 공간과 이에 부속된 공동의 자산의 관리에 관한 내용은 미처 담아내지 못하였다. 이러한 제4조의 한계는 필연적으로 제9조의 규정을 필요로 하였다. 제9조는 "과학기지의 설치 또는 과학탐험대의 파견과 같은 남극지역에서의 실질적인 과학적 연구활동을 행함으로써 남극지역에 대한 자국의 관심을 표명하고 있는 당사국, 즉 협의당사국[13]의 대표들은 정보교환, 공통 이해관계에 대한 협의, 조약의 원칙 및 목적을 강화하기 위한 조치 등을 위해 회합할 것"을 규정하였는데, 이 회합이 바로 '남극조약협의당사국회의Antarctic Treaty Consultative Meeting(이하 'ATCM')'이다.[14] 초기의 「남극조약」은 사무국조차 없이 운영되었기 때문에, 조약의 기능은 ATCM의 효율성에 의존할 수밖에 없었다. 「남극조약」 제9조에 따라 ATCM에 부여된 임무는 남극지역에서의 과학연구 증진, 남극지역에서의 국제적 과학협력 증진, 사찰inspection의 권리행사 증진, 관할권 행사와 관련된 문제, 생명자원의 보호 및 보존 등에 관한 문제, 즉 평화적 목적의 남극지역 이용에 관한 문제를 다루는 것이다. 이들은 격년 또는 매년 개최되고 있는 ATCM의 주요 법률의제인데, 모든 논의가 시작되는 이념적 배경은 언제나 제4조라 하겠다.

---

12 Rolph Trolle-Anderson, "The Antarctica scene: legal and political facts," in Gillian D. Triggs (ed.), *The Antarctic Treaty System*(New York: Cambridge Univ. Press, 1987), p. 60.

13 「남극조약」에 가입한 각 당사국은 "과학기지의 설치 또는 과학 탐험대expedition의 파견과 같은 남극지역에서의 실질적인 과학연구 활동의 실시에 의해 남극지역에 대한 자국의 관심을 표시하고 있는 동안 「남극조약」 제9조 제1항의 회의ATCM에 대표자를 파견"할 수 있는데, 이러한 당사국을 협의당사국이라 한다(남극조약 제9조 2항, 의정서 제1조 (d) 참조). 다만, 「남극조약」 제9조 제2항의 국가라 할지라도 협의당사국 지위를 획득하기 위해서는 '남극과학활동 증거 제출 → 협의당사국 심사 → 남극조약특별협의회의(컨센서스)' 등의 절차가 필요하다. 극지연구소, 「Antarctic Treaty Consultative Meetings」, 극지정책자료 2008-3(2008. 12.), 5쪽.

14 남극조약 제9조 제1항 및 의정서 제1조 (c).

「남극조약」은 남극의 평화적 이용 및 과학조사의 자유, 남극 영유권 주장의 동결 등 기본 원칙의 준수를 보장하기 위해 "남극조약의 지역[15] 내의 모든 기지, 시설 및 장비를 포함한 남극대륙의 모든 지역은, 항상 사찰을 위해 개방되어야 함"을 규정하고 있다.[16] 실제로 매년 협의당사국의 타국 기지 사찰이 이루어지고 있으며, 덕분에 남극조약체제는 별도의 강제조치 실행 없이도 자발적으로 의무준수체계가 운영되고 있다.

「남극조약」 제4조는 본질적으로 주권 문제를 법적으로 해결하려 하기보다 기존 주권 주장을 인정도 부정도 하지 않은 채 다자간 협력 체제를 구성했고, ATCM은 제4조의 취지에 따라 「환경보호에 관한 남극조약 의정서」 및 「부속서」, 「남극해양생물자원보존에 관한 협약」 등 남극조약체제를 확립하였다. 또한 남극조약체제 내의 모든 조약에 「남극조약」 제4조의 준용을 명시함으로써 주권 주장국과 비주장국 간의 불필요한 대립을 미연에 방지하고 있다. 환언하면, 남극에서는 당사국 스스로 주권에 관한 주장과 부정의 의사표시를 제한함으로써 다자간 협의로써 조약체제를 운영하고 있는 것이다.

(2) 평화적 목적의 이용

남극은 평화적 목적만을 위해 이용되어야 한다. 이를 위해 「남극조약」은 남극에 대해 포괄적인 군비축소를 규정하고 있다. 따라서 이 지역에서는 군사적 성격의 그 어떠한 조치도 금지되고, 군사 기지 및 요새의 설치, 군사적인 활동의 수행과 어떤 종류의 무기 실험도 금지된다. 다만 이 원칙에 대한 중요한 예외로, 과학적 연구 또는 평화적 목적을 위한 군사적 인원 또는 장비

---

15 「남극조약」 제6조는 남위 60도 이남의 모든 지역을 조약의 적용 범위로 규정하고 있다.
16 남극조약 제7조.

의 이용은 허용된다.[17] 이러한 조약의 목적을 이행하기 위해 「남극조약」은 협의당사국에 남극의 평화적 목적의 이용에 관한 조치들을 고려하고 공식화하고 권고할 의무를 부여하고 있다.[18]

또한 「남극조약」은 남극에서의 어떠한 핵실험과 핵폭발 및 방사능물질 폐기물의 처분을 금지함으로써, 남극을 핵에너지의 이용과 핵폭발 및 핵폐기물의 처분으로부터 안전한 지역으로 보장하는 확고한 원칙을 적용하고 있다.[19] 이에 따라 「남극조약」에 의해 규율되는 남극대륙과 남위 60도 이남의 지역은 제2차 세계대전 이후 핵실험을 할 수 없는 최초의 비핵지대가 되었다.

(3) 과학조사의 자유

「남극조약」은 과학 연구 및 조사의 자유와 이러한 목적을 위한 국제협력을 보장한다. 「남극조약」은 전문에서 국제지구관측년 당시 적용되었던 남극의 과학조사의 자유를 근거로 하여 국제협력의 지속과 발전을 위한 확고한 기초를 확립하는 것이 모든 인류의 과학적 이해 및 발전과 일치한다고 선언하고 있으며, 제2조에서는 이러한 과학조사의 자유 및 이를 위한 국제협력이 이 조약의 규정에서도 계속될 것임을 명시하고 있다. 남극에서 과학조사를 위한 국제협력을 증진시키기 위해 모든 당사국은 남극에서 과학적 프로그램에 대한 정보를 제공하여야 하며, 탐험대와 기지 사이에 과학 인력을 교환하여야 한다. 또한 남극의 과학적 조사 및 그 결과는 상호 교환되어야 하며, 자유로이 이용될 수 있어야 한다.[20]

「남극조약」은 과학적 연구에 관한 조항을 이행함에 있어 유엔 전문기구

---

17 남극조약 제1조.
18 남극조약 제9조 제1항 a.
19 남극조약 제5조 제1항.
20 남극조약 제3조 제1항.

및 남극에서 과학적 또는 기술적 이해를 갖는 다른 국제기구와 협력적인 작업 관계를 확립하도록 고무하고 있다.[21]

(4) 사찰제도

「남극조약」의 목적을 증진시키고 조약 규정의 준수를 확보하기 위해 모든 정부의 기지시설에 대해 자유로운 접근access과 개방된 사찰inspection[22]의 자유를 보장하는 포괄적 제도를 확립하였다.

협의당사국은 이 조약에 규정된 검색을 실시하기 위해 자국의 국민인 감시원observer을 공식적으로 지정할 권한을 가지며, 지정된 감시원의 이름과 임명 시기, 종료 등의 사실을 다른 협의당사국에 통보한다. 감시원은 남극지역 내의 모든 기지, 설치물, 장비, 선박 및 항공기를 어느 때나 자유로이 검색할 수 있으며, 남극에 대한 공중감시도 언제든지 수행할 수 있다.[23] 또한 모든 당사국은 자국민 또는 자국 선박에 의한 남극탐험대 파견과 기지설치 및 과학적 연구 또는 평화적인 목적을 위한 군사적인 인원 또는 장비의 남극 반입을 다른 당사국들에 미리 통보하여야 한다.[24] 이 조항은 남극지역에서 행하여지는 모든 활동에 관한 정보를 감시원에게 제공함으로써 사찰활동을 지원하려는 목적을 포함하고 있다.

(5) 국가관할권

「남극조약」 제4조는 영유권 주장국들로 하여금 영유권 주장을 계속 보유하도록 허용하고, 영유권 비주장국들로 하여금 영유권 주장의 합법성을 계속

---

21 남극조약 제3조 제2항.
22 외교부 국문본에서는 제7조 제1항 및 제3항의 inspection을 '조사'로 번역하고 있다. 그러나 남극에서의 핵실험을 포함한 군사적 활동을 금지하고 이를 감시, 확인하려는 취지가 「남극조약」에 담겨 있음을 고려할 때 '조사'보다는 '사찰'이라 해석하는 것이 적합해 보인다.
23 남극조약 제7조 제1항 내지 제4항.
24 남극조약 제7조 제5항.

해서 부인하도록 함으로써, 실제로는 남극의 영유권 문제를 완전히 종결짓지 못하였다. 남극이 어느 국가의 영유권에 속하지 않는다 할지라도 남극에 자국민을 파견하여 남극활동을 수행하는 국가들은 「남극조약」의 준수와 동시에 자국민 보호에 관한 법적 권리와 의무를 갖는다.

이와 관련하여 제8조는 관할권 문제를 규정하고 있다. 「남극조약」하에서의 임무행사를 원활히 하고 인적 관할권에 대한 협의당사국의 개별적인 입장을 침해하지 않기 위해, 남극에서 사찰활동에 종사하는 감시원과 과학적 조사의 국제협력을 증진시키기 위한 일환으로 교환되는 과학자 및 이들과 동반하는 요원들은 임무수행을 위해 남극 내에 체류하는 동안 발생한 모든 작위 또는 부작위에 관해 그들 정부의 관할권에만 복종한다.[25] 관할권 행사에 관해 분쟁이 발생한 경우 관련 협의당사국은 상호 수락할 수 있는 해결에 이를 수 있도록 즉시 협의하여야 한다.[26] 즉, 남극에 대해 속지주의에 근거한 관할권을 행사할 수는 없지만, 속인주의에 따른 관할권 행사는 존중되어야 한다.

(6) 협의당사국회의

「남극조약」은 남극 문제에 관한 정책결정 제도로 ATCM을 규정하고 있다.[27] 즉 제9조는 협의당사국 대표들이 정보를 교환하고, 남극의 공동 관심사를 협의하고, 조약의 원칙 및 목적을 촉진시키는 조치를 공식화하고 고려하며, 자국 정부에 이를 권고하기 위한 목적으로 ATCM을 개최할 것을 명시하고 있다.

이 회의에 참가할 수 있는 자격을 갖는 당사국인 협의당사국은 원서명국

---

25 남극조약 제8조 제1항.
26 남극조약 제8조 제2항.
27 남극조약협의당사국회의에 대한 규정은 「남극조약」 제9조이지만, 정식 명칭은 「환경보호에 관한 남극조약 의정서」 제2조를 통해 문서화되었다.

과 나중에 조약에 가입한 국가로 과학기지의 설치 또는 탐험대 파견 등을 통해 실질적인 과학활동을 수행함으로써 남극에 대한 관심을 입증하여 기존 협의당사국에 의해 컨센서스로 승인받은 조약당사국으로 구성된다. 협의당사국은 조약 운영을 협의하기 위해 적절한 시간적 간격을 가지고 일정한 장소에서 회합을 가지도록 되어 있다. 이에 따라 협의당사국은 2년에 한 번씩 ATCM을 소집하고 있으며, 이 회의는 조약의 의사결정기구로서의 역할을 한다. 즉, 「남극조약」은 당사국 중에서 협의당사국에만 남극 문제에 관한 의사결정권한을 부여하고 있다.[28]

(7) 분쟁해결절차

「남극조약」은 일반적인 분쟁해결절차를 규정하고 있다. 이 조약의 해석 또는 적용에 관하여 조약 당사국 사이에 분쟁이 있는 경우 조약 당사국들은 교섭, 심사, 중개, 조정, 중재, 사법적 해결, 또는 당사국들이 선택하는 평화적 수단에 의해 해결한다. 이러한 방식에 의해 해결되지 않은 분쟁은 관련 당사국 사이의 합의에 의해 국제사법재판소International Court of Justice, ICJ로 넘겨지며, 합의에 이르지 못하는 경우에도 분쟁 당사국은 여러 가지 평화적인 방법에 의해 해결할 수 있도록 계속해서 노력할 의무를 부담한다. 그러나 「남극조약」은 강제적인 분쟁해결을 위한 기구를 규정하고 있지는 않고 있다.[29]

---

28 현재 협의당사국은 총 29개국이며, 한국은 1989년에 자격을 획득하였다.
29 남극조약 제11조.

2. 환경보호에 관한 남극조약 의정서 및 부속서

(1) 환경보호에 관한 남극조약 의정서 개요

「환경보호에 관한 남극조약 의정서」는 남극을 평화와 과학에 공헌하는 자연보존구역a natural reserve devoted to peace and science으로 정의하면서, 남극 환경과 생태계의 포괄적 보호는 인류 전체의 이익에 비례한다고 선언하였다.[30] 이 문장의 첫 번째 시사점은 평화와 과학을 언급한 것에서 알 수 있듯이 「남극조약」에 기초한 남극 질서의 정치적 안정이 뒷받침되지 않고서는 의정서의 기능을 제대로 이행할 수 없다는 것이다. 따라서 전문에서도 남극조약체제를 더욱 강화하여 남극에서의 모든 활동이 「남극조약」의 목적 및 원칙과 일치할 것을 최우선으로 정하고 있다. 두 번째 시사점은 「환경보호에 관한 남극조약 의정서」가 「남극조약」에 환경보호라는 새로운 목적을 추가함으로써 남극조약체제의 범위를 확대, 개선하였다는 것이다. 의정서 회원국은 「남극해양생물자원보존에 관한 협약」의 보존에 관한 원칙을 재확인하고 동시에 남극 환경과 생태계 보호를 위해 남극을 특별보존지역으로 지정하였다.[31]

제7조 광물자원활동의 금지를 제외한 모든 활동은 제3조의 환경원칙에 따라 규제되며, 회원국은 환경에 미치는 영향을 최소화하도록 사전에 행동을 계획 및 실시하여야 한다. 이러한 이유로 의정서 및 그 부속서는 사전에 고려하여야 할 환경상의 가치를 특정하는 한편, 회피하여야 할 악영향 사례 또한 열거하고 있다. 이러한 환경요인은 기후, 대기, 수질, 종자 등의 악영향으로부터 남극 환경과 생태계 및 천연적·미적 가치, 과학연구활동의 장으로서의 가치를 포함한 자연 그대로의 가치를 보호하는 것이다. 특히 과학

---

30 의정서 전문, 제2조, 제4조.
31 의정서 전문.

조사 및 기지 활동과 관련한 군사요원과 비품 사용, 관광사업 및 탐사활동이 계획단계를 포함해 이러한 원칙을 고려하지 않는 활동을 하는 경우, 활동을 수정, 중단 또는 철회하여야 한다. 아울러 회원국은 예측 가능한 환경적 영향을 검증하고 예측 불가능한 영향을 파악하기 위해 모든 관련 활동을 정기적이고 효과적으로 모니터링하여야 한다.[32]

그 외 일반적인 의무로 통보, 긴급사태 시의 대응, 협력, 협의의 의무가 있다.[33] 회원국은 의정서 준수를 위한 입법, 행정, 집행 조치 및 위반 활동에 대한 방지 조치 등을 상호 간에 통보하여야 한다. 연차보고서 및 사찰보고서는 관계국 내지 환경보호위원회Committee for Environment Protection(이하 'CEP')에 송부된다. 환경 관련 긴급사태가 발생하였을 경우 회원국은 다른 모든 회원국에 신속히 그러한 사실을 통보하여야 한다. 회원국은 또한 사고에 대처하기 위한 계획을 입안하고, 실제 사태 발생 시 신속하고 효과적으로 대응하여야 한다. 이외에도 회원국은 남극활동의 계획 및 실시에 협력할 의무를 진다. 이러한 남극활동에는 환경보호에 대한 과학연구와 환경영향평가가 포함된다. 특정 지역에 환경적 악영향이 누적되는 것을 막기 위해 향후 기지, 기타 시설의 설치장소 선정에 관해 회원국은 다른 회원국과 협의하여야 한다.

CEP는 ATCM과는 별개로 의정서 및 부속서 시행에 관여하는 유일한 기관이다. 의정서 회원국은 동시에 CEP 회원국이 된다. 의정서 비회원국으로 「남극조약」의 회원국인 모든 국가는 옵서버 자격을 갖는다. 의정서 준수에 대한 감시는 CEP의 임무이지만 CEP는 보조 및 자문 기관으로 ATCM의 검토를 위해 의정서 및 부속서의 운용 및 실시와 관련하여 회원국에 조언 및

---

32 의정서 제3조.
33 의정서 제6조, 제13조 내지 제17조.

권고한다.[34] 실제 회의에서는 CEP가 ATCM 개최에 앞서 주요 환경보호 이슈를 검토하고 이를 ATCM에 보고하는 일정으로 진행되고 있다.

(2) 제1부속서: 환경영향평가

회원국의 모든 남극활동은 신규 또는 현행 활동의 변경 여부를 불문하고, 제1부속서에서 정하는 환경영향평가EIA 및 모니터링 절차에 따른다.[35] 이 절차는 예상되는 환경영향에 따라 3단계로 구분한다.

(a) 회원국이 '적절한' 국내 절차에 따라 계획한 활동으로 향후 발생할 수 있는 환경영향을 '경미 또는 일시적 미만'이라고 판단할 경우 즉시 활동을 실시할 수 있다.

(b) 이를 웃도는 영향이 예상될 경우 제안 활동과 이에 따른 대책, 누적 영향을 포함하여 예상되는 영향을 기술한 초기환경영향평가서(이하 'IEE')를 작성하여야 한다. 이후 영향이 '경미 또는 일시적'으로 판명되면, 환경영향평가와 검증 실시를 조건으로 당해 활동을 실시할 수 있다.[36]

(c) IEE 또는 기타 방법에 의한 영향이 '경미 또는 일시적 이상'으로 판명될 경우 회원국은 예상 변화, 영향의 예측에 사용한 수단과 자료를 게시하고 예상되는 영향의 성질, 범위, 기간과 빈도, 간접적이고 2차적인 영향을 기술한 한층 상세한 포괄적 환경영향평가서(이하 'CEE')를 작성하여야 한다.

CEE 초안은 모든 회원국과 CEP에 송부되어 CEP의 조언에 근거한 ATCM의 검토consideration가 이루어질 때까지, 당해 활동을 실시하는 회원국(활동계획국)의 최종결정final decision은 허락되지 않는다.[37] 또한 CEE 절

---

34 의정서 제11조 및 제12조.
35 의정서 제8조.
36 제1부속서 제2조.
37 제1부속서 제3조 제5항.

차 완료 후에 활동을 실시하는 회원국은 환경지표를 철저히 관찰할 의무가 있다.[38]

(3) 제2부속서: 남극동식물 종의 보존

이 부속서는 동식물에 대한 접근을 규제하고, 허가제도에 따라 남극 원산지 동식물의 포획과 유해한 간섭을 금지한다. 회원국의 허가증 발급은 과학적 연구와 박물관 등의 시설에 표본을 제공하는 경우, 또는 과학 활동과 설비 건설, 운영에 있어 꼭 필요한 상황 등에만 인정된다.[39] 남극에 고유하지 않은 동식물을 남극에 반입하는 행위는 허가가 없는 한 금지된다.[40] 이 외에 정보 교환 및 통보 의무가 있다. 회원국은 남극에서 매년 포획, 채취하는 남극 원산지 포유류, 조류 또는 식물의 연간 포획량과 채취량, 각종 개체 수와 관련된 정보를 교환하고 CEP와 다른 회원국에 통보하여야 한다.[41]

(4) 제3부속서: 폐기물 처분 및 관리

이 부속서에 따라 체약국은 실행 가능한 최대한으로 남극환경에의 영향을 최소화하도록 남극에서의 폐기물 처리를 줄이고 폐기물을 제거하여야 할 의무가 있다. 이 부속서는 인명의 안전, 선박과 항공기 등의 고가시설 및 기자재의 안전이나 환경보호와 관련된 긴급 상황에는 적용되지 않는다.[42] 또한 실체적 의무와는 별개로 폐기물에 관한 정보 제공과 기록의 규정이 있다. 회원국은 남극의 활동캠프와 상설기지 또는 선박에서의 폐기물에 대해 감축, 보관, 처분을 포함한 연차관리계획을 수립하고 명시하여야 한다. 회

---

38 제1부속서 제5조 제1항.
39 제2부속서 제3조.
40 제2부속서 제4조.
41 제2부속서 제6조.
42 제3부속서 제12조 제1항.

원국은 또한 과거 폐기물이 처분된 활동 지역의 목록을 준비하여야 한다.[43]

(5) 제4부속서: 해양오염의 방지

제4부속서는 선박으로 인한 남극의 해양환경오염을 규제한다. 회원국은 자국 선박의 배출에 대한 규제조치를 취할 의무가 있다. 가장 강력한 조치로 어류에서 나온 폐기물, 기름, 유해액체 물질을 제외한 플라스틱류, 그 밖의 모든 물질의 해양 투기 처분은 절대적으로 금지된다. 특히 석유 운반 시에는 바다 유출에 대비한 긴급대책 수립과 이에 대한 협력이 요구된다.[44] 그 외의 배출이나 처분에 대한 규제는 약한 편이다. 예컨대 합리적인 예방조치가 있을 경우 선박이나 설비 손상으로 인한 기름 또는 유성 혼합물의 해양 배출이 허용된다. 유해액체물질의 배출은 원칙적으로 불가하나 해양환경에 유해한 물질을 대량 또는 고농도로 배출한 경우로 한정하여 금지한다. 식량폐기물은 분쇄나 압착장치로 처리하여 육지 또는 빙붕에서 12해리 이상 떨어진 지점에서 처분하는 것은 허락된다. 이러한 규정은 선박과 승무원의 안전 및 해양 인명구조 시의 긴급 상황에는 적용되지 않는다.[45]

(6) 제5부속서: 보호구역의 보호 및 관리

제5부속서는 2개의 특별보호구역 제도를 두고 있다. 먼저 남극특별보호구역Antarctic Specially Protected Area, ASPA은 환경적·과학적·역사적·미적 혹은 원생적인 가치가 큰 구역의 보호를 위한 것으로, 실시 중 혹은 계획된 과학조사는 가능하다. 둘째, 남극특별관리구역Antarctic Specially Managed Area(이하 'ASMA')에서는 활동계획과 조정, 향후 분쟁의 방지, 회원국 간의

---

43 제3부속서 제8조 제2항, 제3항,
44 제4부속서 제5조 제1항, 제2항, 제12조 제1항, 제2항.
45 제4부속서 제3조 제2항, 제4항, 제5조 제3항, 제7조.

협력 개선, 환경영향의 최소화를 목적으로 한다. ASMA 출입은 허가를 요구하지 않으나 행동강령을 준수하여야 한다.[46]

(7) 제6부속서: 책임Liability

전문과 13개 조항으로 구성된 제6부속서는 당사국이 "부속서의 이행을 보장하기 위하여 이행조치, 행정적 조치 및 법령 채택 등 적절한 조치를 취하는 경우" 당사국의 배상책임을 면제[47]함과 동시에, 아래와 같이 운영자의 의무를 중점적으로 기술하고 있다. 다만, 아직까지 발효요건(모든 협의당사국의 비준)을 충족하지 못하여 미발효 상태에 있다.

정부기관 또는 비정부기관을 불문하고 「남극조약」 지역 내에서 수행될 활동을 조직하는 자연인 또는 법인에 해당하는 운영자는,[48] 남극환경에 중대하고 해로운 영향을 초래하거나 또는 그러한 영향을 초래할 급박한 위협이 있는 우발적 사건으로서의 환경적 비상사태에 대해,[49] 환경적 비상사태와 그 잠재적 부작용의 위험을 감소시키도록 고안된 합리적 예방조치를 실시하고,[50] 남극 환경 또는 그에 종속되고 연관되는 생태계에 대해 잠재적 부작용을 수반하는 사고에 대응하기 위한 비상계획을 수립하며,[51] 환경적 비상사태가 발생한 이후에 그 비상사태의 영향을 방지, 최소화 또는 억제하기 위해 취해지는 합리적인 조치, 즉 대응조치를 취하여야 하는데,[52] 환경적 비상사태에 즉각적이고 효과적인 대응조치를 이행하는 데 실패한 운영자는 자신이 실시하였어야 할 대응조치의 비용 또는 다른 당사국이 실시한

---

46 제5부속서 제3조, 제4조.
47 제6부속서 제10조.
48 제6부속서 제2조.
49 제6부속서 제2조.
50 제6부속서 제3조.
51 제6부속서 제4조.
52 제6부속서 제5조.

대응조치의 비용에 대한 책임liability을 지는바,[53] 제3자의 대응조치 행위 등에 대해 책임을 부담할 수 있도록 적절한 보험, 은행, 기타 유사한 재정적 보증을 보유하여야 하나,[54] 당사국은 과학연구 증진 활동 수행을 포함한 자국의 국가운영자state operator에 대해 자기보험self-insurance을 유지할 수 있다.[55] 배상에 관한 분쟁이 발생할 경우, 대응조치에 실패한 운영자의 당사국 또는 상거소 소재지국 법원에서 소송을 진행할 수 있다.[56]

3. 남극해양생물자원보존에 관한 협약

(1) 개요

1982년 「유엔해양법협약」을 준비하는 국제적인 협상이 진행되면서 영해기선으로부터 200해리 이내의 배타적 경제수역 도입이 가시화됨에 따라, 전통적인 남극해 어업 국가들은 남극 수역의 새로운 어종과 상업적 조업에 관심을 갖게 되었고, 「남극조약」의 협의당사국들은 남극지역에서의 대규모 어업 활동이 남극 해양생태계를 파괴하게 될 것이라는 우려와 함께 남빙양의 해양생물자원을 보존하기 위한 제도적 장치를 서두르게 되었다.

「남극조약」은 자원관리 문제를 규율하고 있지 않을뿐더러, 특히 남극 해안으로부터 200해리 이내의 수역을 둘러싼 영유권 주장국과 비주장국 사이의 의견 불일치와 생물자원 규제의 범위를 남위 60도 이북으로 확대할 필요성은 협의당사국들로 하여금 「남극조약」의 영역 밖에서 생물자원 관리를 규율하여야 한다는 공통된 인식을 갖게 하였다.

「남극해양생물자원보존에 관한 협약」은 이와 같은 의도에서 해양생물자

---

53 제6부속서 제6조.
54 제6부속서 제11조.
55 제6부속서 제11조.
56 제6부속서 제7조.

원의 보호제도를 구체화하기 위해 채택된 협약으로, 1977년 제9차 ATCM 에서 협약 초안의 기본원칙을 설정하고 1978년과 1980년 초 협의당사국특 별회의에서 협약 초안을 작성하는 작업이 이루어진 후, 1980년 8월에 서명 되어 2년 뒤인 1982년에 발효되었다.

(2) 목적

「남극해양생물자원보존에 관한 협약」의 주요한 목적은 모든 남극해양생물 자원의 보존과 합리적 이용에 있으며, 이 협약은 어류, 크릴을 포함한 갑각 류, 조류, 연체동물 등 모든 해양생물자원을 포괄한다.[57]

　이 협약이 적용되는 지역에서의 생물자원의 어획 활동 및 이와 관련된 활 동은 협약 규정에 따라 행해져야 하며, 어획되는 종의 수가 이 종의 안정된 회복을 보장하는 수준 이하로 감소하는 것을 방지하고, 특정 종의 어획이 해 양생태계에 미치는 변화의 위험을 방지하거나 이를 최소화하는 등 일정한 보존원칙에 따라야 한다. 또한 이 협약은 해양생물의 보존을 위해 독특한 생 태계보호의 접근방식을 채택하고 있다. 즉 이 협약에서의 해양생물의 보호 기준은 어획되는 종harvested species과 이에 의존하는 종dependant species: predator 사이의 생태적 균형을 유지하고, 이들 종류와 환경 사이의 내적 관 계를 체계적으로 평가함에 기초하고 있으며, 이에 따라 생태적 균형 상태가 파괴되지 않도록 특정 생물자원의 남획을 방지하고 있다.

(3) 남극조약과의 관계

이 협약은 「남극조약」과 밀접한 연관이 있음을 명백히 하고 있다. 체약국들 은 「남극조약」의 목적과 원칙에 반하여 「남극조약」 지역에서 활동하지 못 하며, 평화적 목적과 핵폐기물의 처분에 관한 「남극조약」 제1조와 제5조에

---

57 남극해양생물자원보존에 관한 협약 제1조 제2항.

내포된 의무에 구속된다.[58] 또한 모든 체약국은 공해상의 권리에 관한 「남극조약」 제6조 및 각 국가의 영유권 주장에 관한 제4조의 규정을 적용함으로써 남극에서의 영유권 주장에 관한 각 국가의 개별적인 입장을 손상시키지 않도록 되어 있다.[59] 따라서 이 협약은 영유권 주장국 및 비주장국에 의해 그들의 법적인 입장과 일치하는 방법으로 해석된다.

반면에 이 협약이 「남극조약」과 다른 현저한 특징 중 하나가 지리적 범위이다. 이 협약은 남위 60도와 남극수렴선 사이의 자원, 다시 말해서 남위 60도 이북의 남빙양 지역까지 적용된다. 남극수렴선은 남극 해양생태계의 생물학적 경계선으로, 고래를 제외한 대부분의 생물자원이 이 주위에서 서식하고 있으므로 생물자원관리에 있어서 중요한 경계를 이루고 있다. 한편 이와 같이 「남극해양생물자원보존에 관한 협약」의 지리적 범위를 확대하는 것은 남극수렴선 내에 있는 공해의 생물자원에 대한 협의당사국의 통제권의 범위를 지리적·관할권적으로 확대하는 의미를 갖는다.

(4) 회원국 및 위원회

「남극해양생물자원보존에 관한 협약」은 남극해양생물자원과 관련된 연구 또는 어획 활동에 관심 있는 국가로 구성되며, 남극조약협의당사국은 이 협약에서도 특별한 지위가 부여되고 있다. 즉 「남극조약」 당사국이 아닌 이 협약 당사국은 남극환경의 보호 및 보존에 관한 협의당사국의 특별한 책임과 의무를 인정하고, 남극조약협의당사국에 의해 권고된 남극환경의 보호에 관한 합의규칙 및 기타 다른 조치들을 준수하도록 되어 있다.[60]

이 협약은 「남극조약」보다 조직적인 구조를 갖추고 있으며, 효율적인 업

---

58 남극해양생물자원보존에 관한 협약 제3조.
59 남극해양생물자원보존에 관한 협약 제4조 제1항.
60 남극해양생물자원보존에 관한 협약 제5조.

무 집행을 위해 상설기구로 남극해양생물자원보존위원회Commission for the Conservation of Antarctic Marine Living Resources(이하 'CCAMLR')와 남극해양 생물자원보존과학위원회Scientific Committee for the Conservation of Antarctic Marine Living Resources(이하 'SC')의 설치를 규정하고 있다.

CCAMLR는 이 협약의 원서명국과 해양생물연구 또는 어획 활동에 종사 하는 추후 가입국 또는 지역통합기구의 대표로 구성되며, 그 자격은 이 협 약이 적용되는 지역에서 해양생물자원과 관련된 조사 또는 어획 활동에 종 사하는 기간에만 주어진다.[61] CCAMLR는 협약의 목적을 실현하기 위해 광 범위한 자원관리기능과 규제권을 포함한 권한을 보유하고 있으며, 구체적 으로 남극해양생물자원에 대한 연구, 조사 및 분석, 어업 활동의 규모와 어 획량의 범위 결정, 보존조치의 공식화 등을 수행하며, 포획되는 종의 양과 보호 종 등을 지정한다.[62] 또한 CCAMLR는 어획량과 어업 활동을 규제하기 위해 옵서버와 감시관을 지정하는 권한을 보유한다.[63]

한편 SC는 자문기관으로서 CCAMLR의 활동을 지원하며, 자료 수집 및 연 구와 관련된 전문적 기술업무를 담당한다. CCAMLR의 각 회원국은 SC의 회원국이 되며, 적절한 과학적 자격을 갖춘 대표를 임명할 수 있다. SC는 필 요한 때에 수시로 과학자와 전문가의 조언을 구할 수 있다.[64] SC는 이 협약 의 적용 대상이 되는 해양생물자원에 관한 정보의 수집, 연구 및 교환에 관 한 협의와 협력, 과학적 연구 분야에서의 협력을 고무하고 촉진시킨다. 또한 SC는 이 협약의 목적에 따라서 위원회가 지시하는 각종 활동을 수행한다.[65]

---

61 남극해양생물자원보존에 관한 협약 제7조 제1항, 제2항.
62 남극해양생물자원보존에 관한 협약 제9조 제1항, 제2항.
63 남극해양생물자원보존에 관한 협약 제24조.
64 남극해양생물자원보존에 관한 협약 제14조.
65 남극해양생물자원보존에 관한 협약 제15조.

(5) 남극해양생물자원 보존을 위한 해양보호구역 확대

해양수온 상승과 산성화, 해양오염(미세플라스틱) 등으로 인한 해양생태계의 심각한 위험이 발생하면서, 해양보호구역Marine Protected Area(이하 'MPA')에 대한 전 세계적인 관심이 고조되어 왔고, ATCM과 CCAMLR 역시 남극해의 MPA 지정 필요성에 주목해 왔다. 남극조약체제에 따르면 ATCM은 해양을 포함한 그 어떠한 지역도 남극특별보호구역 또는 남극특별관리구역으로 지정할 수 있다.[66] 한편 CCAMLR는 해양생물자원의 보존조치로 협약 지역 내에 금어지역closing of zones: Closed Area을 지정할 수 있다.[67] 따라서 남극해의 MPA는 처음부터 ATCM, CEP와 CCAMLR의 협력하에 논의가 발전되어 왔다. 즉 남극해 MPA는 「환경보호에 관한 남극조약 의정서」의 남극특별보호구역의 한 유형이며, 「남극해양생물자원보존에 관한 협약」에 따라 보존조치conservation measures로 설정하는 금어 지역이라 할 수 있다.

CCAMLR가 제23차 회의(2004년)에서 SC에 MPA 의제를 우선 사항으로 진행할 것을 촉구함으로써 SC 산하에 운영위원회steering committee를 설치하고 MPA 어젠다 개발에 착수하였다. 그 결과 CCAMLR 제30차 회의(2011년)를 통해 「남극해양생물자원보존에 관한 협약」 지역 전체를 9개 MPA 기획영역으로 분할, 지정하였다(그림 10-3).

2016년 10월, CCAMLR는 남극 장보고과학기지 인근 로스해에 세계 최대 규모의 공해상 MPA를 지정하였다. 이곳은 남극해의 12%가량을 차지하며, 펭귄과 고래, 바다표범 등 동물 1,000여 종이 서식하는 세계에서 생태계가 가장 잘 보존된 바다 중 하나로 평가받고 있다. 그동안 조업국-비조업국 간 의견 차이로 지연되었던 로스해 해양보호구역 RSRMPA 지정을 계기로 향후 남극해의 대규모 MPA 지정이 가속화될 것으로 예상되는 가운데, 동

---

[66] 의정서 제5부속서 제2조.
[67] 남극해양생물자원보존에 관한 협약 제9조 제2항 c.

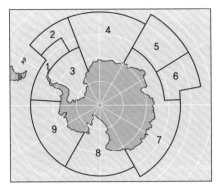

Domain 1: Western Peninsula
Domain 2: North Scotia
Domain 3: Weddell Sea
Domain 4: Bouvet Maud
Domain 5: Crozet − del Cano
Domain 6: Kerguelen Plateau
Domain 7: Eastern Antarctica
Domain 8: Ross Sea
Domain 9: Amundsen−bellingshausen

그림 10-3 CCAMLR 남극해양보호구역 설정을 위한 9개 권역

남극, 웨델해, 남극반도의 신규 MPA 설정에 관한 제안이 구체화되고 있다.

Ⅲ. 대한민국의 실행

1. 남극활동 및 환경보호에 관한 법률

(1) 남극 관련 법령 제정을 통한 남극조약체제의 이행

「남극활동 및 환경보호에 관한 법률」(이하 '남극활동법')은 「남극조약」 및 「환경보호에 관한 남극조약 의정서」의 시행 등 남극 관련 국제협력체제에 적극적으로 참여하기 위해 2004년 제정되었다. 이 법은 남극활동에 필요한 사항을 정함으로써 남극환경의 보호와 남극 관련 과학기술의 발전에 기여함을 목적으로 한다. 그런데 「대한민국 헌법」(제6조 제1항)에서 "헌법에 의하여 체결·공포된 조약과 일반적으로 승인된 국제법규는 국내법과 같은 효력을 가진다"고 규정하고 있기 때문에, 「남극조약」, 「환경보호에 관한 남극조약 의

표 10-2 남극조약과 국내법령 비교

조항	남극조약	국내입법 여부
전문	평화적 목적, 과학조사의 자유	법 제1조
제1조	군사적 이용 금지	법 제3조 제1호
제2조	과학의 자유	법 제1조
제3조	국제협력을 위한 노력	법 제1조
제4조	조약의 해석(영토주권, 청구권 동결)	–
제5조	핵폭발 및 방사선 폐기물 처분 금지	법 제3조 제2호
제6조	적용 범위: 남위 60도 이남	법 제2조 제1호
제7조	감시원observer	법 18조, 령 제24조~제25조
제8조	재판관할권	남극조약 미확정
제9조	대표자 회합	–
제10조	조약 준수 확보 위한 유엔헌장상 노력	–
제11조	분쟁해결	–
제12조	개정	–
제13조	비준	–
제14조	정본, 기탁	–

* 법: 남극활동법

** 령: 남극활동법 시행령

정서」, 그리고 의정서와 불가분의 관계에 있는 5개 부속서 등은 그 자체로 우리나라 법의 일부를 구성한다. 따라서 남극조약체제의 이행을 위해 제정된 국내법, 즉 남극활동법, 남극활동법 시행령, 남극활동법 시행규칙 등은 주로 남극조약체제를 이행하기 위한 국내적 절차, 정부 및 남극활동 당사자의 역할 및 의무, 벌칙 등의 내용을 담고 있다(표 10-2, 10-3).

(2) 남극활동법의 주요 내용

남극활동법은 총칙, 남극활동 허가, 남극환경의 보호, 남극활동감시원의 지명 및 활동, 남극활동 결과의 보고 및 시정명령, 남극 연구 활동의 진흥, 벌칙 등 총 6장 27개 조문으로 구성되어 있다. 법 제3조에 따라 군사기지의 설치, 무기실험, 군사훈련, 그 밖에 이에 준하는 군사적 행위, 핵실험 및 방사

표 10-3 환경보호에 관한 남극조약 의정서와 국내법령 비교

조항	환경보호에 관한 남극조약 의정서	국내입법 여부
전문	전문	법 제1조
제1조	정의	법 제2조
제2조	목적	법 제1조, 제3조 제4호
제3조	환경원칙	법 제1조, 제17조, 령 제23조
제4조	남극조약체제의 다른 구성요소와의 관계	−
제5조	남극조약체제의 다른 구성요소와의 조화	−
제6조	협력	−
제7조	광물자원활동의 금지	법 제3조 제3호
제8조	환경영향평가	법 제4~12조
제9조	부속서	−
제10조	남극조약협의당사국회의	−
제11조	환경보호위원회	−
제12조	환경보호위원회의 기능	−
제13조	의정서의 준수	법 제1조
제14조	사찰inspection	법 제18조, 령 제24~25조
제15조	비상대응조치	−
제16조	배상책임	−
제17조	당사국에 의한 연례보고	−
제18조	분쟁해결	−
제19조	분쟁해결절차의 선택	−
제20조	분쟁해결절차	−
제21조	서명	−
제22조	비준, 수락, 승인 또는 가입	−
제23조	발효	−
제24조	유보	−
제25조	개정	−
제26조	수탁국에 의한 통고	−
제27조	정본 및 유엔에의 등록	−
부칙	중재재판	−
부속서 1	환경영향평가	법 제7조, 령 제6조
부속서 2	남극동식물 종의 보존	법 제13조, 령 제13~15조
부속서 3	폐기물 처분 및 관리	법 15조, 령 제18~22조
부속서 4	해양오염 방지	법 제16조
부속서 5	보호구역 보호 및 관리	법 제14조, 령 제16~17조

* 법: 남극활동법

** 령: 남극활동법 시행령

성 폐기물의 처리, 남극광물자원의 탐사, 채취 및 가공, 수송, 저장 등과 이에 부수되는 사업, 법 제14조 제1항 제2호의 남극 사적지 또는 기념물을 손상 절취 또는 은닉하거나 그 효용을 침해하는 행위는 금지된다. 이는 「남극조약」과 「환경보호에 관한 남극조약 의정서」를 국내법으로 반영한 것이다. 다만 법 제4조의 규정에 따라 예외적으로 과학적 목적의 광물자원 샘플 채취 정도만 허용될 수 있다. 원칙적으로 남극활동을 하고자 하는 자는 법 제4조에 따라 외교부장관의 허가를 받아야 한다.

즉, 남극활동 허가신청서를 제출한 후 허가를 받아야 하며, 신청서를 제출할 경우에는 남극활동계획서, 환경영향평가서, 폐기물관리계획서,[68] 남극환경에 해로운 영향을 미칠 수 있는 사고발생 대비 비상계획서[69]도 함께 제출하여야 한다.[70]

한편 법 제4조에 따른 환경영향평가서는 다음과 같이 구분된다.

ⅰ) 예비환경영향평가서: 허가를 신청한 남극활동이 남극환경에 극히 사소하거나 극히 일시적인 영향을 미칠 것으로 예상되는 경우
ⅱ) 초기환경영향평가서: 허가를 신청한 남극활동이 남극환경에 사소하거나 일시적인 영향을 미칠 것으로 예상되는 경우
ⅲ) 포괄적 환경영향평가서: 허가를 신청한 남극활동이 남극환경에 사소하거나 일시적인 것을 넘는 심각한 영향을 미칠 것으로 예상되는 경우

외교부장관은 제출된 환경영향평가서를 검토하는 과정 중 남극 관련 전문가의 의견을 청취할 수 있다. 또한 외교부장관은 '포괄적 환경영향평가

---

68 제7조의 규정에 의해 포괄적 환경영향평가서를 제출하는 경우에 한한다.
69 제7조의 규정에 의해 포괄적 환경영향평가서를 제출하는 경우에 한한다.
70 남극 장보고과학기지의 경우 '포괄적 환경영향평가서'를 작성하여 제출하였으며, 이는 2012년 제35차 남극협의당사국회의에서 최종적으로 검토, 통과되었다.

서'가 제출된 때에는 이를 90일 이상 일반에 공개하고, ATCM 개최 120일 이전까지 협의당사국 및 CEP에 송부하여야 한다. 한편 외교부장관은 제4조에 따라 신청된 남극활동을 허가하고자 하는 때에는 미리 환경부장관 및 해양수산부장관과 협의하여야 한다. 이 경우 외교부장관은 허가의 기간을 정하거나 기타 필요한 조건을 붙여 조건부 허가를 할 수 있다.

법 제11조에 따라 인명 또는 선박의 구조, 고가의 장비 또는 설비의 안전 보호, 그 밖에 남극환경의 보호와 관련하여 긴급한 필요가 있는 경우로, 남극활동의 허가를 받을 시간적 여유가 없는 경우에는 허가를 받지 않고 남극활동을 할 수 있다. 다만 이 경우에도 남극활동으로 인해 남극환경에 미치는 영향이 최소화되도록 노력하여야 한다. 허가를 받지 않고 남극활동을 하는 자는 지체 없이 외교부장관 및 제18조 제1항의 규정에 따른 남극활동감시원에게 그 사실을 통보하여야 한다.[71]

한편 남극 토착 동식물을 보호하고 남극환경을 보호하기 위해 남극활동 허가를 받은 사람은 일정한 행위를 하고자 하는 때에는 별도로 외교부장관의 승인을 받아야 한다. 즉 남극 토착 동식물을 포획, 채취하거나 남극지역 밖으로 반출하는 행위, 남극 토착 동식물 외의 동식물을 남극지역으로 반입하는 행위, 남극 토착 동식물의 서식환경에 심각한 훼손을 가할 우려가 있는 헬리콥터 또는 그 밖의 항공기의 이·착륙, 차량 또는 선박의 운행, 화약 또는 폭발물의 사용 등을 하려는 경우에는 사전에 승인을 받아야 한다. 한편 외교부장관은 ATCM에서 지정한 남극특별보호구역, 남극특별관리구역, 남극사적지 및 기념물에 대해 당해 회의가 끝난 후 1개월 이내에 명칭 및 위치(지도를 포함한다)를 고시하여야 한다.[72]

그 밖에 이 법률에는 남극환경을 보호하기 위한 일련의 조치가 규정되어

---

71 남극활동법 제11조 제3항.
72 남극활동법 제14조.

표 10-4 남극활동법, 시행령, 시행규칙 3단 비교

법률	시행령	시행규칙
제1조(목적)	제1조(목적)	제1조(목적)
제2조(정의)	제2조(남극토착동식물)	–
제3조(금지행위)	–	–
제4조(남극활동의 허가)	–	–
제5조(남극활동허가의 신청)	제3조(남극활동 허가신청) 제4조(허가의 변경) 제5조(남극활동계획서)	제2조(남극활동 허가신청서 등)
제6조(결격사유)	–	–
제7조(환경영향평가서 작성 등)	제6조(환경영향평가서에 포함될 사항과 작성방법 등)	제3조(환경영향평가서 작성의 세부지침)
제8조(허가에 관한 협의 등)	제7조(허가의 협의) 제8조(허가 협의 예외사유) 제9조(수정·보완된 내용의 허가 협의)	–
제9조(조건부 허가)	–	–
제10조(허가의 제한)	제10조(허가 제한 기준)	–
제11조(허가를 받지 아니 하는 남극활동 등)	제11조(허가를 받지 아니하는 설비의 안전보호)	제4조(허가를 받지 아니 하는 남극활동의 통보)
제12조(허가의 취소 및 정지 등)	제12조(허가의 취소 및 정지)	
제13조(남극토착동식물의 포획 등의 승인)	제13조(남극토착동식물의 포획 등의 승인) 제14조(남극으로의 동식물 반입) 제15조(남극토착동식물의 서식환경 훼손)	제5조(남극토착동식물의 포획의 승인 등)
제14조(남극특별보호구역 등의 보호)	제16조(남극특별보호구역 등의 고시) 제17조(남극특별보호구역 등의 출입 또는 활동의 승인)	제6조(남극특별보호구역 등에서의 승인)
제15조(폐기물의 처리 및 관리)	제18조(폐기물 처리) 제19조(폐기물의 소각과 보관) 제20조(육상에서의 폐기물 처리) 제21조(해양에서의 폐기물 처리) 제22조(폐기물관리계획) 등	–
제16조(해양오염방지)		–

376

제17조(남극환경모니터링)	제23조(남극환경모니터링)	–
제18조(남극활동감시원의 지명 및 활동 등)	제24조(남극활동감시원의 지명 등) 제25조(남극활동감시원의 자격)	제7조(남극활동감시원의 신분증명서)
제19조(남극활동결과 등의 보고)	–	–
제20조(시정명령)	–	–
제21조(남극연구활동진흥 기본계획의 수립·시행)	제26조(남극연구활동진흥기본계획 의 수립 등) 제27조(연도별 시행계획의 수립· 시행)	–
제22조(홍보 및 교육)	–	–
제23조(벌칙)	–	–
제24조(벌칙)	–	–
제25조(벌칙)	–	–
제26조(양벌규정)	–	–
제27조(과태료)	제28조(과태료의 부과기준)	제8조(과태료의 부과기준)

있다. 즉 남극활동을 허가받은 자는 폐기물 발생을 최소화하도록 하여야 하며, 남극활동에 사용되는 선박이 남극지역의 해양을 오염시키지 않도록 주의하여야 한다. 포괄적 환경영향평가서를 제출하여 남극활동의 허가를 받은 자는 정기적으로 남극환경 모니터링을 실시하고, 환경에 미치는 영향이 최소화되도록 필요한 조치를 하여야 한다. 또한 외교부장관은 남극활동감시원을 지명하여 남극환경보호에 관련된 필요한 사항을 조사하도록 명할 수 있고, 환경부장관 및 해양수산부장관은 외교부장관에게 제1항의 규정에 의한 남극활동감시원으로 하여금 필요한 조사를 명하도록 요청할 수 있다.

「남극조약」 및 「환경보호에 관한 남극조약 의정서」의 국내적 이행을 위해 국내 법령에 반영한 내용을 법률-시행령-시행규칙의 3단 비교로 보면 표 10-4와 같다.

2. 남극연구활동진흥기본계획

이와 같이 남극활동법은 남극 생태계 및 환경을 보호하기 위한 사항을 주요 내용으로 한다. 다만 남극의 환경보호는 주로 과학활동을 통해 이루어지므로, 남극에 관한 연구활동을 진흥하기 위해 5년마다 정부는 '남극연구활동 진흥계획'을 수립하여야 한다.[73] 이는 중장기적인 목표하에 체계적으로 남극 연구활동을 추진하고 촉진하며, 관련 연구장비 개발, 인력육성 등을 지원함으로써 남극조약체제의 준수와 이행을 확보하기 위한 것이다.

한국은 제1차 남극연구활동진흥기본계획(2007~2011)에 따라 2007년부터 남극 연구활동을 추진해 왔다. 제1차 기본계획은 남극 연구활동의 역량과 우수성과 창출을 위한 극지 인프라의 성공적 구축과 운영 효율성 강화를 위한 기반을 마련하였다고 평가된다. 2006년 해양수산부와 과학기술부가 공동으로 상정하여 제22회 국가과학기술위원회 심의를 거쳐 확정된 제1차 기본계획의 목표는 지속가능한 진흥을 위한 극지 연구활동의 활성화와 세계화 도모를 추진하는 것으로, 연구인프라 확충, 기초과학연구활동 강화, 응용기술실용화 역량 축적, 연구활동 협력 강화 및 저변 확대 등의 내용을 담고 있다. 이는 남극 연구활동 및 기본계획은 해양수산부가 주도하고, 기초과학 분야 연구 활성화는 과학기술부가 주도하며, 환경 분야는 외교부, 해양수산부, 환경부가 공동으로 참여하는 부처 간 협력체계에 기반하고 있다. 제1차 기본계획의 주요 성과는 남극의 기후, 환경 변화 및 생태계 반응, 극지미생물 데이터베이스 구축, 남극해저환경 조사 등 과학연구였지만, 2009년 남극 환경보호를 위한 남극특별보호구역(No. 171, 세종기지 인근 펭귄마을) 지정은 한국이 남극조약체제 내에서 환경보호를 실천하는 국가로 자리매김하게 된 뜻깊은 성과이다.

---

73 남극활동법 제21조.

제2차 기본계획(2012~2016)에서는 제1차 기본계획을 통해 구축한 쇄빙연구선 아라온호 등 극지 인프라 및 국제협력 네트워크를 기반으로, 향후 남극활동 지원체제를 선진화하고 남극 연구활동을 글로벌 수준으로 확대하는 것을 2대 세부목표로 설정하였다. 이를 통해 2021년까지 남극에 상주기지를 두고 주도적으로 연구활동을 전개하고 있는 미국, 러시아, 영국 등과 어깨를 나란히 하는 극지연구 G−7 국가로 진입하는 것을 목표로 설정하고, 이를 효과적으로 달성하기 위해 중기목표를 2016년까지 글로벌 남극연구 인프라 구축과 우수성과 창출로 계획하였다. 첫 번째 세부목표인 '인프라 및 남극활동 지원체제 선진화'와 관련하여, 극지활동 활성화를 위한 법제도의 정비, 연구기관의 역량 제고, 남극연구와 관련한 국제협력 네트워크 강화 등 연구활동 지원체계 정비 및 협력기반 강화 등 ATCM에서의 국제적 외교역량 강화 및 2021년 4월 제정된 「극지활동 진흥법」의 기원적 고민이 시작된 계기였다는 점에 의의가 있다.

제3차 기본계획(2017~2021)에서는 제1, 2차 기본계획을 통해 구축한 쇄빙연구선 아라온호와 장보고과학기지 등 연구 인프라 및 주요 선진국과의 국제협력 관계망을 적극 활용하여 기존 연구에서 한 걸음 더 나아간 수준 높은 과학연구 수행을 계획하였다. 구체적으로는 기후변화 및 생태계보존 등 국제 현안과 관련된 남극연구 지평 확대, 안전하고 지속가능한 연구를 위한 지원기반 선진화, 남극 과학연구 및 거버넌스에서의 한국의 리더십 제고라는 3대 전략을 수립하고, 이를 구체화한 7대 세부 추진과제를 제시하였다. 제3차 기본계획의 특징은 남극조약체제의 이행과 거버넌스 영향력 확대를 매우 중요한 이슈로 다룬다는 점이다. 남극 거버넌스 리더십 제고를 위해 남극 관문지역의 협력거점 운영 활성화와 국제협력 확대를 통한 남극연구 파트너십을 강화하고, 남극특별보호구역 및 해양보호구역에 대한 환경모니터링 등 남극조약체제 주요 현안에의 참여 확대 추진을 선언하였다.

3. 극지활동 진흥법의 제정

한국은 2021년 4월 「극지활동 진흥법」을 제정하여 세계 최초로 남·북극을 아우르는 극지활동 진흥의 법제를 갖춘 국가가 되었다. 그동안 극지의 환경적·과학적·경제적·지정학적 가치가 주목받고 있음에도 불구하고, 남극과 북극에서의 다양한 극지활동을 체계적으로 육성, 지원하기 위한 법률은 부재하였다. 2004년 제정된 남극활동법은 남극에서의 과학연구, 환경보호, 남극활동의 허가에만 초점을 맞추었던 반면, 「극지활동 진흥법」은 공간을 남극에서 남·북극을 아우르는 극지로 확대하고, 과학과 환경보호는 물론 통합정보시스템, 안전관리, 국제협력, 인력양성 등 다양한 극지활동의 진흥을 체계화하였다(표 10-5).

「극지활동 진흥법」은 장의 구분 없이 총 16개 조항으로 구성되어 있다. 제1조(목적), 제2조(기본이념), 제3조(정의), 제4조(국가의 책무), 제5조(다른 법률과의 관계) 등은 소위 총칙에 해당한다. 법률의 목적을 "국가경제의 발전과 국민의 삶의 질 향상을 도모하고, 국제사회에서 인류 공통의 문제 해결에 이바지함"에 두고, 극지활동이 ① 인류 공동의 이익에 적합할 것, ② 생태적·문화적·경제적 가치가 조화롭게 공존할 것, ③ 극지환경의 보전과 조

표 10-5 극지활동 진흥법의 구성

제1조(목적)	제9조(전문인력의 양성)
제2조(기본이념)	제10조(북극에서의 경제활동 진흥)
제3조(정의)	제11조(극지활동 기반시설의 설치·운영)
제4조(국가의 책무)	제12조(국제협력 촉진)
제5조(다른 법률과의 관계)	제13조(극지통합정보시스템의 구축·운영)
제6조(극지활동진흥기본계획 및 극지활동진흥시행 계획의 수립·시행)	제14조(극지환경의 보호 및 안전관리)
제7조(실태조사)	제15조(교육·홍보)
제8조(연구개발 등의 지원)	제16조(권한 또는 업무의 위임·위탁)
	부칙

화·균형을 이룰 것, ④ 극지의 지속가능한 발전에 부합할 것 등을 기본이념으로 제시하였다. 제6조(극지활동진흥기본계획 및 극지활동진흥시행계획의 수립·시행)에서 해양수산부장관이 관계 중앙행정기관의 협의 및 국무회의 심의를 거쳐 기본계획(5년)을 수립하되, 기본계획 중 남극의 연구활동 진흥에 관한 사항은 남극활동법 제21조에 따른 '남극연구활동진흥기본계획'과 연계하고, 기본계획을 시행하기 위해 관계 중앙행정기관의 장과 협의를 거쳐 매년 시행계획을 수립, 시행하도록 하였다. 아울러 제7조(실태조사)에 따라 극지활동진흥 기본계획과 시행계획을 효율적으로 수립, 추진하기 위해 인문, 사회, 과학 분야 실태조사를 실시하거나 관계 행정기관에 자료를 요청할 수 있다. 제8조(연구개발 등의 지원), 제9조(전문인력의 양성), 제10조(북극에서의 경제활동 진흥), 제11조(극지활동 기반시설의 설치·운영), 제12조(국제협력 촉진), 제13조(극지통합정보시스템의 구축·운영), 제14조(극지환경의 보호 및 안전관리), 제15조(교육·홍보) 등은 극지활동 진흥의 구체적인 추진과제를 담고 있다. 마지막으로 제16조(권한 또는 업무의 위임·위탁)는 해양수산부장관의 권한의 일부를 소속 기관의 장에게 위임하거나 해양 관련 전문기관이나 단체에 위탁할 수 있도록 하였다.

Ⅳ. 대한민국의 실행에 대한 평가와 제언

1. 남극활동 및 환경보호에 관한 법률의 보완을 위한 검토

앞에서 남극조약체제와 국내 관련 법령의 내용을 비교하면서 양자가 정확히 일치하지 않는 몇 가지 사항을 발견하였는데, 관련 내용을 검토해 본다.

첫째는 남극환경 모니터링에 관한 건이다. 「환경보호에 관한 남극조약 의정서」 제3조에서는 '진행 중인 활동'에 대한 모니터링을 의무화하고 있으나, 한국 법령은 '포괄적 환경영향평가로 남극활동을 허가받은 자'와 '남극활동의 허가를 받은 자'에게 모니터링을 명하고 있다. 남극활동법 제17조의 남극환경 모니터링의 대상을 「환경보호에 관한 남극조약 의정서 제1부속서」 제2조 제2항과 제3조 제2항이 모두 포함되도록 변경하고, 남극활동법 시행령 제6조 제2항의 항목에 모니터링 계획을 수립하도록 수정하는 방안을 검토해 볼 만하다.

둘째는 남극 토착 동식물의 정의에 관한 건이다. 「제2부속서」는 남극 토착 동식물의 정의를 내리면서도, 구체적인 동식물의 명칭을 특정하지 않았다. 다만 개괄적으로 '털가죽물개속에 속하는 모든 종과 로스물개'만을 지정하고 있을 뿐이다. 한편 한국 법령은 외교부 고시로 지정하도록 규정하였다. 그러나 외교부는 물론 생명과학 연구자들조차 토착 동식물의 구별을 법조문에 명시하기 쉽지 않은 것이 사실이다. 문제는 남극활동법 제13조의 남극 토착 동식물의 포획과 관련하여 이를 위반할 경우 형사처벌이 예정되어 있다는 것인데, 자칫 모호한 남극 토착 동식물의 정의 및 범위 설정이 불필요한 법적 문제를 야기하지 않도록 외교부 고시로 남극 토착 동식물의 대상을 명시하되 「제2부속서」의 부록 1을 준용함을 밝히는 방안을 검토해 볼 만하다.

셋째는 폐기물 관리에 관한 건이다. 외교부 국문 번역본에 따르면 「제3부속서」의 'Waste management plans'를 부속서 제8조 제2항과 제9조 제목에서는 '폐기물 관리계획'으로, 제9조 제2항에서는 '폐기물 관리계획서'로 달리 표기하고 있다. 폐기물 관리계획은 정부 차원에서 수립하여 CEP에 통보하여야 하는 정부정책이고, 폐기물 관리계획서는 국내 남극활동 허가 절차에서 남극활동 주체가 허가를 위해 외교부에 제출하여야 하는 서류 중 하나이다. 조약 원문의 취지는 정부가 수립하는 '폐기물 관리계획'으로 해석된다. 이 경우 외교부는 「제3부속서」 제9조 제2항에 따라 '폐기물 관리계획'을 CEP에 송부하여야 하므로, 남극활동법 시행령 제22조 제2항에 "환경부장관은 외교부장관에게 폐기물 관리계획의 수립·변경을 통보하여야 한다"는 문구를 삽입하는 방안을 검토해 볼 만하다.[74]

2. 남극조약체제에 따른 대한민국의 실행

한국의 남극조약체제에 대한 기여는 보호구역 모니터링 활동이라 할 수 있다. 한국은 2009년 나레브스키 포인트(일명 펭귄마을)를 남극특별보호구역 No. 171로 지정한 후 두 차례 5개년 관리계획을 개정하는 등 다른 회원국이 관리하는 여느 보호구역과 비교해도 체계적이고 충실하게 운영해 왔다. 나레브스키 포인트는 2016년 CCAMLR의 CEMP(생태계모니터링 프로그램)에 'Site NPT'로 지정된 바 있으며, 이곳의 젠투펭귄과 턱끈펭귄 번식 현황 자료는 매년 CEMP Data Center에 집적되고 있다. 향후에는 보호구역 주요 생물종인 펭귄들의 섭식활동 및 계절이동에 대한 개체군 생태학적 연구를 보다 강화하여, 남극해 해양생물자원의 관리와 보전을 위한 국제사회의 노력에 적극 동참해 나갈 예정이다.

한국은 1989년 협의당사국의 지위를 획득하였지만, 아직까지 남극에 관한 의제를 이끌어 가는 역할에 이르렀다고 자신할 수는 없다. 그러나 2016년 사찰 이슈를 제기하면서 ATCM의 논의를 주도하는 소중한 경험을 하였다. 「남극조약」 제7조는 모든 당사국에 다른 당사국 기지의 시설물 및 장비를 사찰할 권한을 부여하고 있고, 「환경보호에 관한 남극조약 의정서」 제14

---

74 이와 유사한 조항으로 남극활동법 시행령 제16조에서는 해양수산부의 해양오염방지 관련 남극 활동선박의 해양오염방지 장비, 설비 확인 결과를 외교부에 통보하도록 규정하고 있다.

조는 남극 환경 및 생태계의 보호를 위해 「남극조약」 제7조에 따라 수행될 사찰활동을 개별적 또는 집단적으로 준비하도록 규정하고 있다. 남극반도 킹조지섬에 위치한 세종과학기지를 운영하는 한국은 언제나 사찰을 받는 입장이었다. 이에 한국은 지금까지의 사찰활동들이 교통시설(항공기 등)의 동원 능력을 갖춘 몇몇 국가들에 의해 이루어져 왔고, 접근 및 보급logistics 의 용이성에 따라 한정된 지역(특히 남극반도)이 반복적인 사찰 대상이 되어 왔으며, 사찰활동 절차와 피드백 과정이 원활하지 못하다는 점 등을 지적하고, 다수 당사국의 참여를 촉진하는 새로운 협력적 사찰활동 모델 개발을 제안하였다. 그 결과 다수 국가(네덜란드, 프랑스, 뉴질랜드, 영국, 러시아, 아르헨티나, 호주 등) 및 남극환경보호연합ASOC의 지지를 얻어, 한국은 미국, 네덜란드와 함께 공동의장국으로 회기간 협의그룹ICG을 이끌어 ① 종합적인 사찰활동 데이터베이스 시스템 구축, ② 사찰활동 계획, 수행 시 피사찰 이력 고려, ③ 피사찰 기지, 시설의 사찰 활동 관련 체크리스트 최신화, ④ 사찰활동 수행 인원에 피사찰 시설 언어 구사 인원 포함, ⑤ 관광 시설을 사찰 대상에 포함, ⑥ 사찰 대상 확대, ⑦ 공동 사찰, ⑧ 피사찰 당사국의 후속 조치 등의 내용을 담은 새로운 협력적 사찰 모델을 향한 사찰제도 개선(안)을 제시하였다. 이에 사무국은 ICG 후속조치로 기존 웹인터페이스의 '사찰목록list of inspection'에 '시설목록list of facillities'을 추가했고, '설명·권고 사항 clarification, recommendations'을 열람할 수 있도록 했으며, '지도map'에 운영 중인 모든 남극기지의 지리적 위치를 표시하고 사찰 시기를 색상으로 구별하는 기능을 구현하였다.

아직도 남극조약체제에는 해결되지 못한 다양한 법적 문제가 산적해 있다. 「제6부속서」는 비준계획time-frame 수립을 위한 재협상을 촉구하는 논의가 반복되는 가운데 한국 또한 비준에 관한 기본적 입장을 정립할 필요가 있고, 남극생물자원탐사bio-prospecting 이슈는 유엔 BBNJ(국가관할권 이원

지역의 해양생물자원의 다양성 보존 및 지속가능한 이용) 국제문서 준비 동향과 연계하여 고민하여야 하며, 남극활동 허가제도가 국가별로 상이한 가운데 외국의 허가를 받고 남극을 여행한 국민에 대한 현행 남극활동법의 적용 문제를 숙고하여야 하며, 남극해 MPA 지정과 관련하여서는 국내 이해관계자가 함께하는 슬기로운 선택도 필요하다. 「남극조약」 가입 30년을 넘어선 한국은 과학과 환경보호로 남극 보존에 기여하는 국가에서 남극의 공동관리 이슈를 주도해 나가는 국가로 도약할 때가 되었다. 한국이 남극조약체제의 선도 그룹에 속하려면, 새로운 의제 발굴에 앞서 기존 의제에 관한 합리적인 입장 정립이 우선되어야 할 것이다.

참고문헌

1. 김기순, "남극 관광의 관리와 규제에 관한 연구", 『안암법학』, 제46권(2015).
2. _____, "남극해양생물자원보존위원회에서 설정한 해양보호구역제도CCAMLR MPAs의 발전과 쟁점", 『국제법학회논총』, 제62권 제3호(2017).
3. 박기갑, "환경보호에 관한 남극조약 의정서의 발효 및 그 배상책임부속의정서 제정 문제", 『고려법학』, 제37권(2001).
4. 박수진·이창열·김윤화·이용희·진동민·양희철, 『국가남극정책 추진전략에 관한 연구』 (한국해양수산개발원, 2012).
5. 이용희, "남극조약체제상 환경보호제도에 관한 고찰," 『해사법연구』, 제24권 제3호 (2012).
6. 정서용·김원희, "남극조약 환경보호의정서 배상책임 부속서에 대한 국제법적 검 토," 『서울국제법연구』, 제20권 제2호(2013).
7. 최철영, 『남극조약 체제의 국내입법 방향연구』 (한국법제연구원, 2000).
8. ATCM Final Reoprt, https://www.ats.aq/devAS/Info/FinalReports?lang=e.
9. Donald Rothwell, *The polar regions and the development of international law* (Cambridge: Cambridge University Press, 1996).
10. Gillian D. Triggs, *The Antarctic Treaty Regime: Law, Environment and Resources* (Cambridge: Cambridge University Press, 1987).

11

해양분쟁 해결

김두영

I. 서론

「유엔해양법협약」은 제15부에서 해양분쟁의 해결에 관해 복합적인 법적 제도를 마련하고 있다. 이 제도에 따라 해양분쟁의 당사국들은 다양한 수단-교섭, 중개, 사실조사, 조정, 지역기구 또는 지역약정 이용-을 시도할 수 있으며, 이런 시도가 성공하지 못하는 경우에는 국제재판을 통해 법적 구속력을 갖는 결정을 추구할 수 있다. 법적으로 구속력을 갖는 결정을 내릴 수 있는 강제절차compulsory procedures는 4개의 법정-국제해양법재판소(이하 'ITLOS' 또는 '재판소'), 국제사법재판소(이하 'ICJ'), 「유엔해양법협약 제7부속서」에 따라 설립되는 중재재판소(이하 '제7부속서 중재재판소') 및 「유엔해양법협약 제8부속서」에 따라 설립되는 특별중재재판소(이하 '제8부속서 특별중재재판소')-을 이용하는 절차를 의미한다(제287조 제1항). 이 4개 법정 중에서 ITLOS는 「해양법협약」에 따라 새롭게 만들어진 사법기구이며 독일 함부르크에 소재한다. 제7부속서 중재재판소는 통상 5명의 중재재판관으로 구성되며 분쟁 당사자들이 각각 1명씩 지명하고 나머지 3명은 당사자들 간 합의를 통해 정해진다. 이 3명의 중재재판관 지명에 당사자들이 합의를 하지 못하는 경우에는 ITLOS 소장이 당사자의 요청을 받아 지명권을 행사 한다. 한편 국가관할권 이원의 심해저와 관련된 분쟁의 경우에는 ITLOS 재 판관 11명으로 구성되는 해저분쟁재판부Seabed Disputes Chamber가 전속 적으로 관할권을 행사한다.

유엔해양법협약당사국회의는 1996년 8월 1일 유엔본부에서 ITLOS 재 판관 선거를 처음 실시하고 지역적 안배에 따라 5개 지역그룹[1]에서 총 21명 의 재판관을 선출하였다. ITLOS는 2개월 후인 1996년 10월 1일 재판소 소 재지인 독일 함부르크에서 공식적으로 출범하였다. 출범 후 1년간 ITLOS 는 사건의 처리에 적용할 재판소 규칙Rules of the Tribunal 제정에 전념하였 다. 규칙 제정 직후인 1997년 11월 13일 카리브해의 도서 국가인 세인트빈 센트 그레나딘(이하 '세인트빈센트')은 서부 아프리카의 기니를 상대로 Saiga 호의 신속석방을 요구하는 사건을 ITLOS에 제기하였다. 「유엔해양법협약」 제292조를 근거로 제출된 이 신속석방 사건은 제15부 절차가 적용된 첫 번 째 사건이자 ITLOS가 다룬 첫 번째 사건이다.

이 장에서는 「유엔해양법협약」 제15부의 분쟁해결 방식과 ITLOS 출범 이후 국가 간에 발생한 다양한 해양분쟁 중 제15부에 따라 다루어진 분쟁해 결 사례와 ITLOS 전원재판부와 해저분쟁재판부에 요청된 권고적 의견 사 례를 살펴본다.

---

1 유엔 내 5개 지역 그룹은 아프리카, 아시아·태평양, 라틴 아메리카 및 카리브, 서유럽 및 기타, 동유럽으로 나뉘어 있다.

Ⅱ. 유엔해양법협약 제15부 분쟁해결 제도

「유엔해양법협약」 제15부는 3개의 절로 구성되어 있다.

1. 제1절: 일반조항

이 절은 해양분쟁의 평화적 해결의무, 당사자의 평화적 분쟁해결 수단의 자유로운 선택 및 그 수단의 우선 적용, 일반·지역·양자 협정상 강제적 분쟁해결 절차의 우선 적용, 분쟁 발생 시 강제절차 회부 전 의견교환, 조정 등에 대한 조항을 포함하고 있다.

(1) 대안절차 우선 적용

일반국제법상 확립된 원칙에 따라 해양분쟁의 당사국들에도 분쟁해결 수단 선택의 자유가 보장된다(제280조). 따라서 해양분쟁 발생 시 분쟁 당사국들이 제15부에서 정하고 있는 분쟁해결 절차만을 이용하여야 하는 것은 아니다. 다른 수단에 이미 합의를 하였거나 새로운 방식에 합의하게 되면 그 수단을 이용하여 분쟁을 해결하는 것이 우선이다(제281조 제1항). 다만, 그런 절차를 통해 해결에 이르지 못하는 경우에는 제15부의 강제절차가 적용된다. 또한 「유엔해양법협약」 제282조에 따르면 「해양법협약」의 해석과 적용에 관한 분쟁을 당사자들이 일반협정, 지역협정 또는 양자협정이 정하고 있는 절차에 회부하기로 합의하였으면 그 절차가 우선 적용된다. 다만, 그런 절차가 제15부를 대신하여 우선 적용되려면 그런 절차의 결과가 구속력 있는 결정을 수반하여야 한다.

　필리핀은 2013년 중국을 상대로 남중국해 분쟁을 제7부속서 중재재판소에 제소하였다. 그러나 중국은 이 중재 사건에 공식적으로 참여하지 않으면서 '입장문'[2] 형식을 통해 중재재판소의 관할권에 대해 항변하였다. 이 입장문에서 중국은 남중국해 분쟁은 협의와 협상을 통해 해결하기로 오랜 기간 합의해 왔기 때문에 필리핀은 중재 이용에서 배제되며,[3] 유일한 해결 수단은 양국이 합의한 대로 협상이며 그 밖의 수단은 배제된다고 하였다.[4] 이러한 주장의 근거로 중국은 1990년 중반에 채택한 다수의 공동성명과 2002년 서명한 '남중국해 당사자들의 행동 선언Declaration on the Conduct of the Parties in the South China Sea'(이하 'DOC')을 합의 사례로 제시하였다.[5] 중국은 양자 공동성명과 DOC에 기초한 항변에서 「유엔해양법협약」 제281조를 원용하였는데, 이에 대해 중재재판소는 공동성명이 법적 구속력 있는 문서가 아니며, 「해양법협약」 밖에서 법적 구속력 있는 절차를 구성하지 아니한다 점을 들어 중국의 항변을 받아들이지 않았다.[6] 중재재판소는 나아가 중국이 제시한 양자 공동성명과 DOC가 「해양법협약」 제282조의 의미에서 '법적으로 구속력 있는 합의'를 구성하지 아니한다고 판시하고 그 이유로 DOC나 양자 공동성명에 '제15부를 대신하는' 강제적이며 구속력 있는 절차가 명시적으로 규정되어 있지 않다는 점을 지적하였다.[7]

호주와 뉴질랜드는 1999년 일본을 상대로 남방참다랑어Southern Bluefin Tuna 사건을 제7부속서 중재재판소에 회부하였다. 이어 양국은 ITLOS에 잠정조치를 요청하였다. 이에 일본은 1993년 체결된 「남방참다랑어보존협

---

2 중국은 2014년 12월 7일 중재재판소 관할권에 관한 입장문(Position Paper of the Government of the People's Republic of China on the Matter of Jurisdiction in the South China Sea Arbitration Initiated by the Republic of the Philippines)을 발표하였다.

3 *The South China Sea Arbitration, Award on Jurisdiction and Admissibility*, p. 75, para. 190.

4 중국의 입장문, p. 11, para. 41.

5 *Supra* note 3, p. 75, para. 190.

6 *Ibid.*, p. 88, para. 229; p. 94, paras. 244, 245.

7 *Ibid.*, p. 107, paras. 299-301.

약」(이하 'CCSBT')[8] 제16조[9]에 따라 호주와 뉴질랜드는 이 협약의 분쟁해결 메커니즘에 입각한 합의를 위해 성실하게 노력을 지속할 의무가 있기 때문에 ITLOS는 잠정조치를 취하지 않아야 한다고 주장하면서 「유엔해양법협약」 제281조를 근거로 제시하였다.[10] 반면에 호주와 뉴질랜드는 CCSBT는 「해양법협약」 제282조가 요구하는 구속력 있는 결정을 수반하는 강제적 분쟁해결 메커니즘을 제공하지 못하기 때문에 분쟁을 제7부속서 중재재판소에 회부할 수 있다고 주장하였다.[11] 양측의 상반된 주장과 관련하여 ITLOS는 당사자들 간에 적용되는 CCSBT로 인해 호주와 뉴질랜드에 「해양법협약」 제15부 제2절(강제절차) 이용이 배제되는 것은 아니라고 판단하였으며, 그에 따라 본안이 회부된 제7부속서 중재재판소에 '일견 관할권'이 있다고 보았다.[12] 그러나 이 사건의 본안을 다룬 중재재판소는 2000년 8월 일본의 주장을 받아들여 관할권 부재 판단을 내렸다.[13] 중재재판소는 CCSBT 제16조가 「해양법협약」 제280조와 제281조 제1항의 "당사자들이 선택한 평화적 수단"의 요건을 충족하고 있으며, 제281조 제1항 "그 밖의 다른 절차를 배제하지 아니한다"의 요건과 관련하여서는 CCSBT 제16조가 비록 명시적으로 '그 밖의 절차'—즉, 「해양법협약」상 절차—를 배제하지는 않고 있지만, 이는 결정적이지 않다고 보았다.[14] 이를 바탕으로 중재재판부는 "협약 제

---

8 영문명은 Convention for the Conservation of the Southern Bluefin Tuna.

9 「CCSBT」 제16조의 관련 조항인 제1항의 문안은 다음과 같다: 1. If any dispute arises between two or more of the Parties concerning the interpretation or implementation of this Convention, those Parties shall consult among themselves with a view to having the dispute resolved by negotiation, inquiry, mediation, conciliation, arbitration, judicial settlement or other peaceful means of their own choice.

10 *Southern Bluefin Tuna cases, Response and Counter-Request for Provisional Measures submitted by Japan*, p. 180, para. 66.

11 *Southern Bluefin Tuna Cases*, Order of 27 August 1999, para. 54.

12 *Ibid.*, paras. 55, 62.

13 *Reports of International Arbitral Awards, Vol. XXIII*, p. 48, para. 72.

14 *Ibid.*, pp. 42-43, paras. 55-57.

281조 제1항의 고려에서 CCSBT 제16조는 그 밖의 절차를 배제하고 있다"고 결론 지었다.[15] 중재재판소는 통상 사용되는 '의미에서within the meaning of' 대신에 '고려에서within the contemplation of'라는 표현을 사용하여 중재재판소의 관할권 부재를 설명하였는데, 이는 논란의 여지를 남겼다.[16]

(2) 강제절차 회부 전 의견교환

해양분쟁을 강제절차에 회부하고자 하는 당사자는 강제절차 회부에 앞서 분쟁의 타방 당사자와 의견교환을 실시하여야 한다(제283조 제1항). '의견교환'은 강제절차 회부 전 소송절차를 개시하는 당사자가 충족시켜야 하는 선결적 조건이다. 따라서 이 조건이 충족되지 않으면 절차적 흠결로 인해 사건이 각하된다. 의견교환은 '교섭'의 형식이나 또는 '그 밖의 평화적 수단'으로 이루어지면 된다. 즉 '교섭'이 이루어지기 어려운 경우에는 '그 밖의 평화적 수단'을 이용하면 된다. '그 밖의 평화적 수단'으로는 서면 또는 전화를 이용한 구두 '협의', 대면 회의, 비대면 화상 협의 등 다양한 방식이 있을 것이다. 제7부속서 중재재판에 사건의 본안이 회부된 후 중재재판부가 구성되기 전 ITLOS에 제출된 잠정조치 요청 사건과 ITLOS에 직접 제소장application이 제출된 사건에서 응소국Respondent State은 거의 예외 없이 '의견교환' 부재 내지는 미흡을 이유로 재판부에 사건을 각하해 주도록 요청하였다. 그러나 다음 몇몇 사례에서 보듯이 ITLOS는 그러한 요청을 받아들이지 않았다.

---

15 *Ibid.*, p. 44, para. 59.
16 Keith 중재재판관은 개별의견에서 CCSBT가 「유엔해양법협약」상 강제절차를 배제하지 않는다는 의견을 제시하였다(*Ibid.*, pp. 51-53, paras. 8-16). 남중국해중재재판소는 관할권에 대한 판결에서 Keith 중재재판관의 개별의견을 공유한다는 견해를 표명하였다(*Supra* note 3, para. 223).

1) 남방참다랑어 사건 잠정조치

이 사건에서 응소국 일본은 「유엔해양법협약」 제15부 제1절의 우호적인 분쟁해결 절차가 완료되지 않았다는 주장을 하였다.[17] 반면 제소국 호주와 뉴질랜드는 당사자들 사이에 「해양법협약」에 따른 '교섭'과 '협의'가 있었다고 주장하고[18] 일본 측에 수교한 외교 공한에서 교섭에 관한 「해양법협약」의 규정을 원용했다고 반박하였다.[19] '의견교환' 완료 여부에 대한 양측의 상반된 주장에 대해 ITLOS는 "당사국은 해결의 가능성이 소진되었다고 결론을 내리면 제15부 제1절의 절차를 추구할 의무가 없다"[20]고 판시하고 호주와 뉴질랜드는 '의견교환' 의무를 충족하였다고 보았다.[21]

2) 조호르해협 간척 사건 잠정조치

이 사건의 응소국 싱가포르는 "자신들의 견해로는 교섭이나 그 밖의 평화적 수단에 의한 분쟁의 평화적 해결에 관해 의견교환이 이루어지지 않았기 때문에 제283조의 요건이 충족되지 않았다"고 주장하고,[22] 이어 "제15부 강제적 분쟁해결 절차 가동의 선결 조건인 제283조에 따른 교섭이 당사자 간에 이루어지지 않았다"고 주장하였다.[23] 반면에 제소국 말레이시아는 "2003년 7월 4일 제7부속서에 따른 소송절차를 개시하기 전에 여러 차례에 걸쳐 싱가포르에 조호르해협 간척에 대한 우려를 표명하고 긴급히 고위급

---

17 *Southern Bluefin Tuna (New Zealand v. Japan; Australia v. Japan), Provisional Measures, Order of 27 August 1999, ITLOS Reports 1999*, p. 294, para. 56.

18 *Ibid.*, para. 57.

19 *Ibid.*, para. 58.

20 *Ibid.*, p. 295, para. 60.

21 *Ibid.*, para. 61.

22 *Land Reclamation in and around the Straits of Johor (Malaysia v. Singapore), Provisional Measures, Order of 8 October 2003, ITLOS Reports 2003*, p. 18, para. 33.

23 *Ibid.*, para. 34

회의 개최를 요청했으나[24] 싱가포르가 이를 단호히 거부하였다"고 반박하였다. 양측의 상반된 주장을 검토한 후 ITLOS는 말레이시아가 의견교환을 통해 긍정적 결과를 얻을 수 없다고 결론지었다면 말레이시아는 더 이상 의견교환 의무가 없다고 판시하였다.[25]

3) Louisa호 사건 잠정조치

이 사건의 잠정조치 단계에서 응소국 스페인은 '교섭'이나 '그 밖의 평화적 수단'을 통한 분쟁해결에 관한 의견교환이 없었기 때문에 제283조의 요건이 충족되지 않았다고 주장하였다.[26] 반면에 제소국 세인트빈센트는 주유엔 세인트빈센트 대표부가 주유엔 스페인 대표부에 보낸 외교 공한을 통해 스페인의 지속적인 Louisa호 억류에 대해 이의를 제기했으며, 스페인은 기국인 세인트빈센트에 억류 사실을 통고하지 않았음을 지적하였다. 또한 ITLOS에 제소할 계획을 스페인에 알린 것을 근거로 제283조 요건이 충족되었다고 주장하였다.[27] ITLOS는 이전의 몇몇 사건에서 의견교환 요건에 관하여 밝힌 기준을 상기한 후[28] 세인트빈세트가 의견교환 요건을 충족했다고 판단하였다.[29]

24 *Ibid.*, p. 19, para. 39.
25 *Ibid.*, p. 20, para. 48.
26 *M/V "Louisa" (Saint Vincent and the Grenadines v. Kingdom of Spain), Provisional Measures, Order of 23 December 2010, ITLOS Reports 2008–2010*, p. 67, para. 54.
27 *Ibid.*, para. 60.
28 *Ibid.*, p. 68, para. 63
29 *Ibid.*, para. 65.

2. 제2절: 강제절차

(1) 강제절차 선택 선언

「유엔해양법협약」의 해석과 적용에 관한 분쟁은 일방의 요청으로 관할권을 향유하는 재판소에 제소될 수 있다. 다만 강제절차 적용이 배제되었거나 대안절차가 존재하는 경우에는 강제절차가 적용되지 않는다. 「해양법협약」 제286조는 "협약의 해석이나 적용에 관한 분쟁이 제1절에 따른 방법으로 해결이 이루어지지 아니하는 경우, 제3절에 따를 것을 조건으로, 어느 한 분쟁당사자의 요청이 있으면 이 절에 의하여 관할권을 가지는 재판소에 회부된다"고 정하고 있다.

「유엔해양법협약」의 해석과 적용에 관한 분쟁에 대해 관할권을 행사하는 재판소는 ITLOS, ICJ, 제7부속서 중재재판소, 제8부속서 특별중재재판소 등 4개 재판소이다. 「해양법협약」의 당사국은 「해양법협약」의 서명, 비준, 또는 가입 시에 또는 그 이후 어느 시점에서나 서면으로 이 4개 재판소 중 하나 또는 그 이상을 「해양법협약」의 해석과 적용에 관한 분쟁해결의 수단으로 자유롭게 선택하는 선언을 할 수 있다(제287조 제1항). 다만 선택 선언을 하더라도 ITLOS 내 해저분쟁재판부가 국가관할권 이원의 심해저에 대하여 행사하는 전속적 관할권을 수락하여야 하는 당사국의 의무에는 영향을 미치지 아니한다(제287조 제2항).

선언을 하는 당사국은 서면 선언을 유엔사무총장에게 기탁하여야 한다(제287조 제8항). 선언을 한 당사국이 이를 철회하는 통고를 유엔사무총장에게 기탁하는 경우에 선언은 통고 시점부터 3개월 후에 효력을 발생한다(제287조 제6항). 4개 재판소 중 하나에 사건이 접수되어 소송절차가 진행되고 있는 중에 새로운 선언을 하거나 기존의 선언을 철회하는 경우에 또는 기존 선언의 효력기간이 도과하는 경우에, 당사자들 사이에 달리 합의가 이루어지지 않는 한 진행 중인 소송은 영향을 받지 않는다(제287조 제7항).

'벵골만 해양경계 획정' 사건은 2009년 12월 14일 ITLOS에 공식 접수 되었다.[30] 그런데 사건 접수 후 한 달이 경과한 2010년 1월 14일 미얀마는 2009년 11월 4일 행한 ITLOS 관할권 수락 선언을 철회하는 선언을 2010 년 1월 14일 유엔사무총장에게 전달했다고 ITLOS에 통보하였다.[31] 이에 대 해 방글라데시는 1월 18일 미얀마의 선언 철회 통고는 「유엔해양법협약」 제287조 제6항과 제7항에 따라 ITLOS에서 이미 진행 중인 소송에 영향이 없다는 입장을 표명하였다.[32] 그 후 일주일 후인 1월 25일과 26일 양일 간 ITLOS 재판소장과 양국 대표 간 진행된 협의에서 양국은 사건이 2009년 12 월 14일 ITLOS에 공식 접수되었다는 데 최종적으로 동의함으로써,[33] 사건 은 ITLOS에서 진행되었다.

「유엔해양법협약」 제287조 제1항에 따라 현재까지 강제절차를 선택한 당사국은 51개국이다. 「해양법협약」의 총 당사국이 168개국임에 비추어 선택 선언을 한 국가는 3분의 1에 좀 못 미치고 있으며 선택 현황은 아래와 같다.

선택	수	국가
ITLOS만을 선택한 당사국	15개국	알제리, 앙골라, 방글라데시, 나이지리 아, 불가리아, DR콩고, 에스토니아, 피지, 파나마, 그리스, 마다가스카르, 스위스, 탄자니아, 우루과이, 세인트빈센트 그레나딘
ICJ만을 선택한 당사국	5개국	니카라과, 노르웨이, 덴마크, 온두라스, 영국

---

30 *Delimitation of the maritime boundary in the Bay of Bengal (Bangladesh/Myanmar), Judgment, ITLOS Reports 2012*, p. 12, para. 5.

31 *Ibid.*, para. 8.

32 *Ibid.*, para. 9.

33 *Ibid.*, p. 13, para. 10.

ITLOS와 ICJ를 선택한 당사국	14개국	호주, 벨기에, 카보베르데, 크로아티아, 핀란드, 이탈리아, 라트비아, 리투아니아, 몬테네그로, 네덜란드, 오만, 스페인, 토고, 트리니다드토바고
ITLOS와 제7부속서 중재를 선택한 당사국	2개국	캐나다, 튀니지
ITLOS와 제8부속서 특별중재를 선택한 당사국	2개국	아르헨티나, 칠레
ITLOS, ICJ 및 제7부속서 중재를 선택한 당사국	1개국	독일
ITLOS, ICJ 및 제8부속서 특별중재를 선택한 당사국	4개국	오스트리아, 에콰도르, 멕시코, 헝가리
ITLOS, 제7부속서 중재 및 제8부속서 특별중재를 선택한 당사국	2개국	쿠바, 기니비사우
ITLOS, ICJ, 제7부속서 중재 및 제8부속서 특별중재를 선택한 당사국	2개국	포르투갈, 동티모르
제7부속서 중재만을 선택한 당사국	1개국	슬로베니아
제7부속서 중재 및 제8부속서 특별중재를 선택한 당사국	3개국	벨라루스, 우크라이나, 러시아

(2) 동일한 법정 선택

분쟁의 양 당사자가 동일한 법정을 선택하는 경우에는 달리 합의가 이루어지지 않는 한 분쟁은 양 당사자가 공통으로 선택한 법정에 회부된다(제287조 제4항). 아래 사건의 당사자들은 ITLOS와 제7부속서 중재재판소를 각각 동일한 법정으로 선택하였다.

1) ITLOS를 동일 법정으로 선택한 사례

① Louisa호 사건: 세인트빈센트는 2010년 11월 24일 스페인에 억류 중이던 Louisa호 석방을 위해 스페인을 ITLOS에 제소하였다. 스페인은 2002년 7월 19일 ITLOS와 ICJ를 선택했으며, 세인트빈센트는 이 사건 제소 이틀 전인 2010년 11월 22일 선박 나포 및 억류에 관한 분쟁에 한해 ITLOS를 선택하였다.

② Norstar호 사건: 파나마는 이탈리아 법령 위반으로 이탈리아의 요청에

따라 스페인에 억류되어 있던 Norstar호와 관련, 2015년 12월 17일 이탈리아를 상대로 ITLOS에 손해 배상을 청구하는 소송을 제기하였다. 이탈리아는 1997년 2월 26일 ITLOS와 ICJ를 선택했으며, 파나마는 2015년 4월 29일 이탈리아의 Norstar호 억류에 관한 분쟁에 한해 ITLOS의 관할권을 수락하였다.

2) 제7부속서 중재재판소를 동일 법정으로 선택한 사례

① 흑해, 아조프해 및 케르치해협에서 연안국의 권리 사건: 우크라이나는 러시아를 상대로 이 사건을 2016년 9월 16일 제7부속서 중재에 회부하였다. 우크라이나는 1999년 7월 26일 「유엔해양법협약」을 비준하며 제7부속서 중재재판과 제8부속서 특별중재재판을 선택했으며, 러시아는 1982년 12월 10일 「해양법협약」에 서명하며 제7부속서 중재재판과 제8부속서 특별중재재판을 선택하였다.

② 우크라이나 해군 함정 및 승조원 억류 분쟁 사건: 우크라이나는 러시아를 상대로 2019년 4월 1일 이 사건을 제7부속서 중재에 회부하였다. 이 시점에서 양국이 이 사건과 관련하여 이용할 수 있는 공통 법정은 제7부속서 중재재판이었다.

(3) 상이한 법정 선택 또는 법정 무 선택

분쟁의 양 당사자가 선택한 법정이 상이하거나 양 당사자가 법정을 선택하는 선언을 하지 않은 경우에 또는 한 당사자는 법정을 선택하는 선언을 하였으나 다른 당사자는 선언을 하지 않는 경우에 분쟁은 제7부속서 중재재판소에 회부된다(제287조 제3항 및 제5항). 지금까지 제7부속서 중재재판에 회부된 사건의 대부분은 관련 당사국들이 선언에서 상이한 법정을 선택하였거나 한 당사국 또는 양 당사국이 선언을 하지 않은 사례에 해당한다.

1) 양 당사자가 선택한 법정이 상이한 사례

① Artic Sunrise호 중재 사건: 네덜란드는 러시아가 억류한 그린피스의 Artic Sunrise호 석방을 위해 2013년 10월 4일 이 사건을 제7부속서 중재에 회부하였다. 네덜란드는 2009년 2월 13일 ICJ를 선택했으며, 러시아는 1982년 12월 10일 「유엔해양법협약」에 서명하며 제7부속서 중재재판과 제8부속서 특별중재재판을 선택하였다.

2) 한 당사자는 법정 선택 선언을 하였으나 다른 당사자는 법정 선택 선언을 하지 않은 사례

① Mox Plant 사건: 2001년 10월 25일 아일랜드는 영국을 상대로 이 사건을 제7부속서 중재에 회부하였다. 이 시점에 영국은 선언을 통해 ICJ를 선택한 상황이었으나 아일랜드는 선언을 하지 않았다.

② 차고스 해양보호구역 사건: 모리셔스는 영국을 상대로 이 사건을 2010년 12월 20일 제7부속서 중재에 회부하였다. 이 시점에 영국은 ICJ를 선택하고 있었으나 모리셔스는 선택 선언을 하지 않았다.

3) 양 당사자 모두가 법정 선택 선언을 하지 않은 사례

① 남방참다랑어 사건: 뉴질랜드와 호주는 일본을 상대로 이 사건을 1999년 7월 15일 제7부속서 중재에 회부하였으며, 이 시점에 호주와 뉴질랜드 및 일본은 법정 선택 선언을 하지 않았다.

② 바베이도스·트리니다드토바고 해양경계 획정 사건: 바베이도스는 트리니다드토바고를 상대로 이 사건을 2004년 2월 14일 제7부속서 중재에 회부하였다. 이 시점에 양국은 법정 선택 선언을 하지 않았다.

③ 가이아나·수리남 해양경계 획정 사건: 가이아나는 수리남을 상대로 이 사건을 2004년 2월 24일 제7부속서 중재에 회부하였다. 이 시점에 양국은

법정 선택 선언을 하지 않았다.

④ 조호르해협 간척 사건: 말레이시아는 싱가포르를 상대로 이 사건을 2003년 7월 4일 제7부속서 중재에 회부하였다. 이 시점에 양국은 법정 선택 선언을 하지 않았다.

⑤ 방글라데시·인도 간 뱅골만 해양경계 획정 사건: 2009년 10월 8일 방글라데시는 인도를 상대로 이 사건을 제7부속서 중재에 회부하였다. 이 시점에 양국은 법정 선택 선언을 하지 않았으나, 방글라데시는 두 달이 지난 2009년 12월 14일 이 사건에 대해 ITLOS를 선택하였다. 그러나 인도가 ITLOS를 선택하는 선언을 하지 않음에 따라 이 사건은 제7부속서 중재재판소가 다루었다.

⑥ Ara Libertad호 중재 사건: 아르헨티나는 가나가 억류한 해군함 Ara Libertad호 석방을 위해 2012년 10월 29일 가나를 제7부속서 중재에 회부하였다. 이 시점에 양국은 법정 선택 선언을 하지 않았다.

⑦ 남중국해 사건: 필리핀은 중국이 선포한 남중국해 9 단선의 「유엔해양법협약」 합치 여부에 대한 판단을 받기 위해 2013년 1월 22일 남중국해 분쟁을 제7부속서 중재에 회부하였다. 이 시점에 양국은 법정 선택 선언을 하지 않았다.

⑧ Duzgit Integrity호 사건: 몰타는 상투메프린시페를 상대로 2013년 10월 22일 이 사건을 제7부속서 중재에 회부하였다. 이 시점에 양국은 법정 선택 선언을 하지 않았다.

3. 제3절: 강제절차 적용 제한 및 예외

제2절에 규정된 강제절차는 「유엔해양법협약」 규정의 해석과 적용에 관한 모든 분쟁에 적용되는 것은 아니며 일부 규정의 해석과 적용에 관한 분쟁에

대하여는 예외가 인정된다. 제3절은 이러한 예외를 정하고 있는데,「해양법협약」의 당사국이 별도의 선언을 할 필요 없이 적용되는 자동적 예외와 별도로 서면 선언을 해야만 적용되는 선택적 예외가 있다.

(1) 자동적 예외

「유엔해양법협약」은 강제절차 적용이 자동적으로 제외되는 두 가지 사안─해양과학조사 및 해양생물자원─을 제297조 제2항 (a)와 제3항 (a)에서 정하고 있다. 제2항 (a)에 따르면, 배타적 경제수역과 대륙붕에서의 해양과학조사에 관한 연안국의 권리나 재량권의 행사와 관련하여 연안국과 조사국 researching State 사이에 분쟁이 발생하거나 진행 중인 해양과학조사계획에 대해 연안국이 정지나 중지를 명령함으로써 조사국과 분쟁이 발생하는 경우에, 조사국이 강제절차에 회부하더라도 연안국은 이를 받아들일 의무가 없다.

마찬가지로 제3항 (a)에 따르면, 연안국은 배타적 경제수역의 생물자원에 대한 자국의 주권적 권리 및 그 행사(허용어획량, 자국의 어획 능력, 다른 국가에 대한 잉여량 할당 및 자국의 보존관리법에서 정하는 조건을 결정할 재량권 포함)와 관련된 분쟁이 강제절차에 회부되더라도 이를 받아들일 의무가 없다.

자동적 예외 조항에 따라 타국의 배타적 경제수역 또는 대륙붕에서 해양과학조사를 수행하려는 조사국이나 타국의 배타적 경제수역에서 조업하고자 하는 조업국에 연안국의 재량적 권리나 주권적 권리 행사로 인해 발생한 분쟁에 관한 한 강제절차 회부를 통한 분쟁해결의 길은 막혀 있다고 할 수 있다. 다만, 연안국의 재량권이나 주권적 권리 행사가「유엔해양법협약」에서 허용되는 범위를 벗어나는 경우 해양과학 조사국이나 조업국은 권리 남용을 이유로 연안국을「유엔해양법협약 제5부속서(조정)」제2절이 정하고 있는 강제조정 절차에는 회부할 수 있다[제297조 제2항 (b) 및 제3항 (b)].

(2) 선택적 예외

「유엔해양법협약」 제298조 제1항은 당사국이 서명, 비준, 가입 시에 또는 그 이후 어느 시점에서나 다음 분쟁에 대해 강제절차를 수락하지 않겠다는 선언을 서면으로 할 수 있다고 규정한다: (a) 영해, 배타적 경제수역 및 대륙붕의 해양경계 획정과 관련된 분쟁, 역사적 만이나 역사적 권원과 관련된 분쟁, (b) 비상업적 역무에 종사하는 정부 선박 및 항공기를 포함하는 군사활동과 관련된 분쟁, 해양과학조사 및 어업에 관한 법집행과 관련된 분쟁, (c) 유엔안전보장이사회가 권능을 행사 중인 사안과 관련된 분쟁.

당사국은 이러한 분쟁 중에서 하나 또는 그 이상을 선택하여 강제절차를 배제할 수 있다. 현재까지 제298조에 따라 한국을 포함하여 총 37개 당사국이 배제선언을 하였으며, 이는 배제 대상 분쟁을 기준으로 다음 표와 같이 분류할 수 있다.[34]

배제 대상	수	국가
(a), (b), (c)를 모두 배제한 당사국	21개국	알제리, 아르헨티나, 벨라루스, 캐나다, 칠레, 중국, 덴마크, 에콰도르, 이집트, 프랑스, 가봉, 그리스, 니카라과, 포르투갈, 한국, 러시아, 슬로베니아, 태국, 토고, 튀니지, 영국
(a)와 (b)를 배제한 당사국	3개국	멕시코, 사우디아라비아, 우크라이나
(a)만을 배제한 당사국	11개국	호주, DR 콩고, 이탈리아, 케냐, 말레이시아, 몬테네그로, 노르웨이, 팔라우, 싱가포르, 스페인, 트리니다드토바고
(b)만을 배제한 당사국	2개국	카보베르데, 우루과이

---

34 이에 관한 정보는 유엔법률국Legal Office의 홈페이지를 참조하였다.

Ⅲ. 강제적 분쟁해결 수단 및 조정 절차 이용 현황

1. 강제적 분쟁해결 수단 이용 현황

강제적 분쟁해결 절차가 포함된 제15부를 비롯하여 「유엔해양법협약」은 1994년 11월 16일 발효하였다. 「해양법협약」의 해석과 적용에 관한 분쟁을 다루는 4개 법정 중 양 분쟁 당사자가 선택한 법정이 상이하거나 법정 선택을 하지 않은 경우에 강제절차가 적용되는 법정은 제7부속서 중재재판소이다. 선택된 법정이 동일하지 않을 경우 선택되는 법정default forum으로 제7부속서 중재재판소는 해양분쟁 해결에서 핵심적인 역할을 수행해 왔다. 제7부속서 중재재판소는 5명의 중재재판관으로 구성되는데, 양 당사자가 각각 1명씩 중재재판관을 지명한 후 나머지 3명의 중재재판관 지명에 대해 합의가 이루어지지 않을 경우 ITLOS소장이 지명한다(제7부속서 제3조). 또한 제7부속서 중재에 회부된 분쟁에서 제소국이 중재재판소가 구성되기 전에 잠정조치를 요청하고자 할 경우 잠정조치를 요청할 수 있는 실질적 법정은 ITLOS이다(제290조 제5항). 이런 점에서 제15부에 정해진 분쟁해결 메커니즘이 실제로 가동하기 시작한 시점은 ITLOS가 공식적으로 출범한 1996년 10월 1일 이후로 볼 수 있을 것이며, 강제적 분쟁해결 수단을 실질적으로 이용할 수 있게 된 것은 ITLOS가 재판소 규칙의 작성 작업을 완료한 1997년 11월부터라고 할 수 있을 것이다.

제15부에 따라 해양분쟁이 최초로 강제절차에 회부된 1997년 11월을 기준으로 할 때 강제적 분쟁해결 수단이 작동하여 이용되어 온 것은 2021년 11월에 25년이 되었다. 이 기간 동안 「유엔해양법협약」에 근거하여 제기된 쟁송 사건은 총 42건이며 이 중에서 27건은 ITLOS에, 15건은 제7부속서

중재재판소에 회부되었다. 이 기간 동안 제287조에 강제 수단으로 열거된 ICJ에도 6건의 해양 관련 사건이 제출되었으나, ICJ는 제15부 절차가 아닌 다른 조약에 규정된 약정 관할 조항이나 선택 조항 수락 선언을 근거로 관할권을 행사하였다.

(1) ITLOS[35]

1) 신속석방 사건

ITLOS가 출범 후 처음으로 접수한 사건은 1997년 11월 13일 세인트빈센트가 서부 아프리카 기니의 배타적 경제수역에 관한 어업법 위반으로 억류된 Saiga호와 그 선원의 신속석방을 「유엔해양법협약」 제292조에 따라 요청한 사건이다. ITLOS에는 2007년까지 연안국의 배타적 경제수역 어업법 위반으로 억류된 9건의 선박 및 선원의 신속석방 요청이 있었다. 연안국은 타국의 선박이 자국의 배타적 경제수역에서 어업에 관한 법령이나 해양환경에 관한 법령을 위반하였을 때 「해양법협약」의 관련 규정에 입각하여 위반 선박을 나포 억류하여 사법절차에 회부할 수 있다.[36] ITLOS가 다룬 9개의 신속석방 사건은 모두 연안국의 배타적 경제수역 어업법 위반으로 억류된 선박과 선원의 석방을 목적으로 회부되었으며, 배타적 경제수역 환경법 위반으로 억류된 선박과 선원에 대한 신속석방 요청은 없었다. ITLOS가 현재까지 다룬 9건의 신속석방 사건 처리 현황은 아래 표와 같다.

사건	제소국/응소국	제소일	판결일	비고
Saiga호	세인트빈센트/기니	1997. 11. 13.	1997. 12. 4.	신속석방
Camouco호	파나마/프랑스	2000. 1. 17.	2000. 2. 7.	신속석방
Monte Confurco호	세이셸/프랑스	2000. 11. 27.	2000. 12. 18.	신속석방

---

35 ITLOS에서 다룬 사건에 관한 정보는 ITLOS 홈페이지를 참조하여 작성하였다.
36 연안국이 자국의 어업법 위반으로 타국 선박을 나포하여 억류할 수 있는 「유엔해양법협약」상 집행관할권의 근거는 제73조이며, 환경법 위반으로 타국 선박을 나포하여 억류할 수 있는 「해양법협약」상 집행관할권의 근거는 제220조와 제226조이다.

Grand Prince호	벨리즈/프랑스	2001. 3. 21.	2001. 4. 20.	관할권부재 판결
Chaisiri Reefer 2호	파나마/예멘	2001. 7. 3.	2001. 7. 13. (소송 종료 명령일)	법정 밖 합의
Volga호	러시아/호주	2002. 12. 2.	2002. 12. 23.	신속석방
Juno Trader호	세인트빈센트/기니비사우	2004. 11. 18.	2004. 12. 18.	신속석방
Hoshinmaru호	일본/러시아	2007. 7. 6.	2007. 8. 6.	신속석방
Tomimaru호	일본/러시아	2007. 7. 6.	2007. 8. 6.	선박몰수[37]

① 신속석방 절차의 목적

ITLOS는 신속석방에 관한 "협약 제292조는 국내법원에서 불합리한 보석금을 부과한 결과로 또는 국내법에 합리적인 보석금 예치를 조건으로 한 석방절차가 규정되지 않은 관계로 선주와 그 밖의 관련자들에게 피할 수 있는 손실을 가하는 것을 방지하고 장기간 억류로부터 선박과 선원을 석방시키는 것을 목적으로 성안되었다. 마찬가지로 이 조항은 연안국의 법원이 결정하는 보석금 또는 그 밖의 금전적 형태의 담보 예치 시에만 석방하도록 규정함으로써 연안국의 권리를 보호한다"고 판시하였다.[38] 신속석방 절차에서 ITLOS는 선박과 선원의 석방 문제만 다루며 연안국의 국내법원에서 다루고 있는 사건의 본안에 대해서는 다루지 않는다.

② 당사자 적격 및 선박의 국적

Grand Prince호 석방 사건에서 ITLOS는 "석방 문제를 적절한 법정에 제기할 수 있는 당사자 적격은 기국에 부여된다. 그 밖의 실체도 선박의 기국을 대신하여 소를 제기할 수 있다"고 판시하였다. 따라서 기국 또는 기국을 대신하는 실체만이 ITLOS에 신속석방의 소를 제기할 수 있다.[39] "선박의 국

---

37 Tomimaru호는 러시아 대법원이 하급법원의 몰수 판결을 확인함에 따라 ITLOS는 일본의 요청을 기각였다("Tomimaru", Judgment of 6 August 2007, para. 82).

38 *"Camouco" (Panama v. France), Prompt Release, Judgment, ITLOS Reports 2000*, p. 29, para. 57.

39 *"Grand Prince" (Belize v. France), Prompt Release, Judgment, ITLOS Reports 2001*, p. 38, para. 66.

적국은 기국이거나 선박에 기 게양 권한을 부여한 국가다."[40]

③ 신속석방 소 제기 가능 시기

「유엔해양법협약」 제292조에 따라 신속석방 소는 선박이 억류된 후 10일 이내에 ITLOS가 아닌 다른 법정에 석방 문제를 회부하기로 합의가 이루어지지 않았을 경우에 억류일로부터 10일 경과하면 기국은 ITLOS에 신속석방을 요청하는 소를 제기할 수 있다. 이 점은 첫 번째 신속석방 사건이었던 Saiga호 사건 판결에서 확인되었다.[41]

④ 보석금의 합리성 판단 기준

선박과 선원을 억류한 연안국이 설정한 보석금 또는 그 밖의 금전적 형태의 담보가 합리적인지 여부를 판단함에 있어서 ITLOS는 두 번째 신속석방 사건이었던 Camouco호 사건에서 다음 몇 가지 관련 요소를 예시로 제시하였다. 위반 혐의의 정도, 억류국의 국내법에 따라 부과되는 금액의 규모 또는 부과가 가능한 금액의 규모, 억류된 선박 및 몰수된 화물의 가액, 억류국이 부과한 보석금 및 그 형태.[42]

2) 잠정조치 사건

「유엔해양법협약」 제290조 제5항에 따르면, 분쟁이 제7부속서 중재에 회부된 후 중재재판부가 구성되기 전에 당사자 간에 잠정조치를 다룰 법정에 대한 합의가 2주 안에 이루어지지 않을 경우 제소국은 잠정조치를 ITLOS에 요청할 수 있다. 이에 따라 본안이 먼저 제7부속서 중재재판에 회부되고 2주가 경과한 후에 요청되는 잠정조치에 관하여도 ITLOS는 사실상 강제관

---

40 *"Tomimaru"* (Japan v. Russian Federation), Prompt Release, Judgment, ITLOS Reports 2005–2007, p. 95, para. 70.

41 *M/V "SAIGA"* (Saint Vincent and the Grenadines v. Guinea), Prompt release, Judgment, ITLOS Reports 1997, p. 25, para. 40.

42 *Supra* note 38, p. 31, para. 67.

할권을 행사해 왔다. 제290조 제5항에 따라 ITLOS에 제출된 잠정조치는 현재까지 9건이다. 이 9건의 처리 현황은 아래 표와 같다.

사건	제소국/응소국	요청일	명령일	비고
남방참다랑어	뉴질랜드/일본 호주/일본	1999. 7. 30.	1999. 8. 27.	뉴질랜드와 호주는 일본을 상대로 각각 별개의 사건으로 잠정조치를 요청하였으나 병합되어 처리됨.
Mox Plant	아일랜드/영국	2001. 11. 9.	2001. 12. 3.	
조호르해협 간척	말레이시아/싱가포르	2003. 9. 5.	2003. 10. 8.	
Ara Libertad호	아르헨티나/가나	2012. 11. 14.	2012. 12. 15.	
Artic Sunrise호	네덜란드/러시아	2013. 10. 21.	2013. 11. 22.	러시아 불참
Enrica Lexie호	이탈리아/인도	2015. 7. 21.	2015. 8. 24.	
우크라이나 해군 함정 억류	우크라이나/러시아	2019. 4. 16.	2019. 5. 25.	러시아 불참
San Pedro Pio호	스위스/나이지리아	2019. 5. 21.	2019. 7. 6.	

① **일견 관할권**prima facie jurisdiction

제290조 제5항에 따라 ITLOS가 다루는 잠정조치의 본안은 추후에 구성될 제7부속서 중재재판소가 다루게 된다. 따라서 ITLOS는 요청받은 잠정조치를 검토하며 중재재판소가 일견 관할권을 향유하는지 여부를 선결 문제로 다루어 왔다. ITLOS는 또한 당사자 사이에 분쟁이 존재하는지 여부와 그 분쟁이 「유엔해양법협약」의 해석과 적용과 관련되어 있는지 여부도 검토하였다.[43]

② **잠정조치의 목적**

ITLOS는 잠정조치의 목적이 「유엔해양법협약」 제290조 제1항에 명시된 대로 "분쟁 당사자들 각각의 권리를 보존하고 해양환경에 대한 중대한 손상을 방지하기 위한 것임"을 강조하였다.

---

43 The "Enrica Lexie" Incident (Italy v. India), Order of 24 August 2015, ITLOS Reports 2015, pp. 189-190, paras. 34-35.

③ 잠정조치 부여 요건

잠정조치가 부여되려면 당사자의 권리에 회복할 수 없는 피해가 갈 가능성이 있어야 한다. 이 점에 대해 ITLOS는 제7부속서 중재재판소가 구성되어 가동하기 전에 당사자의 권리에 회복할 수 없는 피해가 야기될 수 있는 실제의 임박한 위험이 없으면 잠정조치가 부여될 수 없다고 하였다.[44] 이 요건과 관련하여 ITLOS는 우크라이나 해군함정 억류 사건에서 러시아가 취한 조치는 우크라이나가 주장한 해군 함정과 승조원의 면제에 대해 회복할 수 없는 피해를 줄 수 있으며, 회복할 수 없는 피해가 실재하며 지속되고 있다고 지적하였다.[45] 다음으로 잠정조치 단계에서 당사자가 주장하는 권리는 단정적으로 확정될 필요는 없다. 그러나 당사자가 주장하는 권리는 적어도 개연성plausible이 있어야 한다. ITLOS는 이 점을 Enrica Lexie호,[46] 우크라이나 해군함정 억류,[47] San Pedro Pio호[48] 잠정조치 사건에서 확인하였다. 끝으로 잠정조치가 부여되려면 제290조 제5항 규정에 따라 상황의 긴급성을 요한다. 이와 관련하여 첫 번째 잠정조치 사건이었던 남방참다랑어 사건에서 ITLOS는 당사자들의 권리를 보존하고 남방참다랑어 자원이 더 이상 악화되는 것을 방지하기 위한 조치가 긴급히 취해져야 한다고 하였다.[49] 반면에 Mox Plant 사건에서 ITLOS는 제7부속서 중재재판소의 구성 이전에 아일랜드가 요청한 잠정조치의 긴급성이 없다고 판시하였다.[50] Mox Plant

---

44 *Supra* note 43, p. 182, at p. 197, para. 87.
45 *Detention of three Ukrainian naval vessels (Ukraine v. Russian Federation), Provisional Measures, Order of 25 May 2019, ITLOS Reports 2018–2019*, p. 307, para. 100.
46 *Supra* note 43, p. 197, paras. 83–84.
47 *Supra* note 45, p. 305, para. 91
48 *M/T "San Padre Pio" Case (Switzerland v. Nigeria), Provisional Measures, Order of 6 July 2019, ITLOS Reports 2018–2019*, p. 393, para. 77.
49 *Supra* note 17, p. 296, para. 80.
50 *MOX Plant (Ireland v. United Kingdom), Provisional Measures, Order of 3 December 2001, ITLOS Reports 2001*, p. 110, para. 81.

사건에서 긴급성을 부인한 ITLOS의 판단은 2021년 4월 일본의 후쿠시마 원전오염수 바다 방류 결정과 관련하여 정부가 검토한 ITLOS 잠정조치 요청 사안에 시사하는 바가 커 보인다.

3) 본안 사건

ITLOS에는 지금까지 9건의 본안 사건이 제출되었다. 이 중 8건은 처리되었다. 이 8건 중 2건은 일방의 제소로 ITLOS에 회부되었으며, 6건은 제7부속서 중재에 회부된 후 당사자 간 특별합의로 ITLOS에 이첩되었다.

① 일방의 제소로 회부된 사건 처리 현황

사건	제소국/응소국	제소일	부수절차	서면절차	구두심리	판결일
Louisa호	세인트빈센트/스페인	2010. 11. 24.	잠정조치 (2010. 11. 24. ~12. 23.)	2011. 1. 12. ~2012. 4. 10.	2012. 10. 4. ~10. 12.	2013. 5. 28.
Norstar호	파나마/이탈리아	2015. 12. 17.	선결적 항변 (2016. 3. 11. ~11. 4.)	2016. 11. 29. ~2018. 6. 13.	2018. 9. 10. ~9. 15.	2019. 4. 10.

ⅰ) Louisa호 사건

이 사건의 잠정조치 단계에서 ITLOS는 일견 관할권을 인정하였으나 본안 단계에서는 관할권 부재 판결을 내렸다. 그 이유로 ITLOS는 Louisa호가 스페인에 억류된 것은 스페인 형법 위반에 따른 것으로 세인트빈센트가 청구의 근거로 제시한 「유엔해양법협약」의 규정들[51]은 청구의 근거가 될 수 없다는 점을 지적하였다.

---

51 세인트빈센트는 「유엔해양법협약」 제73조(연안국법령의 시행), 제87조(공해의 자유), 제226조(외국선박조사), 제227조(외국선박 차별금지), 제303조(해양에서 발견된 고고학적·역사적 유물) 및 제300조(신의성실과 권리남용)를 청구의 근거로 주장하였다.

ii) Norstar호 사건

이 사건에서 ITLOS는 Norstar호의 유류 공급이 공해상에서 이루어졌음에도 이탈리아가 자국의 국내법을 위반하였다는 이유로 스페인 당국에 억류를 요청한 것은 「유엔해양법협약」 제87조(공해의 자유) 제1항을 위반했다고 판단했으며, 그 결과 이탈리아에 손해를 배상하도록 명령하였다.[52]

② 특별합의로 회부된 사건 처리 현황

사건	당사국	합의 통보일	부수절차	서면절차	구두심리	판결일
Saiga호 (No. 2)	세인트빈센트/ 기니	1998. 2. 20.	잠정조치 (1998. 1. 13. ~3. 11.)	1998. 2. 23. ~12. 28.	1999. 3. 8.~3. 20.	1999. 7. 1.
남동태평양 황새치 자원의 보존 및 지속적 이용	칠레/ 유럽연합	2000. 12. 20.	소송중단 명령 (2009. 12. 16.)			
벵골만 해양경계 획정	방글라데시/ 미얀마	2009. 12. 14.		2010. 1. 28. ~2011. 7. 1.	2011. 9. 8.~9. 24.	2012. 3. 14.
Virginia호	파나마/ 기니비사우	2011. 7. 4.	반소(2012. 1. 23. ~11. 2.)	2011. 8. 18. ~2012. 11. 28.	2013. 9. 2.~9. 6.	2014. 4. 14.
대서양 해양경계 획정	가나/ 코트디부아르	2014. 12. 3.	잠정조치 (2015. 2. 27. ~4. 25.)	2015. 1. 12. ~2016. 11. 14.	2017. 2. 6.~2. 16.	2017. 9. 23.
San Pedro Pio호 (No. 2)	스위스/ 나이지리아	2019. 12. 19.	소송중단 명령 (2021. 12. 29.)	2020. 1. 7.~		

i) Saiga호 2호사건

Saiga호 사건은 처음에는 신속석방 절차로 ITLOS에 제기되었다. 본안은 당초에 제7부속서 중재재판에 회부되었으나 신속석방 판결 후에 양 당사자가 합의하여 사건을 ITLOS로 이첩하였는데, 그로 인해 본안 사건은 Saiga호 2호 사건으로 명명되었다. Saiga호는 기니의 배타적 경제수역에서 어선 및 다른 선박들에 유류를 판매한 혐의로 기니 당국에 나포, 억류되었다. 이

---

52 *M/V "Norstar" (Panama v. Italy), Judgment, ITLOS Reports 2018-2019*, p. 75, para. 225, and para. 469.

412

와 관련 양국은 청구 취지에서 ITLOS에 해상에서의 유류 판매와 관련하여 연안국과 그 밖의 국가의 권리에 관해 선언을 해주도록 요청하였다. 이 점에 관해 ITLOS는 「유엔해양법협약」에 구체적인 규정이 없다는 점을 지적하였다.[53]

ii) 남동태평양 황새치 자원의 보존 및 지속적 이용 사건

2000년 12월 20일 제기된 이 사건은 5명의 재판관으로 구성된 ITLOS 특별소재판부에 최초로 회부된 사건이다. 당사자인 칠레와 유럽연합은 2001년 3월 9일 특별소재판부 소장 앞으로 서한을 보내 분쟁에 관한 잠정적 합의가 이루어졌다고 통보하고, 절차 진행을 정지해 달라고 요청하였다. 이후 양 당사자의 요청으로 절차는 몇 차례 더 연기되었으며, 양 당사자가 2008년 10월 16일 합의한 새로운 양해를 2009년 서명, 비준하고 시행, 준수하기로 한 후 이를 바탕으로 특별소재판부에 절차 진행을 중단해 달라고 요청하였다. 이에 특별소재판부는 양 당사자의 요청을 받아들여 2009년 12월 16일 소송중단 명령을 발표하였다.

iii) 방글라데시·미얀마 해양경계 분쟁

이 사건은 ITLOS가 최초로 다룬 해양경계 획정 사건이다. ITLOS는 양국의 해양경계를 획정하며 ICJ가 우크라이나와 루마니아 간 흑해 해양경계 사건에서 적용하였던 3단계-잠정 등거리선 설정, 관련 상황relevant circumstances에 따른 등거리선 조정, 비균형 검증-경계획정 방식을 적용하였다. 이 사건 판결에서 ITLOS는 200해리 이원의 대륙붕에 대한 경계도 획정하였는데, 이는 200해리 이원의 대륙붕이 국제재판을 통해 획정된 최초의 사례이다. ITLOS는 200해리 이내와 이원의 대륙붕 경계획정 방법이 동일함을 감안, 200해리 이원의 대륙붕 경계선을 200해리까지 대륙붕 경계선

---

53 *M/V "SAIGA" (No. 2) (Saint Vincent and the Grenadines v. Guinea), Judgment, ITLOS Reports 1999*, p. 56, para. 137.

진행방향의 연장선으로 획정하였다.[54]

iv) Virginia호 사건

파나마 선적의 Virginia호는 유류공급선으로 기니비사우의 배타적 경제수역에서 기니비사우의 허가를 받지 않은 채 외국 어선들에 유류를 판매한 혐의로 기니비사우에 나포 억류되었다. 따라서 Saiga호 본안 사건에서처럼 이 사건에서도 연안국 배타적 경제수역에서 어선에 대한 유류 판매가 공해의 자유에 해당하느냐 아니면 연안국이 배타적 경제수역에서 향유하는 주권적 권리에 따라 유류 판매를 규율할 수 있느냐가 쟁점이었다. 이 사건 판결에서 ITLOS는 「유엔해양법협약」에 구체적인 규정이 없다고 하였던 Saiga호 본안 사건 판결의 입장에서 벗어나 "연안국이 자국의 배타적 경제수역에서 조업 중인 외국 어선에 대해 유류 공급을 규제하는 것은 연안국이 「해양법협약」 제56조와 제64조 제4항에 따라 배타적 경제수역 내 생물자원의 보존과 관리를 위해 취할 수 있는 조치에 속한다"고 판시하고, "이러한 견해는 「해양법협약」 채택 후 발전해 온 국가 관행으로 확인된다"고 하였다.[55]

v) 가나·코트디부아르 해양경계 분쟁

이 사건은 ITLOS가 두 번째로 다룬 해양경계획정 사건이다. 이 사건은 양국의 합의로 5인으로 구성된 특별소재판부에 회부되었다. 앞선 벵골만 해양경계 획정에서처럼 영해, 배타적 경제수역 및 200해리 이내 해양경계 획정에 특별소재판부도 3단계 접근법을 채택하였다. 잠정 등거리선을 정한 후 특별소재판부는 이 선을 조정할 필요가 있는 관련 상황의 존재 여부를 검토한 후 그런 상황이 존재하지 않는다는 결론에 도달하였다. 그 결과 특

---

54 *Supra* note 30, p. 117, para. 455.

55 M/V "*Virginia G*" (*Panama/Guinea-Bissau*), *Judgment, ITLOS Reports 2014*, p. 69, para. 217.

별소재판부는 잠정 등거리선을 200해리까지 양국 간 단일 해양경계선으로 확정하였다. 이 사건에서도 200해리 이원의 대륙붕에 대한 경계획정 요청이 있었으며, 특별소재판부는 200해리 이내와 이원의 대륙붕이 단일 대륙붕임을 감안하여 200해리 이원의 대륙붕 경계를 200해리 이내 대륙붕 경계선이 진행하는 방향의 연장선으로 획정하였다.[56]

vi) San Padre Pio호 2호 사건

이 사건은 제7부속서 중재에 회부된 후 「유엔해양법협약」 제290조 제5항에 따라 ITLOS에 잠정조치가 요청되었다. 그러나 ITLOS의 잠정조치 발표 후 5개월이 경과한 2019년 12월 2일과 3일 양일에 걸쳐 스위스와 나이지리아는 ITLOS 소장과 협의를 가진 후, 12월 17일 이 사건을 ITLOS에 이첩하기로 하는 특별협정을 체결하였다. ITLOS는 2020년 1월 7일 서면절차에 관한 명령을 채택하였으며, 이후 나이지리아 측의 요청으로 반론서 제출 기한이 당초 2021년 1월 6일에서 4월 6일로 3개월 연장되었으나 나이지리아는 반론서를 제출하지 않았다. 구두심리 개시일을 2021년 9월 9일로 정하였으나 당사자들의 요청으로 연기되었다.[57] 2021년 12월 10일 스위스는 소송을 중단하고 양 당사자가 합의했다고 ITLOS에 통보했으며, ITOLS는 2021년 12월 29일 소송중단 명령을 발표하였다.[58]

③ 현재 계류 중인 사건

현재 계류 중인 1건은 당사자들 간 특별합의로 회부되었다.

사건	당사국	합의 통보일	부수절차	서면절차	비고
인도양 해양경계 획정	모리셔스/ 몰디브	2019. 9. 24.	선결적 항변 (2019. 12. 18. ~2021. 1. 28.)	2021. 2. 3.~	서면절차 진행 중

---

56 *Delimitation of the maritime boundary in the Atlantic Ocean (Ghana/Côte d'Ivoire), Judgment, ITLOS Reports 2017*, p. 142, para. 526.

57 *The M/T "San Pedro Pio" (No. 2), Order of 10 August 2021.*

58 *The M/T "San Pedro Pio" (No. 2), case, Order of 29 December 2021.*

ⅰ) 모리셔스·몰디브 해양경계 분쟁

이 분쟁은 9명으로 구성된 특별소재판부-양국이 각각 지명하는 임시재판관 2명과 7명의 ITLOS 재판관-에 회부되었다. 몰디브가 2019년 12월 18일 「유엔해양법협약」 제294조 및 ITLOS 규칙 제97조 제1항에 따라[59] 특별소재판부의 관할권에 대한 항변을 제기함에 따라 본안 절차 진행은 정지되었으며(재판소 규칙 제97조 제3항), 특별소재판부는 항변에 대한 판결을 2021년 1월 28일 발표하였다. 몰디브는 차고스제도의 지위에 따라 첫째, 영국이 '불가결한 제3자indispensable thrid party'의 지위에 있으나 소송에 참여하지 않고 있고, 둘째, 모리셔스의 청구를 판단하기 위해 필요한 분쟁 중인 주권 문제에 관하여 관할권이 없다고 항변하였으나 받아들여지지 않았다. 이후 특별소재판부는 모리셔스의 진술서Memorial 제출기한을 2021년 5월 25일로, 몰디브의 반론서Counter-Memorial 제출기한은 6개월 후인 2021년 11월 25일로 정하는 명령을 채택하였다.[60]

(2) 제7부속서 중재재판소[61]

제7부속서 중재재판소에는 현재까지 15건의 사건이 제출되었다. 이 중 13건은 처리되었으며 2건은 현재 계류 중이다. 이 15건의 중재사건은 해양경

---

59 이 조항에 따르면 관할권이나 수리적격에 대한 항변은 소송개시 후 3개월 내에 이루어져야 한다. 이 사건의 소송 개시일은 2019년 9월 24일, 3개월 기한은 12월 24일이다.

60 국제재판에 제출되는 서면 변론서는 상설국제사법재판소의 1922년 최초 재판소 규칙Rules of Court부터 1931년 개정 규칙까지는 영어로 Case, Counter-Case, Reply, Rejoinder로 명명되었으나, 1936년 개정 규칙부터 Memorial, Counter-Memorial, Reply, Rejoinder로 명명되어 지금까지 사용되어 오고 있다. 국내에서는 이 용어들에 대한 국제법학회 차원의 통일 번역 용어가 정해지지 않아 저자에 따라 달리 사용하고 있는데, 여기서는 진술서, 반론서, 항변서, 답변서로 번역하여 사용하고자 한다.

61 이 항목에서 다룬 제7부속서 중재재판소 관련 내용은 유엔이 발간한 '국제중재판정 보고서 Reports of International Arbitral Awards'와 상설중재재판소PCA 홈페이지에 나와 있는 자료와 정보를 참고하여 작성하였다.

계 획정 등 해양관할권 범위에 관한 사건(5건), 해양생물자원 등 해양환경
보호 관련 사건(4건), 항행 관련 사건(3건), 선박 억류에 따른 손해배상 사건
(2건), 군함의 면제에 관한 사건(1건)으로 분류된다.

1) 해양경계 획정 등 해양관할권 범위에 관한 사건

사건	제소국/응소국	중재회부일	부수절차	서면절차	구두심리	판정일	비고
해양경계 획정	바베이도스/트리니다드토바고	2004. 2. 16.		2004. 6. 7. ~2005. 8. 17.	2005. 10. 17. ~10. 28.	2006. 4. 11.	
해양경계 획정	가이아나/수리남	2004. 2. 24.	선결적 항변[62] (2005. 5. 20. ~7. 18.)	2004. 7. 30. ~2006. 8. 1.	2006. 12. 7. ~12. 20.	2007. 9. 17.	
해양경계 획정	방글라데시/인도	2009. 10. 8.		2010. 5. 26.[63] ~2013. 7. 30.	2013. 12. 9. ~12. 18.	2014. 7. 7.	
차고스 해양보호구역	모리셔스/영국	2010. 12. 20.	선결적 항변[64] (2012. 10. 31. ~2013. 1. 15.)	2012. 3. 29. ~2012. 8. 1.	2014. 4. 22. ~5. 9.	2015. 3. 18.	
남중국해	필리핀/중국	2013. 1. 21.	선결적 항변[65] (2014. 12. 8. ~2015. 10. 29.)	2013. 8. 29. ~2014. 3. 30.	2015. 11. 24. ~11. 30.	2016. 7. 12.	중국소송불참

---

62 수리남은 2005년 5월 20일 중재재판소의 관할권에 대한 이의를 제기하였다. 재판소는 2005년 7월 7일과 8일 헤이그에서 양 당사자와 회의를 개최한 후 7월 18일 '선결적 항변에 관한 명령 제2호'를 채택하였다. 이 명령에서 재판소는 수리남의 이의가 '분리하여 다루어야 할 정도로 선결적 성격exclusively preliminary character'을 갖지 않는다고 판단, 이를 본안 판정에서 다루기로 결정하였다(2007년 9월 17일 자 판정문, 8~9쪽, 제48항).

63 2014년 7월 7일 자 이 사건 판정문에는 2010년 5월 26일 제1차 절차에 관한 회의가 독일 하이델베르크 소재 막스플랑크 연구소에서 개최되었으며 이때 절차규칙이 채택되었다고 되어 있으나 서면절차에 관해서는 언급하지 않고 있다(2014년 7월 7일 자 판정문, 2쪽, 제13항). 그 후 별도로 1라운드 서면변론서 제출에 관한 명령이 채택되지 않은 것으로 보아 절차규칙 채택일을 서면절차 개시일로 정하였을 것으로 추정된다.

64 영국은 중재재판소의 관할권에 대한 이의를 제기하고 본안과 분리하여 다루어 줄 것을 요청했으나 재판소는 영국의 요청을 기각하였다(2015년 3월 18일 자 판정문, 7쪽, 제29~31항).

65 중국은 반론서Counter-Memorial 제출 기한인 2014년 12월 15일의 1주 전인 12월 8일 입장문 Position Paper을 발표하였다. 중재재판소는 이 입장문에 표명된 중국의 입장을 관할권에 대한 이의로 간주하고 2015년 7월 7~13일 구두심리를 개최하고, 10월 29일 관할권에 관한 판정문을 발표하였다. 중국의 관할권 항변은 기각되었다.

ⅰ) 바베이도스·트리니다드 토바고 해양경계 분쟁 및 가이아나·수리남
해양경계

카리브해의 두 도서 국가와 남미의 두 국가 간 해양경계 분쟁은 2004년 2
월 제7부속서 중재재판에 회부되었다. 중재재판소는 바베이도스·트리니다
드 토바고 간 해양경계의 거의 대부분의 구간을 등거리선을 따라 획정하였
다. 가이아나·수리남 해양경계에 관해서 중재재판소는 영해에서는 중간선
원칙을 적용한 후 항행을 특별상황special circumstances으로 고려하여 중간
선을 조정하였다. 배타적 경제수역과 대륙붕 경계에 대해 중재재판소는 기
존의 판례를 따라 잠정 등거리선을 그은 후 조정을 요하는 관련 상황이 있
는지를 검토한 후 고려해야 할 관련 상황이 없다고 판단하고 잠정 등거리선
을 경계로 확정하였다.

ⅱ) 방글라데시·인도 해양경계 중재

방글라데시는 2009년 10월 8일 인접국인 인도, 미얀마와의 벵골만 해양
경계 분쟁을 제7부속서 중재재판에 동시에 회부하였다. 그로부터 한 달이
채 지나지 않은 11월 4일 미얀마가 ITLOS의 관할권을 수락하는 선언을 하
고 이어 방글라데시가 12월 12일 ITLOS의 관할권을 수락함으로써 방글라
데시와 미얀마 간 해양경계 획정 문제는 ITLOS에서 다루어졌다. 그러나 인
도는 방글라데시와의 해양경계 분쟁에 관해 ITLOS의 관할권을 수락하지
않았으며 그로 인해 방글라데시와 인도 간 벵골만 해양경계 문제는 방글라
데시·미얀마 간 해양경계가 ITLOS에서 확정된 이후 제7부속서 중재재판
에서 다루어졌다. 이 사건에서 중재재판소는 영해경계에 대해 중간선 원칙
을 적용하고 특별 상황을 고려하였다. 배타적 경제수역과 대륙붕경계에 대
해서는 등거리선/관련 상황 방식을 적용했으며, 오목한 형태의 방글라데시
해안으로 인해 잠정 등거리선이 초래하는 절단효과cut-off effect를 관련 상
황으로 보아 잠정 등거리선을 조정하였다. 200해리 이원의 대륙붕 경계는

조정된 등거리선의 동일한 방향의 연장으로 정해졌다.

iii) 차고스 해양보호구역 중재

모리셔스는 영국이 차고스제도 해역에 '해양보호구역'을 설정하기로 한 2010년 4월 1일 자 결정이 「유엔해양법협약」을 위반했다며 2010년 12월 20일 제7부속서 중재재판에 회부하였다. 2015년 3월 18일 자 판정에서 중재재판소는 모리셔스의 청구 중 주권과 관련된 청구─즉, 영국이 차고스제도의 연안국이 아니며 영국은 일부 약속으로 모리셔스에 차고스제도에 대한 연안국으로서의 권리를 부여하였다─는 기각하였다. 그러나 중재재판소는 영국의 차고스제도 주변 수역에 대한 해양보호구역 선언이 「해양법협약」상 영국의 의무와 양립하지 않는다는 모리셔스의 청구에 대해서는 관할권을 인정하고, 영국이 1965년 이후 행한 약속에 따라 모리셔스는 차고스제도 수역에 대해 법적으로 구속력 있는 조업권을 갖는다고 판정하였다.

iv) 남중국해 중재

필리핀은 2013년 1월 22일 주필리핀 중국대사관에 중국의 남중국해 9단선을 제7부속서 중재재판에 회부한다는 외교공한을 수교하였다. 이로써 남중국해 중재재판 절차가 시작되었으나, 2013년 2월 19일 중국은 중재재판을 거부하고 필리핀에 외교공한을 반환하였다. 중국은 중재재판에 참여하지 않았으나, 입장문 발표를 통해 중재재판소의 관할권에 대한 이의를 제기하였는데, 중국의 입장은 받아들여지지 않았다. 본안에서 중재재판소는 중국이 「유엔해양법협약」 발효 이전부터 존재했다고 주장한 남중국해 9단선 안의 자원에 대한 역사적 권리는 공해의 자유 행사에 해당할 뿐 배타적 권리를 행사한 증거가 없다고 판단하였다. 이를 근거로 중재재판소는 「해양법협약」에 규정된 권리를 초과하는 역사적 권리를 주장할 법적인 근거가 중국과 필리핀 사이에는 존재하지 않는다고 판정하였다.[66] 이 사건에

---

66 *The South China Sea Arbitration, Award,* pp. 112-117, paras. 263-278.

서 중재재판소는 「해양법협약」 제121조 제3항에 언급된 '인간정주human habitation'와 '독자적 경제생활economic life of their own'에 대한 기준을 제시하였는데, 이는 장래 한반도 주변 해양경계 획정 시에 상당한 함의를 가질 수 있을 것으로 보인다. 중재재판소에 따르면 도서에서 '인간 정주' 요건은 사람들이 주거를 형성하여 안정적 공동체를 포함하는 경우에 충족되는 것으로 이해되어야 하며,[67] 군대나 경찰과 같은 정부의 인력이 주둔하는 것은 인간 정주의 요건을 충족시키지 못한다.[68] 중재재판소는 도서에서 '독자적 경제생활' 요건은 '인간 정주' 요건과 밀접히 연관되어 있으며, 따라서 도서 자체의 경제적 가치가 아니라 '경제생활'을 유지할 수 있는 조건이 갖추어져야 요건이 충족된다고 판단하였다. 이에 따라 독자적 경제생활은 도서 자체를 중심으로 판단하여야 하며 주변의 영해나 해저를 기준으로 판단하여서는 안 된다고 보았다.[69]

2) 해양생물자원 등 해양환경 보호 관련 사건

사건	제소국/응소국	중재회부일	부수절차	서면절차	구두심리	판정일	비고
남방 참다랑어	뉴질랜드·호주/일본	1999. 7. 15.	선결적 항변 (2000. 2. 11. ~8. 4.)			2000. 8. 4.	관할권 부재 판정
Mox Plant	아일랜드/영국	2001. 10. 25.	잠정조치 (2003. 6. 16. ~6. 24.)	2001. 10. 25.~2003. 4. 24.	2003. 6. 10.~6. 21.	소송종료 명령 (2008. 6. 6.)	법정 밖 합의
조호르 해협 간척	말레이시아/싱가포르	2003. 7. 4.				소송종료 명령 (2005. 9. 1.)	법정 밖 합의
애틀란토- 스칸디아 청어	덴마크/유럽연합	2013. 8. 16.				소송종료 명령 (2014. 9. 23.)	법정 밖 합의

---

67 *Ibid.*, p. 227, para. 542.
68 *Ibid.*, p. 252, para. 620.
69 *Ibid.*, p. 228, para. 543.

위 4개 중재 사건은 관할권 부재 판정과 당사자들 간 법정 밖 합의로 인해 본안의 쟁점과 관련된「유엔해양법협약」관련 조항에 대한 중재재판소의 해석은 이루어지지 않았다.

3) 항행 관련 사건

사건	제소국/ 응소국	중재 회부일	부수절차	서면절차	구두심리	판정일	비고
Enrica Lexie호	이탈리아/ 인도	2015. 6. 26.	잠정조치(2015. 12. 11.~2016. 4. 29.) 반소(2017. 4. 14.~ 2018. 3. 9.)[70]	2016. 1. 18.~2017. 12. 15.	2019. 7. 8.~7. 20.	2020. 5. 21.(채택), 2020. 8. 10.(공표)	
흑해, 아조프 해 및 케르치 해협 연안국 권리	우크라이나/ 러시아	2016. 9. 16.	선결적 항변 (2018. 5. 21. ~2020. 2. 21.)[71]	2017. 5. 18.~2023. 6. 23.			절차 진행 중
우크라이나 해군 함정 및 승조원 억류	우크라이나/ 러시아	2019. 4. 1.	선결적 항변 (2020. 8. 24.~)	2019. 11. 22.~			절차 진행 중

ⅰ) Enrica Lexie호 사건

이탈리아 선적의 유조선 Enrica Lexie호가 2012년 2월 15일 인도 해안으로부터 20.5해리 떨어진 배타적 경제수역을 항해하던 중, 접근하는 어선을 해적선으로 오인한 이탈리아 해병대원의 총격으로 인도 어민이 사망한 사건과 관련하여 인도는 이탈리아 해병대원 2명에 대해 형사관할권을 행사하였다. 이후 이탈리아는 사건 발생 3년 4개월이 경과한 2015년 6월 26일 사건을 제7부속서 중재재판에 회부하였으며, 판정은 2020년 5월 21일 채택되었으나, 판정문은 '비밀사항' 지정에 관한 양 당사자의 견해를 반영한 후 2020년 8월 10일 최종 공표되었다.

---

70 반소는 인도가 반론서Counter-Memorial에서 제기했으며, 중재재판소는 인도의 반소가 허용된다admissible고 판정하였다(2020년 5월 21일 자 판정문, 제256항).

71 러시아가 제기한 관할권에 대한 이의 중 크림반도 주권과 관련된 이의는 받아들여졌으나 아조프해와 케르치해협에서의 활동에 관한 이의제기는 기각되었다(2020년 2월 21일 자 판결주문, 제492항).

이 사건에서 이탈리아는 사건 발생 지점이 공해상이고 「유엔해양법협약」 제97조가 적용되므로 해병대원에 대한 형사관할권은 기국인 이탈리아가 행사해야 한다는 주장을 하였으나, 중재재판소는 「해양법협약」 제97조의 제1항과 제3항이 적용되지 않는다고 판단하고 이탈리아의 주장을 받아들이지 않았다. 반면에 이탈리아 해병대원의 총격으로 인해 피해 어선의 항해가 방해를 받았음을 이유로 이탈리아가 「해양법협약」 제87조 제1항 (a)에 규정된 항행의 자유와 제90조의 항행의 권리를 위반했다고 판정하였다.

ii) 흑해, 아조프해 및 케르치해협에서 연안국 권리 분쟁

우크라이나는 2016년 9월 16일 러시아를 상대로 이 사건을 제7부속서 중재재판에 회부하였다. 2018년 5월 19일 러시아는 선결적 항변을 제출하였다. 이 항변에 대해 중재재판소는 2020년 2월 21일 발표한 판결에서 재판소의 관할권을 선언했으며, 우크라이나에 진술서Memorial를 수정하도록 명령하고 2020년 11월 20일까지 수정된 진술서를, 러시아에는 2021년 8월 20일까지 반론서Counter-Memorial를 제출하도록 명령하였다. 이후 우크라이나는 제출 시한을 조정해 주도록 요청했으며, 러시아가 이의를 제기하지 않음에 따라 중재재판부는 우크라이나에 2021년 5월 20일까지 수정된 진술서를 제출하게 하고, 러시아에는 2022년 2월 22일까지 반론서를 제출하도록 하였다.

선결적 항변에 대한 판결에서 중재재판소는 크림반도의 주권과 관련된 러시아의 항변은 받아들였으나, 아조프해와 케르치해협에서 우크라이나의 활동에 대해 재판소의 관할권이 없다는 러시아의 항변은 분리하여 다루어야 할 정도의 선결적 성격의 사안이 아니라고 판단하고 본안에서 다루기로 하였다. 「유엔해양법협약」 제297조 제3항 및 제298조 제1항의 배제선언을 이유로 제기된 러시아의 그 밖의 항변은 기각되었다.[72]

---

72 *Dispute Concerning Coastal State Rights in the Black Sea, Sea of Azov, and Kerch Strait,*

iii) 우크라이나 해군 함정 및 승조원 억류 분쟁

우크라이나는 2019년 4월 1일 러시아를 상대로 이 사건을 제7부속서 중재재판에 회부하였다. 우크라이나는 2020년 5월 22일 진술서Memorial를 제출했으며, 러시아는 3개월 후인 8월 24일 선결적 항변을 제기하였다. 이에 본안 절차는 중지되었다. 2021년 10일 11일부터 15일까지 선결적 항변에 관한 구두심리가 진행되었다. 선결적 항변에 대한 판정 발표 시기는 아직 공표되지 않았다.

4) 선박 억류에 따른 손해배상 사건

사건	제소국/ 응소국	중재 회부일	부수절차	서면절차	구두심리	판정일	비고
Artic Sunrise 호	네덜 란드/ 러시아	2013. 10. 4.	선결적 항변[73] (2013. 10. 22. ~2014. 11. 26.)	2014. 3. 17. ~8. 31.)	본안 (2015. 2. 10. ~2. 11.)	관할권 판정 (2014. 11. 26.), 본안 판정 (2015. 8. 14.), 배상 판정 (2017. 7. 10)	러시아 불참
Duzgit Integrity 호	몰타/ 상투메프 린시페	2013. 10. 22.	선결적 항변 (2015. 6. 29. ~8. 24.)	본안 (2014. 5. 27. ~2015. 12. 22.)	본안 (2016. 2. 23. ~2. 24.)	본안 판정 (2016. 9. 5.), 배상 판정 (2019. 12. 18.)	상투메프 린시페 보상 단계 불참

ⅰ) Arctic Sunrise호

네덜란드는 러시아에 나포 억류된 Artic Sunrise호와 선원의 석방을 목적으로 2013년 10월 4일 제7부속서 중재재판 절차를 개시하였다. 러시아는 소송에 참여하지 않았다. 중재재판소의 본안 판결은 2015년 8월 14일 발표되었으며 배상 판결은 2017년 7월 10일 발표되었다. 배상 판결에서 중재재

Award concerning the Preliminary Objections of the Russian Federation, 21 February 2020, p. 142, para. 492.

73 중재재판소는 러시아가 중재절차를 수락하지 않는다고 통보한 2013년 10월 22일 자 외교공한을 관할권에 대한 이의제기로 간주하고 재판소의 관할권을 다루었다(2014년 11월 21일 자 절차명령 제4호).

판소는 477만 561.61유로를 러시아가 네덜란드에 배상할 금액으로 결정하였다.

ii) Duzgit Integrity호 중재

몰타 선적의 화학제품 운반선인 Duzgit Integrity호는 2013년 3월 15일 상투메프린시페의 군도 수역에서 환적 시도 중 상투메프린시페의 법 위반으로 나포 억류되었다. 몰타는 Duzgit Integrity호가 나포되고 7개월이 경과한 2013년 10월 22일 이 문제를 제7부속서 중재재판에 회부하였으며 재판부는 3인으로 구성되었다. 중재재판소는 2016년 9월 5일 자 판정에서 몰타의 배상 요구를 수용하였다. 재판소의 배상 판정 후 양 당사자는 절차 진행을 잠정적으로 중단하고 해결을 모색했으나 성공하지 못하였으며, 2017년 6월 27일 중재절차가 재개되었다. 그러나 상투메프린시페는 중재재판소가 제안한 전문가 지명, 중재재판소 비용 납부 요청, 전문가 보고서에 대한 논평 요청 등에 회신을 하지 않음으로써 재개된 절차에 참여하지 않았다. 중재재판소는 전문가 보고서를 참조하여 2019년 12월 18일 상투메프린시페의 몰타에 대한 배상금액[74]을 정한 판정을 발표하였다.

5) 군함의 면제에 관한 사건

사건	제소국/응소국	중재 회부일	부수 절차	서면 절차	구두 심리	소송 중단 명령	비고
Ara Libertad호	아르헨티나/가나	2012. 10. 29.				2013. 11. 11.	법정 밖 합의

i) Ara Libertad호 중재

해군 생도들을 태운 아르헨티나 해군함 Ara Libertad호는 가나와의 합의된 일정에 따라 2012년 10월 1일 가나의 테마항에 입항하였다. 그러나 다음 날인 10월 2일 밤 가나 법원은 아르헨티나 채무에 관한 미국 법원의 판

---

74 배상금액은 984만 709.44달러, 1만 5천 235.93유로 및 8만 7천 914.90파운드로 정해졌다.

결을 근거로 Ara Libertad호에 대해 항구 내 억류 명령을 전달하였다. 이를 해결하기 위해 아르헨티나는 10월 29일 사건을 제7부속서 중재재판에 회부하였다. ITLOS가 잠정조치에서 Ara Libertad호의 석방을 명령한 후 6개월이 지난 2013년 6월 20일 가나 대법원은 군함의 면제에 관한 국제관습법을 지지하는 판결을 내렸다. 이후 가나는 이 판결의 내용을 국제사회에 전파하기로 했으며 아르헨티나가 가나의 조치에 만족함으로써 양국은 합의로 9월 27일 중재재판소에 중재절차 종료를 요청하였다. 중재재판소는 양국의 요청을 받아들여 2013년 11월 11일 절차 종료 명령을 채택하였다.

(3) ICJ[75]

「유엔해양법협약」 제287조 제1항에 열거된 강제절차 수단 중 두 번째로 열거되어 있는 ICJ에는 「해양법협약」 발효 후 6건의 해양 관련 사건이 회부되었다.[76] 이 사건들에는 「해양법협약」의 해석과 적용에 관한 분쟁이 포함되어 있으나, ICJ는 「해양법협약」 제15부가 아닌 다른 다자조약이나 양자조약의 약정 관할 조항 또는 선택 조항 수락 선언을 근거로 관할권을 행사하였다.

(4) 제8부속서 특별중재재판소

어업, 해양환경 보호 및 보존, 해양과학조사, 선박으로부터 오염 및 투기를 포함한 항행에 관한 「유엔해양법협약」 조문의 해석과 적용에 관한 분쟁의

---

75 이 항목은 ICJ 홈페이지를 참조하여 작성하였다.
76 여섯 건의 사건은 다음과 같다: *Territorial and Maritime Dispute between Nicaragua and Honduras in the Caribbean Sea(Nicaragua v. Honduras)*(1999~2007), *Maritime Delimitation in the Black Sea(Romania v. Ukraine)*(2004~2009), *Territorial and Maritime Dispute(Nicaragua v. Colombia)*(2001~2012), *Maritime Dispute(Peru v. Chile)* (2008~2014), *Maritime Delimitation in the Caribbean Sea and the Pacific Ocean(Costa Rica v. Nicaragua)*(2014~2018), *Maritime Delimitation in the Indian Ocean(Somalia v. Kenya)*(2014~2021).

당사자는 그러한 분쟁을 제8부속서 특별중재재판소에 회부할 수 있다(제8부속서 제1항). 현재까지 특별중재재판 절차에 회부된 해양분쟁은 없다. 특별중재재판소를 법정으로 선택한 국가로는 러시아, 벨라루스 및 우크라이나를 들 수 있으며, 이 세 나라는 동시에 제7부속서 중재재판소도 선택하였다.

2. 강제조정 절차 이용 현황

「유엔해양법협약」 제15부 제3절에 따라 강제절차에서 배제된 사안(배타적 경제수역 내 해양과학조사 및 배타적 경제수역 내 생물자원에 대한 연안국의 재량권, 해양경제 획정)에 대해 분쟁이 발생하는 경우 분쟁의 일방 당사국은 분쟁을 강제절차에 회부할 수는 없지만 강제조정 절차는 개시할 수 있다(제5부속서 제1조).

동티모르는 2016년 4월 11일 호주를 상대로 양국 간 해양경계 획정에 관한 강제조정 절차를 개시하였다. 강제조정위원회가 구성되고 2개월 반이 경과한 2016년 6월 27일 호주는 양국 간 조약을 근거로 조정위원회의 관할권에 대한 이의를 제기하였다. 그러나 호주의 이의제기는 조정위원회에서 받아들여지지 않았다. 강제조정위원회는 2018년 5월 9일 '보고 및 권고서'를 발표하였다. 동티모르와 호주가 진행한 강제조정이 지금까지 「제5부속서」 제2절에 따라 이루어진 유일한 사례다.

Ⅳ. ITLOS의 권고적 절차 이용 현황

1. 해저분쟁재판부

국제해저기구(이하 'ISA') 총회의 구성, 절차 및 표결에 관해 규정하고 있는 「유엔해양법협약」 제11부(심해저)는 제159조 제10항에서 ISA 총회에 ITLOS의 해저분쟁재판부에 권고적 의견을 요청할 수 있는 권한을 부여하고 있다. 해저분쟁재판부에 권고적 의견을 요청할 수 있는 권한은 제191조에 따라 총회 외에 ISA 이사회에도 부여되어 있는데, 이 조항에 따라 이사회는 2010년 5월 6일 심해저자원개발 보증국sponsoring state의 책임에 관해 권고적 의견을 요청하였다. 이 사건의 서면절차에서 한국을 포함하여 12개 당사국이 참여하여 서면 의견을 표명했으며, ISA, Interoceanmetal Joint Organization, 국제자연보존연맹IUCN 및 유엔환경계획UNEP 등도 서면의견을 제출하였다. 구두심리는 2010년 9월 14~16일 개최되었으며 해저분쟁재판부는 2011년 2월 1일 권고적 의견을 발표하였다.

　권고적 의견에서 해저분쟁재판부는 피보증 계약자sponsored contractor에 대한 보증국의 책임liability은 '상당한 주의due diligence'로 한정되며, 심해저 활동과 관련된 피보증 계약자의 의무 위반은 그 자체로서는 보증국의 책임으로 전환되지 않는다고 하였다. 보증국의 책임은 '상당한 주의' 의무를 이행하지 않을 시 발생하게 되는데, 보증국이 '상당한 주의' 의무를 이행하려면 피보증 계약자가 부과된 의무를 준수하도록 모든 필요한 법적·행정적 조치를 채택하여야 한다. 해저분쟁재판부는 보증국이 「유엔해양법협약」이 요구하는 대로 자국의 법체제 내에서 법령과 행정조치를 채택하고 이러한 법령과 행정조치가 ISA와 계약이 존속하는 동안 항상 유효하면 보증국은

'상당한 주의' 요건을 충족하게 되며, 피보증 계약자의 의무 위반에 대해 책임을 부담하지 않는다고 하였다.[77]

2. 전원재판부

「유엔해양법협약」의 본문이나 ITLOS 규정을 담고 있는 「유엔해양법협약 제6부속서」에 ITLOS의 권고적 관할을 명시적으로 언급하고 있는 조항은 없다. 그러나 「제6부속서」는 제21조에서 ITLOS의 관할권에는 "이 협약에 따라 제출된 모든 분쟁 및 제소"와 함께 "재판소에 관할권을 부여하는 기타 국제협정에 구체적으로 규정된 모든 사안"[78]이 포함된다고 정하고 있다. 이 문안에 권고적 관할이라는 명시적인 표현은 들어가 있지 않으나, "국제협정에 구체적으로 규정된 모든 사안"이라는 표현은 ITLOS 전원재판부에 권고적 관할권의 행사 근거를 제공하고 있다고 보인다. 따라서 이미 활동 중인 해양 관련 기구가 기존의 설립협정의 개정을 통해 ITLOS에 권고적 의견을 요청할 수 있는 명시적 근거를 마련하고 이를 근거로 ITLOS에 권고적 의견을 요청하는 경우, ITLOS가 이를 거부하기는 어려울 것으로 보인다. ITLOS는 출범 후 재판소 규칙을 제정하며 제138조에서 「제6부속서」 제21조 문안을 근거로 전원재판부에 제출되는 권고적 의견 요청절차에 관해 규정하였다.

서부 아프리카 7개국으로 구성된 소지역수산위원회Sub-Regional Fisheries Commission는 2013년 3월 28일 ITLOS 전원재판부에 불법조업에 대한 기국의 책임 등에 관해 권고적 의견을 요청하였다. 2013년 11월 29일까지 진행

---

77 *Responsibilities and obligations of States with respect to activities in the Area, Advisory Opinion, 1 February 2011, ITLOS Reports 2011*, pp. 74–78, para. 242.

78 이 문안의 영문은 'all matters specifically provided for in any other agreement which confers jurisdiction on the Tribunal'이다.

된 서면절차에서는 22개 당사국과 유엔, FAO 등 8개 국제기구가 서면의견서를 제출했으며 비당사국인 미국도 서면의견을 제출하였으며, 구두심리는 9월 2일부터 5일까지 개최되었다. 권고적 의견은 다음 해인 2014년 4월 2일 발표되었다.

ITLOS 전원재판부가 권고적 관할권을 행사할 수 있느냐 여부에 대해 서면절차와 구두심리에 참가한 일부 당사국들은 부정적이었으나, ITLOS는 권고적 의견에서 「제6부속서」 제21조에서 스스로 권고적 관할권을 창설하지는 않고 있으나, 「유엔해양법협약」 이외 그 밖의 협정이 ITLOS에 권고적 관할권을 부여하게 되면 그 협정에 따라 ITLOS가 권고적 관할권을 행사할 수 있게 된다는 점을 분명히 하였다.[79] 권고적 의견에서 ITLOS는 불법·비보고·비규제어업Illegal, Unreported and Unregulated Fishing에 대한 기국의 책임에 관한 질의에 대해, 심해저 활동에 대한 보증국의 책임처럼 기국도 '상당한 주의' 의무를 부담한다고 하였다. 따라서 기국이 '상당한 주의' 의무를 이행하기 위해 필요한 모든 조치를 적절하게 취하게 되면 책임은 발생하지 않는다고 하였다.[80]

Ⅴ. 전망

「유엔해양법협약」은 1994년 11월 16일 발효하였다. 제15부에 정해진 분쟁해결 메커니즘은 ITLOS가 공식적으로 출범하고 재판소 규칙 작성을 완료

---

79 *Request for Advisory Opinion submitted by the Sub-Regional Fisheries Commission, Advisory Opinion, 2 April 2015, ITLOS Reports 2015*, p. 22, para. 58.
80 *Ibid.*, pp. 44-46, paras. 146-148.

한 1997년 11월부터 실질적으로 이용되기 시작하였다. 이 시점 이후 지금까지 ITLOS와 제7부속서 중재재판소에 회부된 사건은 총 42건이다. 한편 ICJ에도 1996년 10월 1일 이후 혼합사건을 포함하여 「해양법협약」의 해석과 적용이 포함된 분쟁이 회부되었으나 ICJ의 관할권은 「해양법협약」이 아닌 분쟁 당사국 간에 체결된 양자조약이나 다자조약상의 약정 관할 조항 또는 선택 조항 수락 선언을 근거로 행사되었다.

ITLOS가 다루어 온 사건 중 ITLOS가 사실상 강제관할권을 행사하는 선박 신속석방 사건과 잠정조치 사건을 제외할 때, ITLOS에 지금까지 회부된 본안 사건은 9건이다. 이는 양자조약이나 다자조약의 약정 관할 조항 또는 선택 조항 수락 선언을 근거로 ICJ에 회부된 6건보다는 많으나 제7부속서 중재재판소에 회부된 15건과 비교할 때 3분의 2에 조금 못 미친다. 이는 근본적으로 제7부속서 중재재판이 「유엔해양법협약」 제287조 제3항과 제5항에 따라 당사국이 법정을 선택하지 않았거나 서로 다른 법정을 선택하였을 경우 선택되는 법정으로 지정된 데 기인한다고 볼 수 있을 것이다.

한편 ITLOS에 회부된 9건의 본안 사건 중 2건을 제외한 대부분은 제7부속서 중재재판에 회부된 후 당사국 간 특별협정이 체결되어 ITLOS로 이첩된 사건이다. 이에 비추어 볼 때 ITLOS를 '선호 법정'으로 선택하는 당사국의 수가 급격히 증가하지 않는 한, 앞으로도 강제절차에 회부되는 해양분쟁은 1차적으로 제7부속서 중재재판에 회부될 것으로 전망된다. 현재까지 ITLOS와 제7부속서 중재재판에 회부된 총 24건의 본안 사건 중 ITLOS로 이첩하는 특별협정을 거치지 않고 처음부터 ITLOS에 회부된 사건은 2건으로 전체 사건의 8%에 수준에 머물러 있다. 이는 ITLOS가 상설재판소임에도 특정 사건을 부탁받아 설립되는 임시적 성격의 제7부속서 중재재판소보다 사건 수임이라는 측면에서 절대적으로 불리하다는 것을 보여 주고 있으며, 이런 추세는 앞으로 상당 기간 변하지 않을 것으로 전망된다.

Ⅵ. 대한민국이 주변국과의 잠재적 해양분쟁에서 이용할 수 있는 절차 및 관련 제언

1. 이용 가능한 강제절차

한국은 1970년대 일본과 마주 보는 남해에서 대륙붕경계를 획정하였다. 이 경계선은 1998년 체결된 「신한일어업협정」의 경계로도 준용되었다. 남해에서 한일 간에 합의된 이 해양경계 외에 한국은 아직까지 주변국인 일본 및 중국과 해양경계를 획정하지 못하고 있는데, 외교적 협상을 통해 경계획정을 이룰 수 없다고 보고 다른 방안을 모색할 경우 궁극적으로는 「유엔해양법협약」 제15부 절차가 이용 가능한 방안일 것이다. 그러나 한국은 현재까지 주변국과의 해양문제를 「해양법협약」의 강제절차를 이용하여 해결하겠다는 의사를 밝힌 적이 없으며, 제287조 제1항에 따라 강제절차를 선택하는 선언도 하지 않고 있다. 따라서 해양분쟁의 사법적 해결에 관한 한국의 입장은 명확하게 정해지지 않고 있다고 보아야 할 것 같다.

한국은 2006년 4월 18일, 중국은 2006년 8월 25일 「유엔해양법협약」 제298조에 따른 선언을 하고 해양경계, 군사활동, 법집행활동, 유엔안전보장이사회가 다루는 사안에 관한 분쟁에 대해 강제절차 적용을 배제하였다. 따라서 한국과 일본이 동해에서 또는 제주도와 일본 규슈 사이 해역에서 사법절차를 이용하여 해양경계 획정을 추진하고자 한다면 특별협정을 체결하여야 할 것이다. 마찬가지로 한국이 중국과 황해와 동중국해에서 사법절차를 이용하여 해양경계를 획정하고자 한다면 역시 특별협정을 체결하여야 할 것이다. 한국과 중국이 비록 제298조에 따른 선언으로 해양경계 획정을 사법절차에서는 배제하였으나, 한국과 중국 사이, 한국과 일본 사이에는

「해양법협약 제5부속서」 제2절에 정해진 강제조정 절차는 여전히 적용될 것이다. 따라서 어느 일방이 분쟁을 강제조정에 회부하면 타방은 이에 응하여야 할 것이다. 다만 만에 하나 한일 간 동해에서 해양경계 문제가 강제조정에 회부되더라도 도서 영유권 문제인 독도 문제는 강제조정 대상에 포함되지 않는다고 할 것이다[해양법협약 제298조 제1항 (a)(i)].

황해와 제주도 남방의 동중국해 해역에서 중국 어선들이 대규모로 자행해 온 불법조업은 「한중어업협정」이 발효된 2001년 이후에도 지속되어 왔으며 지금도 끊이지 않고 있다. 중국 어선들이 선단을 이루어 자행해 온 대규모 불법조업은 한반도 해역의 해양생물자원 보호와 보존에 심각한 위협을 가해 왔으며 외교적 협의에도 불구하고 근절되지 않고 있는 만큼 사법절차에 회부하는 방안을 고려해 볼 수 있을 것이다. 「한중어업협정」에는 분쟁해결 조항이 마련되어 있지 않다. 따라서 중국 어선들의 불법조업 문제를 사법적으로 해결하려면 「유엔해양법협약」 제15부의 강제절차를 이용하여야 할 것이다. 제287조에 열거된 재판소는 「한중어업협정」과 같은 협약의 목적과 관련 국제협정의 해석과 적용에 관한 분쟁에 대하여도 관할권을 갖기(제288조 제2항) 때문에 「한중어업협정」의 해석 및 적용뿐만 아니라 「해양법협약」 관련 조항의 해석과 적용에 관한 한중 간 분쟁에 대해 관할권을 행사할 수 있을 것이다.

중국 어선들이 한국의 배타적 경제수역에서 자행하는 불법조업은 중국이 행한 「유엔해양법협약」 제298조 선언에 따른 강제절차 배제 대상에 포함되지 않는다고 보인다. 따라서 한국은 원하면 이 문제를 「해양법협약」의 강제절차에 회부할 수 있을 것이다. 다만 한국과 중국은 「해양법협약」 제287조에 따라 강제절차를 선택하는 선언을 하지 않고 있기 때문에 양국 간에 적용될 수 있는 강제절차는 제7부속서 중재재판이 될 것이다. 한국은 중국 어선들의 불법조업을 「한중어업협정」의 관련 조항과 해양생물자원의 보존 관리를 규율하고 있는 「해양법협약」의 규정(제61조, 제62조, 제63조 등), 해양환경 보호 및 보존에 관한 일반 규정(제192조)과 기국의 의무 규정(제94조) 등을 근거로 제7부속서 중재재판에 회부할 수 있다고 보며, 필요하다고 판단하면 중재절차 개시 후 2주가 지난 시점부터 중재재판부가 구성되기 이전 기간에 ITLOS에 잠정조치를 요청할 수 있을 것이다.

한국과 마찬가지로 일본도 「유엔해양법협약」 제287조에 따라 강제절차 선택 선언을 하지 않았기 때문에 양국 사이에 적용되는 「해양법협약」상 강제절차도 제7부속서 중재라 할 것이다. 따라서 한국이 일본의 2021년 4월 후쿠시마 원전오염수의 바다 방류 결정으로 우려되는 해양환경오염 문제를 강제절차에 회부하고자 한다면 한국은 이 문제를 제7부속서 중재재판에 회부하여야 하며, 잠정조치를 원할 경우 중재 회부 후 2주가 경과한 후부터 중재재판부가 구성되기 이전 기간에 ITLOS에 잠정조치를 요청할 수 있을 것이다.

한국과 중국은 2006년 「유엔해양법협약」 제298조에 따라 강제 관할 배제 선언을 하며 해양경계 획정도 배제하였다. 따라서 한국이 주변국인 중국 및 일본과 계속 협상 중인 해양경계 획정 문제에는 강제절차가 적용되지 않는다. 그러나 동티모르와 호주 간 강제조정에서 호주의 조정위원회 관할권에 대한 이의제기가 기각된 데서 나타난 바와 같이 강제조정 절차는 적용될 수 있다고 보아야 할 것이다. 한국이 주변국과 해양경계 획정 문제를 사법 절차를 통해 해결하고자 한다면 관련국과 특별협정을 체결하는 방안을 고려할 수 있을 것이다.

2. ITLOS를 선호 법정으로 선택

한국은 삼면이 바다로 둘러싸여 있고 주변국들과 해양자원의 이용을 놓고 경쟁 관계에 있어 향후 다양한 해양 문제에 직면할 것으로 예상된다. 현재도 직면하고 있는 주변국들과의 관계에서 발생하는 수산자원의 지속가능한 이용 문제, 해양환경오염 문제 등 해양 문제는 지역해양기구와 같은 제도적 장치를 마련하여 해결하는 게 가장 효과적인 방안이 될 수 있을 것이나 동북아지역의 국제정치적 상황 때문에 지역해양기구가 설립될 가능성은 상당 기간 요원해 보인다.

　이런 상황에서 해양 문제에 효과적으로 대처하기 위해서는 주변국들에 비해 힘의 열세에 있는 한국으로서는 해양 분야에서 국제법을 적극적으로 활용하는 방안을 강구해야 할 필요가 있을 것이다. 그 일환으로 당면하고 있는 해양 현안에 대해서도 사법적 해결 방안의 활용을 적극적으로 모색해 나갈 필요가 있으며, 이를 위해 「유엔해양법협약」 제287조에 따라 ITLOS를 강제절차로 선택하는 방안을 고려해 볼 수 있을 것이다. 제7부속서 중재재판은 상대방 국가가 선택 선언을 하지 않았거나 다른 법정을 선택하였을 경우 당연히 가는 법정인 만큼, ITLOS를 선택할 경우 무엇보다 강제절차 해결 수단을 하나 더 갖게 되는 효과를 기대해 볼 수 있을 것이다. ITLOS에는 출범 초부터 한국 재판관이 선출되어 온 관계로 다른 절차에 비해 한국에 친숙하고, 주변국인 중국, 일본, 러시아도 재판관을 배출해 오고 있어 ITLOS는 한반도 주변에서 발생하는 해양 문제를 다루기에 가장 적절한 재판정이 될 수 있을 것이다. ITLOS에 분쟁을 회부할 경우 재판소와 사무처에는 별도로 경비를 낼 필요가 없으나, 제7부속서 중재재판소에 분쟁을 회부할 경우에는 중재재판관과 사무처 요원의 경비 등 일체의 경비를 소송 당사자가 지불해야 하는 관계로 ITLOS에 비해 훨씬 많은 소송경비를 지출해야 할 것이다. ICJ에도 해양분쟁을 회부할 수도 있으나, ICJ에 현재 계류 중인 사건의 수에 비추어 볼 때 ICJ에서의 소송에는 ITLOS와 비교할 때 훨씬 긴 시간이 소요될 것이다. ITLOS의 경우 현재까지 신속히 소송을 처리해 왔으며 그런 경향은 앞으로도 변하지 않을 것으로 예상된다. 제7부속서 중재재판소는 통상 5명의 중재재판관으로 구성되나 ITLOS의 경우 21명의 재판관으로 구성되어 있어 구성이 훨씬 다양한 관계로 평의 과정에서 재판관들 간의 상반되는 견해가 보다 조화롭게 반영될 수 있는 것도 이점이 될 수 있을 것이다.

참고문헌

1. 이기범, "유엔해양법협약 제7부속서 중재재판소의 관할권 문제에 관한 소고", 『영토해양연구』, 제13권(2017).
2. 이석용, "유엔해양법협약 분쟁해결 강제절차와 관련 실행에 관한 고찰", 『국제법학회논총』, 제62권 제2호(2017).
3. _____, "유엔해양법협약상 분쟁해결제도", 『국제법학회논총』, 제49권 제3호(2004).
4. Donald R. Rothwell & Tim Stephens, *The International Law of the Sea* (Oxford: Portland, 2016).
5. Gudmundur Eiriksson, *The International Tribunal for the Law of the Sea* (The Hague/London/Boston: Martinus Nijhoff Publishers, 2000).
6. ITLOS, *Digest of Jurisprudence 1996–2016* (2016).
7. Myron H. Nordquist, Shabtai Rosenne, & Louis B. Sohn (eds), *United Nations Convention on the Law of the Sea Vol. V* (Dordrecht/Boston/London: Martinus Nijhoff Publishers, 1989).
8. Natalie Klein, *Dispute Settlement in the UN Convention on the Law of the Sea* (Cambridge: Cambridge University Press, 2009).
9. Robin Churchill & Vaughan Lowe, *The Law of the Sea* (3rd ed) (Manchester: Manchester University Press, 1999).

찾아보기

440

저자 소개(가나다순)

김기순
고려대학교 법과대학 및 대학원 졸업(법학사, 법학석사, 법학박사)
국제법률경영대학원대학교 겸임교수
산하온환경연구소 소장(현재)
주요연구: 런던의정서 발효와 한국의 해양환경관리(환경부, 공저), "후쿠시마 원전 방사능오염수 해양방출과 국제재판"(『국제법 동향과 실무』, 외교부, V.20, No.2, 2021) 등

김두영
서울대학교 법과대학원 졸업(법학석사)
미 펜실베니아대학 정치학과 대학원 졸업(정치학 석사)
국제해양법재판소 사무차장
한국해양수산개발원 석좌연구위원(현재)
주요연구: Advisory Proceedings before the International Tribunal for the Law of the Sea as an alternative Procedure to Supplement the Dispute—Settlement Mechanism under Part XV of the United Nations Convention on the Law of the Sea(Law of the Sea Institute, University of California, Berkeley, 2010—2011) 등

김민
숙명여자대학교 법과대학 및 대학원 졸업(법학사, 법학석사)
부산대학교 법과대학원 박사 과정 수료
한국해양수산개발원 독도·해양법연구실 연구원(현재)
주요연구: 『첨단해양과학기술과 해양법 문제』(KMI, 2021), 『세계해양경계획정 조사 및 분석』(KMI, 2022) 등

김민수

고려대학교 정치외교학과 및 법과대학 대학원 졸업(정치학사, 법학석사, 법학박사)
미국 워싱턴대학교(UW) 방문학자
중국 상하이 해사대학교 방문학자
한국해양수산개발원 경제전략연구본부 본부장/연구위원(현재)
주요연구: 『해수면상승과 국제법』(삼우사, 2018), "북극 거버넌스와 한국의 북극정책 방향"(『해양
정책연구』, 제35권 제1호, 2020) 등

김민철

서울대학교 법과대학 및 대학원 졸업(법학사, 법학석사, 법학박사)
제46회 사법시험 합격, 사법연수원 제36기 수료
대한법률구조공단, 법무부, 법무법인(유한) 태평양, 외교부 등 근무
유민국제법연구소 대표 및 변호사(현재)
주요연구: 『경계미획정 수역에서 연안국의 권리행사와 분쟁해결』(박사학위논문, 2019), 『유엔해양
법협약 해설서 제3권 전정판』(공저), "유엔해양법협약상 혼합분쟁 사안과 해양환경보호의무의 재
조명"(『서울국제법연구』, 제27권 제1호, 2020) 등

박배근

부산대학교 법과대학 및 대학원 졸업(법학사, 법학석사, 법학박사)
일본 규슈대학 법학부 전임강사 및 조교수
부산대학교 법학전문대학원 교수(현재)
주요연구: "일본 국내법상의 유엔해양법협약 이행에 관한 고찰"(『동서연구』, 제29권 제4호, 2014),
"국제법상 시제법의 이론과 실제"(『국제법논총』, 제53권 제1호, 2008) 등

박영길

건국대학교 법과대학 및 대학원 졸업(법학사, 법학석사)

서울대학교 법과대학원 졸업(법학박사)

미 해군대학 및 로드아일랜드 대학 초빙연구원

한국해양수산개발원 독도·해양법연구실 실장(현재)

주요연구: Boosting South Korea in a changing Arctic Council: achievements and challenges in 'Observing' the Arctic: Asia in the Arctic Council and Beyond(Edward Elgar, 2020) 등

서원상

성균관대학교 법과대학 및 일반대학원 졸업(법학사, 법학석사, 법학박사)

남극조약협의당사국회의(ATCM) 정부대표단

남극해양생물자원보존위원회(CCAMLR) 정부대표단

대한국제법학회 국제환경법분과장, 상임이사(현재)

극지연구소 전략기획부장(책임연구원)(현재)

주요연구: "북극, 북극해 그리고 국제법"(『Arctic Note』, 지오북, 2018), "극지의 국제법과 국가주권: 남극조약 제4조와 스발바르조약 제1조를 중심으로"(『국제해양법연구』, 창간호, 2017), "국제법의 새로운 과제: 극지 거버넌스와 극지법"(『국제법 동향과 실무』, 통권 제36호, 2015) 등

이용희

경희대학교 법과대학 및 대학원 졸업(법학사, 법학석사, 법학박사)

미국 하와이대학교 Richardson School of Law 방문학자

국제해양법학회 회장

한국해양대학교 해사법학부 교수(현재)

주요연구: 『바다를 둘러싼 법적 쟁점과 과제』(공저), "해양지형물의 해양법적 의미와 효과에 관한 고찰"(『해항도시문화교섭』, 제23권, 2020) 등

정다운
고려대학교 법과대학 및 대학원 졸업(법학사, 법학석사)
영국 에딘버러대학교 로스쿨 졸업(Ph.D. in Law)
싱가포르 국립대학교 국제법센터 리서치 펠로우(현재)
주요연구: "국내관할권 내의 해양재생에너지 활동과 환경영향평가"(『국제법학회논총』, 제65권 제4호, 2020) 등

최지현
고려대학교 법과대학 및 대학원 졸업(법학사, 법학석사, 법학박사)
한국해양수산개발원 부연구위원
제주대학교 법학전문대학원 교수(현재)
주요연구: "동티모르-호주 강제조정 및 해양경계획정 합의에 관한 분석"(『국제법학회논총』, 제65권 제2호, 2020), "유엔사의 법적 지위 문제에 대한 재검토"(『국제법무』, 제13권 제2호, 2021) 등

대한민국의 해양법 실행 2
해양법 주요 이슈의 현황과 과제

1판 1쇄 펴낸날 2022년 10월 30일

편저자 | 한국해양수산개발원
펴낸이 | 김시연

편집 | 황인아
디자인 | 본문 이미애, 표지 최정희

펴낸곳 | (주)일조각
등록 | 1953년 9월 3일 제300-1953-1호(구 : 제1-298호)
주소 | 03176 서울시 종로구 경희궁길 39
전화 | 02-734-3545 / 02-733-8811(편집부)
02-733-5430 / 02-733-5431(영업부)
팩스 | 02-735-9994(편집부) / 02-738-5857(영업부)
이메일 | ilchokak@hanmail.net
홈페이지 | www.ilchokak.co.kr

ISBN 978-89-337-0813-2 93360
값 50,000원